权威·前沿·原创

**皮书系列为
"十二五"国家重点图书出版规划项目**

四川依法治省年度报告
No.1（2015）

ANNUAL REPORT ON RULE OF LAW IN SICHUAN
No.1 (2015)

主　编／李　林　杨天宗　田　禾
副主编／吕艳滨

社会科学文献出版社
SOCIAL SCIENCES ACADEMIC PRESS (CHINA)

图书在版编目(CIP)数据

四川依法治省年度报告.1,2015/李林,杨天宗,田禾主编.
—北京:社会科学文献出版社,2015.3
　(四川法治蓝皮书)
　ISBN 978-7-5097-7195-2

　Ⅰ.①四… Ⅱ.①李…②杨…③田… Ⅲ.①社会主义法制-研究报告-四川省-2015　Ⅳ.①D927.71

　中国版本图书馆 CIP 数据核字(2015)第 042175 号

四川法治蓝皮书
四川依法治省年度报告 No.1(2015)

主　　编／李　林　杨天宗　田　禾
副 主 编／吕艳滨

出 版 人／谢寿光
项目统筹／王　绯
责任编辑／王　绯　李娟娟

出　　版／社会科学文献出版社·社会政法分社 (010) 59367156
　　　　　地址:北京市北三环中路甲 29 号院华龙大厦　邮编:100029
　　　　　网址:www.ssap.com.cn
发　　行／市场营销中心 (010) 59367081　59367090
　　　　　读者服务中心 (010) 59367028
印　　装／北京季蜂印刷有限公司

规　　格／开本:787mm×1092mm　1/16
　　　　　印　张:26.25　字　数:400 千字
版　　次／2015 年 3 月第 1 版　2015 年 3 月第 1 次印刷
书　　号／ISBN 978-7-5097-7195-2
定　　价／108.00 元

皮书序列号／B-2015-417

本书如有破损、缺页、装订错误,请与本社读者服务中心联系更换

▲ 版权所有 翻印必究

四川法治蓝皮书编委会

主　　　任　李　林　杨天宗　田　禾

副 主 任　（按照姓氏汉字笔画排列）
　　　　　　王希龙　王　彬　史红平　吕艳滨　朱廷君
　　　　　　刘　坪　贾瑞云　戴允康

编委会成员　（按照姓氏汉字笔画排列）
　　　　　　马　强　王小梅　王　军　王晓林　王　萍
　　　　　　孔祥贵　孔祥俊　邓　刚　邓前卫　叶　萌
　　　　　　申薇薇　田　华　吕天奇　朱　冬　向　林
　　　　　　向　秋　刘宏葆　刘建军　李　灿　何　平
　　　　　　余　建　余越峰　张长云　张　轲　陈明国
　　　　　　范文清　周元军　周　振　周　婧　郑　博
　　　　　　赵　平　赵　樱　聂　军　栗燕杰　夏永智
　　　　　　郭　庆　郭　宇　郭志强　郭　涛　唐洪春
　　　　　　黄　强　曹建国　崔　均　隆　斌　蒋贤孝
　　　　　　蒋喻新　蒋　强　韩　麟　傅烨红　鲁晓斌
　　　　　　谭英华　翟国强

策　　　划　法治蓝皮书工作室

工作室主任　吕艳滨

工作室成员　（按照姓氏汉字笔画排列）
　　　　　　　马　强　王小梅　王帅一　陈欣新
　　　　　　　栗燕杰　鲁晓斌

学 术 助 理　（按照姓氏汉字笔画排列）
　　　　　　　刘　迪　张　多　张　誉　赵千羚

官 方 微 博　@法治蓝皮书（新浪）

官 方 微 信

　　　　法治蓝皮书　　　　　　　　法治指数

主要编撰者简介

主　编：李　林
中国社会科学院学部委员，法学研究所所长，研究员
主要研究领域：法理学、宪法学、立法学、法治与人权理论

主　编：杨天宗
四川省委副秘书长，四川省依法治省领导小组办公室主任

主　编：田　禾
中国社会科学院法学研究所法治国情调研室主任，研究员
主要研究领域：实证法学、刑法学

副主编：吕艳滨
中国社会科学院法学研究所法治国情调研室副研究员
主要研究领域：行政法、信息法、实证法学

摘　要

　　《四川依法治省年度报告 No.1（2015）》立足全国，从人大制度、法治政府、公正司法、社会治理、民族法治等方面，较为全面总结了近年来特别是 2014 年以来四川省法治建设的成效，分析了仍存在的问题并提出改进的建议。

　　总报告总结了四川省各地区、各部门在人大、政府、司法、社会等方面推进法治的改革措施，对其经验进行了总结提炼，就其发展进行了展望预测。

　　四川法治蓝皮书重磅推出了西部省份法治指数报告，首次对西部地区的立法、政府透明度、司法透明度、检务透明度等进行了量化评估。

　　四川法治蓝皮书还对地方人大在依法治省中的作用进行了分析；就四川省依法行政、社会稳定风险评估、重大行政决策、网络环境治理、反腐倡廉法规制度建设、职务犯罪惩治等热点问题进行研究；对推进司法公开、法律援助、信访治理、医患纠纷化解等制度机制的完善予以剖析。四川在"法律七进"、法治文化建设与全民普法教育方面下大功夫，蓝皮书对其经验进行了总结。四川省对藏区法治发展进行了大量探索，取得一些成效，蓝皮书予以归纳总结。

目 录

BⅠ 总报告

B.1 2014年四川法治现状与前景展望
　　……… 中国社会科学院法学研究所法治指数创新工程项目组 / 001
　一　依法执政：加强和改进党对法治工作的领导 …………… / 002
　二　人大推动落实法治建设 …………………………………… / 008
　三　法治政府着力服务规范透明 ……………………………… / 013
　四　司法公正公信不断提升 …………………………………… / 019
　五　以"法律七进"为抓手深入开展法治宣传教育 ………… / 025
　六　法治社会全面推进 ………………………………………… / 028
　七　展望与预测：法治兴川，打造西部法治高地 …………… / 035

BⅡ 法治指数报告

B.2 西部法治发展指数报告（2014）
　　……… 中国社会科学院法学研究所法治指数创新工程项目组 / 038

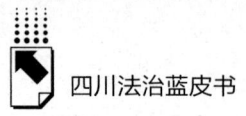

BⅢ 人大制度

B.3 发挥人大在依法治省中的"第一线"作用
——四川人大推动依法治省工作述评
.... 四川省人大常委会办公厅课题组 / 067

B.4 四川人大预算审查监督的实践与探索
.... 四川省人大常委会预算工作委员会课题组 / 082

BⅣ 法治政府

B.5 2014年四川省政府推进依法行政工作报告
.... 2014年四川省政府推进依法行政工作报告课题组 / 100

B.6 四川社会稳定风险评估法治化进程及展望
.... 社会稳定风险评估课题组 / 115

B.7 宜宾市重大行政决策的实践与探索
.... 宜宾市重大行政决策的实践与探索课题组 / 126

BⅤ 公正司法

B.8 四川省司法公开推进报告
.... 四川省高级人民法院、四川省人民检察院、
四川省公安厅、四川省司法厅课题组 / 142

B.9 四川省2014年惩防职务犯罪分析报告
.... 四川省人民检察院课题组 / 158

B Ⅵ 廉政法治

B.10 2014年四川反腐倡廉法规制度建设与
2015年展望 ………………………… 四川省纪委监察厅课题组 / 174

B.11 构建科学化选人用人制度体系 ……… 四川省委组织部课题组 / 187

B Ⅶ 普法宣传

B.12 2014年四川省"法律七进"调研报告
……………………………………………… 四川省司法厅课题组 / 209

B.13 2014年四川法治文化建设的回顾与展望
……………………………………………… 四川省司法厅课题组 / 222

B.14 四川省法律援助事业发展报告
………………………………………… 四川省法律援助中心课题组 / 234

B.15 泸县"4+3"全民普法教育模式探索与实践
………………………………………………… 中共泸州市委课题组 / 255

B Ⅷ 基层社会治理

B.16 四川省推进网格化服务管理调研报告
………………… 四川省社会治安综合治理委员会办公室课题组 / 262

B.17 四川网络环境治理报告 ……………… 四川省公安厅课题组 / 273

B.18 德阳市中江县村规民约"六步工作法"
调研报告 ………… 德阳市依法治市领导小组办公室课题组 / 280

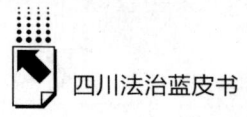

B.19 成都西部法律服务中心建设调研报告
　　………………………………………… 成都市司法局课题组 / 290

B.20 遂宁第三方依法化解医患纠纷调研报告
　　………………………………………… 遂宁市司法局课题组 / 301

B.21 眉山市创新开展普法工作的探索与实践
　　……………………………………… 眉山市依法治市办课题组 / 313

B.22 法治巴中建设的生动实践 ………… 中共巴中市委课题组 / 324

BⅨ 民族法治

B.23 甘孜州结合藏区实际配套完善民族区域自治法规
　　调研报告 …………………………… 甘孜州人大常委会课题组 / 341

B.24 藏区基层社会依法治理的阿坝实践
　　…………………… 藏区基层社会依法治理的阿坝实践课题组 / 349

B.25 四川同心·律师服务团服务藏区调研报告
　　……………………………………… 中共四川省委统战部课题组 / 358

B.26 "两真两严"的木里经验 ………… 中共凉山州委课题组 / 372

B.27 四川依法治省重要文件目录（2014） ……………… / 384

Abstract ……………………………………………………… / 386
Contents ……………………………………………………… / 388

总 报 告
General Report

B.1
2014年四川法治现状与前景展望

中国社会科学院法学研究所法治指数创新工程项目组*

摘 要: 本文梳理了四川省近年来特别是2014年依法治省工作取得的进展，分析了其在依法执政、人大制度、法治政府、司法公正与公信、社会法治、权利保障与纠纷解决等方面的法治建设与创新，对其经验进行了总结提炼，并对未来发展进行了展望预测。

关键词: 四川 依法治省 法治

近年来，尤其是2013年、2014年以来，四川省面对复杂、多样的省内

---

* 项目组负责人：田禾，中国社会科学院法学研究所研究员；杨天宗，四川省委副秘书长、四川省依法治省领导小组办公室主任。项目组成员：王小梅、王希龙、王彬、史红平、吕艳滨、朱廷君、刘坪、栗燕杰、贾瑞云、鲁晓斌、戴允康（按照姓氏汉字笔画排列）。执笔人：田禾；栗燕杰，中国社会科学院法学研究所助理研究员；吕艳滨，中国社会科学院法学研究所副研究员。

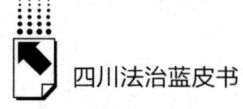

外形势,把全面、深入、加快推进依法治省作为全面建成小康社会、全面深化改革、全面从严治党的基础工程来抓,着力把治蜀兴川各项事业纳入法治化轨道,取得显著成效。

四川法治的评估、总结与展望,应充分考虑两方面的背景因素。

一方面,中国法治发展的地域不平衡性。从总体上看,长三角、珠三角等经济相对发达的区域,其法治实践也相对较为"先行",中西部地区往往是法治的"洼地",发展步伐相对缓慢。在此背景下,将四川的地方法治予以专题研讨,形成首个西部法治实践探索、创新样本,将有利于促进西部地区的法治进程。

另一方面,紧迫形势使法治成为四川的共识。随着经济社会发展到一定阶段,法治成为客观要求,具有客观上的紧迫性。前些年,四川发生了一些群体性事件,包括汉源移民事件、什邡钼铜事件等,在国内外产生了不良影响。另外,四川近年来查处了一些贪污腐败的大案要案,从一个侧面表明了吏治形势的严峻,引起各地高度重视。"治蜀难",难在何处,如何应对和破解,如何展开源头治理,如何提升官员的法治理念并确保其廉洁奉公,如何构建长治久安的社会治理体系,这些迫切需要解决的问题摆在四川各级党政机关面前。在此背景下,法治成为四川各界的共识,依法治蜀、法治兴川成为诸项工作的关键突破口和主要抓手,法治思维、法律手段被引入,并成为各级党委政府、各行各业、各个领域推进工作的关键词。

一 依法执政:加强和改进党对法治工作的领导

党的领导是推进法治工作的根本保障,依法执政既对法治工作本身提出要求,也对党内立法等相关涉法活动提出了更高要求。四川省各级党组织在促进依法执政方面的主要做法如下。

(一)将法治建设作为党委的重点工作

四川认真贯彻党的十八大、十八届三中、四中全会精神,把全面深入推进依法治省作为全面建成小康社会、全面深化改革、全面从严治党的基础工程。省委召开十届五次全会，做出《中共四川省委关于贯彻落实党的十八届四中全会精神全面深入推进依法治省的决定》，成为十八届四中全会精神在四川的具体化和四川全面推进依法治省的行动指南。制定出台《四川省依法治省纲要》，对2014~2020年法治四川建设做出总体规划。制定实施《四川省依法治省指标体系（试行）》，为考核评估依法治省工作实施效果提供系统规范、实用管用的"度量衡"。鲜明提出"治蜀兴川重在厉行法治"，坚持"共同推进、一体建设"实施路径，大力推进科学立法、严格执法、公正司法、全民守法，切实把各项事业纳入法治化轨道。突出用法治方式管权管事管人，加强重点领域、重点难点问题建章立制，加快构建办事依法、遇事找法、解决问题用法、化解矛盾靠法的法治环境。紧紧抓住领导干部示范带动，大力推进依法行政，着力保证司法机关在依法治省中走在前列，加快建设法治社会，全面夯实藏区长治久安法治根基，切实将党风廉政建设纳入法治化轨道，全力推动依法治国基本方略和依法执政基本方式在四川落地生根。到2020年，实现法治精神深入人心，公共权力依法规范公开运行，公民依法享有权利和履行义务，构建与全面建成小康社会、谱写中国梦四川篇章相适应的法治建设长效机制，基本形成尚法守制、公平正义、诚信文明、安定有序的依法治省新格局。

四川各级党组织将法治作为工作的重要内容，各级党委均成立了法治工作的组织机构。2014年年初，四川省成立由省委书记任组长的依法治省领导小组，由省委专职副书记任常务副组长，领导小组办公室设在省委办公厅，由一名省委副秘书长任专职办公室主任。参照省委的机构设置方式，全省各市（州）、县（市、区），省级及中央驻川部门（单位）均建立起专门的推进法治的组织机构，形成"1+4+5+21"的组织领导体系。其中，"1"为省依法治省领导小组，同时在省级层面建立垂直部门推进机制，涵盖省委、省人大常委会、省政府、省政协四大办公厅，以及省纪委、省委组织部、省委宣传部、省委统战部、省委政法委5个部门，在21个市（州）层面建立法治工作目标责任制度。比如，达州市各县（市、区）、各部门均建立起党委（党组）书记任组长、副书记任副组长亲自抓、党委常委及政

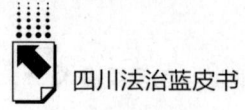

法委书记协助抓、办公室主任专职抓的依法治理工作领导机制，并落实依法治理机构的机构设置和人员编制。通过科学的组织设置与机构安排，四川省着力克服了其他一些地方推进法治工作广泛存在的"小马拉大车"的问题，形成了党委统筹总揽、系统垂直推进、条块紧密结合、部门各司其职的纵向到底、横向到边的依法治省工作格局，为法治工作提供了坚实的组织保障。

法治工作需要制度规范。四川省着力构建"一个主导、四个配套"的依法治省制度体系。一个主导即《中共四川省委关于贯彻落实党的十八届四中全会精神全面深入推进依法治省的决定》，四个配套分别为：《四川省依法治省纲要》、《四川省依法治省指标体系（试行）》，以及《四川省依法治省评价标准（试行）》、《四川省法治建设状况评估办法（试行）》。为贯彻党的十八届四中全会精神，《中共四川省委关于贯彻落实党的十八届四中全会精神全面深入推进依法治省的决定》重点从依法执政、地方立法、依法行政、公正司法、社会法治等八个方面，设计和规划新时期法治四川建设的主要内容和推进路径。2013年5月，四川省委做出制定《四川省依法治省纲要》的决定，省委常委会先后三次专题研究纲要起草工作，四下四上广泛征求意见，围绕有关重点问题开展十多次专题论证，并根据三中全会的精神进行深入细致的完善。纲要成为四川省指导依法治省工作的基本遵循，起到了"纲举目张"的作用。

为解决当下法治建设中的紧迫问题，四川省委办公厅以第1号文件发布了《四川省依法治省2014年工作要点》（以下简称《要点》），确立了"法治宣传教育、依法执政、依法行政、司法改革、依法化解社会矛盾纠纷、基层法治建设示范创建、推进依法治理工作落实"七个方面共29项任务。《要点》详细规定了依法治省的年度重点工作、牵头单位、责任部门、完成时限。根据《要点》开展的依法治理九大示范创建，包括了依法行政示范创建，法治示范县（市、区）、法治示范乡镇（街道）、学法用法机关（单位）示范创建，国有企业诚信守法企业示范创建，民营企业诚信守法企业示范创建，依法治村（社区）示范创建，藏传佛教文明和谐寺庙示范创建以及依法治校示范创建，全面囊括了依法治理实施的各种主体情形。为了规范创建工作、提升创建水平，在中江县召开创建现场推进会，总结推广"中江经验"，健全完善村规民约（居民公约），并将依法依规治理作为推荐评选全国"民主法治示范村（社区）"的重要条件。目前，全省46604个村、6523个社区全都制定了村规民约（居民公约），逐步形成了依法立约、依约治理、民主管理的基层治理良序。

依法执政、依法行政的能力不会随着经济社会发展自然生成，而必须依靠党委政府、领导干部的强力推动。对此，四川发挥主观能动性推进法治，做了不少探索。2014年年初，四川省委高规格召开依法治省工作推进会，未因公外出的所有省领导全部参加，各市（州）、县（市、区）组织同步视频收看。省委主要领导强调治蜀兴川重在厉行法治，要求把治蜀兴川各项事业纳入法治化轨道；既挂帅领导顶层设计，又推动落地见效。在省委的强力推动下，各级领导、干部都将法治作为其重要工作。

（二）加强党内法规和规范性文件的制定、清理与备案

2013年，党中央发布《中国共产党党内法规制定条例》和《中国共产党党内法规和规范性文件备案规定》。四川省委结合地方实际情况出台《四川省党内规范性文件备案办法》，以维护党内法规制度体系的统一性。

根据中共中央统一部署，四川省委对自新中国成立至2012年6月期间省委制定的党内法规和规范性文件进行了清理，于2014年9月出台《中共四川省委关于废止和宣布失效一批党内法规和规范性文件的决定》，对29件不适应现实需要、已被新规定涵盖或者替代的党内法规和规范性文件，予以废止；对14件调整对象已消失、适用期已过的党内法规和规范性文件，宣布失效；其余337件党内法规和规范性文件继续有效，其中33件须做修改。省内各地区党组织也开展了党内规范性文件的清理、备案工作，比如，遂宁市委严格执行党内规范性文件备案规定，强化合法性审查，并开展规范性文件实施后评估。

（三）提升党对各项法治工作事务的领导能力

四川坚持在党的领导下推进依法治省，把党的领导贯穿到法治四川建设

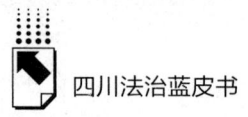

的全过程，法治工作建设状况被作为各级党政领导班子和班子成员年度考核和年度述职述廉报告的重要内容，在各级党政领导班子中配备具有法律专业背景或者工作经历的成员，建立党员领导干部和司法公职人员法治档案。这一系列安排使党对法治工作的领导能力显著提升。与此同时，党对法治工作的领导还体现在各个方面。

在立法方面，注重使党的主张经过法定程序成为国家意志，成为全社会一体遵循的行为规范和准则，从制度上保证党的领导得到有效的贯彻落实。如甘孜州人大及其常委会在自治条例和单行条例的起草过程中，常委会党组主动向州委汇报立法工作的重大事项和重要问题，以确保立法的正确方向。

在监督方面，督查考核机制的设置实施，使得推进法治从"软任务"变为"硬指标"。全省将依法治省纳入市（州）、县（市、区）党委政府和省四大办公厅与纪委、组织部、宣传、统战、政法及其他部门（单位）的年度工作重点，并制定年度目标考核细则，实施严格考核。各级党组织通过多轮督查的实施，确保了厉行法治的持续性。一是2014年春节前夕，以全省依法治省推进会精神学习贯彻情况为重点，组织实施涵盖8个市和12个省级部门的第一次督查。二是春节后至全国"两会"召开之前，以《四川省依法治省纲要》实施意见和《要点》的制定、组织领导机构的建立等情况为重点，进行了覆盖全省21个市（州）和省依法治省领导小组成员单位的第二次督查。根据督查情况，对工作不力的3个市（州）和相关单位负责人进行约谈，责令1个市在全省依法治省工作会上汇报整改落实情况。三是4月中旬到5月初，以集中开展法治宣传教育、营造浓厚依法治省舆论氛围为重点，组织进行了第三次全覆盖性的实地督查。四是7月上中旬，以《要点》规定的半年目标任务完成情况为重点，组织5个组对省直部门推进依法治省工作进行了交叉督查。五是9月下旬至10月，组织4个组到21个市（州）和省直重点部门督查贯彻落实省依法治省领导小组第二次会议精神情况，以及贯彻落实党的十八届四中全会精神情况。六是12月下旬，组织5个组就2014年年度工作要点规定的全年依法治省工作完成情况对省级牵头责任单位进行了考核验收，并组织21个市（州）进行循环考核检查。循环考核检查全面结束后，省依法治省办从2015年1月22日至1月30日，逐一听取了21个循环考核检查组的工作情况汇报，借以进一步掌握各市（州）重点工作完成情况、特色亮点工作和存在的突出问题，同时了解可资推广的经验，为更好地推动2015年工作打下更加扎实的基础。

2014年，四川开展县（市、区）、乡镇（街道）、村（社区）以及机关、企事业单位和寺庙等九大示范创建，分别在达州、凉山、泸州、德阳召开川东北、三州、川南和环成都四大片区推进会，组织开展六次涵盖21个市（州）和省级牵头单位、责任单位的督查，形成了"9+4+6"的工作推进机制。值得一提的是，宜宾市紧紧抓住领导干部这个"关键少数"，市委书记与县（市、区）委书记和部门党组（党委）书记签订法治目标责任书，并且强化目标任务和履职尽责的督查考核，推动了法治工作在基层的落地见效。达州、攀枝花等市建立了对依法治市工作的双考核机制，既纳入年度综合目标考核，又实施单项目标考核，并将考核结果纳入领导干部的法治档案，作为干部业绩和提拔任用的重要依据，增强了推进法治的激励实效。

（四）着力推行党务公开

四川将党务公开作为提升党的领导能力的重要抓手，除涉及国家秘密或者依照有关规定等不宜公开的以外，通过多种方式公开有关事项。四川省委办公厅下发《关于深入推进党务公开工作的意见》，在认真总结提炼并吸收借鉴各地推行党务公开经验做法的基础上，对全面推进党务公开做出系统规定。在该意见基础上，四川省各部门、各地方党组织也都出台了实施意见。比如，遂宁市委出台了《关于全面推行党务公开的意见》，建设遂宁党务公开网，推动各级党组织党务公开工作全面规范开展。资阳市委编制了县（市、区）党委、直属机关和事业单位、乡镇（街道）、村（社区）等9类基层党组织党务公开指导目录，并将党务公开纳入党建目标考核，通过集中开展党务公开培训，克服了以往公开主动性不足、公开内容过于原则笼统、

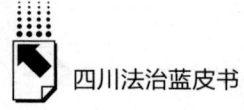

公开不够规范和缺乏持续性日常性等问题。值得一提的是，遂宁等地党务公开的快速推进，还起到了良好的示范效果，使得一度遭遇到一些阻力的事业单位公开、国企事务公开也开启了破冰之旅，形成了党务、政务、公共事务公开的相互促进、良性发展的格局。

二 人大推动落实法治建设

四川各级人大及其常委会勇于探索、大胆创新，坚持围绕中心大局加强地方立法，为推进落实"四个全面"战略布局提供有力保障。其较为典型地体现在立法和监督领域。其立法工作对地方法治起着引领和推动作用，监督工作则发挥着落实和巩固作用。

（一）以立法引领法治

制度建设的精髓在于通过立法将一系列规则予以固定化、程序化，将省委关于法治的一系列决议、精神转化为地方性法规，将改革方向、已有改革成果以立法形式加以巩固明确，并赋予强制效力。《四川省人民代表大会常务委员会关于深入推进依法治省的决议》于2014年5月29日在四川省第十二届人民代表大会常务委员会第九次会议上通过，通过法定程序将省委关于依法治省的安排部署，上升为全省人民的共同意志。在具体立法活动中，四川人大及其常委会更是着力于推动法治工作。

1. 更新升级立法理念

其一，从管理型到服务型的转变。依法治省并不仅仅是维护国家社会秩序的单向度管理，更应转变理念，为经济、社会发展提供优质服务，打造服务型政府。其二，从偏重实体规则立法到程序、实体并重。比如，凉山州启动了《凉山州行政程序条例》立法工作。其三，从经济立法为主到经济、社会立法兼顾。四川省人大及相关市（州）县级人大均投入大量资源进行推动经济发展方式转变、保障民生和发展社会事业、推动生态文明建设和教育文化发展的法规制定、修改工作。《四川省〈中华人民共和国义务教育法〉实施办法（草案）》，规范并解决乱收费、流动人口子女入学难等问题。《阿坝藏族羌族自治州风景名胜区条例》和《阿坝藏族羌族自治州野生动物植物保护条例》已经由省人大常委会审查批准并实施，《阿坝藏族羌族自治州农村扶贫开发条例》和《阿坝藏族羌族自治州城乡基础设施管理条例》已进行了三次审议。《甘孜藏族自治州义务教育条例》的出台，对全州加强基础教育、改善办学条件、提高教学水平、巩固双语教学、发展寄宿制学校等方面做出明确规定，实现了教育经费的两个提高、三个增长，并落实了两免一补政策，保障了州教育事业的良性健康发展。《甘孜藏族自治州非物质文化遗产条例》的出台，对于加强当地非物质文化遗产保护，及时抢救和有效保护民族民间传统文化，促进民族文化大发展大繁荣起到积极作用。凉山彝族自治州已完成《凉山彝族自治州邛海保护条例》、《凉山彝族自治州东西河飞机播种林区保护管理条例》修订草案起草工作。乐山马边彝族自治县检察院还制定了《关于起诉书彝汉双语公开工作的实施办法》，建立起常态化彝汉法律术语翻译沟通机制。

2. 优化立法体制

立法体制对于立法工作的效能、立法结果的科学化起着关键作用。从全国范围看，立法的部门利益倾向、地方保护主义倾向、争权卸责现象都一定程度存在。为此，四川着力建立健全"人大主导型"立法工作机制，并充分调动政府部门的积极性，协调好各方利益关系，克服部门利益法制化，防止特殊利益固定化。

四川人大着力加强立法制度建设，改进完善地方性法规立项机制、起草机制、调研论证机制、公众参与机制、审议机制、法规清理机制和备案审查机制等，注意发挥人大在立法中的主要作用。首先，在立法项目的论证和立法规划、计划的制定上，人大从被动走向主动。以往人大法规项目的设置，以政府申报为主，形成人大立法"等米下锅"的格局；近年来，四川人大有意识地增强了对立法项目的主导，人大提案数量逐年提升。其次，提前介入法规起草工作。以往，地方的立法，往往是"政府下厨，人大端菜"，人大主要在审议阶段发挥作用，对起草本身的介入较为有限。近年来，四川人大注重从起草阶段介入,及早熟悉情况,抓住立法的重点问题,防范部门利益输入。再次,发挥下级人大机关的作用。四川省人大常委会在立法过程中,注意听取市州及区县人大的意见,发挥其更加贴近基层、贴近一线的信息优势。最后,注重机制创新,增强人大立法能力。主要是建立完善法制工作联系点、立法咨询专家库、立法评估协作基地的"一点、一库、一基地"机制。法制工作联系点的主要内容是选择部分市(州)、县(市、区)人大法制机构形成人大系统内部的工作沟通联络机制,充分发挥基层人大在立法中的作用。立法咨询专家库以法律专家为主,兼顾其他专业的实务工作者,通过座谈会、论证会、委托研究等方式,吸收专家学者的智慧,为人大立法提供服务。立法评估协作基地是选择高校、科研机构,为立法预评估和后评估提供服务,或者承担委托立法任务。这一机制创新,使得人大立法的能力显著提升,人大主导立法从设想逐步成为现实。

3. 着力提升立法质量

立法质量关系到法治的水准。当前各个领域不少问题得不到解决,与法律制度不健全、立法质量不高有着密切关联,由于法制的缺陷,导致一些问题处理、政府监管名义上有法可依、实质上却无法可循的困境。提高立法质量,是改进立法工作的关键所在。四川省人大及有立法权的州、市人大采取多种方式,特别注重提高立法质量。

首先,建构、完善专家评估、咨询等机制,提升立法专业水平。四川省人大常委会出台《四川省地方立法咨询专家库管理办法》《四川省地方立法评估协作基地管理办法》等规范性文件,选取省内6家科研院所作为立法评估和协作基地,对法规立项的可行性与成本效益分析进行预评估,对法规实施效果进行实施后评估,并就立法相关的重大、专业性问题提供咨询服务,使得立法的科学性、专业能力显著提升。

其次,人大开门立法促进立法的民主性,确保立法结果的可接受度。四川人大通过公开征集立法选题和立法工作建议,推动立法在规划、计划阶段就汇集民意。到起草审议阶段,四川人大将法规草案全部上网公布,征求社会各界意见。《成都市烟花爆竹燃放安全管理规定》立法听证会进行了全程网络直播,平台互动访问量达2.6万人次。针对当地非物质文化遗产保护和发展存在的认识有偏差、重视不足、保护机制不完善、缺乏法制保障等问题,《甘孜藏族自治州非物质文化遗产条例》的起草注重开门立法,采取多种方式吸纳各方意见、建议。有关部门数次召集和邀请各县基层文化工作者、州非遗专家委员会成员、四川民族学院政法系师生进行专题论证;邀请州政府法制办对该条例文稿进行审查,征求了州政府主要领导和州政府法律顾问的意见;在当地权威报纸上刊登征求意见稿全文,面向社会各界征求意见;向各县人大常委会发出征求意见的通知,通过公文往来的方式征求县级人大的意见;邀请批准机关省人大常委会提前介入立法,州人大向四川省人大常委会的调研组做相关情况汇报,由省人大常委会对《甘孜藏族自治州非物质文化遗产条例》(征求意见稿)文本提前进行全面审查。

最后,以指标体系推进立法的精细化。四川省研究制定科学立法指标体系和评估标准、评估方法,设置了3个一级指标、12个二级指标、13个量化指标,对地方立法的项目论证、立法调研、法规起草、征集意见、立法评估等各环节进行量化评估,推动地方立法从粗放型向精细化升级。

(二)以监督工作落实法治

四川各级人大在监督工作方面,既通盘考虑又突出监督重点。以受到全社会普遍关注的政府债务问题为例,2014年省人大常委会听取了省政府关于全省政府性债务情况的报告,并要求政府加强债务管理,尽快出台管理办法,开展全省地方政府性债务的统计核实并制定偿还计划及风险控制措施。针对有的政府重大投资项目存在缺乏科学规划和绩效评价体系,部分项目是边设计、边审批、边施工的"三边工程",部分项目资金沉淀严重、高估冒算等突出问题,四川各地人大探索新型监督形态。比如,自贡市人大常委会实施专项调研,形成调研报告及建议意见印送市政府,要求加强政府投资项目监管;资阳市人大常委会围绕重大建设项目听取项目专项报告并进行跟踪监督问效;宜宾市人大常委会要求政府性投资项目的预算安排及执行情况和

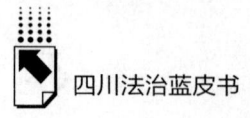

绩效评价结果报人大常委会备案。

预算监督是人大监督工作的重点。近年来，四川各级人大在此方面开展了不少探索，成效明显。

(1) 注重制度规范建设，增强监督实施的刚性。四川省人大常委会于2002年设立预算工作委员会，随即出台《关于加强省级预算审查监督的决定》，为规范省级人大预算审查监督提供了组织和制度保证。2010年出台的《四川省〈中华人民共和国各级人民代表大会常务委员会监督法〉实施办法》，结合四川实际，细化了四川省各级人大常委会对政府预算实施审查监督的内容、程序、方法，规范了人大预算审查监督工作。2013年出台《四川省财政监督条例》，加强对国家机关、社会团体、企业事业组织和相关人员涉及财政、财务和会计事项的监督。

(2) 成立专家库，增强监督能力。针对人大自身的专业性相对不足的问题，四川省人大从事业单位、高校院所、会计师事务所等单位选取财政、审计工作专家，组成预算决算审查专家库，使得预决算监督的能力大幅提升。

(3) 建立、完善预算监督的审查标准体系，完善监督标准。省人大常委会预算工委从法律法规、财政政策、省委决策部署以及重点支出、民生保障、行政成本、"三公经费"等方面设置多项预先审查指标，构建省级部门预算决算审查指标体系。

(4) 拓展预算审查的范围，实现全面监督。2013年达州市人大常委会审查批准了市级国有资本经营预算，2014年这一做法拓展到了德阳、遂宁、内江、巴中等市；2015年，将实现一般公共预算、政府性基金预算、国有资本经营预算和社会保险基金预算"四本预算"全部提交人代会审查批准。除涉密单位外，将全部省级部门预算提交人代会审议。

(5) 将监督结果付诸整改，提升监督实效。省人大常委会将审查意见印送财政部门督促相关编制单位逐条整改，并约请部分问题较突出的部门或单位做出说明。比如，在预先审查2014年省级部门预算草案时，共提出意见529条，省财政厅以书面形式反馈了预审意见的整改落实情况，对其中414条意见做了补充说明，对115条意见进行了整改。

三 法治政府着力服务规范透明

依法治省的关键是依法行政打造法治政府。四川省政府通过了《关于推进依法治省加快法治政府建设的意见》，对省政府推进依法治省、加快法治政府建设进行了全面安排部署。四川省各级政府、部门以推进法治为己任，提升以法治思维和法治方式履行职能、解决和处理各种社会矛盾和问题的能力。

（一）政府职能转变强力推进

四川省在推进政府职能转变方面，注重构建合理的政府职能体系，推行权力清单制度，深化政府机构改革，实行大部门制，推进事业单位分类改革，强化行政审批制度改革，建立完善省、市、县三级联网的公共资源交易服务平台，深化财税体制改革等内容。从简政放权出发，按照"法定职责必须为、法无授权不可为"原则，四川省依法清理汇总55个省直部门的行政权力。2014年5月，"四川省行政权力依法规范公开运行平台"实现省、市、县三级互联互通，三级政府及其部门的行政权力事项及权力依据、裁量权等事项要素向社会公开。四川还探索对权力集中的部门和岗位实行分事行权、分岗设权和分级授权。

（二）深化行政审批制度改革

四川省的行政审批制度改革在全国起步较早，诸多改革走在前列。早在2001年四川省就设立了全国第一个省级政务服务中心。2004年，四川省眉山市就在全国率先提出"行政机关内设机构行政审批职能归并，并将归并后的职能处室整建制地集中到行政服务中心"的改革，开行政审批改革"两集中、两到位"之先河。近年来，四川行政审批制度改革措施及成效突出表现在以下方面。

一是政务中心及服务便民中心的普及与规范。省、市、县、乡、村五级

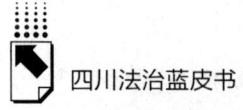

普遍建立服务中心或便民中心,并推行标准化建设,《四川省政务服务条例》更是将中心的标准化建设予以法治化,将打造服务型政府落到实处。

二是清理并精简审批事项。审批事项的精简是行政审批制度改革的基础。一些本来就没有存在依据或存在必要的行政审批,如果不能连根拔除,而只是优化审批流程,或者向社会转移,或者予以规范化、标准化改革,或者进行网上审批,简政放权的目标就仍无法实现。为此,四川省将清理、精简审批事项作为行政审批改革的首要任务。自 2013 年以来已经过四批次取消调整省本级 333 项行政审批事项,目前省本级行政审批事项 280 余项。与此同时,四川省还全面取消非行政许可审批事项。根据《四川省人民政府关于全面清理非行政许可审批事项的通知》(川府发〔2014〕35 号),2014 年 12 月 31 日四川省政府发布《四川省人民政府关于公布省本级非行政许可审批事项清理结果的决定》(川府发〔2014〕79 号),决定全面取消省级设定的非行政许可审批事项。另外,还建议取消依据有关地方性法规设立的 10 项非行政许可审批事项。

三是规范行政审批相关的中介机构管理。在全国各地,中介机构及其提供中介服务的垄断化、行政化、低效高收费,成为消解行政审批已有改革成果的重要因素。对此,四川省启动清理、规范和编制全省与行政审批相关的中介机构目录工作,并将编制的目录在互联网上公布,以构建全省统一的中介服务市场,取消各类保护政策和准入门槛,防止利用职权指定或变相指定中介机构提供服务。

四是清理并取消不合理的审批前置条件,推广并联审批。不合理的强制性前置条件,成为企业、当事人获得批件的"拦路虎",一些互为前置的情况更使得当事人无所适从,获得审批要么特事特办,要么走潜规则之路。对此,四川一些地方将清理审批前置性条件作为审批改革重点内容。比如,德阳市清理实际进驻窗口部门的审批服务事项各类前置条件 1254 个,其中涉及行政审批的前置审批条件 903 个,涉及中介服务的前置条件 351 个。

在并联审批方面,四川已经从小并联发展到大并联,既包括省、市、县三级的纵向并联,又包括中介服务的并联实施,推行并联评价、并联评审、并联审批的三并联模式,既减少了重复环节,又避免了互为前置,审批流程极大优化,审批效率明显提高。雅安市出台《进一步加强投资建设项目并联审批的实施方案》,启动并联审批领域"1+4+N"审批模式,市专门设立投资建设项目并联审批综合服务窗口,统一负责受理、代办、督办等工作,原有审批流程被整合优化为"设立登记、立项、规划建设和竣工验收"4个阶段,由参与并联审批的N个职能部门共同为企业服务,开通"政务服务直通车",将原来从设立登记到开工建设的审批时间,从148个工作日缩短到52个工作日。

(三)规范重大行政决策提升决策民主性

《中共中央关于全面推进依法治国若干重大问题的决定》把公众参与、专家论证、风险评估、合法性审查、集体讨论决定确定为重大行政决策的必经程序。四川各地认真贯彻落实中央决策部署,将提升重大行政决策的科学化、民主化作为法治政府建设的重要任务。省政府颁布了《四川省人民政府工作规则》,对建立健全重大行政决策的规则和程序,实行依法决策、科学决策和民主决策做出了明确规定。近年来,四川主要从以下方面规范重大行政决策。

首先,注重制度化建设及其落实。比如,宜宾市人民政府先后出台《宜宾市重大行政决策规范》《宜宾市重大行政决策听证制度》《宜宾市重大行政决策听取意见制度》《宜宾市社会稳定风险评估实施细则》《宜宾市重大行政决策事项专家咨询论证制度》《宜宾市政府重大投资项目信息公开制度》《宜宾市法律顾问团管理办法》等一系列制度安排,将重大行政决策的流程、公众参与、专家论证等机制予以固化,纳入规范化、法治化的轨道。遂宁市政府出台的《遂宁市重大行政决策程序规定》,不仅将合法性审查和社会稳定风险评估作为决策必经前置程序,而且创新社会稳定风险评估机制。其通过建立社会稳定风险评估指导监测中心,引入第三方评估机制,充实专家库,对社会稳定风险评估指标实行全程动态监测,既提升了重大行政决策的科学性,也增强了公众认同度。

其次,提升公众参与重大决策的有序性和有效性。虽然各地重大决策的机制构建都将公众参与作为基本原则，但实施效果参差不齐。不少地方的听证会并未真正反映群众呼声，经过征求意见程序的重大建设项目引发当地民众普遍不满甚至导致群体性事件。此类现象表明，公众参与不能走过场，必须真正提升其实效性。对此，四川注重为公众参与构建制度，提供有序渠道，完善其相关利益代表机制。如宜宾市允许社会公众通过公推公选的方式产生代表，既将大量社会公众的意见带入重大行政决策，又将重大行政决策的相关情况向社会公众传播和解释，起到良好的桥梁功能与纽带效果。

（四）促进行政执法规范有力

从全国范围看，行政执法乱作为、不作为的现象并非罕见，在某些领域还较为突出，执法中的地方保护主义、部门保护主义问题依然存在。对此，四川省多管齐下予以治理，确保行政执法到位而不缺位，有为而不错位。

其一，规范裁量权的行使。控制好裁量权是规范行政执法的关键。2014年5月17日四川省政府出台政府规章《四川省规范行政执法裁量权规定》（四川省人民政府令第278号），既要求地方立法依法、合理设定行政执法权，对行政执法权的行使主体、条件、程序、种类、幅度等要素做出具体、明确规定，减少行政执法裁量空间，又要求行政机关对存在裁量空间的执法权进行清理，分类分项细化、量化裁量标准。该规定要求制定行政执法权裁量标准实施细则并建立案例指导制度，确保裁量权的统一规范实施；并要求加强对执法裁量权行使的监督，包括上级行政机关的层级监督，相对人通过行政复议、举报、控告、投诉方式的监督，以及自我监督等方式。

其二，强化重点领域突出问题的整改。急用先行是提升效率的关键所在。四川省下发《四川省人民政府依法行政工作领导小组关于做好依法行政突出问题承诺整改工作的通知》，以优先发现并解决依法行政中群众意见强烈的问题。比如，四川省民政厅下发《关于开展依法行政突出问题征求意见活动的通知》，采取"三个面向"和"民政系统党的群众路线教育实践活动征求意见箱"等方式广泛征求各方意见，并对征集到的突出问题开展集中整治，扭转了民众对执法工作的不满。遂宁市开展"产品质量和食品安全专项整治行动""儿童食品和校园及其周边食品安全专项整治活动",使得食品安全管理秩序整体面貌焕然一新。

其三,引入重大执法结果备案制。重大行政执法的监督是规范行政执法、提升执法效能的重点内容。四川一些地方通过将重大执法结果予以备案,发挥了一定的规范效果。比如,德阳市政府法制办探索对市级部门重大行政处罚案件的备案机制,对市安监局、市环保局、市文广新局等部门的重大行政处罚案件予以备案。

其四,执法中积极应用行政指导。行政指导是指行政机关在其法定职权范围内,通过建议、辅导、提醒、规劝、示范、公示、约谈等非强制性的方式,引导公民、法人和其他组织自愿做出或者不做出某种行为,以实现特定行政管理目的的行为。四川省工商局出台《四川省工商行政管理机关行政指导实施办法》,在全省广泛应用行政指导,在服务发展方面推行助导制,在巡查监管方面推行劝导制,在执法办案方面推行疏导制,在依法维权方面推行引导制。行政指导的广泛应用,使得全省工商行政机关与企业之间的沟通互动更加畅通,有效地预防和减少了企业违法经营行为,增强了政府服务与行政监管的针对性、有效性,有效减少了执行成本,降低了执行阻力。

其五,通过量化指标促进执法规范。从2009年开始,四川省政府启动了《四川省市县政府依法行政评估指标》制定工作。2013年,按照十八大关于依法行政的新要求,四川省政府对该评估指标进行修订,进一步突出了市县政府依法行政的重点;2014年,按照省依法治省办关于编制《四川省依法治省纲要》指标体系配套文件的要求,细化法治四川建设的目标任务,抓住现阶段依法行政工作的突出问题,选择和确定有代表性的重要指标,组成评估指标体系。

其六,落实行政执法的检察监督机制。2014年5月底,峨眉山市人民检察院以当地食品药品监督管理局、市环境保护局、市工商行政管理局作为重点监督对象,实施行政执法检察监督专项活动。共抽查行政处罚案件92件,发出个案检察建议3份,提出工作检察建议3份,发现并督促移送刑事犯罪线索2起。三家行政执法单位对检察建议均及时书面回复并落实整改,

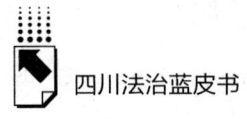

相关执法人员就个案检察建议做专门解释和说明，2起移送的犯罪线索均被立案侦查。

（五）提升政府管理透明度

政务公开与政府信息公开既有利于满足民众的知情权利，有效发挥政府信息在生产生活科研中的积极作用，也有利于倒逼政府守法、行为规范。为推动行政权力公开行使，四川省的做法包括以下方面。

首先，着力推动行政权力公开运行的平台建设。2014年1月，四川省政府办公厅制发了《四川省行政权力依法规范公开运行平台建设和使用管理办法（试行）》、《四川省行政职权目录动态调整管理办法（试行）》和《四川省行政权力依法规范公开运行电子监察管理办法（试行）》。南充市率先编制并运行政务公开首个地方标准《南充市政务公开标准》，经省质量技术监督局同意发布并正式实施。该标准作为建设开放型政府的重要内容，为政务公开的对象、方式、程序、时限、载体提供明确系统的规范。

其次，编制清理权力清单并向社会主动公开。四川省围绕行政审批、行政处罚等8大类行政权力事项进行了清理，目前，52个省级部门行政权力7194项，市（州）政府行政权力事项平均6058项，县（市、区）政府行政权力平均4083项。对清理后的行政权力事项，全部纳入行政权力运行平台职权目录并向社会公开。

再次，突出特定领域的公开制度建设。以警务领域为例，2014年年初，四川省公安厅把警务公开工作列为各级公安机关改革的重点任务，推行"六公开"制度，公开内容包括治安信息、突发公共安全事件、相关执法办案活动、行政办事程序、便民服务措施和举报投诉渠道。

最后，通过公开发挥监督效果。四川省政府依法行政工作领导小组办公室在省政府官方网站发布《关于省级主要行政执法部门依法行政突出问题及整改完成时限的公告》[1]，勇于"自曝家丑"，将省级主要执法部门依法行

---

[1] http://www.sc.gov.cn/10462/10464/10727/10866/2014/6/16/10304837.shtml。

政工作中群众反映比较突出的问题进行梳理并予以公告,并设定了严格的整改期限,向社会公布监督电话和邮箱,引入社会各界监督,不仅力度大,而且向全社会展示了勇于认错、坚决改错的勇气和诚意。

(六)推广行政权力网上运行

四川省各级政府、部门充分发挥电子政务大厅的社会服务功能,强化网上申请受理、办理状态查询和结果反馈等功能,实现省市县三级全部行政权力事项网上办理和实时监察监控。比如,德阳市将网上审批作为行政审批改革的重点任务,已经提供了788个政务服务事项的上网公示,提供了754项网上预审,更新上传了5778份格式文本。再如,四川实行单独二孩政策过程中,夫妇再生育的申请,从申请、核查、初审、复核到审批全程网络化,群众足不出户即可完成办理,这为身在异地的夫妇更是提供了便利。

四 司法公正公信不断提升

司法是法治建设的重要内容。个别案件的司法不公,受到社会各界的严重诟病,严重影响到普法效果和民众对法治的信心。四川的法治推进高度重视司法工作,为推进司法公正,提升司法公信力,四川各级人民法院、人民检察院等司法机关进行了卓有成效的探索。

(一)完善审判权运行流程

审判权运行,存在着外部环境和内在机制两方面问题。在外部环境方面,审判权运行容易受到来自各方的干扰干预。在内在机制方面,审判权与审判管理权,审委会、合议庭与独任审判员之间权力界限不清晰,一些地方存在审理案件需要层层请示、汇报的情况。对此,四川展开积极探索,完善审判权运行流程。

成都市中级法院出台《审判权运行机制改革试点实施方案》,推行审判权运行机制改革。其思路是通过科学配置与合理界定各层级、各成员的职责权限，界分审判权与审判管理权，形成审判权既能有效运行又能得到制约监督的权力运行格局。通过界定审判职责与审判管理职责，明确审判委员会、合议庭和独任审判员的权限，确定了合议庭组成法官、审判辅助人员的各自职责界分；进而划分审判机构、院长、庭长的管理职权。在此基础上，明确审判组织与审判机构行使权力的关联，院长、庭长不能代替和否定合议庭或独任法官的审理结果。通过"点、线、面"三个维度，把传统上分散的、个别化、个体性的审判及审判管理活动统摄于法院的管理体系之内。其"点"，是指行使对案件的审核权，通过审核对重点案、重点环节和重点人实施监督；其"线"，是指通过对案件流程整条线的监督，保证审判流程的合规运行；其"面"，是指对案件的综合面上的指导，以审判长联席会、案件通报分析会、案例评析会、案件质量评析会、信访情况分析会等会议形式，达到促进裁判尺度统一化的效果。

（二）发挥人民陪审员作用

最高人民法院在向全国人大常委会专项报告人民陪审员工作时指出，要加强人民陪审员工作，畅通人民群众依法参与、监督审判工作渠道。四川省高级人民法院将陪审员制度作为司法民主的重要组成部分，组织各级法院实施人民陪审员"倍增计划"，积极为人民陪审员履行职责创造条件，扩大人民陪审员参审案件范围，发挥人民陪审员在减刑假释、行政诉讼、知识产权纠纷等案件审理和司法听证中的作用。2014年3月，武侯区人民法院30名新任人民陪审员正式由区人大颁发任命书，其中基层群众20名，并首次新增藏族、彝族人民陪审员。

（三）建构完善行政执法与刑事司法衔接机制

行政执法与刑事司法的衔接机制，是指行政机关在行政执法查处违法行为的过程中，发现违法行为或相关行为涉嫌构成犯罪的，依法向公安机关、检察机关等移送案件予以司法处置的工作机制，在实务中被简称为"两法衔接"机制。四川省重视"两法衔接"机制的建构、完善，对于查处违法犯罪行为，起到显著促进作用。为加大行政机关移送危害民生案件工作力度，四川省人民检察院与省政府法制办建立危害民生犯罪立案监督工作机制，切实解决了有案不移、有案不立、有案难移、以罚代刑等问题。比如，乐山两级人民检察院分别与公安、工商、税务、烟草、药监、国税、地税等行政机关建立起联席会议制度，通过联席会议解决行政执法与刑事司法衔接过程中遇到的矛盾和问题，建议行政机关移送涉嫌犯罪案件。

（四）破解法院裁判执行难

法院执行难是一个"老大难"问题，已困扰中国法治数十年，是全国法院系统普遍存在的问题，执行难使得法院裁判成为一纸"白条"，严重损害当事人的合法权益，影响法院和政府在群众中的形象，甚至在一些地方引发严重的社会问题。为解决执行难，四川省高级人民法院建立了执行工作联席会议制度。各市、州中级法院均建成"点对点"网络执行查控系统，实现与银行、工商、国土、税务等单位对失信被执行人财产信息的联网查控。完善了执行失信信用惩戒机制，不仅公开曝光、通报失信被执行人信息，而且将其纳入银行、工商、民航等征信体系，对失信者在融资贷款、生产消费等方面予以制裁、限制。成都市中级人民法院探索对法院执行权力进行"分权制衡，层级管理"：将执行权力和执行流程进行细分，一个承办法官不再单独承办一个案件，而是同时负责多个案件的同一个执行环节，如执行调查法官只负责财产的调查和控制，评估、拍卖法官只负责评估拍卖事项；通过实行三级控权，四级审批，避免查封、冻结等权力的不作为、乱作为。

（五）推进司法权规范运行

规范司法行为，对于确保公正司法、维护社会公平正义有着重要意义。四川坚持问题导向，从立案、审理、执行等司法环节存在的突出问题着手，努力规范司法行为。四川法院系统设置7个方面共计21项展开规范化建设。其重点之一是规范执法办案程序。四川省高级人民法院针对群众反映强烈的执法办案不规范、案件超审限、消极执行等问题，制定监督管理规范等6个

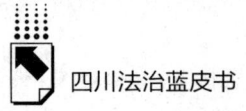

规范性文件并严格落实。其重点之二是规范审判指导。建立省法院各审判业务庭对口指导中基层法院制度,通过案例指导促进裁判尺度统一。

四川省人民检察院将整治检察环节司法不规范的突出问题作为工作重点。在其统一部署、要求下,四川各级人民检察院均注重司法规范化建设。比如,巴中市人民检察院为促进司法规范化,一方面注重制度建设;另一方面兼顾专项整治工作和规范司法行为长效机制,通过检务督察、案件程序信息查询平台、法律文书公开平台、案件信息发布平台、辩护与代理预约申请平台,以及责任追究等机制,使得司法规范工作经常抓、反复抓、持久抓,标本兼治。

(六)推动阳光司法,用看得见的方式实现公平正义

四川各级人民法院按照党中央的部署、现行法律规定和最高人民法院的文件要求,全面推进司法公开。在具体做法上,除"规定动作"之外,四川各级人民法院还积极探索以下做法、机制。一是开发公开软件。省高级人民法院统一组织开发了审判流程公开软件,建成并运行案件进展查询系统,当事人凭密码可在法院网站上自助查询20余项审判流程信息。二是规范裁判文书公开。省高级人民法院于2014年年初出台《关于全省法院在互联网公布裁判文书的实施细则(试行)》,对裁判文书公开范围、操作流程、内容要求、告知义务等做出系统规定,各级法院本着"以公开为原则,不公开为例外"的原则,普遍建立了裁判文书上网公开前审查和公开后评查制度,裁判文书上网走向制度化。三是在执行信息公开方面,通过网站、信息平台等建设,当事人可以通过执行公开网站、短信以及在法院诉讼服务大厅自助查询等渠道,做到网上能查、短信能收、触摸屏能看、执行窗口能办、电话能通、社会能监督,即时知晓执行案件信息。

四川省人民检察院于2013年11月启动深化检务公开制度改革工作,打破保密办案的传统,探索检务法规文件、检务活动及其结果向社会公开的方式方法。全省三级检察院均开通"人民检察院案件信息公开网"和案件程序信息网络查询系统,面向全社会公布案件信息和提供查询。一些检察院更

进一步，借鉴行政权力"负面清单"的经验做法，制定检务公开"负面清单"，列明不能公开的事项，要求其他事项均应依法公开。在法律文书的公开方面，起诉书公开是检务法律文书公开攻坚的关键所在。

2013年12月，四川省人民检察院出台深化检务公开制度改革的具体措施，要求除涉及国家机密、个人隐私、未成年犯罪的案件信息外都要公开。2013年12月9日，四川省人民检察院门户网站（http://www.sc.jcy.gov.cn/）正式上线，这是省检察院首次开办门户网站。从全国范围看虽然起步不算早，但其力度大、进步快。广元市两级检察机关坚持全面、及时、主动、准确公开起诉书。除法定不公开的案件外，将案件起诉书在案件提起公诉后5日内通过门户网站向社会公开。广元市两级检察院还主动将办案程序性信息向社会公开，包括职务犯罪侦查、审查逮捕、审查起诉等案件的犯罪嫌疑人姓名、受理时间、强制措施、结案时间、办理结果等信息，在特定程序环节发生2个工作日内，均在门户网站诉讼进度及结果查询栏目公开。乐山市人民检察院采取改版检察院门户网站，开通检察院微信、微博，设置检务公开触摸电子屏等方式公开检务信息，在法律宣传、检察监督、舆情引导等方面成效显著。在案件过程信息方面，乐山市人民检察院出台《乐山市人民检察院审查逮捕案件公开听证暂行规定》，建立审查逮捕公开听证制度，对公开听证的范围、内容、程序等做出规定。

四川还稳步推进狱务公开。针对服刑人员切实关心的服刑人员权利和义务、服刑人员立功或重大立功的审批程序、"减假暂"的条件和程序等焦点和热点，监狱通过网络平台、宣传专栏和公开手册的方式，在监狱域网、监区、会见室进行公开。尤其是对提请服刑人员减刑、假释，实行"三公示制度"：监区长办公会的监区公示、监狱减刑假释暂予监外执行评审会的评审公示、监狱长办公会的监狱公示。对于特定类型服刑人员的减刑、假释、暂予监外执行，还在监狱和省监狱管理局门户网站向社会公众公示。

（七）完善司法服务体系落实司法为民

司法服务是人民法院、人民检察院向当事人、一般社会公众提供的司法方面的诉前、诉中、执行等方面的辅导、协助等活动。司法服务虽然不是直接的检察、审判事务,但对于司法起着不可或缺的作用,突出体现了司法为民的理念。司法在完善司法服务体系方面积极探索,形成了丰富经验。

四川各级人民法院探索建设法院"一站式"诉讼服务体系。成都市武侯区人民法院在这方面的探索非常先进而突出。武侯区人民法院以服务当事人为目标,率先打造诉讼服务中心,努力做到当事人"走进一个厅,诉讼事务一站清"。通过梳理诉讼服务内容、细化诉讼服务类型,诉讼服务中心内设诉讼辅导、诉讼事务办理、自助服务、商务服务四大平台,分设16个服务子窗口,涵盖法院诉讼审判活动9类、89项主要诉讼事务,最大限度细化了法院窗口服务内容,有效节约了当事人的时间、往返等成本。中心设立了诉调对接窗口,专门邀请人民调解员全天候在诉讼服务中心参与调解活动。武侯区人民法院诉讼服务中心设置调解110和诉讼查询114两项远程便民窗口。调解110窗口针对部分家庭邻里的小微纠纷,通过直接拨打诉讼服务中心公开电话即可由后台法官实施调解,调解不成的还可立即启动小额速裁程序。诉讼查询114窗口及联系电话实现了当事人只需要拨打电话或到该窗口即可清楚地查询案件的情况和审理进度,既使得当事人快速了解案情,也免除了法官频繁接待当事人带来的种种问题,在当事人和法院之间建立起畅通交流又不妨碍公正的联络平台。由此,武侯区人民法院诉讼服务中心做到了兼具人民调解、行政调解、司法确认、联络平台四大功能。另外,该中心还提供了与司法相关的商务服务,使当事人在法院诉讼服务中心可快速办理诉讼费用缴纳、证据材料复印、文书材料写作等辅助性、基础性工作。在基层法院实践做法基础上,四川省高级人民法院出台《全省法院诉讼服务中心服务管理规范》,使得诉讼服务中心的运行更加标准统一,在方便群众、减轻办案压力和提升法院形象等方面均起到积极作用。

四川将"各级检察院建成综合性受理接待中心"作为检察机关司法为民机制的重要组成部分,并作为《四川省依法治省指标体系(试行)》(川委办〔2014〕37号)的考核指标之一。基于其要求,四川各级检察机关普遍建立起检察院综合性受理接待中心,并将其定位于检务工作的统一对外平台。为推动检力下沉，四川一些检察院不仅设立基层检察室，还在派驻检察室下延伸设立检察工作站、检察工作点。乐山市中区检察院还创设"全院参与，轮流派驻"乡镇检察室制度，犍为县人民检察院在偏远乡镇开展"巡回检察室"活动。

五 以"法律七进"为抓手深入开展法治宣传教育

治蜀兴川重在厉行法治，厉行法治，普法必须先行。四川坚持把"法律七进"（法律进机关、进学校、进社区、进乡村、进寺庙、进企业、进单位）作为法治宣传的重要载体和主要抓手，强化广覆盖、突出针对性，持续发力、深入推进。

（一）注重普法形式的多样化

开展法律进机关、进学校、进社区、进乡村、进寺庙、进企业、进单位"法律七进"活动，是法治四川建设的一项重点工作。2014年，四川制定《推进"法律七进"工作方案》，对每"进"提出明确工作措施和工作目标，切实解决"怎么进"的问题。进一步细化和出台了法律进机关、法律进学校、法律进寺庙、法律进企业实施意见和工作方案。制定《四川省"法律七进"三年行动纲要》，根据不同地域、不同行业、不同人群的差异化法律需求，对"七进"所需普及的重点法律知识逐年、逐项、逐条安排，切实解决"进什么"的问题。制定《关于进一步完善"谁执法、谁普法"工作机制的实施意见》，明确责任部门和主要宣传内容，结合年度各类宣传月、宣传周、宣传日和特殊时间节点集中开展普法宣传，切实解决"谁来进"的问题。同时，组织专家学者分门别类编写全省"法律七进"系列统编普法读物，分类分层次有针对性地开展"法律七进"，切实解决法律"进得去"、"落得下"和"见实效"三个问题。

通过法治广场、法治公园、法治长廊、法治辅导站、青年维权岗、法制副校长、廉政漫画与廉政公益广告以及微博、微信、微电影等法治文化建设

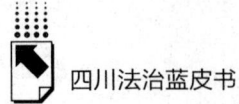

和工作机制、工作载体的摸索实施,使得普法效果显著增强。比如,自贡市的法治社区建设,包括法律宣传进社区和依法治理进社区。就宣传方面,其做法有建立法治广场、青少年法治教育基地、"法律七进"示范单位、法治文化景点,组建普法讲师团、法治宣传小分队等,并创新宣传载体和方式,印发典型案例选编折页和普法"三字经"、开展"订单式"法治宣传。全省政法系统组织开展"平安与法治"主题微电影、公益广告和动画评选活动,动员各级政法机关干警积极创作优秀作品,以群众喜闻乐见的方式宣传法治四川建设的实效。例如,成都市以群众喜闻乐见的方式开展"法治微电影"征集推广活动,共征集《罪·爱》《戴课》等优秀作品20余部,并遴选精品在全国各大视频网站同步上线。在依法治理进社区方面,其做法有律师、基层法律服务工作者直接参与社区重要事务决策,发挥司法所、调委会、基层法律援助工作站、法律服务机构等化解矛盾和服务群众的一线平台作用,数家律师事务所被确认为全市社会稳定风险评估工作"第三方"中介评估机构。在全省高等院校,大力开展"知名律师以案说法·法律大讲堂进高校"活动,全省城市中小学校100%配备法制副校长和法制辅导员,农村中小学法制副校长和法制辅导员配备率达91%。

(二)突出领导干部学法用法

《四川省依法治省纲要》提出要坚持和完善任前法律知识考试制度,实施任前法律知识考试,并探索建立公务员录用法律知识测试制度、公职人员学法用法考核制度及任期内依法行政情况考察制度。这些制度的建立完善,对于提升国家公职人员特别是领导干部的法治意识、法治能力,将起到极大促进作用。2014年,四川各级党政主要负责人切实履行推进法治建设第一责任人职责,以提高领导干部和公职人员运用法治思维和法治方式的能力为重点,积极推动开展与履行职责相关的法律法规知识的宣传教育活动,提高了领导干部和公职人员运用法律手段管理经济社会事务的能力。四川省出台了《关于做好省直机关依法治省有关工作的通知》和《2014年"法律进机关"活动实施方案》,各级党委(党组)中心组认真开展专题集中学法活动，一些地方党委中心组成员结合年终述职专题汇报学法用法守法情况，各地建立健全党委常委会、政府常务会、部门办公会定期会前学法制度。四川省出台《四川省人民政府法律顾问团管理办法》，以法律顾问制度的全覆盖为目标，分步骤、按计划稳步推进。

（三）大力推行"一村一法律顾问"制度

传统乡村普法工作受人员专业素质、经费保障、活动开展条件等各方面的制约和影响，难以满足基层群众的法律需求。在实践中，四川省推行"一村一法律顾问"制度，创新农村普法工作机制，实现了普法队伍从业余向专业的转变，普法内容从共性向个性的转变，普法方式从说教向应用的转变，普法观念从管理向服务的转变。"一村一法律顾问"制度的主要内容是从律师事务所和法律服务所选派优秀的律师和基层法律服务工作者，担任村组织的法律顾问，为农村广大群众义务宣讲国家法律法规和党的政策，义务接受法律咨询，义务为农村建设项目出具法律意见或建议书，义务为农村涉及稳定、重大民生等事项提出法律意见或建议，办理农村的法律援助案件。绵阳市通过推行"一村一法律顾问"制度，让具有专业知识和法律事务经验的律师、法律工作者通过担任村级法律顾问的方式承担起农村普法的职责，既壮大了普法队伍，又增强了普法力量的专业性，普法效果大为提升。2014年，四川各级司法行政机关向村（社区）选派律师、法律工作者担任法律顾问1.6万余名，组建法律服务小分队4000支，开展活动4.5万余次，实现了行政村、社区法律顾问的广覆盖。

（四）增强普法内容的针对性

传统的普法方式往往难以满足群众的个性化需求，普法与用法脱节，针对性不强。对此，四川成都、德阳、雅安、泸州等市通过"以案说法、以案普法、以案学法"，增强了普法的针对性和深度，对于特定领域的法治氛围形成、全民守法起到积极作用。眉山市则创建"调解一次纠纷，上好一堂法治课"活动。遵循"调解治标、普法治本"的新理念，将矛盾解决与普法教育

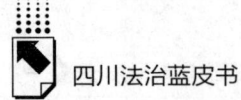

相结合，创造出调查宣法、案前学法、调解释法、以案说法的四步工作法，并创制出"调解—普法工作流程图"，实现案结事了，而且落实普法的效果。各地充分发挥律师协会、法学会、书法协会、美术协会、摄影协会、记者协会等各类社会团体的作用，以法治文化创作为契机，创作出一批群众喜闻乐见、寓教于乐的法治文化作品，在潜移默化中传播法治文化、提升法治意识。

在向民营企业普法时，四川省工商局结合《反不正当竞争法》《商标法》，对民营企业在产品名称包装装潢知识产权保护、商业秘密行政保护等方面反映突出的问题进行及时解答，并通过企业联络员座谈会制度及企业QQ群，及时在线答复企业各种问题，及时了解民企所需、所想、所急，切实解决好民企发展中遇到的各种问题，对于民企运用法律手段维护自身合法权益起到积极作用。

在民族地区，结合当地民族文化特色，采用群众喜闻乐见的方式展开普法。阿坝州、甘孜州采取政府购买的方式，鼓励唐卡、祥巴、藏羌绣、格萨尔说唱、弹唱等民族民间艺术工作者创作、展示法治文化；资阳、遂宁、达州等市利用大调解系统定期收集整理群众遇到的法律问题，依托基层法律服务法律援助项目，在普法实施前主动了解普法宣讲对象的需求，形成普法菜单，并征集"普法订单"，使得普法内容与民众需求相接轨。

六　法治社会全面推进

社会领域的问题，具有多样性和复杂性，社会治理是中国治理体系中的重要内容。法治社会是一种以宪法和法律为至高权威来管理的社会，其以法治保障社会的自治与正常运行，社会矛盾的化解立足于法治思维和法律手段。四川在社会领域的依法治理创新多样，成效显著，并不断提高了全社会法治水平、完善了现代法治治理体系。

（一）完善现代社会治理体系

四川深入研究公民权利意识觉醒与维权理性不足、对国家权力机关诉求日益增多与配合支持不够、政府简政放权与社会组织发育不成熟、违法成本低与守法成本高四对矛盾，把社会依法治理摆在突出位置，抓住现代社会治理结构、治理体系、治理能力、治理基础四个关键节点，解决深层次问题。一是建立现代社会治理结构。探索县乡村三级支撑，法治、德治、自治衔接配套的现代治理结构，使现代社会治理结构与现行政权结构和经济社会发展结构相适应。二是完善现代社会治理体系。建立健全网格化服务管理体系、基层群众自治体系、社会组织行业自律体系和社会信用体系，推进社会依法治理多层次、多形式、全覆盖。三是提高现代社会治理能力。探索建立民生保障、困难群众、社会维稳三本台账，坚持一把手不抓"三本台账"是失职、抓不好"三本台账"是不称职，实现民情在一线掌握、措施在一线形成、问题在一线解决、矛盾在一线化解。四是夯实现代社会治理基础。强力推进依法治村治社区，全面推广中江经验，通过制定村（居）规民约，落实村（居）民自治权力，推进依法治省在基层落地见效。

（二）构建"大调解"工作格局

救济解决与权利保障，可谓一体之两面。对于权利遭到损害的当事人，其恢复、保障权利的过程，也是纠纷解决的过程。四川在权利保障与纠纷解决方面，注重调解体制机制的创新，以及特殊群体的权益保障。

为克服一般性调解机制专业能力相对缺乏的问题，四川以诉非衔接为重点打造"大调解"工作升级版，用法治思维和法治方式防范化解社会风险，提高维护社会稳定法治化水平；以涉法涉诉信访改革为主线，引导群众依法有序反映诉求，设法劝返长期滞京非访人员，及时就地解决信访问题；以深化街面、社区（村）、单位和行业场所、区域边际、网络社会、线（路）治安防控"六张网"建设为基础，组织开展平安和谐网格、平安和谐社区（村）、平安和谐街道（乡镇）"三级联创"，不断健全立体化社会治安防控体系。四川各地注意在纠纷解决中发挥历史、宗教、文化、传统、法治等资源优势，探索建立各种项目、类型的调解组织，以及专业性、行业性调解组织。比如，雅安市在灾后的重建项目部建立起人民调解室，最大限度做到"一般矛盾纠纷不出工地"。阿坝州则建构完善矛盾纠纷的"大调解"组织网络和工作机制，并评聘特邀调解员设置分类调解专家库。雅安市针对涉灾信访问题，适用优先接待、优先办理、优先解决的原则，随接随办，将其纳入快速通道予以解决，确保灾区社会大局稳定。资阳市则出台《资阳市依法治理重点领域矛盾纠纷和信访突出问题实施方案》，对重点领域的矛盾纠纷、信访案件予以集中力量共建治理。乐山将彝族的"德古"①纳入其纠纷化解体系，发挥德古的灵活性和有效性，邀请其参与调解、帮教。遂宁以依法化解医患纠纷、打击"医闹"为目标深入推进依法治医，着力构建政府主导、部门履职、第三方调解和理赔"四位一体"的医疗纠纷依法调解机制。

特殊群体的权利救济往往受到忽视，在此方面四川也有一些经验可资推广。比如，四川监狱建立起服刑人员复议申请的二级处理工作机制。在监狱内设置复议受理箱，用以收集服刑人员对监狱执法活动的复议申请。服刑人员对监区对其本人的行政奖惩有异议的，可以向监区（一级复议机构）申请复议；对监区的复议结果不服的，可以向监狱狱务公开办公室（二级复议机构）再次申请复议。相关部门收到服刑人员的复议申请后，按时依法处理并在复议公示栏上公示处理结果。

（三）推进社会稳定风险评估全覆盖

四川将社会稳定风险评估作为推进依法治省的重要载体，深入推进风险评估全覆盖、规范化、法治化，从源头上防范化解社会稳定的隐患。一是系统总结近年来全省社会稳定风险评估工作情况，出台《关于深化政务公开工作的意见》，把社会稳定风险评估作为政府决策的必经程序。二是各地对凡未开展社会稳定风险评估、风险评估结论为不实施的，严格坚持党委常委

---

① 所谓德古，是指在彝族群众中，德高望重、熟悉彝族风俗习惯、具有较高调解和调处能力的中间人。

会、政府常务会议不列入议题、不研究、不决策的"三不原则"。三是对推进社会稳定风险评估工作进行专项督查,推动将《四川省社会稳定风险评估条例》纳入地方立法计划,积极推进四川风险评估工作的法治化进程。四是各级各部门进一步修订、制定具体办法,形成了条块结合的风险评估制度体系。2014年,全省共开展重大事项稳定风险评估6782件,决定暂缓实施或不实施292件。

(四)创新网格化治理

全国实施网格管理的地区已经非常普遍,但传统的网格管理实施效果并未达到预期。四川在网格化方面积极探索,具有以下优势和特色。一是定位更加全面。以往的网格化管理主要服务于综治,主要关注社会治安等消极问题,相对忽视为群众服务、排忧解难。四川省对该制度予以重塑,新的网格化管理定位于党政工作的组成部分,契合党委、政府的全局工作,全面性、跨部门是其成功的重要因素。网格员搜集的数据为各个部门共享共用,使得网格制度成为服务群众的平台,是弥补条块分割弊端的重要制度安排。二是以服务带动管理水平的提升。传统的网格员主要负责搜集信息,附带带回一些意见、问题,但对这些问题缺乏解决机制的硬性制度安排。新的网格员则以服务优先,群众的问题、呼声不仅有网格员每天收集,同时确保每件问题有人负责解决。服务功能的凸显,使得网格员与当地居民建立起深厚的信任。三是通过刚性制度安排确保问题解决。网格化治理并非将网格员撒出去就算了事,而是设置发现问题的跟踪督办、绩效考核、约谈问责等一系列配套制度机制,使得网格成为服务群众办实事的有力抓手,并倒逼政府从管理型向服务型转变。四是与通信部门合作实现扁平化管理。通过智能手机客户端的使用,将网格重心下沉到县级及以下,确保小事不出网格,大事不出县。遂宁市推进市级相关部门接入网格信息系统,监管中心可以第一时间向相关部门分流办理。

四川省的网格化治理已经从传统的治安管理措施,升级为综合性的治理服务体系,对其他地方也不无借鉴价值。

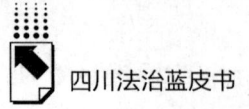

（五）加强社会诚信体系建设

《中共中央关于全面推进依法治国若干重大问题的决定》提出："加强社会诚信建设，健全公民和组织守法信用记录，完善守法诚信褒奖机制和违法失信行为惩戒机制，使尊法守法成为全体人民共同追求和自觉行动。"为全面加强政务诚信、商务诚信、社会诚信和司法公信建设，2014年四川省政府发布《四川省社会信用体系建设规划（2014—2020年）》（川府发〔2014〕66号），着力推进四大社会主体诚信建设，搭建全省信用基础数据统一平台，建立健全信用奖惩联动机制，促进改善信用环境水平；该规划主要围绕政务诚信、商务诚信、社会诚信和司法公信四个重点领域，并强调加快推进基础设施、运行机制、诚信文化和示范工程的建设。四川还将行贿犯罪档案查询纳入政府投资项目的招标文件。在投资项目的招标文件中设置前置条件，要求投标主体先取得检察机关提供的"无行贿犯罪记录的证明材料"，之后方能参与竞标。

（六）以法治保障基层自治

通过法治提升村居自治管理的规范性，是法治进社区、村居工作的关键内容。《四川省村民委员会选举条例》《四川省〈中华人民共和国村民委员会组织法〉实施办法》等立法项目的制定进展顺利，这些立法将对当地的村民自治产生积极效果。省依法治省领导小组办公室、省委组织部、省司法厅、省民政厅联合下发《关于深入开展示范创建活动全面推进依法治村（社区）工作的通知》，将村规民约作为其中的重要抓手与考核指标。

四川不少地方在落实基层自治方面做了探索。绵阳市司法局在律师事务所、法律服务所选派优秀的律师和基层法律服务工作者，担任村组织的法律顾问。其任务是为农村广大群众义务宣讲国家法律法规和党的政策，义务接受法律咨询，义务为农村建设项目出具法律意见或建议书，义务为农村涉及稳定、重大民生等事项提出法律意见或建议，办理农村的法律援助案件等。

中江县把村规民约作为创新社会治理、落实依法治省的重要抓手。全国各地大都制定有村规民约，但其大多处于"休眠"状态而未发挥应有作用。

究其根源，一方面是在制定程序上往往缺乏当地村民的充分参与，业务主管部门、乡镇政府、村居干部拟定几条、简单走下程序公布即了事；另一方面是一些村规民约的内容往往较为笼统，停留在"五讲四美三热爱"的口号式、倡导性内容上，与村民的日常生产、生活并无直接关联。对此，中江县以村民自治的方式解决政府管不到的问题的理念，启动村规民约的试点。中江县富强村为制定村规民约，村干部逐户走访，把村民们最关心、最迫切的问题记录下来并形成初稿；党支部委员会、村委会和村监委会将初稿予以公示并印发到户，通过广播宣讲、小组讨论等方式征求意见，形成第二稿；再次征求群众意见后，形成审议稿，并在村两委换届选举日逐条宣读、解释，并逐条表决通过。中江县一些乡村还着力提升村规民约的约束力，比如，集凤镇石垭子村推出村民诚信档案制度，将违反村规民约的行为记录在案，诚信档案成为一些惠民项目审批的重要考虑因素，这使得社会依法治理落到实处。对于中江县依法治村的经验，省民政厅等部门予以提炼总结，形成以"三上、三下，六步工作法"为核心的村规民约制定法，形成中江经验加以推广。

成都市成华区新鸿社区探索了法治与自治并重的模式。该社区落实居民自治，通过成立院落居民自治小组等日常管理组织，制定《社区环境自治章程》，推行准物业管理。该社区突出法治的功能发挥，通过对口联系律师注入法治因素，并通过法治微广场、法治文化公园等形成法治氛围，法治与自治两种机制互为补充形成合力，形成既遵守法律规范，又富有人情味的治理模式。

雅安市将基层自治纳入到灾后重建中去。雅安各村居通过组织推荐、群众联荐、个人自荐、民主选举的方式，在灾后重建的232个农村新村聚居点全部建立"自建委"，做到建立临时党支部、自治章程、工作台账相结合，并逐步从自建发展到自管，加强重建新村后期管理，使得当地群众在重建住房等事务中实现自我服务、自我管理、自我监督，在选房址、谈价格、管资金、监质量等方面"当家做主"。

总之，法治对基层自治的介入与保障，既大幅提升了群众的民主法治意识，也有力增强了村居民自治管理的质量与水准，还有利于将基层行政与村居自治管理良好衔接。

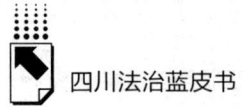

（七）加强集体经济组织的财务管理

集体经济组织的资金、资产、资源（以下简称"三资"）管理，是村民自治的核心内容。在农村，不少社会矛盾和群体性事件的发生，与集体经济组织的"三资"管理疏漏有直接的关系。为此，四川省农业厅、四川省财政厅印发《四川省农村集体资金资产资源规范化管理办法（暂行）》。四川各地也展开积极探索。德阳市农业和纪检监察部门密切配合，从2012年起开始试点集体"三资"管理改革。2013年德阳市人民政府办公室印发《德阳市农村集体"三资"信息化监管平台建设实施方案》（德办发〔2013〕64号文），运用现代信息技术，建立集体"三资"信息化监管平台。监管对象从单纯的农村财务管理拓展到农村集体资金、资产和资源管理，公开方式从传统的上墙公开升级为多渠道全方位公开，监管环节从事后监管为主转型为全环节监管，引入事前监管达到规范管理、强化监督的效果。

阿坝州出台《阿坝藏族羌族自治州村财民理乡监管暂行办法》，在加强农村财务管理、规范农村会计核算、防范村级债务风险方面，也取得良好效果。比如，阿坝州金川县通过与乡村签订代管协议，明确财务责任主体为村委会、会计核算主体为乡财政所，形成了该县"村财民理乡监管"的"5+1"模式：健全5项制度，规范1条工作流程。①出台《金川县深化村级财务管理改革工作实施方案》。对各乡（镇）分管财务工作的副乡（镇）长、会计、出纳进行专题培训，进一步完善各村财务收支由乡（镇）进行统一审核、把关的各项制度。②出台"村财民理乡监管"财务管理暂行办法。乡财政所负责对全乡各村村级资金的管理和监督，在各村设立报账员；对各村资金的拨付，由各村向乡镇财政所报账支出；乡财政所具体负责各村的财务收支和会计核算工作，各村财务会计核算分村建账，按村核算，实行统一管理。③建立健全村务监督制度。选举成立村务监督委员会，建立健全村务监督委员会相关工作制度，采取每月召开工作例会、建立工作台账等方式对村务决策、项目建设情况、集体资金收支、资产资源处置等情况进行监督，督促村党组织和村民委员会正确履行职责。④建立完善资产管理制度。村集体经济组织建立健全固定资产管理使用制度,建立固定资产账册,定期盘点,对资产变动情况及时登记,做到账实相符。村集体经济组织年度财务预决算、集体资产经营方式的确定和重大变更、重大投资项目、年度收益分配方案、主要资产处置,以及其他重大事项等由群众讨论通过。⑤制定完善财务公开制度。采取定期或不定期的方式,在村务公开栏中对各村的财务收支详细情况进行公布。

(八)净化网络秩序

互联网络是虚拟社会,具有信息量大、传播范围广、不受时空局限、反应迅速等特点,对社会治理提出了严峻挑战。近年来,网络虚拟社区的发展已经清晰展现,现实生活中的人际关系与行为互动,在网络社区中也同样会发生。网络这种特殊性是双刃剑,基于网络平台的诈骗等违法犯罪行为,具有造成更为严重后果的可能。四川各地积极探索通过法律规范来净化网络秩序。比如,德阳市要求落实政务微博信息注册实名登记及接入网站信息报备制度,通过手机运营商对手机用户的身份核实、网站对注册网友的后台实名认证、技术服务商用真实身份接入互联网等手段,推进网络真实身份注册。德阳市建立健全网络管理队伍、网络应急队伍等,健全舆情信息监测与处置体系。在网络秩序的净化与网络执法中,如何兼顾虚拟社会秩序与个人表达自由,如何平衡网络安全与个人信息保护,都是值得探索的新问题,执法机关既不能消极不作为,也不宜因噎废食过度管制,其平衡点把握需要在实践中不断加以完善。

七 展望与预测:法治兴川,打造西部法治高地

《中共中央关于全面推进依法治国若干重大问题的决定》提出,要加快建设社会主义法治国家,全面推进依法治国,建设中国特色社会主义法治体系,建设社会主义法治国家。这既需要党中央的统筹安排和顶层设计,也需要发挥地方能动性,上下交融形成合力。四川作为西部内陆省份的代表,其法治探索具有不可替代的典范意义。全面、加快建设法治四川,既事关四川经济社会的前景未来,也对中西部其他地区具有法治高地的带头、示范意

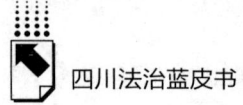

义。四川法治应在已有工作基础上,开展新的探索,努力走在前列。

总体上,四川人大工作取得显著成效,但依然任务艰巨。将来,四川还应进一步提升立法质量,增强法律法规的及时性、系统性、针对性、有效性。立法内容应更加突出程序法治、社会治理和民生改善,将行政程序立法、居民健康保险立法等提上议事日程。同时加快与改革衔接配套的立法工作,为全面深化改革提供法律保障。各级人大及其常委会在重大事项决定方面应发挥更大作用,通过科学界定重大事项的范围、标准,加强前期调研论证与后期跟踪监督,提升地方各级人大及其常委会履行重大事项决定权的能力。地方人大监督如何发挥其权威性和刚性,也需要在实践中不断探索。

法治政府建设应当在行政审批制度改革、规范行政执法、政府信息公开等方面取得成效的基础上,不断向纵深迈进,与经济社会发展的需要相适应。坚持职责法定,做到法定职责必须为、法无授权不可为,推进机构、职能、权限、程序、责任法定化,对权力集中部门和岗位实行分事行权、分岗设权、分级授权,消除权力设租寻租空间。行政审批改革清扫死角,继续清理行政审批事项,简化审批流程,普遍推行网上审批并完善监督机制;行政执法更加注重程序,进一步优化行政执法体制,增强执法能力,将一些领域专项整治的成果固定下来。

司法公正与人民群众的期盼相比仍有一定差距,司法公信力的提升并非一日之功。四川应进一步推进司法公开,立足于司法为民,推广并规范法院"一站式"诉讼服务、检察院综合性受理接待中心等窗口建设。司法不公的根源在于司法体制与运行机制不够完善。推进公正司法,重在优化司法职权配置,保证司法机关依法独立公正行使职权。在司法体制机制上,应探索专门法庭建设,程序机制上繁简分流,全面推广审判权运行流程改革的有效经验。在司法执行方面,改进司法网拍并完善部门间联动机制,既要规范执行行为,又要提升执行效能。还要着力解决执行难、办人情案、关系案、金钱案等群众反映强烈的突出问题,从程序上制度上堵塞漏洞,让审判权检察权在阳光下运行,坚决防止司法腐败。

从四川到全国,仍有不少干部不善于用法律手段处理社会矛盾,一些群众也不善于利用法律维护自身合法权益。普法宣传教育要坚持常抓不懈,并建立长效机制。普法效果再好，也需要在实践中落实。多少次普法的正面效果，也抵不过一次行政机关违法侵害民众权益的消极后果，也将在违法行为得不到追究的冰冷现实面前破碎。这要求四川的普法应当与严格执法、全民守法、公正司法相结合，使得法律规范既体现为理念意识，又落实为行为规范，并被法律责任机制保障。

监督法律制度的完善应在分别建构党内监督、人大监督、政协民主监督、行政监督、司法监督、社会监督等监督机制的基础上，形成合力，建构全方位、立体式的监督法律体系。既要实现全民守法，形成全社会良好的法治氛围，又要注意到，吏治的形势仍相当艰巨，应通过监督体系的设置实施，实现公权力的规范行使，确保将权力关在笼子里。

民族宗教问题带有历史性、文化性和族群性，党和政府有着高度重视并谨慎处理的优良传统，到今天仍应坚持发扬。与此同时也需要注意，在民族、宗教领域，应强调规则之治，公平、公正、理性地处置涉及民族、宗教的事务。对此，四川既注重地方性民族法治体系的建立完善，也着力推进宗教场所与宗教事务的依法治理。必须清醒认识到，在相当长的时期内，四川的民族问题与宗教问题仍然存在，在特定的历史阶段，一些地方甚至可能以较为尖锐复杂的形式表现，这对依法治理的能力提出了更高要求。四川应进一步提升法治水准，形成少数民族依法治理的示范区，为其他地方形成榜样标本。

法治的量化评估是推进法治的重要抓手。四川应结合本地实际，建构完善四川法治指数。特别应注意以下方面：一是测评体制上从国家机关主导测评转变为以第三方独立测评为主导；二是测评指标的设置应兼顾连续性与灵活性，地方性与普适性，客观性指标与主观满意度指标；三是提升测评结果的可检验性、可比性和应用性。

2015年是四川推进依法治省的落实年，既要注重统筹兼顾、系统完善，又要注重重点突破与试点示范；既要注重程序法治的完善，又要在监督法治上狠下功夫；既要在自身行为规范、守法上有所作为，又要适应社会、民生需求。依法治省向纵深迈进，将改革、发展、社会各项事务纳入法治轨道，不断提升权利保障水平和依法治理能力。

法治指数报告

Report on the Indices of the Rule of Law

B.2
西部法治发展指数报告（2014）

中国社会科学院法学研究所法治指数创新工程项目组*

摘　要： 西部地区的健康有序发展对于推动国家的改革和建设、维护党和国家的长治久安，具有重大意义。推进西部地区的法治发展，也是全面推进依法治国的重要方面。中国社会科学院法学研究所法治指数创新工程项目组2014年以西部12个省、自治区、直辖市及其所属的较大的市为对象，从立法指数、政府透明度指数、司法透明度指数、检务透明

---

* 项目组负责人：田禾，中国社会科学院法学研究所研究员。项目组成员：吕艳滨、翟国强、王小梅、周婧、栗燕杰、缪树蕾、赵千羚、张誉、刘迪、郑博、陈坤、王旭、慕寿成、张多、张爽、周震、赵凡、沙元冲、宋君杰、朱文军、任娇、单颖、郑雪、郑瑶、孙琳、张丽、邹奕、王艳萍、王璐、颜云云、赵雪、万琪珑、张娅妮、谢燕环、张姝慧、马胜男、董如茵。执笔人：吕艳滨，中国社会科学院法学研究所副研究员；翟国强，中国社会科学院法学研究所副研究员；王小梅，中国社会科学院法学研究所副研究员；周婧，中国社会科学院美国研究所副研究员；郑博，中国社会科学院法学研究所博士后研究人员。统稿：吕艳滨、田禾。

度指数四个方面评估了其法治发展情况，对未来发展提出了建议。

关键词： 中国西部　法治　指数

中国西部由陕西、甘肃、青海、新疆、宁夏、重庆、云南、四川、贵州、西藏、内蒙古、广西组成。中国的西部地区是华夏文明的源头，有着广阔的地域、悠久的历史、丰富多彩的文化资源，是中国革命的重要发源地，也是少数民族及其文化的集萃地。西部地区科学健康有序发展对于推动国家的整体改革和建设、保持党和国家的长治久安具有重大意义。推进西部地区的法治发展，是全面推进依法治国的重要内容，只有西部跟上了全国的法治建设步伐，中国的法治事业才能说得到了整体推进。为了解西部地区法治发展进程，中国社会科学院法学研究所法治指数创新工程项目组（以下简称"项目组"）2014年以西部12个省、自治区、直辖市及其所属的较大的市为对象，围绕立法指数、政府透明度指数、司法透明度指数、检务透明度指数，对其法治发展情况进行了评估。

一　测评内容与方法

测评指标体系采用的是项目组与上述内容相关的既定指标体系。指标体系的设计遵循了四个原则。首先，依法设定指标的原则。根据此项原则，测评主要考察各地方相关法律制度的实施状况，为此，设定的所有指标均应有法律法规依据。其次，指标设计遵循突出重点的原则。项目组对上述四方面法律法规规定进行了筛选，选取目前相关领域的法律实施较为重要、公众关心的热点事项作为测评重点。再次，指标设计遵循了客观性原则。选定测评点后，项目组均对所有测评事项进行了转换，分解设定为不同的问题，测评人员只需要根据各测评对象的客观数据，在"是"与"否"之间做出选择，

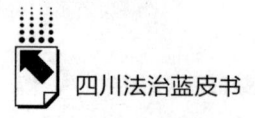

而不可对相关制度落实情况的"好"与"坏"进行主观评判。最后,指标设计还遵循了前瞻与引导的原则,即在立足于现行规定的基础上,在指标体系中设定部分引导性指标,为未来相关制度的完善提供建议。

立法指数的测评对象为西部12个省级人大,测评指标由4大板块组成,即立法工作信息公开(权重20%)、立法活动(权重35%)、立法参与(权重30%)、立法优化机制(权重15%)。

政府透明度指数的测评对象为西部12个省级政府和12个较大的市的政府,测评指标包括6个部分,分别是政府信息公开目录(权重为15%)、规范性文件(权重为15%)、行政审批(权重为15%)、行政环境保护(权重为15%)、依申请公开(权重为30%)、政府信息公开年度报告(权重为10%)。

司法透明度指数的测评对象为西部12个高级人民法院和12个较大的市的中级人民法院,测评指标包括审务公开(权重为30%)、立案庭审公开(权重为30%)、裁判文书公开(权重为20%)和执行信息公开(权重为20%)。

检务透明度指数的测评对象为西部12个省级人民检察院和12个较大的市的人民检察院,测评指标包括基本信息(权重为15%)、检务指南(权重为30%)、工作信息(权重为40%)、统计数据(权重为15%)。

测评中,立法指数采取网上测评和实地调研相结合的方法,通过观察省级人大常委会的门户网站来分析、评估地方立法的情况。政府透明度指数、司法透明度指数和检务透明度指数主要通过观测各被测评对象的门户网站,分析其通过门户网站公开相关信息的情况。在政府透明度指数的测评中,项目组还实际发送了政府信息公开申请,验证申请渠道的畅通情况及各被测评对象答复的规范化程度。

立法指数的测评于2014年11月30日结束;政府透明度的测评时间截至2014年12月31日,其中,年度报告的调研时间为2014年3月5日至4月1日;司法透明度指数的测评截止时间为2014年12月15日;检务透明度指数的测评时间截止到2014年12月31日。

全国立法指数已在《中国地方法治发展报告 No.1 (2014)》中做了分析；全国的政府透明度指数、司法透明度指数、检务透明度指数已在《中国法治发展报告 No.13 (2015)》中做了分析。本报告仅就西部地区的情况进行分析。

二 立法指数

（一）总体情况

地方人大及其常委会的立法是中国社会主义法治体系的重要组成部分，对于确保国家法律在各地得到有效实施，维护国家法治统一、尊严和权威，推进地方依法治理、实现地方治理体系现代化具有积极作用。为了把握西部人大立法工作的实际状况，提高立法的民主性和科学性，推进法律制定与法律监督制度的不断完善，项目组对西部12个省、自治区和直辖市人大常委会（以下简称"省级人大常委会"）立法情况进行了考察（测评结果见表2-1）。

表2-1 西部地区省级人大立法指数测评结果

排名	省级人大	立法工作信息公开（20%）	立法活动（35%）	立法参与（30%）	立法优化（15%）	总分（满分100分）
1	陕西	57.5	78.57	56.7	82.5	68.4
2	重庆	70	51.07	75	90	67.9
3	四川	62.5	61.07	68.3	60	63.4
4	宁夏	60	78.57	40	60	60.5
5	贵州	67.5	73.57	40	60	60.2
6	云南	37.5	53.57	70	75	58.5
7	广西	55	58.57	46.7	75	56.8
8	青海	62.5	58.57	43.3	60	55
9	甘肃	60	71.07	30	60	54.9
10	内蒙古	62.5	33.57	60	75	53.5
11	西藏	65	43.57	30	75	48.5
12	新疆	67.5	43.57	10	67.5	41.9

（二）立法工作信息公开

立法工作信息公开情况主要考察西部12个省级人大常委会通过门户网站公开立法工作相关信息的情况。该板块分为七个子板块，即"常委会领导信息"、"机构职能"、"年度工作信息"、"立法工作总结"、"本级人大代表信息"、"法规数据库"和"网站的检索功能"。"常委会领导信息"板块考察人大常委会是否在门户网站上提供常委会领导成员名单、简历和分工等信息。"机构职能"板块侧重于测评人大网站是否提供人大常委及其内设机构职能、负责人和联系方式。"年度工作信息"板块主要考察人大网站是否提供本年度和上一年度的常委会公报。"立法工作总结"板块主要考察人大网站是否提供上一年度立法工作的相关信息，如立法数据、重点领域、过程和计划完成情况。"本级人大代表"板块着重考察人大是否通过门户网站提供本级人大代表的名单和联系方式。"法规数据库"板块考察人大网站是否设有法规数据库并提供搜索法规的引擎。"网站的检索功能"板块则考察人大网站是否提供了搜索引擎。

1. 西部人大立法工作信息公开的亮点

（1）普遍建立人大常委会工作信息公开机制。

省级人大常委会作为人大的常设机关，在人大闭会期间可以制定和颁布地方性法规。人大常委会的信息对于公众了解其立法工作而言十分重要。在12家省级人大常委会中，11家在网站上提供了常委会正副主任的名单，占所测评人大常委会的91.7%；1家没有提供相关信息，比例为8.3%。有8家提供了全部领导成员简历，占测评12家人大常委会的66.7%；还有4家没有提供，比例高达33.3%。与上述公开情况相比，常委会领导分工的公开情况较为落后，只有1家人大常委会在网站上提供了常委会领导成员分管部门或业务的信息，占所测评12家人大常委会的8.3%；其他11家人大常委会完全没有提供，所占比例为91.7%。其中，四川省人大常委会在网站上提供了较为详细的常委会领导信息，包括常委会正副主任的名单、简历，以及部分领导分管部门或业务的信息。

公开人大常委会的机构职能信息，不仅有助于提高公众对人大常委会职能的了解，而且方便公众直接向相关部门反映情况表达意见。测评显示，有6家人大常委会较详细地提供了人大常委会的职能信息，占被测评的12家人大常委会的50%；2家人大提供了人大常委会的部分职能信息，占16.7%。2家提供了人大常委会的联系方式（包括地址和电话），占16.7%；4家仅提供人大常委会的地址或电话，所占比例为33.3%；还有6家没有提供人大常委会的任何联系方式，比例高达50%。有10家在网站上提供了常委会内设机构及其职能说明，占12家人大常委会的83.3%；还有2家没有提供相关信息，其比例为16.7%。12家人大常委会都没有通过网站提供内设机构联系方式。在机构职能信息公开方面，四川省人大常委会提供了人大常委会职能和内设机构职能说明。

（2）常委会公报基本上网。

常委会公报是人大常委会发布重要决定（包括有关立法的决定）的载体。12家省级人大常委会都在网站上提供了本年度的常委会公报。测评显示，四川省等9家人大常委会在网站的"常委会公报"栏目中提供了上一年度常委会公报，并且可以有效打开，占测评人大常委会的75%；有3家没有提供上一年度常委会公报，比例为25%。

（3）常委会立法工作总结普遍公开。

西部12家省级人大常委会都对2013年的立法工作情况进行了总结，但都没有在门户网站提供专门的年度立法工作总结，仅在常委会工作报告中提及。在2014年常委会工作报告中，12家人大常委会都介绍了年度的立法数量，如审议和通过的地方性法规数量。在上一年度立法计划完成情况方面，被测评的12家人大常委会并没有专门介绍是否以及在多大程度上完成了立法计划，只是在介绍年度审议和通过的地方性法规数量后，谈到完成了年度立法任务。

2. 存在的问题

（1）人大代表信息公开不够详细。

人大代表由人民选举产生，代表人民参与国家权力机关的立法工作。了解人大代表的信息不仅是公众的权利,而且是公众通过代表参与立法的前提。被测评的12家省级人大在网站上都提供了本级人大代表名单,其中5家还提供了代表的职业背景信息,占所测评人大常委会的41.7%。但在公开本级人大代表联系方式方面,12家都没有提供相关信息。其中,四川省人大常委会仅公开人大代表的名单,未提供其他相关信息。

(2)立法数据库建设仍有待加强。

建设完备的法规数据库是立法公开的重要形式,有助于公众便捷地查询立法信息。本次调研考察了12家省级人大常委会网站是否设立了法规数据库、是否具有检索功能。7家网站设有法规数据库,而且数据库具备搜索检索功能,占58.3%;3家网站有法规数据库,但数据库没有检索功能或者验证无效,占25%;2家网站或者没有法规数据库或者无法打开,占16.7%。项目组考察了12家省级人大常委会网站是否提供检索引擎,并对其有效性进行了验证。7家网站提供有效的全网综合检索引擎,还有5家网站或者没有检索引擎,或者提供的是无效的引擎,占所测评人大常委会的41.7%。另外,调研还发现人大网站的检索能力普遍较差,检索的精确度也较低。这表明,公众通过人大网站查找信息的难度较大,网站的便捷性仍有待提高。就四川省人大常委会而言,其门户网站设有法规数据库,但数据库和整个网站的检索功能仍有待提高。

(三)立法活动情况

"立法活动情况"板块主要考察人大常委会制定地方性法规的整体情况。省级人大常委会的立法工作涉及方方面面,本次测评并非全面考察,仅测评西部12家省级人大常委会是否制定了本人大常委会的立法活动程序;是否制订了五年立法规划和2014年度立法计划;是否调整2013年立法计划,计划的完成情况如何;在最近三年有无创制性立法,即在国家尚未立法的情况下,省级人大常委会在本地有需要且具备条件时制定地方性法规的活动。同时,考虑到食品安全是与老百姓生活密切相关且近年公众关注度较高的立法领域,还测评了人大制定食品安全相关法规和食品生产加工小作坊相关法规的情况。

测评显示，西部地区各地省人大常委会普遍做到了以下几点。

1. 立法活动有法可依

西部 12 家省级人大常委会都制定了立法活动程序，内容包括省人民代表大会立法程序，省人大常委会立法程序，较大的市地方性法规、自治条例、单行条例的批准程序，地方性法规的解释、规章的备案审查程序等。这有助于指引立法活动的有序开展，规范立法活动、提高立法质量。但立法活动程序的公开程度仍须提高。只有 2 家人大常委会在门户网站上对立法活动程序予以公开，其他人大常委会并没有提供，通过百度、全国人大法律法规网站等搜索引擎才能找到。

2. 普遍制订立法规划和计划

制订立法规划和立法计划是中国的一项立法惯例。人大常委会通过制订立法规划和计划来明确立法目标、原则、重点要求和任务分工，这有助于落实立法工作、实现任期立法目标。测评的 12 家省级人大常委会都制订了本届常委会的立法规划和年度立法计划。但仅有 2 家人大常委会在网站上提供了立法规划，占 16.7%。6 家人大常委会的网站提供了 2014 年度立法计划，占 50%；另有 1 家没有提供立法计划，只提供了草案，比例为 8.3%。2 家人大网站提供了 2013 年立法计划，占 16.7%；1 家人大常委会没有在门户网站公布 2013 年立法计划，但通过百度等搜索引擎能够找到，比例为 8.3%；其他 8 家人大常委会的立法计划或者无法通过网络找到，或者链接无法打开，比例是 66.7%。其中，四川省人大常委会表现较好，不仅制订了本届常委会的立法规划和年度立法计划，还在网站公布了 2014、2013 年度立法计划。

年度立法计划制订之后，人大常委会可能根据具体情况进行调整。但被测评的 12 家人大常委会均没有在网站上提供有关 2013 年立法计划调整的信息。立法计划制订或调整之后，还须执行，否则不过是一纸空文。为此，项目组还考察了立法计划的完成情况。12 家人大常委会均没有就上一年度立法计划完成情况发布专门的公告。

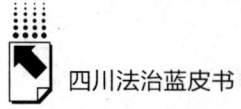

3. 完成授权立法情况不够理想

近年来,食品安全事故时有发生,食品安全立法备受关注。2009年全国人大常委会制定并颁布了《食品安全法》。该法第29条第3款规定,食品生产加工小作坊和食品摊贩从事食品生产经营活动,应当符合本法规定的与其生产经营规模、条件相适应的食品安全要求,保证所生产经营的食品卫生、无毒、无害,有关部门应当对其加强监督管理,具体管理办法由省、自治区、直辖市人民代表大会常务委员会依照本法制定。测评显示,5家省级人大常委会制定了食品安全相关法规,比例为41.7%。而在食品生产加工小作坊的立法方面,人大常委会直接制定相关法规的情况并不多见,大多是由省政府依据省级人大常委会已经制定的食品安全生产条例或者其他法规,制定小作坊管理办法。

4. 创制性立法仍处在探索阶段

《立法法》授权省级人大及其常委会根据本行政区域的具体情况和实际需要,在不同宪法、法律、行政法规相抵触的前提下制定地方性法规。省级人大常委会不仅可以为了在本地更好地实施全国人大及其常委会颁布的法律而制定地方性法规,还可以在尚无相关法律的情况下,为解决本地面临的突出问题,制定探索性法规。后者是一种创制性立法。测评显示,4家省级人大常委会在近三年进行了创制性立法,占所测评人大常委会的33.3%。如甘肃省人大常委会制定的《甘肃省废旧农膜回收利用条例》是国内首部相关地方性法规。在这4家人大常委会中,制定1件的有2家,制定2件的有2家。这表明省级人大常委会的立法工作主要围绕着在本地区有效实施法律和行政法规而展开,创制性立法相对较少,仍处在探索阶段。其中,四川省人大常委会在创制性立法方面取得了一定的突破,2013年制定了《四川省政务服务条例》。

(四)立法参与

立法参与既是民主立法、开门立法的必然要求,也是科学立法、提高立法质量的重要保障。立法参与的主体较多,如政府部门、相关利益群体、专家学者和普通公众。立法参与的形式也多种多样，如专家参与起草法案，召开专家咨询会、座谈会、论证会，等等。本次测评主要从公众参与的角度，考察立法草案公开、公众参与平台和召开立法听证会三方面内容。

1. 多数立法草案在网上公布

立法草案公开是立法参与的前提和基础，测评首先考察了省级人大常委会公开立法草案的情况。在被测评的 12 家人大常委会中，有 9 家在网站上提供了 2014 年的立法草案征求意见稿，比例为 75%。其中，5 家人大常委会在公布草案征求意见稿的同时，提供了草案征求意见有关事项的说明，如反馈意见的电话、邮箱、邮寄地址、时限，1 家人大常委会公布草案征求意见稿时还提供了草案说明，3 家在网站上公布了 2014 年草案的审议结果，比例为 25%。这表明，网站已成为人大常委会公开立法草案、征集并回应公众意见的重要平台。四川省人大常委会在网站上提供了 2014 年的立法草案征求意见稿，并提供了草案征求意见有关事项的说明和草案的审议结果。

2. 公众参与立法机制有待完善

为了方便公众对草案征求意见稿提出意见和建议，陕西、重庆、云南 3 家人大常委会网站设立了公众参与平台，占所测评人大常委会的 25%。但尚无人大常委会在网站上公布公众意见及反馈，这表明公众参与的有效性仍有待提高。

3. 立法听证会须进一步规范化

近年来，召开立法听证会已成为省级人大常委会听取各方意见、加强立法参与的重要方式。例如，甘肃省人大常委会于 2004 年举行了首次立法听证会，对《甘肃省消费者权益保护条例（草案）》中的欺诈消费者行为的范围及处罚方式、医疗服务和中介服务是否属于该条例的调整范围等问题进行听证。2014 年，3 家人大常委会在门户网站上提供了立法听证会的相关报道，占所测评人大常委会的 25%。为了明确立法听证的步骤和方法、规范听证各方的行为，四川省等 2 家人大常委会制定了立法听证会相关规则，占所测评 12 家人大常委会的 16.7%。

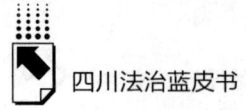

（五）立法优化

除了制定地方性法规，通过立法监督、立法评估等机制优化立法也是省级人大常委会的立法职责。基于此，"立法优化机制"板块主要考察省级人大常委会是否制定规范性文件审查办法；人大常委会对地方性法规以下的规范性文件进行审查的情况，审查结果是否公开；人大常委会是否制定地方性法规评估程序，并对地方性法规的效果进行评估；人大常委会是否制定地方性法规清理程序，并对地方性法规进行清理；人大常委会是否对政府执行地方性法规的情况进行监督检查。

为了确立备案审查的程序、规范审查行为，西部12家省级人大常委会均制定了备案审查办法。而且，通过查阅人大网站或通过百度等引擎进行搜索，项目组发现有2家人大常委会启动了备案审查，占测评12家人大常委会的16.7%。例如，贵州省人大常委会法制工作委员会的《关于2013年规范性文件备案审查工作情况的报告》。

为了维护法制的统一和尊严，省级人大常委会还要对地方性法规进行清理。近年来，省级人大常委会大多对地方性法规进行了清理。但项目组通过浏览12家省级人大常委会门户网站及在百度等搜索引擎搜索，未能找到2014年法规清理的相关信息，也未找到人大常委会制定的地方性法规清理程序。可见，省级人大常委会法规清理工作的公开性和规范性还有待加强。

立法后评估是评价立法效果，提高立法质量的重要机制。在测评的12家人大常委会中，有2家在2014年进行了地方性法规评估，并在其门户网站或政府法制网上公布了相关信息，比例为16.7%。而且，为了规范评估活动，3家省级人大常委会制定了地方性法规评估程序，占测评人大常委会的25%。

对地方性法规的实施情况进行执法检查，是人大常委会立法监督的重要内容。12家省级人大常委会都开展了执法检查，并在每年的常委会工作报告中介绍执法检查的情况。

三 政府透明度指数

（一）总体情况

测评结果显示，省级政府的公开水平普遍高于较大的市。基于同样的指标所做的测评，省级政府的得分总体较好，仅3家未达到60分；但在较大的市中，仅有3家超过60分（见表2-2、表2-3）。其中，四川省和成都市均在同级测评中位居榜首。测评结果显示，越往基层，政府信息公开的水平越不尽如人意，这应当是未来实施政府信息公开制度要重点注意的。

表2-2 西部地区省级政府2014年度政府透明度指数测评结果

排名	省级政府	目录(15%)	规范性文件(15%)	行政审批信息(15%)	环境保护信息(15%)	依申请公开(30%)	年度报告(10%)	总分(满分100分)
1	四川	76.67	37	100	88	74.6	69.5	74.30
2	贵州	60	73	75	96	62.5	90	73.35
3	重庆	65.56	50	60	98	74.9	72	70.7
4	青海	46.11	32	90	91	84	59.5	70.02
5	云南	66.67	47	75	93	60	88.5	69.1
6	甘肃	60	50	90	80	60.6	77	67.88
7	陕西	53.33	45	70	91	80.6	42	67.28
8	内蒙古	54.44	52	85	66	56.5	82	63.77
9	广西	11.11	44	85	94	65.5	57	60.47
10	新疆	32.22	35	65	93	51.3	55	52.78
11	西藏	63.33	55	80	47	20	82.5	51.05
12	宁夏	22.22	35	60	87	47.5	52.5	50.13

表2-3 西部地区较大的市2014年度政府透明度指数测评结果

排名	城市	目录(15%)	规范性文件(15%)	行政审批信息(15%)	环境保护信息(15%)	依申请公开(30%)	年度报告(10%)	总分(满分100分)
1	成都	88.89	82	85	90	50	77	74.58
2	贵阳	93.33	57	90	60	66.1	80	72.88
3	兰州	33.33	47	100	59	71.8	72	64.64
4	西宁	11.11	55	90	56	77.9	42	59.39

续表

排名	城市	目录 (15%)	规范性文件 (15%)	行政审批 信息(15%)	环境保护 信息(15%)	依申请公开 (30%)	年度报告 (10%)	总分(满分 100分)
5	西安	36.67	47	80	62	63.75	52	58.18
6	南宁	17.78	64	50	74	56.5	42	52.02
7	昆明	57.78	30	70	70	24	92.5	50.62
8	包头	37.78	25	80	55	44.4	27	45.69
9	银川	54.44	27	60	25	40	5	37.47
10	拉萨	61.67	30	85	5	10	45	34.75
11	呼和浩特	0	47	70	55	28	5	34.7
12	乌鲁木齐	48.89	27	95	35	10	5	34.38

（二）政府信息公开目录

政府信息公开目录的测评涉及政府网站的目录栏目、目录内容链接有效性、目录信息多重分类、目录组合检索有效性、目录信息更新及时性、网站信息与目录信息的一致性6项内容。

首先，大多数网站配置了目录，但其链接有效性普遍不高。测评对象门户网站普遍配置了目录栏目，省级政府配置率高达100%，较大的市的配置率也达到91.67%，仅1家较大的市未配置。仅1家省级政府网站和1家较大的市的政府门户网站未配置所属部门的目录；1家省级政府和2家较大的市未配置下属市县目录。但公用企事业单位的目录配置率不高，省级政府仅四川、宁夏配有该目录，较大的市则仅有6家配有该目录。

目录信息的链接性不好，项目组随机抽查了目录中的10条信息，7家省级政府可以全部有效打开，占58.33%；较大的市中，有8家可以全部打开，占66.67%。项目组随机抽查所属部门的目录信息，全部有效的仅有2家省级政府和4家较大的市，为四川、云南、成都、贵院、银川、乌鲁木齐。

其次，一些网站配备了检索功能，但仍有很多网站没有配置。为目录提供专门的检索功能，有助于便捷地查询信息，但有7家省级政府在目录中提供的组合检索功能无效，占58.33%；较大的市中，仅有成都和拉萨提供的组合检索功能有效。

最后，目录虽然设置率高，但存在与门户网站的信息发布脱节的现象。目录是政府门户网站的专门栏目，是门户网站的有机组成部分，在公开信息方面应与门户网站有机衔接，涵盖门户网站公开的所有政府信息，但目前，很多政府门户网站的目录栏目都无法做到了这一点。西部地区中，仅云南、陕西和成都做到了这一点。

（三）规范性文件

公开规范性文件是依法行政的基本要求。本测评所指的规范性文件是通常所说的"红头文件"，其是各级政府机关在执行法律法规、进行社会管理中下发的，对人民群众权益产生一定影响的，但效力等级低于规章的文件总称。

首先，规范性文件栏目配置率达到100%，但存在多栏目信息发布现象。设置了规范性文件的栏目，集中发布本部门制定的规范性文件，公众可以直接通过网站查询下载。测评发现，西部省份和较大的市门户网站均配置了规范性文件的栏目。但栏目设置普遍存在栏目不唯一、各栏目发布信息不一致的情况，容易造成信息发布和公众查询的混乱。仅云南、陕西、贵州、西藏的门户网站提供了唯一的栏目。提供多个栏目的省级政府中，所发布的规范性文件存在矛盾或不一致之处。青海、重庆、甘肃、广西等虽设置了多栏目，但未发现其发布的规范性文件存在信息不一致的情况。较大的市中有6家提供了唯一栏目，提供多个栏目的城市中，仅昆明和拉萨未发现发布的规范性文件信息有不一致的情况。

其次，有不少政府对重要规范性文件进行解读，但解读的比率仍然有待提高。对重大政策法规做出解读，是行政机关正面、主动阐释政策出台背景、依据、具体管理思路等的重要手段，有助于人民群众全面、准确地理解相关决策的内涵，有效保护其合法权益。有6个省份和2家较大的市在政府门户网站发布了部分规范性文件的解读信息。

最后，部分政府对规范性文件有效性的标注需要加强。标注规范性文件的有效性是体现规范性文件公开水平的重要方面，尤其是在公开现行有效的

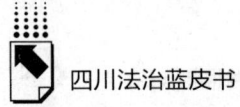

文件的同时，仍有必要公开已经失效的文件。各地一般通过当地政府法制办公室发布规范性文件备案信息的方式列明现行有效的文件，并通过定期清理等向社会告知已经废止或者修改了哪些规范性文件。测评发现，7家省级政府的法制办公室和6家较大的市的政府法制办公室发布了规范性文件的备案结果；1家省级政府的法制办公室和2家较大的市的政府法制办公室发布了2014年清理后的规范性文件废止信息。

（四）行政审批信息

行政审批事项信息公开是法治政府建设的重要内容。行政审批信息的调研和测评内容主要包括：行政服务中心或政务服务中心网站的建设情况；行政审批事项列表及链接有效性；行政服务中心与本级政府网站行政审批事项信息的一致性；审批事项的办事依据、办事条件、申请材料、审批程序、审批时限、审批部门信息以及联系电话等事项的网上公示情况。测评中主要对各地政府行政服务中心或政务中心等实体中心网站的行政审批信息公开情况进行了测评和调研，无行政服务中心或政务中心的，则主要对其政府网站的办事服务栏目以及相关部门的审批信息公开情况进行测评和调研。

总体而言，行政审批事项信息公开普遍较好，所有被测评对象均在其门户网站或者行政服务中心网站公开了行政审批事项。但行政审批事项的详细信息公开得还不够全面，有8家省级政府和7家较大的市的行政审批事项列明了办事依据；6家省级政府和4家较大的市的行政审批事项列明了办事条件；4家省级政府和9家较大的市的行政审批事项列明了办事需要提供的材料；4家省级政府和8家较大的市的行政审批事项列明了办事程序。这表明，部分政府机关公开的行政审批信息还不够细致全面。

（五）环境保护信息

对环境保护信息的测评内容包括环境保护部门关于危险废物、辐射安全、建设项目环境影响评价，建设项目竣工环保验收，排污费征收，对环境问题或环境污染信访投诉的处理与反馈，行政处罚，企业环保信用等信息的公开情况。

测评发现，环境保护信息的公开情况总体较好。比如，11家省级环保部门提供了测评前6个月排污费征收信息，10家提供了2014年建设项目竣工环境保护验收的受理公告信息，12家提供了2014年建设项目环境影响评价审批后公告信息，11家提供了建设项目环境影响评价审批前公示信息，10家公开了危险废物经营许可证发证信息的情况。较大的市方面，上述数据分别为10家、7家、11家、6家、6家。

存在的问题主要是，某些信息未被依法及时发布。例如，5家省级政府和10家较大的市未发现其发布2014年危险废弃物跨省转移审批结果；4家省级政府和9家较大的市未发现其发布2014年辐射项目环评审批信息；4家省级政府和6家较大的市未发现其发布测评前6个月的环境处罚信息。

（六）依申请公开

依申请公开板块的测评包括各政府部门通过门户网站发布政府信息公开申请指南的情况、申请渠道的畅通情况、答复申请的规范化情况。项目组为了验证政府信息申请渠道畅通性，以邮寄方式提交了申请。结果显示，所有测评对象均接受邮寄申请。但答复情况有一定差别。12家省级政府中，有5家省级政府未答复，1家未按期答复；7家做出答复的省级政府中，有1家未提供书面答复；有1家省级政府主动公开了所申请的信息，其余不公开相关信息的省级政府中，仅有2家在告知书中说明了不公开的依据、理由和其他申请获取有关信息的渠道。较大的市中，2家未按时回复，4家完全未回复；只有两家告知了信息获取渠道或者决定不公开但告知了理由依据等。

（七）年度报告

发布政府信息公开工作年度报告（以下简称"年度报告"）是《政府信息公开条例》规定的行政机关的义务。年度报告是对政府上一年度信息公开情况的分析总结，是政府信息公开工作的必要组成部分，各行政机关应当在每年3月31日前公布本机关上一年度的年度报告。从2014年3月份对各测评对象发布2013年度年度报告的情况看，各测评对象普遍能够做到在3

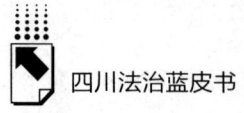

月31日前发布。其主要存在以下问题。第一，有3家省级政府仅发布了2013年度的年度报告，前几年的报告未在网站公开。第二，普遍缺乏对本地方政府信息公开专门机构和经费信息的披露。第三，对依申请公开的描述不细致。3家省级政府没有披露过去一年申请量较多的事项，3家省级政府没有披露详细的申请处理结果信息。

四 司法透明度指数

（一）总体情况

2014年中国西部司法透明度指数指标体系包括审务公开、立案庭审公开、裁判文书公开和执行信息公开四个一级指标。

审务公开的内容主要涉及与审判有关的人、财、物等司法行政事务，包括网站建设、人员信息（法院领导姓名、学习工作简历、职务及分管事项，审判人员的姓名、学历及法官等级，书记员姓名，人民陪审员姓名、工作单位或职业）、财务信息（预算、决算及"三公"经费信息）、工作报告和司法统计数据等。立案庭审公开与裁判文书公开都属于审判公开范畴，系司法公开的核心，前者侧重于庭审过程公开，属于动态公开，后者是审判结果的公开，属于静态公开。根据审判流程，立案庭审公开的内容主要包括诉讼指南信息、开庭公告、庭审直播、减刑假释公开、旁听、案件查询等。由于最高人民法院出台了裁判文书上网规范，并建立了全国统一的裁判文书公开平台，各个法院之间的差异化不大，为此，本报告侧重于对裁判文书上网制度本身的考察。执行难和执行腐败一直是影响司法公信力的主要因素，2014年度执行信息公开指标主要考察执行曝光和阳光拍卖。

2014年度设计了庭审笔录公开和不予上网的裁判文书的数据公开两个引导性指标。庭审笔录主要考察被测评对象公开重大典型案件庭审笔录的情况，不予上网的裁判文书数据主要考察测评对象是否公开了不上网的裁判文书数量甚至案号。这两项指标是引导性指标，因此在指标体系中仅占有非常小的权重。

测评显示,中国西部法院①的司法透明度略低于全国平均水平,高级人民法院的司法透明度要高于中级法院。在被测评的 24 个西部法院中,排名前 5 位的法院除成都市中级人民法院之外,其他全部为高级人民法院,分别是四川高级人民法院、陕西高级人民法院、广西高级人民法院、云南高级人民法院。在 12 个省、自治区、直辖市的高级人民法院中总分排名前三的依次是:四川高级人民法院、陕西高级人民法院和广西高级人民法院。12 个较大的市的中级人民法院排名前三的依次为:成都中级人民法院、南宁中级人民法院和包头中级人民法院(测评结果见表 2 - 4)。

表 2 - 4　西部法院司法透明度指数测评结果

排名	法院	审务公开(30%)	立案庭审公开(30%)	裁判文书公开(20%)	执行信息公开(20%)	总分(满分 100 分)
1	成都中院	75	100	70	74	81.30
2	四川高院	71	86.75	70	84	78.13
3	陕西高院	66.5	73.75	70	84	72.88
4	广西高院	53.4	75.25	65	92	70.00
5	云南高院	58.9	84.25	65	66	69.15
6	甘肃高院	57.9	79.5	60	76	68.42
7	重庆高院	41	72	65	100	66.90
8	南宁中院	23.4	92.25	65	84	64.50
9	宁夏高院	16	100	70	76	64.00
10	包头中院	44.4	63.75	65	76	60.65
11	西安中院	58.9	57	60	60	58.77
12	呼和浩特中院	48.4	44.75	65	60	52.95
13	新疆高院	53.4	44.75	65	48	52.05
14	银川中院	12	67	70	60	49.70
15	昆明中院	26.4	80	60	28	49.52
16	青海高院	50	43.25	70	30	47.98
17	兰州中院	40.75	34.25	60	28	40.10
18	西宁中院	40.5	25.25	60	40	39.73

① 2014 年,贵州高级人民法院进行网站改版,截止到评估结束,网站上传内容极为有限,因此未对其测评。

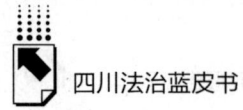

续表

排名	法院	审务公开（30%）	立案庭审公开（30%）	裁判文书公开（20%）	执行信息公开（20%）	总分（满分100分）
19	乌鲁木齐中院	27	42.5	60	10	34.85
20	内蒙古高院	48.4	14.25	60	10	32.80
21	贵阳中院	25	30.5	60	10	30.65
	贵州高院	—	—	—	—	—
	西藏高院	—	—	—	—	—
	拉萨中院	—	—	—	—	—

（二）发现的亮点

1. 网站建设情况良好

在24个被评估的法院中，除了西藏高级人民法院和拉萨中级人民法院未建网站外，22家法院建有网站，建网率达到91.7%。除了2个未建网站和1个未测评之外，有19家法院网站的首页未出现游动窗口，只有2家法院（新疆高级人民法院和乌鲁木齐中级人民法院）的网站首页有游动窗口。20家法院网站的内容是可以复制粘贴的，只有1家法院（陕西高级人民法院）网站的页面内容不可复制粘贴。除2家未建网站和1家未测评之外，有19家法院网站提供了搜索引擎，其中有4家法院提供了综合搜索，有10家法院提供的搜索方式是栏目加关键词，只有2家法院（西宁中级人民法院和银川中级人民法院）的网站未提供有效搜索功能。

2. 财务透明度较高

预算公开是审务公开的重要内容，法院作为公权力机关，应该向社会公开其预决算信息和三公经费信息。测评显示，有13家法院公开了2014年度预算信息，11家法院公开了2013年决算信息，有15家法院公开了三公信息，其中有9家法院既公开了2014年三公经费预算信息又公开了2013年三公经费决算信息。

3. 诉讼指南公开良好

法院在网站上公开诉讼指南有助于公众和当事人了解诉讼常识、诉讼权利义务、诉讼程序和诉讼风险。诉讼指南公开包括全面性、便捷性、准确性三个维度：全面性是指法院公开的诉讼指南是否涵盖当事人权利义务、诉讼流程、诉讼风险、常见诉讼文书样本、司法收费等；便捷性是法院在公开诉讼指南时是否按照一定的标准（如指南类别、诉讼类型等）进行分类；准确性是指法院公开的诉讼指南是否准确无误，是否根据诉讼法的修订而进行了更新。测评显示，有20家法院在网站上公开了诉讼指南，其中有8家法院公开诉讼指南较为全面，有15家法院对诉讼指南进行了分类公开，有10家法院公开的诉讼指南根据修订后的诉讼法进行了更新。

4. 减刑假释案件信息公开较好

为了回应社会关切，最大限度降低减刑、假释环节的腐败发生，最高人民法院于2012年7月1日起施行《最高人民法院关于办理减刑、假释案件具体应用法律若干问题的规定》。根据该规定，减刑、假释案件应向社会公示，包括裁前公示和裁判结果公示。最高人民法院还开通了"全国减刑、假释和暂予监外执行信息网"，在全国范围内对减刑、假释、暂予监外执行等案件进行集中公开。测评显示，中国西部法院减刑、假释案件的公开较为规范。在24家被测评的西部法院中，有18家法院在网站首页单设栏目并进行裁前公示，有10家法院公开了减刑、假释审理结果。另外，测评还发现，西部有些法院对减刑假释裁定书进行了集中公示，例如，宁夏高级人民法院在网站上明确公开减刑假释裁定书，成都中级人民法院在裁判文书网页中专门开设减刑假释、暂予监外执行的文书公开。

（三）司法公开存在的问题

1. 对司法人员的信息公开不够重视

人员信息公开是审务公开的重要组成部分，人员信息公开的范围包括法院领导信息、审判人员信息、书记员信息和人民陪审员信息。测评显示，除了法院领导信息公开较好之外，多数法院未公开审判人员信息、书记员信息和人民陪审员信息。在24家被测评的中国西部法院中，有12家法院未在网站上公开审判人员信息，有20家法院未公开书记员信息，有14家法院未公

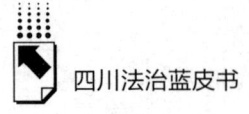

开人民陪审员信息。

2. 年度工作报告和统计数据公开不够

法院的年度工作报告作为法院一年工作的情况汇总,不仅应向同级人大报告,接受人大代表的监督,还应该通过法院网站向社会公开,接受公众的监督。测评显示,在被测评的24家西部法院中,只有四川高级人民法院、陕西高级人民法院、重庆高级人民法院和成都中级人民法院在网站上公开了年度工作报告,有17家法院未在网站上公开年度工作报告。

法院除了公开年度工作报告之外,还应该向社会公开其受案量、结案数等司法统计数据以及案件分类分析报告。测评显示,西部法院不重视统计数据的公开,除了云南高级人民法院、四川高级人民法院和成都中级人民法院通过网站公开了统计数据之外,有18家法院未在网站上公开任何司法统计数据。

3. 开庭公告发布不及时

按照中国相关诉讼法的规定,法院应该将开庭工作安排至少提前三日向社会发布公告。测评显示,在被测评的24家西部法院中,有15家法院在网站上发布了最新的开庭公告,但是,只有7家法院发布开庭公告的日期符合"提前三日"的要求,有7家法院发布的开庭公告部分少于三日,有2家法院(乌鲁木齐中级人民法院和银川中级人民法院)发布的开庭公告全部少于三日。

4. 庭审直播有待强化

审判公开最核心的是庭审公开,即允许案件相关人士以及社会公众进行旁听。然而,法庭容纳人数有限,往返法庭交通、时间成本可能较高,实际进入法庭旁听的人数有限,为了消除这些限制和不便因素,并且随着数字法庭的普及,进行网上庭审直播不失为司法公开的一种创新形式。与前几年相比,2014年庭审直播呈现常态化,全国近七成的法院有庭审直播,但是被测评的西部法院只有五成在网站上提供了庭审直播,且有3家法院提供的庭审直播三个月内未更新。

5. 司法平台互联互通欠佳

为了方便司法信息的集中发布,最高人民法院在全国建有一些专项司法信息公开平台。以裁判文书公开为例,最高人民法院于2013年年底开通了中国裁判文书网，对裁判文书进行集中公开。各法院将裁判文书上传到中国裁判文书网进行集中公开的同时，应该在本院网站上建立中国裁判文书网的链接，方便用户通过本院网站顺利登录全国的裁判文书网。测评显示，有8家法院未在网站上设置中国裁判文书网的链接。在建有链接的13家西部法院中，也只有四川高级人民法院、陕西高级人民法院、青海高级人民法院、宁夏高级人民法院、银川中级人民法院和成都中级人民法院6家法院能够直接链接到中国裁判文书网上本院文书网页，其他7家法院未能直接链接到中国裁判文书网上本院文书网页。

6. 执行曝光力度不够

"执行难"是法院面临的普遍性问题，司法机关为破解执行难出台了不少惩戒措施，如公布"老赖"名单、限制高消费名单、限制出境名单等。测评显示，有8家法院未公开老赖名单，18家法院未公开限制高消费名单，16家法院未公开限制出境名单。

五 检务透明度指数

（一）总体情况

2014年检务透明度的测评包括基本信息、检务指南、工作信息、统计数据四项内容。其中，基本信息是社会公众了解检察院基本情况的主要渠道，主要测评4方面的内容，分别为网站建设、人员信息、机构设置、举报电话。具体则包括网站建设是否简洁、友好，院领导、人民监督员、特约检察员、专家咨询委员会成员信息是否完整，部门介绍、部门职能的提供情况，检察院举报电话是否公开，门户网站有无浮动窗口以及是否可以关闭，网站有无搜索引擎以及功能是否有效等内容。

检务指南是涉及检察机关工作制度、办案流程以及当事人、其他诉讼参与人相关权利义务等具有办事指南性质的信息，具体包括检察机关各项专门业务活动规范依据、流程的介绍，国家刑事赔偿制度、流程，司法警察职权责任，以及当事人、其他诉讼参与人权利义务，刑事诉讼法律援助，举报须知，咨询平台等内容。其中检务活动规范制度包括自侦案件常识公开、刑事简易程序常识公开、刑事申诉须知、行政案件申诉须知、民事案件申诉须知、监所检察须知、刑事不起诉须知等。

工作信息涉及检察机关执法办案中各种业务活动及其结果的公开公示，是检务公开的重要组成部分，主要包括文书公开、审查活动公开、职务犯罪预防典型案例公开、重大案件查办情况公开、刑事案件申诉复查结果公开、行贿案件档案查询、网络公开与办事平台、检察宣传日、检察接待日及新闻发布等事项。

统计数据是检察机关检务活动的司法数据信息，主要包括年度工作报告与财政信息，基于对数据更新性以及往年数据可能存在的保存与迁移问题，2014年度对工作报告的测评以2012年、2013年、2014年的数据为主，财政信息则包括年度预算、决算以及三公经费的公开。

测评结果显示，总体排名前三的是内蒙古检察院、南宁检察院、宁夏检察院。其中，省级检察院排名前三的为内蒙古检察院、宁夏检察院、新疆检察院；较大的市中排名前三的为南宁检察院、银川检察院、成都检察院。总体而言，相对于政府透明度和法院的司法透明度而言，检务透明度还不太理想，测评得分总体偏低，而且还有4家检察院未能发现其网站，这说明检务公开工作还有较大提升空间（测评结果见表2-5）。

表2-5 2014年西部地区检务透明度指数测评结果

序号	检察院	基本信息（15%）	检务指南（30%）	工作信息（40%）	统计数据（15%）	总分（满分100分）
1	内蒙古检察院	47.75	66.1	57.9	83.3	62.65
2	南宁检察院	85	35	52.9	66.7	54.42
3	宁夏检察院	71.5	64.6	47.5	33.3	54.10
4	新疆检察院	67.75	89.5	21.7	50	53.19
5	四川检察院	32.5	25	53.6	100	48.82
6	重庆检察院	71.5	56.8	44.2	16.7	47.95
7	银川检察院	71.5	53.8	38.9	33.3	47.42

续表

序号	检察院	基本信息（15%）	检务指南（30%）	工作信息（40%）	统计数据（15%）	总分（满分100分）
8	成都检察院	51	69.5	45	0	46.50
9	青海检察院	77.5	35	32.5	66.7	45.13
10	陕西检察院	64.5	25	45.2	41.7	41.51
11	云南检察院	51.5	49.3	43.6	0	39.96
12	兰州检察院	77.5	45.4	21.4	33.3	38.80
13	甘肃检察院	71.5	23.2	31.8	50	37.91
14	贵州检察院	77.5	25	27.5	50	37.63
15	乌鲁木齐检察院	50	52	29.5	16.7	37.41
16	广西检察院	38.5	17	41.4	58.3	36.18
17	西安检察院	71.5	55.9	18.9	0	35.06
18	贵阳检察院	57.5	20	24.2	66.7	34.31
19	昆明检察院	51.5	28	36.4	8.3	31.93
20	呼和浩特检察院	77.5	37.1	16.4	0	29.32
	西藏检察院	—	—	—	—	—
	西宁检察院	—	—	—	—	—
	拉萨检察院	—	—	—	—	—
	包头检察院	—	—	—	—	—

（二）基本信息

从测评结果来看，除未建有本院门户网站的4家检察院外，多数被测评的西部地区省市人民检察院公开了基本信息。

但基本信息公开方面也存在不少问题。首先，检察院门户网站建设情况不理想。省级检察院中西藏检察院无网站；较大的市的检察院中，全国有8家无网站，西部地区就有4家。省级检察院中四川检察院未配置有效的搜索引擎；较大的市中南宁检察院未配置该功能。其次，多数检察院还未能公开基本的人员信息。仅4家检察院公开了本院领导的姓名、职务、主管领域、教育背景、工作经历等信息，分别是新疆、广西、内蒙古、贵阳检察院。仅贵州检察院提供了人民监督员的主要信息，如姓名、工作单位、教育背景。被测评的检察院均未公开特约检察员的信息。再次，不少检察院还未能公开

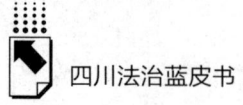

本院内设机构信息,有8家检察院未提供部门设置信息及部门职能。最后,举报电话的公开情况也不理想。有10家检察院未公开12309或者本院的举报电话。

(三)检务指南

测评结果显示,多数被测评检察院门户网站设置有检务指南(或类似功能)栏目。省级检察院中除1家未建有门户网站外,其余有2家检察院未设有检务指南(或类似功能)栏目。在较大的市的检察院中,除未开通门户网站的外,有3家检察院未设置检务指南(或类似功能)栏目。但检务指南整体公开情况不好。

首先,制度规定公开有待加强。制度规定公开主要包括对自侦案件、刑事简易程序、刑事申诉须知、民事案件申诉须知、行政案件申诉须知、刑事不起诉须知以及监所检察须知等信息的公开。测评显示,有2家省级检察院列明自侦案件立案标准与流程;有2家列明刑事简易程序适用范围与流程;有5家列明刑事申诉公开审查流程;有3家列明民事申诉公开审查流程;有5家列明行政案件申诉公开审查流程;有1家列明不起诉案件审查流程;无一家列明监所检察详细信息。较大的市的检察院公开上述信息的情况也不理想,除均未公开监所检察详细信息外,其余信息也各自仅有1家公开。四川省检察院及成都市检察院均未公开上述信息。

其次,公开国家刑事赔偿、刑事诉讼法律援助流程的占少数。省级检察院中,仅有2家公开了国家刑事赔偿流程,有1家公开了刑事诉讼法律援助的申请条件及流程,有6家公开了当事人或其他诉讼参与人诉讼权利义务。较大的市的检察院中,仅有4家公开了国家刑事赔偿流程,有2家公开了刑事诉讼法律援助的申请条件及流程,有3家公开了当事人及其他诉讼参与人的诉讼权利义务。

此外,举报须知、咨询平台的功能需要逐渐加强。设置举报须知与咨询平台板块有利于强化参与、加强互动,检务公开不仅涉及检察机关一方主体,更重要的是信息接收方,即当事人以及社会公众,它是一项双方参与的过程，并且更应强调当事人在检务信息公开中的主体地位。公布举报须知的，有8家省级检察院和6家市级检察院，设置了咨询平台的有6家省级检察院、3家市级检察院。四川省检察院、成都市检察院门户网站均对举报须知内容有所公开。

（四）工作信息

工作信息板块是检务公开的重要内容，西部地区测评对象对工作信息的公开多集中于文书公开、典型案例公开、重大案件查办情况公开等，而对于职务犯罪预防公开、申诉复查情况公开以及行贿案件档案查询公开力度尚显不足。

工作信息的公开平台建设方面，有7家省级检察院和4家市级检察院设置有该平台。

检察院公开的文书类别比较集中，以起诉书、抗诉书、刑事申诉复查决定书居多，并且起诉书的公开率最高，有19家公开，占79.17%。相比被测评的其他西部地区检察院，成都市检察院文书公开得较好，公开了起诉书、抗诉书、不起诉决定书以及刑事申诉复查决定书。

职务犯罪具有隐蔽性，为了提高司法公信力，应重视职务犯罪预防。被测评的12家西部地区省级检察院中有6家在门户网站设置了职务犯罪预防栏目并公开有测评前3个月的信息；有5家较大的市的检察院达到上述要求。四川省检察院门户网站公开了近期职务犯罪预防相关活动，并对职务犯罪查扣冻处理情况予以说明。

在检察机关宣传接待活动公开公告方面，被测评的西部地区省级检察院中有4家公布了相关宣传接待公告，而西部地区较大的市的检察院在此方面未见公示。

在行贿档案查询方面，2013年2月最高人民检察院《关于行贿犯罪档案查询工作的规定》提出行贿犯罪档案查询目的是充分发挥法律监督作用，遏制贿赂犯罪，并建立全国行贿犯罪档案库向社会提供查询服务，但结果显示提供该查询服务的仍在少数，仅有3家检察院公开了该信息，其中，有1家省级检察院和2家市级检察院。

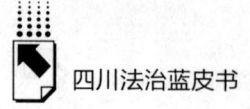

（五）统计数据

统计数据板块测评了各检察院公开本院年度工作报告与财政信息的情况。上述信息的公开对于检察机关推进检务公开、提升公信力有积极效果，也是通过公开进行自查与总结的途径。测评结果显示，被测评的其他西部地区检察院公开统计数据的情况还有极大提升空间，不少检察院只公开了统计数据的部分信息，有些则未公开任何统计数据。其中，省级检察院中，公开了2012年、2013年、2014年年度工作报告且有详细数据分别各有5家检察院；有5家检察院公开了2014年年度预算及2013年年度决算信息；有4家检察院公开了2013年与2014年的三公经费信息。较大的市的检察院中，分别有3家、3家和2家检察院公开2012、2013和2014年度的工作报告且有详细数据；有7家检察院公开了2014年年度预算及2013年年度决算信息；所有检察院均未公开2013年与2014年的三公经费信息。

四川省人民检察院门户网站首页"资料信息"栏目下设置有"工作报告"子栏目，对2012年、2013年、2014年工作报告予以公开，内容归属清晰，方便查询。同时，在其门户网站首页"新闻中心"栏目下设置有"通知公告"子栏目，打开链接后可以浏览四川省检察院近年财政情况，包括2013年度决算、2014年度预算情况以及2013年度、2014年度三公经费情况的公开。

六 结语

中国经济改革率先从中东部开始，特别是东部发达地区是改革的急先锋，为中国的社会经济发展打下了良好的基础。从法治建设的情况来看，东部地区虽然普遍好于西部地区，西部地区在几个方面的总体情况在全国来看还不够理想，但是西部的亮点也非常突出。在中国社会科学院法学研究所的各项全国性的第三方评估中，西部省份总体或单项名列前茅的情况并非罕见。从表2-6、表2-7可看出，西部地区在法治建设的很多方面有亮点：立法指数方面，西部有3个省级人大跻身前十名；政府透明度指数方面，西部地区的较大的市中有1家跻身前十名；司法透明度指数方面，高级法院层面有2家，中级法院层面有1家分别跻身各自的前十名；检务透明度指数方面，省级检察院和市级检察院各有2家分别跻身各自的前十名。这说明，法治建设虽然要有经济发展作为后盾，但在更多情况下，却是与人的意志、领导者的认识和重视程度密切相关的。

表2-6 四项法治指数省级测评对象全国前十名情况

名次	立法指数		政府透明度指数		司法透明度指数		检务透明度指数	
1	上海	79.5	广东	80.34	浙江高院	84.85	上海检察院	66.13
2	广东	78.6	上海	80.27	北京高院	84.82	辽宁检察院	62.8
3	湖北	73.7	安徽	79.80	山东高院	79.95	内蒙古检察院	62.65
4	北京	73.6	浙江	78.09	四川高院	78.13	天津检察院	62.57
5	江西	72.9	山东	77.83	广东高院	76	北京检察院	61.64
6	陕西	68.4	天津	77.12	海南高院	75.75	海南检察院	59.28
7	重庆	67.9	海南	77.08	陕西高院	72.88	福建检察院	57.43
8	安徽	64	河南	76.15	福建高院	72.2	广东检察院	54.69
9	四川	63.4	福建	75.87	上海高院	71.33	宁夏检察院	54.1
10	浙江	60.9	北京	75.05	湖南高院	70.08	安徽检察院	53.41

表2-7 三项法治指数较大的市全国前十名情况

名次	政府透明度指数		司法透明度指数		检务透明度指数	
1	广州	84.12	宁波中院	89.02	厦门检察院	62.47
2	宁波	83.91	广州中院	87.85	深圳检察院	60.13
3	无锡	82.88	杭州中院	82.25	宁波检察院	55.18
4	苏州	80.95	成都中院	81.3	南宁检察院	54.42
5	厦门	80.55	深圳中院	81.3	沈阳检察院	54.32
6	杭州	80.17	海口中院	76.38	南京检察院	53.26
7	青岛	80.09	厦门中院	73.78	珠海检察院	52.54
8	长沙	75.4	南京中院	73.1	大连检察院	50.43
9	成都	74.58	哈尔滨中院	71.72	汕头检察院	48.54
10	福州	74.13	武汉中院	71.54	银川检察院	47.42

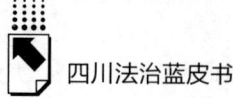

　　十八届四中全会提出，要坚持依法治国、依法执政、依法行政共同推进，坚持法治国家、法治政府、法治社会一体建设，实现科学立法、严格执法、公正司法、全民守法，促进国家治理体系和治理能力现代化。这实际上给西部地区提供了新的契机，即经济虽然是发展的重要指标，但不是发展的唯一衡量指标。如果经济发展以破坏我们的生存环境为代价，破坏了我们生存于其中的自然环境和社会环境，这样的发展是不可取的。一个地区是否宜居，百姓是否心情舒畅，应当是判断党和政府执政能力和行政能力的重要指标，因此，西部地区应当在发展中更加重视后发优势，利用资源丰富、民风淳厚的优势，在法治的轨道上推进经济和社会的平衡发展，使广大人民群众共享改革开放成果，把西部建设成风清政明，经济稳步发展，百姓安居乐业，各种弊端尽除的地区，为中华民族的复兴做出应有的贡献。

人大制度
People's Congress System

发挥人大在依法治省中的"第一线"作用
——四川人大推动依法治省工作述评

四川省人大常委会办公厅课题组*

> 摘　要： 在建设法治四川的进程中，作为地方国家权力机关，四川省人大依法履职，着力发挥人大立法对依法治省的引领和推动作用、人大监督对依法治省的促进作用、人大代表对依法治省的推动作用、法治宣传教育对依法治省的引导作用。同时，在依法治省的部署与安排下，四川人大在立法、监督、代表工作等各方面均有探索，人大

---

* 课题组负责人：朱新华，四川省人大常委会副秘书长、办公厅主任。课题组成员：吕华、史志伦、田万国、王希龙、蒋强。执笔人：蒋强，四川省人大法制委员会办公室副主任。

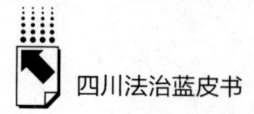

工作的理论得到丰富和诠释，人大制度的优越性得到进一步彰显。

关键词： 四川　人大　依法治省

2013年以来，四川省委大力推进法治建设，在党的十八大后推出《四川省依法治省纲要》（以下简称《纲要》），率先制定依法治省指标体系和评价标准，推广中江县"村规民约"六步工作法，大力推进"法律七进"活动。2014年11月召开的四川省委十届五次全会，在深入贯彻党的十八届四中全会精神、全面总结四川依法治省生动实践的基础上，通过《中共四川省委关于贯彻落实党的十八届四中全会精神全面深入推进依法治省的决定》，坚持问题导向，紧扣四川实际，将治蜀兴川的法治实践上升到新的高度。与此同时，四川人大的工作也进入了难得的机遇期。

作为地方国家权力机关，四川省人民代表大会（以下简称"人大"）及其常务委员会（以下简称"人大常委会"）承担着制定地方性法规和保证法律法规实施的职责，处在四川省社会主义民主法制建设的第一线，对于全面推进依法治省负有重要使命。四川省人大常委会坚决贯彻中央依法治国和省委"治蜀兴川重在厉行法治"的科学决策，深入落实省委依法治省的重大部署，牢牢把握"第一线"[①]这一角色定位，认真履行法定职责，把立法、监督等工作与依法治省各项工作结合起来，认真落实《四川省依法治省纲要》赋予人大的各项任务，充分发挥法治四川建设中地方国家权力机关的作用。

[①] "全国人大常委会承担着制定法律和保证法律实施的职责，处在社会主义民主法制建设的第一线，对于全面推进依法治国、建设社会主义法治国家负有重要使命"，见全国人大常委会张德江委员长在十二届全国人大常委会第一次会议上的讲话，新华网，2013年3月19日。

一　做出依法治省决议，及时将省委依法治省的决策部署通过法定程序转化为全省人民的共同意志

在人民民主专政的社会主义中国，中国共产党治国理政是通过人民代表大会制度来实现的。一方面，党总揽全局、协调各方，依法通过权力机关实现其决策部署。另一方面，权力机关依照法定程序，将党的意志转换为具有法律约束力的法律文书，成为全社会一体遵循的行为规范。这构成了执政党依法执政的两个维度。

为推动省委依法治省决策部署的全面落实，四川省人大常委会于2014年5月做出了《关于深入推进依法治省的决议》（以下简称《决议》），使省委依法治省的重大决策部署通过法定程序成为全省人民的共同意志和自觉行动，充分发挥了地方国家权力机关在推进依法治省中的重要作用。

人大做出的决议是具有法律效力的法律文书，必须具有可操作性，且通俗易懂便于理解。为使《决议》"看得见、摸得着、可操作"，四川省人大常委会组织专门班子负责起草工作，常委会领导亲自组织研究讨论，省人大法制委员会（以下简称"法制委"）和人大常委会法制工作委员会（以下简称"法工委"）多次召开座谈会，广泛征求省直有关部门、人大代表和社会各界的意见，省人大法制委两次召开全体会议对《决议（草案）》进行审议修改。经五易其稿，最终形成了提交常委会会议审议的《决议（草案）》，在省十二届人大常委会第十次会议上表决通过。

《决议》紧扣《纲要》主线，从确保省委重大决策部署贯彻落实的角度，就"坚持党的领导、人民当家作主、依法治国有机统一"、"科学立法"、"依法行政"、"公正司法"、"社会法治"、"法治宣传"和"推进机制"七个方面向全社会提出了明确要求。

为确保依法治省各项工作落到实处，《决议》指出，各级人大及其常委会要把建设法治四川作为重要任务，适时做出依法治理的决定或决议，发挥

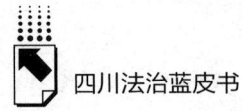

各级人大代表在依法治省中的重要作用。依法治省必须突出公职人员特别是领导干部的示范作用,为此,《决议》强调选举和任命国家工作人员时,要把运用法治思维和法治方式的能力作为重要条件,把是否学法用法、依法办事作为必要条件,并提出要坚持和完善任前法律知识考试制度。《决议》强调发挥人大监督作用,明确各级人大要适时听取同级"一府两院"关于依法治理的专项工作报告,综合运用法定监督形式,加大监督力度,推动依法治省各项工作落实。

二 发挥人大立法对依法治省的引领和推动作用

法律是治国之重器,良法是善治之前提。十八届四中全会提出了依法治国的新"十六字方针",即科学立法、严格执法、公正司法、全民守法,其中,科学立法是前提和基础。依法治省,必须坚持立法先行,发挥立法的引领和推动作用,抓住提高立法质量这个关键。四川省人大按照《纲要》要求,坚持科学立法、民主立法,着力完善立法机制,整合立法资源,优化立法流程,加强重点领域立法,提高立法质量。2014年,四川省人大常委会共制定、修改地方性法规14件,批准成都市地方性法规和民族自治地方自治条例、单行条例共10件。①

(一)加强重点领域立法

围绕政府职能转变和行政审批制度改革,四川省人大修改了《四川省盐业管理条例(草案)》、《四川省广播电视管理条例(草案)》和《四川省〈中华人民共和国文物保护法〉实施办法(草案)》,取消和下放了部分行政审批事项,进一步促进政府简政放权。

围绕科学发展和加强财政监督,修改了《四川省政府投资建设项目审计条例(草案)》,加强对政府投资建设项目的审计监督,确保政府投入资

---

① 四川省人民代表大会常务委员会工作报告,2015年1月。

金的安全与效率。

围绕生态环境保护，四川省人大修改《四川省〈中华人民共和国节约能源法〉实施办法》，规范全省的节能工作，推动能源的合理、高效使用，促进经济社会可持续发展；制定《四川省野生植物保护条例》，防止野生植物资源流失，维护四川的自然生态平衡。

围绕改善民生和规范公共服务，四川省人大修改《四川省人口与计划生育条例（草案）》，落实中央关于单独二孩政策；修改《四川省〈中华人民共和国义务教育法〉实施办法（草案）》，规范并解决乱收费、流动人口子女入学难等问题，推动义务教育均衡发展；制定《四川省国有土地上房屋征收与补偿条例（草案）》，明确"公共利益"的边界，规范房屋征收行政行为，保护被征收人的合法权益；修改《四川省法律援助条例（修订草案）》，扩大法律援助范围，加强法律援助的力度；修改《四川省〈中华人民共和国动物防疫法〉实施办法（草案）》，明确和完善病死动物和病死动物产品无害化处理，保障公共卫生安全。

围绕改进行政管理、促进市场作用发挥，四川省人大制定《四川省电力设施保护和供用电秩序维护条例（草案）》，从维护公共安全和秩序的角度出发，建立并完善相关行政管理法律制度；修改《四川省道路运输条例（草案）》，确立了城市公共交通优先、加快农村客运发展的制度，推动道路运输业转型升级。

围绕保障代表依法履职，四川省人大修改《四川省〈中华人民共和国全国人民代表大会和地方各级人民代表大会代表法〉实施办法修正案（草案）》，完善了代表联系群众和履行职务保障的有关规定。

（二）坚持科学立法

完善并实施五年立法规划。四川省人大常委会紧扣省委重大决策部署，着眼于服务全省经济社会发展大局，根据全面深化改革和实施《纲要》的要求，修订完善五年立法规划，确立7大类92项立法任务，突出对转方式调结构、保障民生和发展社会事业、加强生态文明建设等重要方面提供法治

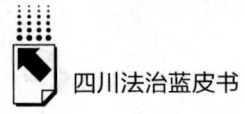

保障。根据立法规划,参考公开征集到的立法建议,科学编制2014年立法计划并稳步推进。

及时开展法规清理。为适应四川全面深化改革的需要,使法规更加准确反映经济社会发展要求,更好协调利益关系,对2013年年底以前省人大及其常委会制定的196件地方性法规、批准成都市和民族自治地方制定的136件地方性法规,完成全面评估和清理工作。[①] 根据评估和清理情况,拟适时修正或修订75件,废止15件,着力解决地方性法规中存在的与上位法不一致、与深化改革不适应、与社会发展不协调和操作性不强等问题。

研究制定科学立法指标体系和评估标准。设置了3条一级指标、12条二级指标和13条量化考核指标,对地方立法的项目论证、立法调研、法规起草、征集意见、立法评估等各环节进行量化评估,推动地方立法由粗放型向精细化转变。

开展立法前沿研究。与中国社会科学院法学研究所签署"法治国情四川调研合作框架协议",合作开展"四川立法的探索与创新"和"藏区少数民族法治问题"两项课题研究,科学审视、把脉问诊、提炼升华四川法治建设的生动实践,推动国家级的法学研究成果应用于四川地方立法,提高立法质量。

(三)坚持民主立法

四川省人大贯彻群众路线,树牢群众观念,站稳群众立场,完善"从群众中来,到群众中去"的工作方法,推动立法汇聚民意、汲取民智、维护民利。

公开征集2015年度地方立法选题,推动立法与民意互动。通过四川日报、四川在线等主流媒体,面向社会开展公开征集立法选题和立法工作建议,共收到公民回复30件,其中有5件被吸收进2015年立法计划。

加强立法调研,召开人大代表、基层群众、专家学者等参加的座谈会、

---

① 数据来自四川省人民代表大会常务委员会工作报告,2015年1月。

论证会、征求意见会,充分听取社会各界特别是有利害关系群体的意见,寻求立法中的社会最大公约数。全年共组织学习考察、立法调研130余次,召开座谈会280余场。

法规草案全部上网公布,广泛征集修改意见建议。《四川省法律援助条例(修订草案)》和《四川省〈中华人民共和国义务教育法〉实施办法(草案)》等在网上公布后,引起社会的广泛关注,收到有价值的意见建议共200余条,有效促进了立法质量的提高。

(四)坚持人大主导

在立项、起草、论证、评估等各个环节,四川注重发挥人大在地方立法中的主导作用,加强对立法的组织协调,建立相对独立的项目组起草法规机制,对涉及部门利益的条款从严把关,厘清权力边界,防止部门利益法制化。

充分发挥人大代表联系群众的特有优势,邀请其参与立法调研和立法座谈会,听取他们的意见建议,让立法听民声、接地气。

充分发挥地方人大机关在专业、信息等方面的优势,及时征求其对每一部法规草案的修改意见,把立法活动延伸到基层。全年共向市(州)人大及有关部门发送书面征求意见稿292份,收到意见建议1400条,其中大部分得到采纳。

召开全省人大法制工作会议。来自21个市(州)的与会人员围绕设区的市拥有立法权后如何开展立法工作,如何进一步完善各级人大联系机制、提高地方立法质量、做好规范性文件备案审查、促进法律监督实效等问题进行了深入研讨。

(五)完善立法机制,建立"一点一库一基地"制度

坚持把提高立法质量放在立法工作的首位,深化立法立项、起草、审议、评估全过程改革,努力使地方立法真正立得起、行得通、能管用。

建立"一点一库一基地"制度。选择广安、达州、巴中、攀枝花、甘

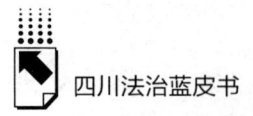

孜等市州人大作为省人大法制工作联系点，推进立法工作的上下联动。

遴选了法律、宗教、财经、科学、农业、语言等领域60余名专家组成立法咨询专家库，为立法工作提供专家咨询。

选择四川大学法学院、西南财经大学法学院、四川省社会科学院法学研究所等6家法学科研院所作为地方立法评估和协作基地，对法规立项的可行性和效益进行预评估，对法规实施效果进行后评估，对重大问题、专业性问题提供咨询论证服务。邀请立法评估协作基地对四川地方性法规进行全面清理，征求对省人大监督工作的意见，取得较好效果。

（六）促进民族自治地方立法进步

四川是多民族聚居的省份，省人大常委会通过审查批准民族自治地方自治条例和单行条例，鼓励和支持民族自治地方用好立法权，通过法治来保障和推动民族自治地方各项事业发展。2014年，四川省人大常委会审查批准了《阿坝藏族羌族自治州自治条例（修订案）》、《阿坝藏族羌族自治州风景名胜区条例》、《阿坝藏族羌族自治州野生动物植物保护条例》、《甘孜藏族自治州突发事件应对条例》、《北川羌族自治县城市管理综合行政执法条例》和《北川羌族自治县矿产资源管理条例》6部民族自治地方自治条例和单行条例，涵盖资源开发、生态保护、社会治理等方面，有力推动了民族地区的跨越发展和长治久安。

三 发挥人大监督对依法治省的促进作用

四川省人大常委会适应新形势，将深入推进法治四川建设作为依法履行监督职责的重点，积极创新监督方式，切实增强监督实效，推进依法治省各项工作落实。

（一）加强专项工作报告的审议

四川省人大常委会的做法包括：围绕推动依法行政，听取和审议国有土地上房屋征收与补偿情况报告,要求依法保障国有土地上房屋被征收人合法权益,妥善化解矛盾纠纷,为发展提供可靠土地要素保障;听取和审议地方政府性债务情况报告,要求尽快出台政府性债务管理办法,做好债务风险评估、化解、绩效评价工作。为强化国有资产监督职能,听取和审议国有资产经营管理情况报告,要求进一步加强国有资产监管,加快国有企业市场化改革,提升国有资产效益。围绕加强社会管理和民生保障,听取和审议食品安全情况报告,要求严格执行食品安全监管制度,严肃查处食品领域违法违规行为;听取和审议城市民族工作情况报告,要求主动适应城市民族工作发展新形势、新特点,不断提高城市民族工作水平和实效。围绕扩大对外开放,听取和审议侨务工作情况报告,要求营造优良涉侨政务和法治环境,进一步凝聚侨心、汇集侨智、发挥侨力。围绕生态四川建设,听取和审议水土保持情况报告,要求建立健全水土保持生态补偿机制,加大防控水土流失的监督和治理力度;听取和审议节能减排情况报告,要求建立节能减排激励约束机制,以节能减排倒逼产业转型升级。围绕规范司法权力运行,听取和审议省法院执行公开、省检察院检务公开等工作报告,要求"两院"以公开促公信,着力打造"阳光司法"体系,提升司法公信力。各专项工作报告的审议意见,常委会及时转交"一府两院",要求认真研究办理并报告结果。

(二)加强计划和财政预决算监督

在此方面,四川省人大常委会的做法包括以下几个方面。听取2014年1~6月国民经济和社会发展计划执行情况报告、四川省"十二五"规划纲要实施中期评估报告,批准调整地区生产总值年均增长指标,既确保经济发展在合理区间,又为转方式、调结构留足空间。要求省政府主动应对挑战,坚持稳中求进,保持转型发展定力,全面激发市场活力,着力保障和改善民生,切实提高经济发展质量和效益,全面完成发展计划和规划纲要确定的目标任务。

批准2013年省级财政决算,听取和审议2014年财政预算变动及1~10

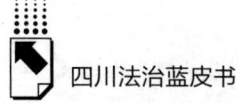

月预算执行情况报告，对进一步依法强化预算管理提出意见建议。审查批准2014年财政预算调整方案，为发行200亿地方政府债券创造条件，并要求对地方政府债券资金管理和使用情况予以总结并实施审计。认真学习和贯彻落实新《预算法》，推进全口径预算管理和监督，制定加强人大预算审查监督工作相关意见，对部门预算和专项转移支付预算草案提交人代会、部门决算草案提交人大常委会、转移支付提交备案审查以及建立预决算审查监督联席会议制度和部门决算草案审计审签制度等做出具体规定；首次实现将包括一般公共预算、政府性基金预算、国有资本经营预算和社会保险基金预算在内的完整政府预算草案提交代表大会审查，首次实现除涉密单位外，所有部门预算草案全部提交代表大会审查。

听取和审议2013年度省级预算执行和其他财政收支的审计工作报告和审计处理结果报告，加大对违规单位的曝光力度，加强对整改落实情况的跟踪监督。督促审计机关启动预算执行审计结果和整改落实情况分单位公开制度，首次实现向社会公开5个省级部门的2013年预算执行和其他财政收支审计结果及整改落实情况。

四川省人大常委会制定的《四川省财政收支审计条例》，在全国率先提出"绩效审计"，率先构建部门预决算审查指标体系，率先建设预算执行在线实时监督系统，率先探索建立省人大代表计划和预算审查监督联络员制度，为人大代表履职行权提供服务。

（三）努力提高执法检查实效

四川省人大常委会开展城乡规划法律法规执法检查，听取和审议执法检查报告，提出要进一步完善规划体系、提高规划水平、完善监管体制、维护规划权威。积极探索增强执法检查实效新途径，对2013年开展的消防法律法规、农民专业合作社法律法规执法检查报告及审议意见落实情况进行跟踪督促。到有关市州重点督查执法检查中发现问题的整改情况，听取省政府关于整改情况的报告。通过再审议、再督办，有力推动了法律法规的贯彻实施。

（四）首次开展专题询问

开展专题询问，是增强人大监督工作力度的重要探索和创新。四川省人大常委会听取省政府关于医药卫生体制改革和财政教育资金投入及绩效的专项工作报告后，就这两项工作分别开展了专题询问。组成人员围绕基本医疗保障制度、医患关系、过度医疗、城乡义务教育协调发展以及财政教育资金投入和使用等群众普遍关心的问题，现场询问省政府及有关部门负责同志。专题询问采取联组会议形式，在一问一答中交流沟通情况，释疑解难，回应群众关切，共同探讨对策，形成共识，收到了很好的社会效果。专题询问的有效运用，丰富了监督形式，提高了监督实效，产生了积极社会反响。

（五）开展规范性文件备案审查

按照"有件必备、有备必审、有错必纠"原则，2014年对四川省政府报送的10件规章、152件规范性文件，成都市政府报送的6件规章，其他市州人大报送的213件规范性文件进行了备案审查。四川省人大常委会听取和审议开展规范性文件备案审查工作情况的报告，充分发挥监督作用，维护国家法制统一。

（六）加强人大信访工作

全年共受理人民群众来信来电3994件次、来访4312人次，督促有关方面认真解决了一批涉及合同纠纷、征地拆迁、劳动保障等信访案件，为维护人民群众合法权益和社会稳定发挥了积极作用。

（七）出台具体意见

起草了《关于进一步加强和改进监督工作的意见》，拟报请省委批准后施行。该意见的出台，将更加明确人大监督任务和监督重点，切实增强监督实效，确保依法治省各项工作落实到位。

四川省人大常委会监督工作项目概要见表3-1。

表3-1 四川省人大常委会监督工作项目概要（2010~2014年）

单位：个

项目 年份	听取和审议专项 工作报告	执法检查	专题询问	听取和审议国民经济和社会发展计划、预算 的执行情况报告，听取和审议审计工作报告	监督项目 总计
2010	12	3	—	3	18
2011	11	3	—	5	19
2012	8	2	—	5	15
2013	11	4	—	5	20
2014	13	2	2	5	22

数据来源：《四川省人大常委会年度监督计划》（2010~2014年）。

四 发挥人大代表对依法治省的推动作用

人大代表作为国家权力机关的组成人员，在经济、政治和社会生活中，发挥着重要作用，是人大工作的主体力量，也是法治四川建设的重要力量。四川省人大常委会坚持尊重代表主体地位，支持和保障代表依法履职，充分发挥代表对依法治省的推动作用。

一是强化制度建设。代表法实施办法的修改，增加了代表联系群众的有关规定，进一步完善了代表执行职务的保障，提出了建立健全代表联络机构的要求。进一步完善了省人大代表计划和预算审查监督联络员制度，提高代表联络员在人大财经监督中的参与度。修改完善了代表联系群众工作办法，推动代表联系群众常态化、制度化，使之能够真正深入基层，反映民意，化解矛盾纠纷，促进社会和谐。在全省选取2个县（区）、2个乡镇开展试点，研究建立代表履职监督机制。

二是强化履职保障。邀请代表列席常委会会议和参加执法检查、专题调研等，拓宽代表知情知政渠道。2014年共邀请全国人大代表15名、省人大代表60人次列席常委会会议，并召开列席代表座谈会，听取对常委会各方面工作的意见。组织代表围绕民生保障、征地拆迁、生态环境保护等开展集中视察和专题调研，通过提出高质量的议案和建议意见，促进群众关注的热点难点问题在法律和政策的范围内得到合理有效解决。2014年共组织600余名代表围绕全面深化改革、依法治省以及经济社会发展中的重大问题开展专题调研和集中视察，形成60篇较高质量的专题报告。组织180人次参加"一府两院"和有关机关组织的代表活动，丰富了履职形式，增强了履职实效。加强对代表小组活动的指导，坚持向代表通报全省经济社会发展情况。举办有167名代表参加的省人大代表培训班，进一步提升代表对人大制度、人大工作的认识，增强代表依法履职的责任意识。

三是加强省人大代表议案、建议办理力度。四川省人大常委会高度重视代表议案、建议办理工作，专门召开有27个主要承办单位参加的代表建议交办会，提出了办理工作的有关要求。坚持重点督办和常态化督办相结合，确定对完善法院审判质效管理、增加对村级道路补助资金等8件建议进行重点督办，相关专门委员会制定具体督办方案，全程跟踪督促，推动了这些社会关注、群众关心问题的解决。四川省第十二届人大第二次会议期间省人大代表提出的39件议案，均办理完毕。其中关于做出贯彻实施依法治省纲要决定和修改人口与计划生育条例的议案，已经由常委会做出相关决议、决定。代表提出的864件建议，承办单位已全部办理完毕并答复代表。

四是强化能力建设。开展"百千万"活动，四川省人大常委会80名组成人员每人联系3名基层人大代表，实际共联系239名基层代表；市（州）县（市区）人大常委会组成人员联系本级基层人大代表3~5名。结合"走基层"活动，广泛开展"人大代表在行动"活动，进一步推动人大代表深入基层，反映民意。通过民情信箱、联系选民卡、民情日记等形式，创新和规范代表联系群众平台载体。建立代表履职的激励监督机制，探索通过完善代表联络机构、网络平台、履职登记制度等方式，切实促进代表为法治四川建设贡献力量。

结　　语

通过以上实证分析，可以发现，四川省人大2014年的依法治省工作已

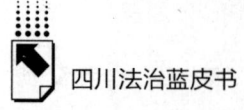

形成了一套可类型化的经验。

经验一，坚持党的领导，坚决落实党委的决策部署，使党的决策部署依照法定程序成为全社会共同遵循的行为规范，实现党的领导、人民当家做主和依法治国的有机统一。

经验二，将依法治省与人大的履行职权结合起来，以人大的履职行权有力推动依法治省，同时又以依法治省促进人大工作的全面展开，两者辩证统一、相互促进。

经验三，发挥人大立法的引领、示范和保障作用。依法治省首先要有法可依，必须立法先行。在经济社会迅速、全面、深刻变化的当下，随着全面深化改革的推进，应及时清理修改、完善法律法规以适应改革发展需要。从这个层面看，四川省人大全面清理地方性法规的实践，具有较强的借鉴意义。党的十八届四中全会对科学立法、民主立法提出了新的更高要求。四川省人大强化人大对立法的主导作用，加强重点领域立法，建立"一点一库一基地"，研究立法指标体系和评价标准，提高立法质量，无疑为科学立法、民主立法提供了一个可资借鉴的生动样本。

经验四，发挥人大监督对依法治省的促进作用。监督权是宪法和法律赋予人大的重要职权。宪法规定，"一切权力属于人民"，人大代表人民进行监督。在我国的监督体系中，不同于党的纪检监督、政府的行政监督、司法机关的法律监督和政协的民主监督，人大监督是最高层次和最具权威性的监督，无论是法律地位、法律保障、方式手段，还是法律后果，都是其他监督不能比拟的。四川省人大的实践表明，人大的监督对于依法治省具有重要的促进作用。

经验五，发挥人大代表对依法治省的推动作用。法治要靠人来推动。人大的行权不是依靠个人的意志，而是通过人大代表共同参与并形成集体的合意来达成的，离不开人大代表个体的参与。四川省人大建立完善代表工作有关制度、强化代表履职保障、提高代表履职能力，激励代表发挥作用，有效地促进了依法治省工作。

四川省人大的实践表明，在依法治国、依法治省的宏大叙事下，与民主法制建设紧密相关的国家权力机关将发挥越来越重要的作用,人大工作已进入难得的机遇期。

法治建设没有止境。对四川省人大而言,推进依法治省仍面临着一些困难和挑战。比如,如何应对"依法赋予设区市以地方立法权"后,四川新增17个设区市获得立法权,省人大审批任务至少激增3倍,而大部分设区市机构、人才、技术准备不足的情况?如何配置好立法人力资源,建立一支与形势任务相适应的立法队伍,真正发挥人大在人大立法中的主导作用?如何破除体制机制壁垒,解决人大工作诸如"干多了什么意思,不干不好意思,干一点意思意思"的消极思想?这将考验决策者的政治智慧,同时也有待于我们进一步观察。

B.4
四川人大预算审查监督的实践与探索

四川省人大常委会预算工作委员会课题组*

摘　要： 对政府预算决算进行审查监督，是宪法和法律赋予各级人大及其常委会的重要职权。四川省各级人大常委会不断完善体制机制，依法开展预算审查监督工作，切实提高审查监督实效。本文总结回顾四川省人大预算审查监督工作的实践和探索，查找工作中存在的困难和问题，提出新形势下做好人大预算审查监督工作的建议，并就依法治省相关工作提出一些看法。

关键词： 人大监督　预算　依法治省

党的十八大以来，经济社会发展进入了新阶段，全面深化改革成为党和国家新的历史使命。十八大提出"加快改革财税体制"、"加强对政府全口径预算决算的审查和监督"和"保障人民知情权、参与权、表达权、监督权"。十八届三中全会提出"深化财税体制改革"、"建立现代财政制度"、"加强人大预算决算审查监督、国有资产监督职能"、"落实税收法定原则"和"推动人民代表大会制度与时俱进"。在这样的背景下，素有"经济宪法"之称的《预算法》，完成了它的第一次修订，由一部帮助政府管理的

---

* 课题组负责人：郭志强，四川省人大常委会预算工作委员会副主任。课题组成员：夏雪、王海峰、周振、王国有、伍星、李传召。执笔人：周振，四川省人大常委会预算工作委员会预算审查处副处长。

法，修订为规范政府管理的法，对人大预算审查监督也提出了新的更高要求。为落实新要求，执行新《预算法》，做好新形势下人大预算审查监督工作，现对四川省人大预算审查监督工作的实践和探索进行总结，查找工作中存在的困难和问题，提出改进措施，并就依法治省相关工作提出一些意见和建议。

一 四川省人大预算审查监督工作实践与探索

对政府预算决算进行审查监督，是《宪法》和法律赋予各级人大及其常委会的重要职权。在《宪法》和法律的框架下，四川省各级人大常委会依法开展预算审查监督工作，不断完善人大预算审查监督体制机制，切实提高预算审查监督实效。

（一）坚持立法先行，促进政府依法理财、依法监督

四川省人民代表大会常务委员会（以下简称"人大常委会"）于2002年设立预算工作委员会，同年出台了《关于加强省级预算审查监督的决定》，为规范省级人大预算审查监督提供了组织和制度保证。十余年来，四川省人大常委会注重在预算审查与监督方面的立法工作，始终坚持深入调查研究、广泛听取群众意见，努力做到科学立法、高效立法，相继出台或修订了相关地方性法规。

为规范内部审计行为、严肃财经纪律、促进廉政建设，四川省第十届人大常委会第三十一次会议通过了《四川省内部审计条例》，条例自2008年1月1日起施行，建立健全了内部审计制度。该条例规定省级垂直管理的部门、收支金额较大或下属单位较多的国家机关企事业单位、社会公共资金管理使用单位、国有大中型企业等都应当设立内部审计机构，独立开展内部审计工作。

2010年，四川省第十一届人大常委会第十五次会议颁布实施了《四川省〈中华人民共和国各级人民代表大会常务委员会监督法〉实施办法》（以

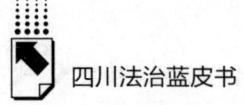

下简称《监督法实施办法》),结合四川实际,细化了四川省各级人大常委会对政府预算实施审查监督的内容、程序、方法,规范了人大预算审查监督工作。

2012年,修订了《四川省财政收支审计条例》,进一步拓展了审计监督范围,丰富了审计监督方式,在全国地方性法规中第一次明确提出"绩效审计",要求重点审计财政支出绩效。

2013年,针对政府投资建设项目规模日益扩大、审计监督缺乏规范的情况,颁布实施了《四川省政府投资建设项目审计条例》,规范政府投资建设项目审计行为与审计发现问题的责任追究。同时,为确保财政资金安全和使用绩效,该条例规定建设单位或者代建单位应当在招标文件中载明"保留适当比例的工程价款,在竣工决算审计后结算"及"纳入审计项目计划的政府投资建设项目,以审计机关作出的审计结果为工程竣工结算的依据"等事项。

为保证财政资金安全规范有效使用,维护财经秩序,2013年四川省颁布实施了《四川省财政监督条例》,规范财政部门财政监督行为,加强对国家机关、社会团体、企事业单位和相关人员涉及财政、财务和会计事项的监督。

为规范"财政三分天下有其一"的非税收入征收管理,2014年启动了《四川省财政非税收入管理条例》立法工作。

法律的权威在于实施。为确保法律法规得到有效实施,四川省人大常委会加大执法检查的力度,注重执法检查成果应用,先后组织开展了对《各级人民代表大会常务委员会监督法》(以下简称《监督法》)及四川省的实施办法等法律法规的执法检查,对发现的执法不到位问题或违法违规行为,要求有关部门坚决整改。

四川省审计厅认真落实《四川省财政收支审计条例》和四川省人大常委会审议意见,推进了财政支出绩效的审计工作,为政府科学决策提供了有力的数据支撑。2012年,在对教育投入绩效的审计中,发现资金投入不合理,绩效不高,学校整合归并大幅增加了义务教育阶段学生平均就学里程等问题。审计工作还发现了部分单位信息化建设项目资金浪费较大，绩效不高，信息孤岛现象严重等问题。

2013年，四川省审计厅根据《四川省政府投资建设项目审计条例》，对省级政府投资建设项目开展审计，项目资金平均审减率达10.1%，为国家节约建设资金和挽回损失156.66亿元。

（二）积极探索创新，确保审查工作取得实效

1. 提前介入，突出抓好部门预算决算预先审查

从2003年起，四川省政府将省级部门预算草案提交省人代会审查。上会审查前，省人大常委会预算工作委员会（以下简称"预算工委"）组织对所有省级部门预算决算进行预审。采取专家集中审查、重点抽查、深入审查等方式，着力增强审查的针对性和实效性。

一是"借脑"，建立预算审查专家库。从省级行政事业单位、大中专院校、科研院所、会计师事务所、人大代表中，选择熟悉财政、审计工作的专家，组成多专业、多领域搭配的部门预算决算审查专家库，并对专家库成员进行专业培训，就预算决算政策、编报口径、审查指标和审查方法等进行讲解说明，提升专家的审查能力。

二是对预算决算数据进行对比分析。开展部门预算决算编制和预算执行情况调研，全面了解财政政策、预算制度落实情况，以及预算编制和执行中存在的主要困难和问题。对政府部门提交人大审查的预算决算进行分析研究，从横向（部门间）和纵向（同一部门不同年度间）进行对比，发现不合理预算收入与支出。

三是建立并完善审查指标体系。2010年，四川省人大常委会预算工委从法律法规、财政政策、省委决策部署、重点支出、民生保障、行政成本、"三公经费"等方面设置多项预先审查指标，构建省级部门预算决算审查指标体系。2013年，在对省级130个一级预算单位的部门决算进行预先审查时，设置审查指标达70多项。审查指标的建立，使预算审查从定性分析发展到定量分析，为完成从程序性审查到实质性审查的转变打下了坚实基础。

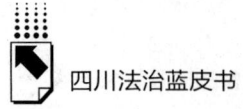

四是集中专家进行专业性审查。将提交预审的部门预算决算草案按部门性质分为一般公共服务、经济管理、民生保障等若干大类，将审查专家分为合法性审查组、政策性审查组和数据分析组，形成"分工负责、联动审查、综合分析"的审查模式。在集中审查的同时，有针对性地选择部分部门进行重点抽查。根据报送的专项项目编制依据、绩效目标及其他相关资料，从支出合法性、额度合理性及绩效目标可行性等方面实施审查。

五是督促审查发现问题整改。集中审查后，分析整理专家审查意见，印送财政部门督促相关编制单位逐条整改，并约请部分问题较突出的部门或单位就预算决算编制过程中的困难和问题做出说明。在预先审查2014年省级部门预算草案时，共提出意见529条，四川省财政厅以书面形式反馈了预审意见的整改落实情况，对其中414条意见做了补充说明，对115条意见进行了整改。

六是注重审查成果的运用。及时向省人大代表计划和预算审查监督联络员通报有关预审意见，为人大代表审查部门预算提供参考。针对财政管理存在的突出问题，在财政预算决算草案审查结果报告中建议财政部门切实加强管理、完善制度、采取措施，努力提高财政资金使用效益。同时，针对审计整改中存在的"审计问题多、整改不彻底"等情况，建议审计部门加大预算执行审计及审计整改的督办力度。

在市州层面，雅安市和广安市由代表大会授权人大常委会对部门预算草案进行审查批准，提高了审查的针对性和实效性，增强部门预算约束力。

2. 深入研究，建立省级预算收入预测模型

准确预测年度财政收入，是科学安排财政支出的基础和保证。针对财政收入普遍靠"拍脑袋"的现象，四川省人大常委会预算工委从2007年开始每年开展省级财政预算收入预测研究。运用计量经济学和时间序列方法，选取四川历年财政收入数据和宏观经济指标数据，深入分析四川省财政收入与宏观经济之间，尤其是与GDP之间的关系。在实证分析的基础上，建立了符合四川实际的收入预测模型，既为合理编制收入预算提供了科学依据，也让人大在预算审查过程中做到了"心中有数"。

3. 加强初审，建立预算审查联席会议制度

为充分发挥人大各专门委员会的职能作用，确保工作监督与预算保障的有机统一，2014年9月，四川省人大常委会主任会议决定建立预算审查监督联席会议制度，此后，在四川省人大财政经济委员会对预算决算实施初步审查前，提前将财政预算草案及部门预算草案分类送达各专门委员会征求意见。在初步审查会议上，邀请各专门委员会就相关部门的预算决算充分发表意见。形成初步审查意见后，印送财政部门研究办理。

4. 创新方式，实施预算审查监督联络员制度

针对人代会审议时间短、审议质量不高、闭会期间监督乏力、代表与人大专门机构联系不够紧密等问题，2009年，省人大常委会建立了省人大代表计划和预算审查监督联络员制度。各代表团在本团中推荐2~3名懂预算、懂专业的人大代表，由省人大常委会统一组织专业知识培训。在大会期间为本团解读预算，并协助本团对预算草案进行审查，在闭会期间参加人大组织的预算执行监督相关活动。联络员制度的建立，提高了代表履职能力，增强了人大预算决算审查监督的质量，得到全国各地的广泛关注。全省市州也正在建立代表联络员制度，部分市州已建成并开展了工作，上下联动的预算审查监督机制正在逐步形成。

另外，为了帮助人大代表深入审查预算草案及报告，省人大常委会及部分市州人大常委会在会前专门编写辅读材料，以图文并茂的方式，就预算相关政策、预算审查重点、预算绩效目标等进行解释说明，提高报告可读性。

5. 突出"全口径"，拓展预算审查的范围和内容

为落实党的十八大提出的"加强对政府全口径预算决算的审查和监督"要求，受全国人大常委会预算工委委托，省人大常委会在全省开展了全口径预算决算审查监督调研。各级人大常委会积极行动，全面推进全口径预算决算审查和监督工作。

一是将"四本预算"提交人代会审查批准。除一般公共预算和政府性基金预算已全部提交人代会审查批准外，逐步将国有资本经营预算和社会保险基金预算提交人代会审查批准。2013年达州市人大常委会审查批准了市

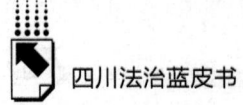

级国有资本经营预算。2014年成都市人代会对国有资本经营预算进行了审查批准。德阳、遂宁、内江、巴中等市2014年起均将国有资本经营预算提交人代会审议。省本级自2015年起，实现"四本预算"全部提交人代会审查批准，同时，除涉密单位外，将全部省级部门预算提交人代会审查。

二是提高年初预算的完整性。泸州市将专项资金纳入年初部门预算，2014年纳入年初部门预算支出占年初公共预算支出比重达67.4%。省本级自2015年起，逐步将财政专项资金分配情况纳入预算草案提交人代会审查。

三是突出重点，有针对性地开展专项审查。南充市人大对市本级基本建设预算进行专项审查。达州市人大对城建资金预算及国有土地使用权出让收支预算进行审查批复。内江市人大对财政切块安排的城建资金安排情况进行了专项审查。

四是扩大提交审查的财政预算决算信息量。广安市人大要求财政决算的内容、项目要与年初预算相一致，各项数据细化到具体项目，并形成决算和预算对比表，预算决算差异较大的项目必须有书面说明。

（三）采取多种手段，实施全方位预算执行监督

1. 围绕民生支出开展专题询问

专题询问是《监督法》赋予人大常委会的一种监督形式。2014年9月，四川省人大常委会首次就预算管理问题开展专题询问，选择了社会关注度高的财政教育资金投入，就其使用监管及绩效情况进行专题询问。在举行询问会议前，常委会组成人员就财政教育资金管理中的热点难点问题开展了广泛调研，把问题摸准摸透，充分掌握了有关情况。会中，对有关问题进行了充分讨论。10名常委会委员就省财政教育资金的投入、使用、管理、绩效及监督等方面情况进行提问，省教育厅、省财政厅、省审计厅、省发展改革委、省人社厅等部门负责人直面问题应询。四川卫视、四川日报等媒体进行了深入报道，接受人民群众和社会舆论的监督。会后，四川省人大常委会将审议意见印送省政府办理，督促政府进一步加大对教育事业的投入，加强对资金的监管，提高资金使用绩效，从预算支出角度促进全省教育事业的科学

发展。

2. 实行国库集中支付在线监督

2005年8月，在全国省级人大中率先与财政国库集中支付中心联网，对省级130个一级预算单位、800多个二级预算单位的财政资金支付情况实施实时在线监督，并将发现的问题通报部门整改。这创新了人大预算审查监督的手段和途径，对规范部门财务管理、严控预算资金调剂发挥了积极作用。

实施在线监督后，不规范支付逐年下降。2009年在线监督集中支付37.91万笔，发现不规范支付1835笔，占比4.8‰。2013年在线监督集中支付76.79万笔，发现不规范支付1018笔，占比下降至1.3‰。

绵阳、雅安两市人大常委会也先后实行了"国库集中支付在线监督"制度。达州市人大常委会已决定2015年着手开展在线监督工作。目前，四川省委已明确要求"扩大预算执行在线监督的范围和内容"。

预算在线监督制度为审计工作信息化提供了思路，省审计厅正在与省财政部门建设在线联网审计项目，这也将带来审计工作的革新。

3. 关注重点，有针对性地实施专项监督

就当下中央和社会关注的政府债务问题，2014年省人大常委会听取了省政府关于全省政府性债务情况的报告，并要求政府加强债务管理，尽快出台管理办法，开展一次全省地方政府性债务的统计核实，制订偿还计划及风险控制措施。巴中、南充两市人大常委会也听取并审议了市级政府性债务情况报告。乐山市人大常委会对城市投融资平台资金进行审查和跟踪监督。

重大投资管理方面。自贡市人大常委会组织开展政府投资项目监管调研，发现项目资金监管方面存在缺乏统一规划和绩效评价体系、一些项目是边设计边审批边施工的"三边工程"、部分项目资金沉淀严重、高估冒算现象突出等问题。自贡市人大常委会将调研报告及建议意见印送市政府，要求加强政府投资项目监管。南充市人大常委会主任会议听取土地基金及基本建设项目情况报告。资阳市围绕重大建设项目开展调研，听取项目专项报告并进行跟踪监督问效。宜宾市要求政府性投资项目的预算安排及执行情况和绩

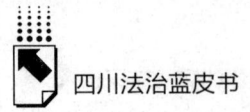

效评价结果报人大常委会备案。

专项资金管理方面。宜宾市将重点专项资金的细化安排情况向人大常委会报告。达州市人大常委会就住房公积金管理使用情况进行专题调研,并委托审计局进行审计,调研结果向市委报告。

超收收入管理方面。内江市中途调整预算由财政部门每半年提出调整方案报人大常委会备案,年终超收收入及安排情况向常委会专题报告,由常委会做出决议。

4. 开展预算执行调研与分析

在预算执行过程中,省人大常委会及时跟踪了解国内外和全省经济社会发展形势,掌握预算收入完成情况和支出进度,按季度对预算执行情况进行综合分析,发现存在的问题和需要引起注意的事项,有针对性地提出解决措施,印送省政府财政部门参考或执行。

5. 深入推动预算绩效管理

本着"花钱必问效、无效必问责"的原则,省人大常委会积极推动政府实施预算绩效管理。自 2004 年启动项目支出绩效评价试点以来,省政府财政部门初步建立了以项目支出绩效评价为重点,以基本支出、部门支出、转移支付评价为补充的"四位一体"绩效评价体系。2010 年,在全省范围内全面推进实施财政支出绩效评价,建立了省、市、县三级上下联动的绩效评价工作机制,并试行评价结果与预算分配挂钩的激励约束机制,进一步提高财政资金使用效益。2014 年,资阳市人大常委会先后对 1000 万元以上项目专项资金安排使用情况进行询问并做绩效评估。

6. 开展预算执行工作评议

工作评议是《监督法》规定的人大常委会的又一种重要监督形式。人大常委会对"一府两院"进行专项工作评议,有助于改进工作、转变作风、提高效率。2014 年,宜宾市人大常委会开展了市本级上半年预算执行工作评议,增强了政府及其财政部门的预算法定意识,增强了预算约束力,取得了良好的效果。四川省人大常委会党组也将开展专项工作评议纳入了《关于进一步加强和改进人大监督工作的意见》中,下一步将按计划实施。

（四）促进预算公开，保障人民的知情权、参与权、监督权

财政预算公开，对于促进预算分配公平、公正，抵制和预防腐败，促进预算管理法制化、科学化、民主化，具有非常重要的意义。在中央统一部署和地方的积极探索下，四川省财政预算公开工作得到快速推进。2010年3月，巴中市巴州区白庙乡因上网"晒账本"，被网友称为"政府全裸第一例"，成为全国关注的焦点。全省地方各级人大常委会高度重视并积极推进财政预算决算公开。

一是大力推动专项资金分配明细向社会公开。在四川省人大常委会的督促下，四川省政府从2005年起正式启动省级专项资金向社会公开工作，并逐年扩大公开范围和内容。2013年，四川省财政厅网站公开了58个专项项目分配情况，涉及资金总量690多亿元。四川省政府还将民生工程专项资金分配情况在《四川日报》等媒体上公告，2014年公告第一批财政专项扶贫资金30.68亿元，并逐项说明了分配依据及金额。

二是督促推进部门预算决算公开。在坚持公开预算决算报告的基础上，四川省人大常委会不断推动省级部门预算决算向社会公开。2014年省本级70个部门公开了部门预算和"三公"经费预算，75个部门公开了2013年部门决算和"三公"经费决算，成为全国公开力度最大、范围涵盖最广、解释最详细的省份之一。

三是推动审计报告公开。2004年，省人大常委会通过决议的形式，首次将审计工作报告在《四川日报》上全文刊登，接受人民群众和社会舆论的监督，引起了社会广泛关注和好评。

各市州人大也积极推动预算公开工作。绵阳市还委托专业机构研制适应人大工作需要的预算决算信息公开平台。巴中等市将部分专项资金分配情况向社会公开。资阳市逐步推行财政收支绩效评价结果向社会公开。泸州、遂宁等市将审计工作报告在本市党报上公开，其中，泸州市还将审计工作报告的审议意见及审计查出问题的整改情况报告在党报上公开。

（五）借助审计力量，深入推动预算执行问效问责

省人大常委会充分利用对审计工作报告的审议和监督，加强与省审计厅的协调互动。

一是审计厅对部分重点部门预算收支执行情况开展审计时，省人大常委会预算工委派员全程跟踪参与。

二是结合现有财政决算审计、部门预算执行审计和专项资金审计，要求审计厅侧重对财政支出绩效管理结果进行审计监督，着重分析评判财政资金分配合理性及资金使用的绩效水平。

三是审议审计工作报告时，要求按部门按单位提供审计发现问题清单，进行有针对性的审议。按照主任会议的决定，从2015年起，四川省人大常委会审议审计工作报告时，要求问题较多、性质较严重、整改不及时不到位的部门主要负责人到会接受询问或质询。

四是督促审计发现问题的整改落实。听取政府关于审计发现问题处理情况的报告，并要求政府提供整改对照表，逐部门逐单位逐问题报告落实情况，包括对有关责任人员的处理情况。

五是建立部门决算审签制度。要求报送省人大常委会审议的部门决算草案由审计机关签署审计意见。在年初审计机关确定审计计划时，向审计机关明确需要审计审签的部门。

在市州层面，达州市于2012年起试行部门决算审签制度。眉山、达州等市人大常委会领导带队跟踪审计整改情况。

二 人大预算审查监督工作中存在的困难和问题

在实践工作中，还存在认识不到位、制度执行乏力、机构不健全等困难和问题，特别是在新形势下，工作中的矛盾更加突出，落实中央政策和新《预算法》困难较大。主要体现在以下几个方面。

（一）思想认识不足，工作不够主动

监督者与被监督者思想认识都不足。被监督者指负责征收、管理、使用财政资金的组织和单位。监督者包括开展权力机关监督的人大及其常委会、独立开展审计监督的审计机关、实施行政监督的政府及其部门，以及广大人民群众。

1. 被监督者认识不足，工作不主动

一是管理不规范，工作质量不高。预算编制不科学，编制时间短。预算内容不完整，项目预算编制不细，存在预算调整随意性较大，无预算、超预算支出现象普遍，影响预算约束力。

二是依法理财、民主理财意识不强。保留预算[①]现象在一些地方依然不同程度地存在。年初收入预算偏低，造成实际执行中的超收收入直接安排支出而不报人大审批，影响了人大批准预算的严肃性、权威性。

三是权力缺乏约束，容易导致腐败。一些保留预算资金助长了"跑部钱进"的风气，增加了资金成本，降低了资金使用效益。

2. 审计机关认识不足，工作不主动

按照《宪法》和《审计法》，审计机关依法独立行使审计监督权，但因审计机关的组织人事、财物供给均由本级政府保障，影响了审计的独立性。

一些审计机关在发现问题后，往往避重就轻，简单地要求整改或追回套取、挪用的资金，而未严格按有关法律法规的规定对相关单位和人员追究责任，严重影响了法律的权威性，降低了预算约束力。

3. 部分人大代表履职不到位，工作不够主动

部分人大代表、常委会组成人员开会不到会，到会不议事。有的不懂财政预算，不加强学习，不提高履职能力，得过且过。

有的人大常委会机关部分领导及工作人员工作只求过得去。预算审查搞

---

① 保留预算：指在支出预算中将除批复到本级单位的年初预算之外的余额，作为财政保留预算。例如，暂时尚未确定具体执行单位的项目资金，由财政部门与有关主管部门共同管理的专项资金或基金等。

形式，监督走过场。

4. 人民群众认识不足，参与不够积极

人民群众对自己的"知情权、参与权、表达权、监督权"认识不足，对政府预算公开关注度不够，未形成良好的社会氛围。一些群众关注反腐败，却不关注根除发生腐败的本源。

（二）制度执行乏力，工作不敢较真

从政府角度，《预算法》执行不到位，"税收法定原则"落实不力，预算约束力不强，预算决算"两张皮"现象突出。审计机关审计发现的问题未及时按照《审计法》、《预算法》及其实施条例、《财政违法行为处罚处分条例》等法律法规进行整改落实，预算违法违规行为得不到应有的处罚。

从人大及其常委会的角度看，预算审查时间短，无法做到实质性审查。预算审批程序不完备，代表审议意见无法形成预算修正案，只能有意见无意见都一揽子通过。预算监督不到位，只看财政的"会计账"，不看财政的"出纳账"，预算监督工作"盲人摸象"。

（三）机构不健全，人员短缺

由于代表大会和常委会会议审查时间短、预算专业性强等局限，要实施预算决算实质性审查和监督，就需要依托常委会有关工作机构。尽管部分地方人大常委会已设立了预算工委，但从总体上看，地方人大常委会预算审查监督力量仍然十分薄弱。

四川省人大常委会2002年设立预算工委，成立时核定行政编制5名，其下只设立了预算工作处。2005年，省编制委员会办公室批准调整预算工委内设机构，改预算工作处为预算审查处和预算监督处，增加编制1名。

全省21个市州183个县区，部分市州本级设立了预算工委，但基本都是与人大财经委两块牌子一套班子。未设立常委会预算工委的，预算审查监督日常工作由财经（工）委承担，但财经（工）委一般也只有少数几人。

由于机构不健全，人员短缺，预算审查和监督的专业能力弱，无法深入开展预算决算审查监督工作。在"加强对政府全口径预算决算的审查和监督"的新形势下,强化人大预算审查监督职能,提交人大审查批准的预算决算也将由两本增加到四本,人员不足矛盾将更加突出。

三 新形势下做好人大预算审查监督工作的建议

人大预算审查监督工作应当紧跟形势变化,适应时代特征,主动作为,依法履职行权,大胆探索创新。

(一)提高认识,准确把握工作发展方向

要深刻领会人大预算审查监督工作的重要意义,准确把握人大预算审查监督工作发展新方向和历史发展的必然性。

一是人民当家做主的现实需要。预算是政府运行的经济基础,是政府工作和政策目标的集中体现。政府预算的每一笔钱都来自纳税人,纳税人有权了解和监督这些钱的去向。各级人大及其常委会受人民委托,依据《宪法》、《预算法》和《监督法》等法律法规审查监督政府预算,就是要体现人民的意志和要求,为人民盯住"钱袋子"。人大预算审查监督工作的质量和水平,在一定程度上体现了人民当家做主的实现程度。

二是促进依法治省、依法行政的具体体现。党的十八届四中全会提出"深入推进依法行政,加快建设法治政府"。人大审查批准的政府预算具有法律效力和约束力,政府及其财政部门应当严格遵照执行,任何组织和个人都不得随意变更。人大常委会根据《监督法》监督政府预算的执行,可以采用《监督法》规定的各种监督形式。

三是人大监督工作的切入点和着力点。习近平指出,"财政是国家治理的基础和重要支柱"。通过对政府预算的审查监督,完整了解政府对经济和社会事业发展的总体规划和具体实施过程,是人大对政府实施监督的切入点和着力点。

四是促进经济社会发展的重要抓手。加强人大预算审查监督工作，就是促进政府预算安排更好地体现民生优先、科学发展、均衡发展的理念，最大限度地满足构建和谐社会的需要，为四川加快实现"两个跨越"提供强有力的法制保障、物质保障和政策支撑。

（二）主动作为，努力提高预算审查监督实效

财政具有稳定经济、配置资源、分配调节、管理监督等作用。实施预算审查，加强预算监督，必须紧紧围绕督促财政职能作用的有效发挥来开展。

一是围绕经济社会发展全局性问题实施监督。人大预算审查监督工作必须服从并服务于全省工作大局，督促财政预算安排体现"统筹兼顾、突出重点"原则，审查工作要重点关注相关预算安排是否符合法律规定、是否正确贯彻中央的方针政策和省委的决策部署，重点支出和重大投资项目是否切合四川实际，预算是否适当。通过强有力的预算审查监督，进一步促进全省各项事业持续发展、协调发展。

二是围绕保障和改善民生的重点支出实施监督。人大预算审查监督工作要紧紧围绕人民群众普遍关心、与群众切身利益密切相关的热点难点问题来开展。重点关注教育、医疗、社会保障与就业等民生事业发展的预算安排和支出绩效。

三是围绕构建现代财政制度实施监督。各级人大应督促政府认真落实党的十八届三中全会关于构建现代财政制度的重要精神，督促建立健全"全面规范、公开透明"的预算管理制度，监督"税收法定原则"的落实，努力促进基本公共服务均等化。

（三）大胆创新，完善预算审查监督方式方法

新修订的《预算法》，全面体现了党的十八大和十八届三中全会关于深化财税体制改革、建立现代财政制度、加强对政府全口径预算决算的审查和监督的新要求，为加强人大预算审查监督工作提供了制度保障，对推进国家

治理现代化具有重大而深远的意义，必将打开人大预算审查监督工作的新局面。

新《预算法》在人大预算审查监督方面的新突破主要体现在：规范了监督对象的行为（即政府预算管理），进一步完善了预算初步审查制度，明确了预算决算审查重点，注重发挥人大代表作用，全面公开预算，鼓励人民群众积极参与。

人大及其常委会应当严格监督新《预算法》的执行，继续拓展深化预算审查监督内容和范围，探索完善工作方式方法，大胆创新，切实解决"预算看不懂、看不清""预算决算两张皮"等问题，做实人大预算审查监督工作。

（四）积极支持，努力推动预算管理制度改革

人大预算审查监督工作，要支持和督促政府严格贯彻落实，促进中期财政规划制度、政府综合财务报告制度、预算绩效管理制度、跨年度预算平衡机制、预算标准体系等现代财政制度的建立和完善。

四 对深入推进依法治省的建议

加强人大预算审查监督工作，促进政府依法理财、科学理财、民主理财，是促进依法治省的重要内容。因此，建议从如下方面入手，深入推进依法治省工作。

（一）严格执行新修订的《预算法》

于2015年1月1日起正式实施的新《预算法》，是一部规范政府收支行为、加强预算管理和监督的法律，旨在建立健全"全面规范、公开透明"的预算制度。该法规定政府的全部收入和支出都必须纳入预算，规范预算管理和政府债务管理、强化预算约束，建立了预算决算公开制度，大幅强化了法律责任。

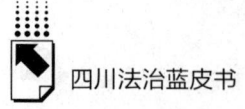

各级政府要加强宣传，全面贯彻执行新《预算法》，形成良好的依法行政氛围，坚持依法理财、科学理财、民主理财。四川省人大常委会要深入研究，积极配合《监督法》和《预算法实施条例》等法律法规的修订，适时修改完善四川省《监督法》实施办法，为推进全省人大预算决算审查监督工作提供有力的制度保障。

（二）完善人大预算审查监督工作机构

建议启动全省各级人大常委会预算审查监督工作机构设立及编制需求调研，形成一套规范统一的编制制度，切实解决各级人大预算审查监督工作机构、人员编制与专业配备等问题。

（三）强化审计监督，充分发挥审计机关作用

审计监督是人大监督的重要依托，人大与政府是监督与被监督的关系，行政型审计体制造成审计机关既要为监督者服务，又要接受被监督者直接领导的矛盾。

党的十八届四中全会提出"完善审计制度，保障依法独立行使审计监督权""强化上级审计机关对下级审计机关的领导""探索省以下地方审计机关人财物统一管理"等加强审计监督的重大举措。

有必要探索建立审计机关负责人由同级人大常委会直接任免制度，[①] 进一步提升审计独立性和权威性，发挥审计部门在监督财政方面的重要作用，为人大常委会实施预算审查监督服好务。

（四）理顺党政关系，落实人大重大事项决定权

重大事项决定权是《宪法》和《地方各级人民代表大会和地方各级人民政府组织法》赋予人大及其常委会的一项法定职权。党的十八届四中全

---

① 根据《地方各级人民代表大会和地方各级人民政府组织法》的规定，审计机关负责人由本级人民政府行政首长提名，由同级人大常委会任免。《〈审计法〉实施条例》规定，地方各级审计机关正职和副职负责人的任免，应当事先征求上一级审计机关的意见。

会指出"坚持依法治国首先要坚持依宪治国,坚持依法执政首先要坚持依宪执政",要求"健全依法决策机制,把公众参与、专家论证、风险评估、合法性审查、集体讨论决定确定为重大行政决策法定程序,建立行政机关内部重大决策合法性审查机制"。这就要求理顺党政关系,要正确理解和把握"坚持党的领导、人民当家作主、依法治国有机统一"的实质和内涵,既要划清行政边界,又要坚持党的领导,要实现二者有机统一。

法治政府

Law-based Government

B.5
2014年四川省政府推进依法行政工作报告

2014年四川省政府推进依法行政工作报告课题组*

摘　要： 本文总结了2014年四川省政府在完善依法行政体制机制、深化行政审批制度改革、规范十大领域行政权力、建立政府法律顾问制度、推行行政权力清单制度、规范行政执法自由裁量权、推行开放式决策、加强规范性文件清理和备案审查、创新行政复议和行政调解工作、探索依法行政第三方评估等方面取得的进展，分析了目前依法行政工作面临的困难和问题，对今后推进依法行政工作进行了展望。

关键词： 四川　依法行政　法治政府

---

* 课题组负责人：王彬，四川省政府法制办副主任。课题组成员：余越峰、申薇薇、张轲。执笔人：申薇薇，四川省政府法制办依法行政指导处主任科员。

2014年，《四川省依法治省纲要》（以下简称《纲要》）正式出台，明确依法治省指导思想、原则目标、行动进程和主要任务。依法行政作为依法治省的重要方面和关键环节，是政府活动的基本准则，已经成为现代政治文明的重要标志和建设法治政府的核心内容。为此，四川省政府按照《纲要》的基本要求，以及抓关键环节、抓重点领域的依法行政工作思路，继续深化实施"两翼工程"（即在市县普遍开展创建法治政府活动，搭建推进依法行政的平台；在省级行政执法部门以深化行政执法责任制为重要抓手，落实国务院和省政府的各项部署），实现了依法行政工作稳步推进，法治政府建设取得重要进展。一是行政机关工作人员特别是领导干部依法行政的意识和能力明显增强；二是行政决策的规范化程度不断提高，专家论证、风险评估、公众参与、合法性审查、集体讨论决定等程序性要求基本落实；三是政府职能逐步转变，政务软环境更加优化；四是行政执法程序逐步完善，行政执法行为逐步规范。

2014年是全面深化改革的第一年，是贯彻落实《纲要》的第一年，是传达学习十八届四中全会全面推进依法治国决定和省委十届五次全会深入推进依法治省决定的第一年。四川省政府以加快建设法治政府为目标，以规范行政权力运行为核心，以转变政府职能为重点，把推进依法行政作为推进依法治省的重要抓手，推动依法行政各项工作取得了新进展、新成效。

一 充实调整依法行政领导小组，加强组织领导

建立健全省长负总责亲自抓、常务副省长分工负责具体抓、省政府依法行政工作领导小组加强协调指导和工作推动、省法制办牵头抓的推进依法行政工作机制。2013年之前，四川省政府依法行政工作领导小组的组长一般由常务副省长担任，成员单位中行政执法部门较多。2013年，四川省政府对此进行了调整，由省长亲自担任组长，常务副省长担任副组长，成员单位中增加了省委组织部、省委宣传部、省委编办、省财政厅等综合部门的比

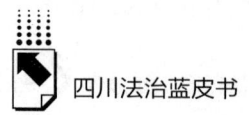
四川法治蓝皮书

例,切实加强了对依法行政工作的领导。全省各地也都形成了一把手负总责的依法行政工作领导体制,确保了工作的扎实推进。

二 制定出台相关规定,在严格依法行政方面做表率

为贯彻落实党中央、国务院依法治国重大部署,四川省人民政府把严格依法行政作为履行职责基本准则和自身建设重要内容,制定出台了《四川省人民政府严格依法行政的规定》,从规范自身行为出发,对省政府自身提出了十个方面的要求,彰显带头严格依法行政的决心。一是在法定权限范围内行使职权。坚持职权法定,不得滥用职权,也不得怠于履职,制定规范性文件要确保法制统一。二是按照法定程序行使行政权力。提高程序、规则意识,防止权力脱轨。三是保障行政决策合法性。决策是政府的经常性工作,也是行政行为的起点,凡省政府制发具有外部管理性质的规范性文件,都由政府法制部门进行合法性审查。四是重大行政决策广泛听取意见。凡疑难、重大和专业性强的决策事项,开展专家咨询论证;凡涉及重大公共利益、可能产生重大分歧的决策事项,都组织听证,并使听证参加人进行平等、充分的质证和辩论。五是依法保护市场主体权益。注重政府职能转变,平衡政府与市场的关系,为经济发展营造公平、有序的环境。六是严格执行行政审批制度改革的规定。行政审批事项和公共服务事项在政务服务中心集中受理和办理;公共资源交易行为在公共资源交易中心完成;非因法定事由和法定程序,任何单位、个人不得干预、变更行政审批和公共资源交易结果。七是加强诚信建设提升政府公信力。凡决定事项都要认真落实,撤销、变更已经生效的行政决定要有法定原因并经过法定程序;严格履行政府协议和合同,兑现承诺事项。八是大力推进政务公开和政府信息公开。政府常务会议重大事项(秘密事项除外)3日内在政府网站公布,涉及群众利益的重大决策及时向社会公开。九是自觉接受社会各方面的监督。提高公共资金使用、社会公益事业建设、公共权力运行透明度,保证人民群众行使知情权、参与权、监督权。十是落实政府常务会议学法制度。在每次省政府常务会议正式议题讨

论之前，组织开展法制专题学习，提高政府领导成员运用法治思维和法治方式深化改革、推动发展、化解矛盾、维护稳定的能力。

三　落实领导学法制度，提高法治意识和水平

塑造法治精神，培养法治思维，提高法治能力，必须从学习法律开始。2014年，四川省进一步完善了学法方式，充实了学法内容，开展了31次省政府常务会议学法活动。2014年的学法活动呈现出新的特点：一是注重学习经济管理方面的法律；二是结合经济社会生活中的热点问题学法；三是注重学习新修改的法律。学法内容中，既有《国家赔偿法》《行政诉讼法》《政府信息公开条例》等规范政府自身行为的法律，也有《社会救助暂行办法》和《安全生产法》等行政管理专业的法律，以及《物权法》等民事方面的法律。参与讲法的人员，除省法制办主要负责人外，还有省内大专院校专家学者、知名律师和省级部门主要负责同志。

四　开门立法广纳民意，努力提高政府立法质量

2014年，省政府常务会议审议通过并向省人大常委会提请审议的地方性法规草案共10件，省政府常务会议审议通过并发布的省政府规章有9件。政府立法工作呈现出以下特点：一是更加突出立法重点。把维护和保障公民、法人和其他组织合法权益作为制度建设的价值取向，民生类立法项目占立法计划的50%以上。二是坚持政府立法问需于民、问计于民。每年向社会公开征集立法项目建议，就拟列入省政府立法计划的项目开展网上投票，《四川省人口与计划生育条例（修订）》和《四川省灰霾污染防治办法》等社会公众提出和关注的4件项目列入了2014年立法计划。三是全部公开征求意见。全年召开立法座谈会51次、论证会5次，通过省政府网站、省内新闻媒体等，实现所有立法项目全部公开征求意见。如在简阳市召开了《四川省河道采砂条例（草案）》立法听证会，在广元市旺苍县木门镇三合

村召开了《四川省农村扶贫开发条例（草案）》立法听证会，在仁寿县召开了《四川省村镇供水条例（草案）》立法听证会，在峨眉山市召开了《四川省国有土地上房屋征收与补偿条例（草案）》立法听证会，在成都市锦江区召开了《四川省〈义务教育法〉实施办法》立法听证会，在泸州市召开了《四川省道路运输条例》立法听证会等，方便基层群众直接发表意见。四是积极开展立法协商。发挥地方决策思想库作用，对一些重要的地方性法规和政府规章草案，在提请省政府审议前，征求省委省政府决策咨询委员会的意见。如在《四川省规范行政执法裁量权规定（草案）》立法过程中，省政协组织政协委员进行了专题调研，提出修改建议36条，采纳27条。五是注重立法利益平衡。在《四川省高速公路条例》审查论证过程中，对涉及政府管理权力、投资人利益和公众通行权利等问题，进行深入研究，听取各方意见。六是坚持开展立法评估。确保制度设计的可操作性、科学性和实效性，对《四川省非税收入征收管理条例》等11件立法项目开展了前评估，对《四川省城市消防规划管理规定》等3件立法项目开展了后评估。

五 推行"开放式决策"，把群众意愿体现在行政决策中

推行"开放式决策"是新一届省政府贯彻落实十八大精神，推进政府工作透明化和决策民主的重要举措。自2013年以来，四川省人民政府对推行"开放式决策"做出安排部署：一是实行重大决策预告制度；二是开展决策调研论证；三是决策草案公开征求意见；四是实行人大代表、政协委员、专家、公众代表列席参与政府常务会或部门办公会制度；五是条件成熟地方实行政府常务会网络直播；六是公开决策结果和决策执行。截至2014年年底，全省各地各部门对307项涉及公众利益的事项进行了开放式决策。其中，举行听证会、论证会125次，邀请人大代表和政协委员列席政府常务会议或部门办公会议118次，邀请专家学者和公众代表出席决策会议1173人，发放调查问卷10万份，收集意见建议6.2万余条，根

据专家或公众建议决定停止、暂缓实施的事项23件。推行"开放式决策"对扩大群众对政府决策的参与、实现政府意志与公民意愿的结合，发挥了很好的作用。

六 建立政府法律顾问制度，助推政府依法行政

2014年6月，按照党的十八届三中全会关于普遍建立法律顾问制度的规定，四川省政府通过公开和定向遴选方式，从全国范围内的高等院校、科研院所、社会团体中，遴选出30名专家学者、法律实务工作者，组建了省政府法律顾问团。其主要职责是负责参与行政法律事务研究并提出研究报告，参与政府重大决策事项的调查研究并提出法律意见，参与政府重大经济项目、经济合同、合作协议的研究论证工作等。制定了《四川省人民政府法律顾问团管理办法》和《四川省人民政府法律顾问团工作制度》，规范省政府法律顾问团管理。2014年6月以来，省政府法律顾问参与各类工作会5次、专家论证会8次、省政府常务会议讲法10次，参与规范性文件合法性审查11次，对22件文件草案提出意见建议1100余条，参与人数约170人次。2014年11月28日，召开了四川省政府法律顾问团学习贯彻十八届四中全会精神会议，通报了该年依法行政工作情况和省政府法律顾问制度运行情况，听取了省政府法律顾问的意见和建议。全省21个市（州）、167个县（市、区），以及1564个乡（镇、街道）聘请了法律顾问，政府法律顾问工作基本实现全覆盖。

七 深化行政审批和公共资源交易改革，
  着力转变政府职能

按照转变政府职能、创优发展环境的要求，着力简政放权，规范行政行为，提高审批效率。一是深入推进行政审批制度改革。制发了《2014年深化行政审批制度改革工作的意见》《深化行政审批制度改革进一步加强建章

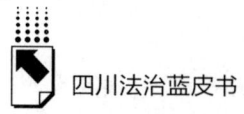

立制工作的意见》《进一步规范与行政审批相关的中介服务的意见》，从"抓好下放行政审批事项的承接落实、深入清理行政审批事项、规范运行保留的行政审批事项、充分发挥行政权力依法规范公开运行平台作用、加强公共资源交易监管、进一步完善保障措施"六个方面对深化行政审批制度改革进行安排部署，提出了"行政审批项目全国最少、程序最简、办理最快、费用最低、服务最优"的目标，开展第四批行政审批项目清理工作。经清理，取消调整省本级行政审批项目333项，取消调整非行政许可审批事项38项，取消调整行政事业性收费项目28项，保留行政许可事项280项。四川省成为全国省本级行政审批项目最少的省份之一。组织对市、县行政许可项目进行清理，印发了《市（州）行政许可项目目录》和《县（市、区）行政许可项目目录》。启动了行政审批前置条件清理、与行政审批相关的中介服务事项目录编制等方面的工作。二是大力推进公共资源交易改革。省政府成立四川省公共资源交易管理委员会，负责公共资源交易监督管理工作。制定了《四川省公共资源进场交易目录》，涵盖工程建设项目招投标、国有产权出让、土地矿业权出让、政府采购4大类35项公共资源项目。推进建立全省统一的电子招投标系统、综合评标专家库、中介机构库和公共资源交易信用信息库，防止场外交易、"暗箱操作"和腐败问题发生。对公共资源交易流程再造优化，制定了公共资源交易中心现场监督服务规范等15项省级标准。2014年，省政务服务和公共资源交易服务中心办理行政审批事项41.9万件，按时办结率99.89%，群众评价满意率99.98%；完成各类公共资源交易项目2786个，节约资金308.82亿元。

八 公开权力清单，推进行政权力依法规范公开运行

四川省政府从2011年起组织各地、各部门开展行政权力清理规范工作，用三年时间清理权力、编制目录、公布流程、搭建平台、设置风险点和监察点。2014年1月，行政权力依法规范公开运行系统（即电子政务大厅、行政职权目录、行政权力依法规范公开运行平台和电子监察平台，简称"一

厅、一目录、两平台")初步建成,实现了省、市、县三级行政权力互联互通并上网运行,初步形成了权责清晰、运行公开、程序严密、监督有效的行政权力依法规范公开运行机制。目前,省级部门行政权力7187项,其中,行政许可273项,行政处罚6038项,行政征收50项,行政强制158项,行政确认87项,行政给付11项,行政裁决6项,其他行政权力564项。市(州)政府行政权力平均6058项。县(市、区)政府行政权力平均4083项。为加强对行政权力依法规范公开运行平台的有效管理,2014年年初,四川省政府办公厅制发了《四川省行政权力依法规范公开运行平台建设和使用管理办法(试行)》《四川省行政职权目录动态调整管理办法(试行)》《四川省行政权力依法规范公开运行电子监察管理办法(试行)》。四川省推行行政权力清单制度工作呈现出启动较早、覆盖广泛、整体联动的特点,但由于前期工作主要是对原始权力进行清理,存在清理不彻底、精细化不够、行政权力清理与行政许可清理和非行政许可审批清理脱节、权力名称不规范等问题,与十八届三中全会要求的转变政府职能和简政放权存在差距。为此,2014年四川省政府将推行行政权力清单制度作为全面深化改革的重要任务之一,印发了《关于推行行政权力清单制度进一步清理优化行政权力事项的通知》,要求各地各部门按照职权法定、简政放权、精简效能的原则,结合行政审批制度改革结果,开展行政权力进一步清理优化,解决上一轮行政权力清理工作存在的问题。

九　严格规范行政执法裁量权,压缩裁量空间

规范行政执法行为,做到既合法行政,又合理行政,是建设法治政府的重要任务。早在2008年,四川省政府就制定发布了《四川省规范行政处罚自由裁量权的规定》,省级部门在2009年陆续制定公布了裁量标准。2014年5月,按照党的十八届三中全会的要求,四川省政府制定了《四川省规范行政执法裁量权规定》,按照源头控制、量化标准、建立规则等方式,对行政处罚、行政许可、行政强制等8类行政执法权力统一进行

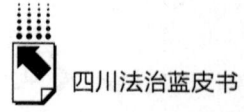

规范，该规定于2014年7月1日起施行。为确保该规定的有效施行，进一步加强督促和指导，四川省政府办公厅先后制发了《关于贯彻实施〈四川省规范行政执法裁量权规定〉的通知》《关于切实做好行政执法裁量标准制定工作的通知》，就贯彻实施该规定提出要求，明确省级行政机关要在2014年12月底前完成行政处罚、行政强制裁量标准制定工作，各市（州）政府要在2015年3月底前制定除行政处罚、行政强制外的其他行政执法权裁量标准。2014年11月至12月，对财政厅、林业厅、农业厅等7个省级部门及18个市（州）政府裁量标准制定情况开展了专项检查。

十 在十大领域深化建章立制，有针对性地规范行政权力

在党的群众路线教育实践活动中，群众反映了一些行政权力运行中的突出问题。四川省政府为此专门制定了十个重要领域深化建章立制的制度规定，在政府权力最易失控和发生腐败的土地出让、矿产资源开发、国家投资工程建设招投标、政府投资项目、财政资金、国有产权转让、政府采购、行政审批、公共资源交易、政务公开十个重点领域，有针对性地强化制度建设，规范政府行政权力，把政府工作纳入制度化、法治化轨道。这十项制度规定坚持问题导向。如矿产资源开发管理规定主要针对少数地方为特定企业、个人"量身定制"或违规出让矿业权，个别领导干部以入股方式参与矿山经营等问题；土地出让管理规定主要针对一些地方违规确定土地出让底价，个别领导干预、插手土地出让等问题。十项制度覆盖了行政权力运行的重点领域和关键环节，形成较为封闭完整的制度体系。十项制度规定提出的措施具体、务实、可操作。如土地出让审批必须采取集体会审、主要领导末位表态和无记名投票方式确定；项目招投标规定对组建评标委员会、公开招投标信息、项目分包、开评标现场监督、专家管理等重要环节进行规范，防止出现"暗门"和"天窗"。

十一 加强规范性文件清理和备案审查,确保法制统一

一是全面清理"红头文件"。2009年,四川省集中力量开展了"红头文件"的全面清理,共清理各类"红头文件"15.8万余件,其中认定继续有效的4.7万余件,占30%;需要修改的0.6万余件,占4%;宣布废止和失效的10.5万余件,占66%。2011年,又开展了对规章和行政规范性文件的集中清理,清理规章规范性文件47749件。二是全面清理与全面深化改革不相适应的地方性法规规章。按照四川省委要求,对2013年年底以前有效的300余件地方性法规和省政府规章进行了全面清理,清理后提出修改或废止地方性法规和省政府规章137件。三是建立了规范性文件"三统一"制度和有效期制度。四川省政府修订了《四川省行政规范性文件制定和备案规定》,明确规范性文件必须统一编号、统一登记、统一公布;规范性文件的有效期不超过5年,名称冠以"暂行""试行"的不超过2年。四是加大备案审查力度。四川省政府2014年备案审查市(州)政府和省级部门的规范性文件400余件,对发现的问题及时通知有关地方和部门自行纠正。

十二 加强行政复议和调解工作,依法预防和化解社会矛盾

着眼于维护群众合法权益,切实加强社会矛盾预防和化解工作,着力提高社会治理水平,促进社会和谐稳定。一是创新行政复议体制机制。设立省政府行政复议委员会,聘请有关专家学者作为非常任委员,参与审理行政复议案件。2014年省政府共收到行政复议申请317件,审查后立案受理41件,占收到申请数的12.9%;办结38件,办结率92.7%;通过行政复议委员会纠正行政行为15件,纠错率达36.6%;6件复杂疑难的行政复议案件提交省政府行政复议案件审理会议审议,审议后,撤销2件,确认违法3件,驳回申请1件;省政府行政复议案件进入行政诉讼后没有一起被法院撤

销或变更。二是认真做好信访工作。省委、省政府召开全省信访工作会议，对2014年信访工作进行安排部署。认真贯彻执行《信访条例》，规范信访秩序，有效排查化解矛盾纠纷。加强信访案件复查复核工作，完善信访与行政复议和行政诉讼衔接机制，引导当事人通过法律途径解决诉求。紧密结合党的群众路线教育实践活动和"走基层、解难题、办实事、惠民生"活动，认真开展领导干部接访、下访。三是及时研究处理行业性社会矛盾苗头。全省建立健全各类行业性、专业性、区域性调解组织17.3万个，组织配备专兼职调解员59.2万人，认真做好各类社会矛盾排查、预警、化解工作。进一步落实征地拆迁、环境污染、劳动争议、医疗纠纷等15个重点领域专业调解责任和任务分工，加强行业性社会矛盾处理研究，有效化解各类矛盾纠纷。

十三 创设四川特色的评估指标，完善法治政府建设考评机制

围绕"创建法治政府要达到什么样的目标，如何考量成效"等问题，从2009年开始，四川省政府启动了《四川省市县政府依法行政评估指标》（以下简称《评估指标》）制定工作。2009年8月制定发布了市县政府依法行政的30项评估指标，并获得了首届"中国法治政府奖"。2011年，四川省政府对《评估指标》进行了第一次修订，修订后的《评估指标》更加凸显依法行政的重点领域和关键环节，把量化的指标与重点工作相结合，使法治政府的建设目标更加明确，指标数由原来的30项缩减为18项。2013年，按照十八大关于依法行政的新要求，四川省人民政府对《评估指标》又进行第二次修订，对有关内容做进一步调整优化，突出市县政府依法行政的重点，强化评估指标对市县依法行政的引领和规范作用。修改后的指标数进一步减少到12项，主要包括决策、审批、执法、救济、信息公开、权力制约监督、保障措施等方面的内容。2014年，按照省委依法治省办关于编制《纲要》指标体系配套文件的要求，编制了指标体系中"依法行政"指标部分。结合十八届三中全会精神，以《纲要》为蓝本，细化法治四川建设的

目标任务，抓住现阶段依法行政工作的突出问题，选择和确定有代表性的重要指标，组成依法行政评估指标，共12项，见表5-1。

表5-1 四川省依法治省指标体系——依法行政评估指标（2014年）

1	职责权限依法确定	政府及部门职责权限清晰合理，机构编制调整不突破政府机构限额和行政编制总额，事业单位分类改革统筹推进。公布行政权力清单并实行动态调整
2	政府职能转变到位	精简行政审批事项，行政管理重心由事前审批向事中事后监管转移。正确处理政府与市场、政府与社会、政府层级间的关系，实现中介机构与政府部门脱钩。政府向社会力量购买服务机制健全，凡属事务性管理服务，原则上引入竞争机制，通过合同、委托等方式向社会购买
3	决策程序执行到位	行政决策机制健全。涉及群众切身利益的重大决策事项，向社会公开征求意见。重大、疑难和专业性强的决策事项，开展专家咨询论证。涉及重大公共利益、可能产生重大分歧的决策事项，组织听证。行政决策事项在报请政府常务会议审议前经政府法制机构合法性审查。重大行政决策经社会稳定风险评估后，由政府常务会议或部门领导班子会议集体讨论决定
4	规范性文件制定和备案合法规范	起草行政规范性文件进行必要性和可行性论证并广泛征求意见，出台前经政府或部门法制机构合法性审查。行政规范性文件有效期明确，不得设定行政许可、行政处罚、行政强制、行政事业性收费等内容，按规定报送备案。对行政规范性文件进行定期清理，及时修改或废止
5	行政执法机制完善	行政执法权限依法界定，执法重心下移。推行综合执法试点和相对集中行政处罚权工作。制定并细化、量化行政执法裁量标准。建立并落实行政执法裁量权案例指导制度。落实行政执法人员资格管理制度，实现信息化管理。建立并落实行政执法协作机制，实现行政执法机关信息交流和资源共享。行政执法与刑事司法衔接工作机制健全并有效运行。行政执法责任制落实。行政执法保障机制完善
6	行政执法行为规范	无行政不作为、慢作为、乱作为、滥作为行为发生。行政执法公开、亮证、告知、听证、说明理由、回避等程序规定全面落实。行政执法流程细化，立案、调查、决定、执行等环节相对分离。处理违法行为的手段和措施适当、适度
7	行政审批高效便民	行政审批权限明确。公布行政审批项目清单并实行动态调整。并联审批制度落实，政务服务和公共资源交易服务中心运行规范，行政审批纳入政务服务平台集中受理、办理，流程优化、时限明确
8	政府信息依法公开	除法定事由外，政府信息及时、准确、具体向社会公开，方便公众查询和获取。公开行政执法案件信息。依申请公开事项在法定期限内办结。政府与公众交流互动平台有效运行
9	市场环境公平开放	平等保护各类市场主体合法权益。推行工商注册制度便利化，减少前置审批。制定并公布市场准入负面清单。投资促进程序规范，无违反法律法规或世界贸易组织规则实行优惠政策招商的行为。不正当竞争行为受到严厉查处。来川投资企业投诉协调和法律服务机制健全。对外地产品或服务无歧视性准入条件或违规收费项目。公共资源交易监督管理体制机制健全。市场监管强化

续表

10	政府诚信建设加强	严格执行行政决定事项,非因法定事由或未经法定程序,不得撤销或变更已经生效的行政决定。依法撤销或变更行政决定造成行政管理相对人财产损失的,及时依法予以补偿。违法行使职权造成行政管理相对人合法权益受到损害的,及时依法予以赔偿。行政合同和协议严格履行,承诺事项切实兑现
11	行政救济及时公正	行政复议规范化建设要求落实。行政复议机构健全、人员配备到位。行政复议申请受理渠道畅通,审理机制公正、高效、便民,行政复议决定依法做出。行政执法监督渠道畅通,投诉举报受理及时,违法或不当执法行为依法纠正
12	行政权力接受监督	行政权力网上依法规范公开运行。接受人大法律监督和工作监督,人大代表的建议、批评和意见按照法定期限办结。政协民主监督得到加强,政协委员提案及时办理。接受上级行政机关的监督。接受司法机关监督,按规定出庭应诉、答辩,自觉履行生效判决和裁定,落实司法建议。接受舆论和社会公众监督

十四 开展第三方评估,客观评价依法行政工作情况

开展依法行政第三方评估是创新依法行政评估机制和评价方法的有益探索,旨在改变单纯由行政机关上级对下级进行评价的传统模式,扩大群众参与评估的范围和力度,让评估结果更客观、公平,更具公信力。四川省政府从2010年开始探索和尝试依法行政第三方评估,先后委托四川省统计局对市县政府依法行政工作情况开展社会满意度调查,委托西南财经大学、中共四川省委党校,按照《四川省市县政府依法行政评估指标》修订版,运用社会调查的基本方法,对部分市县依法行政情况独立开展评估。2013年,继续委托中共四川省委党校,采用发放问卷、组织座谈、深度访谈和查看资料等方式,对自贡市、南部县依法行政工作进行评估,形成的评估报告包括基本情况、评估结论、具体分析和工作建议,已反馈相关市人民政府,为进一步加强和改进依法行政工作指明方向。2014年11月,为贯彻十八届四中全会精神,四川省政府扩大了第三方评估的对象范围,委托在统计调查方面具有准确性、权威性和公信力的国家统计局四川调查总队,对18个市人民

政府2014年依法行政工作完成情况开展第三方评估。这次评估与前几次评估有所不同。一是评估对象不同。之前依法行政第三方评估选取个别市县政府为对象，标本状态呈点状，得出的评估结论不具有广泛代表性；而这次第三方评估，其对象是除三个州之外的全部市人民政府，标本状态具有全面性，得出的评估结论能够反映全省的依法行政工作水平。二是评估方式不同。2010年主要采用满意度调查的方式，2013年采用发放问卷、组织座谈、深度访谈和查看资料的方式；2014年则根据国家统计局四川调查总队的行业特点和工作习惯，并参考全国文明城市测评和组织满意度调查测评，确定评估方式为查询资料和民意测评。三是评估依据不同。2010年和2013年评估的依据主要是《四川省市县政府依法行政评估指标》及其修订版；2014年开展依法行政第三方评估的依据，是在《四川省市县政府依法行政评估指标》修订版的基础上，增加了《四川省依法治省纲要》和十八届四中全会决定的相关内容，如政府法律顾问制度建立情况、推行行政权力清单制度工作情况等。四是评估目的不同。之前的几次评估带有学术、理论、科研性质，评估目的是希望探索一条有别于传统评估的路径；而2014年依法行政第三方评估目的是依托法定、专业的评估机构，探索长效的、法定的、权威的依法行政评价机制，使依法行政真正成为市县政府的"硬约束"和"硬指标"。2014年年底，国家统计局四川调查总队已形成2014年四川市级人民政府依法行政第三方测评报告，测评结果将作为省政府对省级部门和市（州）政府依法行政绩效目标考核的重要依据之一。

十五 主要问题及展望

四川省政府推进依法行政工作虽然取得了重要进展，但离党中央、国务院的要求和人民群众的期待尚有差距，主要表现在以下方面。一是政府职能转变还不到位，有利于推进依法行政的体制机制还没有完全建立。二是依法行政工作进展不平衡，工作力度有自上而下逐级递减的趋势，把依法行政作为政府工作基本准则的要求在一些地方和部门还没有得到落实。三是部分地方政府及部门的科学民主决策机制尚未完全建立，重大决策必经程序有待进一步落实。四是行政执法还有不少问题，尤其是群众关注度高、意见大的领域的执法工作还有待加强和规范。五是全省行政复议决定的总体维持率仍然偏高，行政复议对于依法行政的监督和保障作用还须进一步发挥。六是有的地方仍然将依法行政作为"软"任务，考核和监督力度还需要进一步加大。七是政府法制机构力量较弱、人少事多的状况还没有得到根本改变。

党的十八届四中全会闭幕后，四川省政府分别于2014年10月27日和11月6日召开了省政府党组（扩大）会议和依法行政工作领导小组会议，研究贯彻十八届四中全会决定的意见，提出今后一段时期在推进依法行政、建设法治政府方面要重点抓好的工作。其主要方面包括：（1）把公众参与、风险评估、专家论证、合法性审查、集体讨论决定等作为重大决策法定程序，推进决策法治化，实行决策责任追究和倒查机制；（2）健全政府法律顾问制度，使其在制定重大行政决策、推进依法行政过程中发挥积极作用；（3）加强改进政府立法，推进科学、民主立法；（4）以政府权力清单、责任清单、负面清单推进机构、职能、权限、责任法定化，推进权力运行透明化；（5）推进综合执法，加强市、县政府行政执法管理监督；（6）加强权力制约和问责，细化、量化行政执法裁量标准，规范权力运行。

B.6
四川社会稳定风险评估法治化进程及展望

社会稳定风险评估课题组*

摘　要： 四川省自2005年在全国率先探索开展社会稳定风险评估工作以来，着力推进社会稳定风险评估工作创新发展，先后出台全国首部省级政府规章和首部省级党内规章，并于2014年启动《四川省社会稳定风险评估条例》立法工作，推进社会稳定风险评估法治化进程。针对当前社会稳定风险评估存在的问题，提出架构风险评估理论体系、健全工作制度、推进责任落实、构建风险评估法治体系等发展思路。

关键词： 社会稳定　风险评估　法治

一　四川社会稳定风险评估发展历程

四川城乡二元结构十分明显，区域发展极不平衡，社会发展中的不稳定因素量大面宽，稳定形势错综复杂。为破解社会稳定风险逐渐加剧的难题，四川省不断在实践中总结经验教训，率先在全国探索建立并持续实施了社会稳定风险评估。整体来说，四川社会稳定风险评估经历了四个发展阶段。

---

* 课题组负责人：余建，四川省委政法委副书记、维稳办主任。课题组成员：孔祥贵、袁俊鹏、胡显志、汪群峰。执笔人：汪群峰，四川省委维稳办信息综合处主任科员。

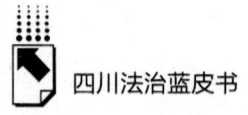

（一）探索阶段（2005～2007年）

2005年年初，针对一些地方在进行重大工程建设中时有群体性事件发生的情况，遂宁、德阳、攀枝花、广元、泸州、乐山、宜宾等地开始探索开展重大工程项目稳定风险评估工作。2005年7月，中共四川省委维护社会稳定领导小组办公室（以下简称"四川省委维稳办"）在遂宁市召开了"全省建立重大工程项目稳定风险预测评估制度座谈会"，及时总结和推广了遂宁等地的经验和做法。

在四川省委维稳办的指导下，2006年2月，遂宁市率先制定了《关于印发〈遂宁市重大事项社会稳定风险预测评估化解制度〉的通知》（遂委办〔2006〕35号），明确提出，凡是新建工程未经稳定风险评估不得盲目开工，评估出的严重隐患凡是未得到妥善化解不得擅自开工。随即，遂宁市将评估范围扩大到做决策、定政策、搞改革和其他事关群众切身利益的重大事项。

四川省委维稳办及时跟踪调研，立足全省起草推进社会稳定风险评估的意见。2006年11月，四川省委办公厅、四川省人民政府办公厅转发了《省委政法委关于推进社会稳定风险评估工作的意见》（川委办〔2006〕30号），明确了社会稳定风险评估工作的指导思想、主要领域、责任主体、工作程序和相关要求。

之后，四川省明确要求把社会稳定风险评估作为定政策、做决策、上项目、搞改革的前置程序和必备条件，把稳定风险评估工作向各个领域延伸，健全、规范评估流程和责任制度，社会稳定风险评估工作在全省全面推开。

（二）完善阶段（2008～2010年）

2008年6月，四川省委办公厅、四川省人民政府办公厅转发了《省委政法委关于深化社会稳定风险评估工作的意见》（川委办〔2008〕6号），明确了八大重点领域深化社会稳定风险评估工作要求。各市（州）和省发改、交通、建设、人事、劳动、国土、民政、移民、环保等省直相关部门，针对实施改革、审定规划、出台政策、审批建设用地等重大事项，制定了针对性、操作性强的专项评估制度和配套办法，促进了社会稳定风险评估在各地、各领域深入开展。

2010年6月，四川省委维护社会稳定领导小组印发了《健全社会稳定风险评估机制全面推进社会稳定风险评估工作的实施方案》（川稳〔2010〕9号），进一步规范完善了全省社会稳定风险评估工作。

（三）规范阶段（2010~2013年）

2010年年初，四川省政府将社会稳定风险评估列入2010年立法项目（调研类）。按照四川省委、省政府主要领导批示要求，四川省委维稳办会同四川省政府法制办公室（以下简称"法制办"）、四川省发展和改革委员会成立了社会稳定风险评估调研组，先后赴遂宁、南充及上海、江苏等地开展调研，并多次召开专题会议、片区党委维稳办负责人座谈会，广泛征求省直有关部门和各地意见，起草了《四川省社会稳定风险评估暂行办法》。

2010年7月，经过多方调研论证修改后，《四川省社会稳定风险评估暂行办法》正式报请省政府审议。2010年10月12日，省政府第68次常务会议审议通过《四川省社会稳定风险评估暂行办法》；11月19日，省政府第246号令正式发布《四川省社会稳定风险评估暂行办法》，明确了社会稳定风险评估的对象、原则、范围、内容、主体、方式及责任追究等具体内容。《四川省社会稳定风险评估暂行办法》是全国第一个风险评估地方性政府规章，标志着四川省社会稳定风险评估工作步入规范化、法制化、常态化的轨道。

2013年6月，四川省委维稳办在全省维稳办系统对各地贯彻落实《四川省社会稳定风险评估暂行办法》情况进行了摸底调查；2013年7月，四川省委维稳办会同四川省统计局开展了社会稳定风险评估社情民意调查。

2013年7月，为解决调查了解到的问题，推动风险评估工作落实、严格厘清各方责任，四川省委维稳办会同四川省纪委（四川省监察厅）、四川省委组织部、四川省人力资源和社会保障厅起草了《四川省社会稳定风险评估责任追究暂行办法》。2013年10月8日，四川省委常委会审议通过了《四川省社会稳定风险评估责任追究暂行办法》，并于2013年10月24日印发实施（川委办〔2013〕20号）。《四川省社会稳定风险评估责任追究暂行办法》作为全国第一个社会稳定风险评估党内规章，首次明确了社会稳定风险评估工作中决策、执行、评估三个环节的决策主体、责任主体和评估主体的责任，解决了"运动员"与"裁判员"不分和责任不明、权责不清的问题；对责任追究的启动条件和受何种处理进行了明确，解决了因风险评估不到位引发重大后果而无法启动责任追究的问题。

《四川省社会稳定风险评估暂行办法》和《四川省社会稳定风险评估责任追究暂行办法》对规范四川省社会稳定风险评估工作、强化各级各部门责任起到了重要作用，有力促进了依法行政、依法决策。

（四）立法阶段（2014年至今）

随着实践的不断深入，《四川省社会稳定风险评估暂行办法》已经与新形势、新任务不相适应。为切实保障全面深化改革和全面推进依法治省，推进四川社会依法治理，促进依法决策、依法行政，2014年年初，四川省委维稳办组织专家学者、省政府法制办及基层维稳办干部、律师等，成立了社会稳定风险评估地方立法起草小组。起草小组经多方调研论证，于2014年5月，形成了《四川省社会稳定风险评估条例（草案）》。

《四川省社会稳定风险评估条例（草案）》共七章39条，首次对社会稳定风险评估进行定义，明确了工作原则，界定了决策主体、实施主体、评估主体及三者之间的关系，详细规定了重大政策、重大改革、重大项目、重大活动的评估范围，明确了合法性、合理性、安全性、可行性、可控性的评估内容，制定了评估启动、征求民意、风险预测、风险防范、确定风险等级、做出评估结论、编制评估报告等具有可操作性的规范的评估程序，厘清了相关主体应当担负法律责任的情形。《四川省社会稳定风险评估条例（草案）》目前已报请四川省人民政府审议。

二 四川社会稳定风险评估现状

四川省委、省政府一直高度重视社会稳定风险评估工作,先后四次召开全省性会议,不断将社会稳定风险评估工作向纵深推进。经过近十年的发展,四川省社会稳定风险评估工作已经在各级党政干部特别是领导干部中形成共识,评估工作在各行业、各领域全面铺开,对政府依法决策、依法行政产生了积极效果,也为全省社会稳定源头防范做出了重要贡献。2005~2014年,全省共开展社会稳定风险评估2万余件,预防化解社会矛盾4.5万余个,群体性事件大幅下降。

(一)取得的成绩

1. 制度体系基本建立

截至2014年年底,全省21个市(州)、183个县(市、区)均结合本地实际制定了社会稳定风险评估实施细则或办法;国土、人社、教育、国资、环保、民政、林业、扶贫移民等21个省直部门结合本系统实际,制定完善了实施细则或具体办法,健全评估机制和程序,形成了条块结合的制度体系。同时,各地还配套完善了相关工作制度,有力推动了评估工作深入开展。2014年四川省市(州)社会稳定风险评估开展情况见表6-1。

表6-1 2014年四川省市(州)社会稳定风险评估开展情况

单位:件

市(州)	评估后准予实施数	评估后暂缓实施数	评估后不予实施数	合计
成都	944	21	12	977
自贡	165	10	1	176
攀枝花	302	0	0	302
泸州	317	7	3	327
德阳	59	4	0	63
绵阳	195	9	0	204
广元	374	4	2	380

续表

市（州）	评估后准予实施数	评估后暂缓实施数	评估后不予实施数	合计
遂 宁	216	4	4	224
内 江	337	7	1	345
乐 山	174	5	0	179
宜 宾	464	14	3	481
南 充	60	3	1	64
广 安	114	10	0	124
达 州	437	93	29	559
巴 中	299	10	7	316
雅 安	460	9	0	469
资 阳	171	1	2	174
眉 山	636	7	2	645
阿 坝	115	0	0	115
甘 孜	316	1	1	318
凉 山	335	3	2	340
合 计	6490	222	70	6782

2. 严格开展责任查究

自 2013 年《四川省社会稳定风险评估责任追究暂行办法》出台后，各地各部门严格按照要求，细化完善责任追究细则，对因风险评估不到位引发群体性事件而追责的情况已经成为常态。2012 年 4 月，雅安市名山区在推进农村低保和扶贫开发两项制度有效衔接、开展农村贫困人口摸底调查工作过程中，因未开展稳定风险评估便推进工作，引发群众集访事件，市、区两级对 1 名县级干部、7 名乡科级干部进行了责任查究。2014 年，宜宾市屏山县在成贵铁路屏山段项目建设中，由于动态跟踪不到位，造成在施工期间发生群体阻工事件，加之信息报送延误，市委维稳领导小组在全市范围内对其通报批评，并责成写出书面检查。

3. 评估工作不断创新

各地结合实际不断将社会稳定风险评估本地化、具体化，推动了社会稳定风险评估工作创新开展。眉山市大力推进"维稳跟着项目走"，全程跟踪重大项目社会稳定风险评估和稳定隐患化解情况，切实增强了评估工作的实效性。南充市研究制定《重大事项社会稳定风险评估具体范围》，明确征地拆迁、城市建设、社会保障、公益事业等600余项具体重大事项必须开展社会稳定风险评估，将一般性评估和重点评估进行了区分，既降低了行政成本，又实现了源头防范。成都市将"世界财富论坛"等重大商贸活动、凉山州将"火把节"等大型群众性活动纳入评估范围，阿坝州、甘孜州加强重大佛事活动风险评估，取得了良好效果。自贡、遂宁、南充等地推动第三方评估机制和构建评估专家库。省政府法制办、遂宁、自贡、宜宾等市探索建立了社会稳定风险评价指标体系，促进评估工作从"印象评估"向"定量评估"转变。

（二）存在的问题

社会稳定风险评估从探索建立至今，虽然已经在各行业各领域得以铺开，机制制度不断健全，但从整体看，一些根本性、基础性问题仍未解决。

1. 思想认识不深入

个别基层党政干部和部分省直部门负责人对深入推进社会稳定风险评估的重要性、必要性和紧迫性的认识还不到位，对社会稳定风险评估工作的理解有偏差，存在把风险评估作为重大事项实施的"挡箭牌"和"通行证"的倾向，个别领导干部甚至认为社会稳定风险评估工作是拉经济工作的"后腿"，"上车不买票"和"先上车后买票"的现象仍然存在。

2. 工作开展不平衡

工作开展不平衡主要表现在三个方面，一是开展领域不平衡。重大项目类开展多，其他类型开展少。2014年四川省社会稳定风险评估6782件中，项目类5177件，占76.3%，其他类1605件，仅占23.7%。二是地区开展不平衡。2014年成都市开展风险评估977件，而德阳、南充两市分别只开展63件、64件。三是部门开展不平衡，突出表现是领导比较重视、制度比较完善的部门开展较好，其他部门对行业系统的要求不高，开展较差。

3. 评估程序不科学

各地各部门在评估程序方面的设置和规定不统一、差别大。一些重大事

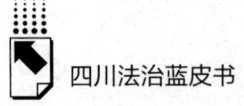

项的风险评估流于形式，不讲步骤、忽略程序，从而导致风险点找不准，决策不科学。如2012年什邡钼铜项目引发的群体性事件，其中一个重要原因就是社会稳定风险评估不规范、不到位。

4. 群众参与度较低

据2013年四川省委维稳办与四川省统计局调查，目前群众对社会稳定风险评估知晓率仅为10.1%，其中，城镇受访者的知晓率为11.5%，农村为6.7%。同时，在具体开展社会稳定风险评估过程中，征求群众意见、让群众充分表达意愿还不充分，群众对评估后续过程无法参与，导致风险评估实效下降。

5. 评估体系不健全

有的地方现有的制度尚不完善；有的地方虽然制定出台了实施细则或具体办法，但结合本地实际不够，不适应其工作需要。同时，社会稳定风险评估在学术界还没有形成一套较为成熟的理论体系，在四川省实践中也缺乏统一、明晰、实用的指标体系，个别地方虽已建立了专项指标，但科学性还不够，难以在全省推广应用。

三 社会稳定风险评估发展展望

社会稳定风险评估在实践中取得了十分显著的社会效益，成为当前国家依法治理的重要抓手，必将在今后社会发展中得到加强，存在巨大的发展空间。

（一）社会稳定风险评估法治化的现实意义

实践证明，社会稳定风险评估的功能价值得到了广泛认可。深入推进社会稳定风险评估工作，是自觉贯彻落实党的十八大和十八届三中全会、四中全会精神的具体体现，是运用法治思维和法治方式防范、化解社会风险的"安全阀"。

1. 社会稳定风险评估是巩固党的执政根基的客观要求

开展社会稳定风险评估就是对党委、政府重大决策可能产生的社会风险进行预测、预警并采取有效措施予以防范的过程，目的是促进依法决策、科学决策、民主决策，过程是党委政府与群众的意见交流、沟通并取得共识，关键是征求群众意见、维护群众合法权益，落脚点是促进社会经济发展、保障社会和谐稳定、巩固党的执政根基。通过社会稳定风险评估，可以发现和预测重大决策事项可能带来的社会稳定风险，通过充分征求群众意见，让群众了解、理解并最终支持。这也是强化党群、干群关系的过程，深化了基层民主政治建设，又加强了基层组织建设，巩固了党的执政根基。

2. 社会稳定风险评估是推进全面深化改革的重要保障

深化社会稳定风险评估，既是深化社会管理体制改革的重要内容，也是全面深化改革顺利进行的重要保障，更是统筹改革力度、发展速度和社会可承受程度的制度创新。党的十八届三中全会审议通过的《中共中央关于全面深化改革若干重大问题的决定》强调要"健全重大决策社会稳定风险评估机制"。中共四川省委十届四次全会将社会稳定风险评估作为深化改革的重大责任分工事项，并明确要求风险评估在重大改革事项中的全覆盖。在改革过程中，不可避免会引起不同阶层、不同群体的利益调整，所产生的社会矛盾十分复杂。对重大改革事项开展社会稳定风险评估，就是强化底线思维，通过发现风险、化解风险为全面深化改革提供坚强保障；同时，扎实推进社会稳定风险评估自身改革，与时俱进地对制度设计进行调整，切实提升社会矛盾源头治理能力。

3. 社会稳定风险评估是推进四川依法治省的重大举措

社会稳定风险评估既是依法治省的重要内容，也是运用法治思维和法治方式推进四川改革发展稳定各项事业的具体措施。2013年年底，中共四川省委出台了《四川省依法治省纲要》，对落实依法治国基本方略、推进依法治省做出部署，明确将风险评估作为依法治省的亮点工作和重要抓手，要求"形成办事依法、遇事找法、解决问题用法、化解矛盾靠法的法治良序，推进治蜀兴川各项事业纳入法治化轨道"。党的十八届四中全会对全面深化依法治国做出了安排部署，要求"坚持系统治理、依法治理、综合治理，提高社会治理法治化水平"。省委十届五次全会明确要求"把合法性作为行政决策的第一要件,把风险评估作为重大行政决策必经程序"。深入推进社会稳定风险评估,是促进依法行政、依法决策的重要依托,是依法开展源头治理的重要手段,是推进四川依法治省的重大举措。

4. 社会稳定风险评估是践行党的群众路线的具体体现

深化社会稳定风险评估工作,核心是尊重群众的主体地位,夯实决策的民意基础。中共四川省委在开展党的群众路线教育实践活动中,要求全省各级各部门把深入开展社会稳定风险评估作为践行党的群众路线的具体体现,充分尊重人民群众的知情权、参与权、监督权,切实维护人民群众的合法利益。社会稳定风险评估的实施过程,就是强化群众观念、增进群众感情、维护群众利益、密切党群干群关系的过程,是新时期践行党的群众路线的具体体现。

(二)社会稳定风险评估发展展望

如何让社会稳定风险评估真正发挥效力,可以从以下几方面着手。

1. 架构风险评估理论体系

风险分析与评估理论、方法在西方发达国家已比较成熟,"风险治理"①(risk governance)已成为其公共管理的重要手段。近年来中国群体性事件或一般性冲突已经进入高发态势,随着改革向纵深推进,不可避免会触及深层次社会关系和利益矛盾,不可避免会触及各行各业人民群众的切身利益,对社会稳定带来新的挑战。反观国内对社会风险的应对,还普遍停留于应急状态,即危机管理。其产生的后果就是社会隔阂加剧,党群、干群关系紧张。因此,对社会风险的认识应当超越单纯的危机概念,以政府风险治理取代传统的政府危机管理。从社会稳定风险评估角度出发,应当大力加强对其理论的研究,从具体实践中总结提炼,从国外经验中吸收借鉴,架构具有中国特色的社会稳定风险评估理论体系,以指导风险评估工作的开展,从而推进国

---

① 朱正威、刘泽照、张小明:《国际风险治理:理论、模态与趋势》,《中国行政管理》2014年第4期。

家治理体系和治理能力现代化。

2. 建立完善整套工作制度

现阶段而言，各级党委、政府和部门社会稳定风险评估工作规范性还不够，关键在于一些配套工作制度还不完善。因此，应当深入开展调查研究，制定出台社会稳定风险评估系列工作制度。一是建立完善登记备案制度。建立由部门年初提出须开展风险评估的重大事项、维稳部门登记备案并随时跟踪督导的登记备案制度。各级维稳部门应当充分履行社会稳定风险评估"综合协调和督促指导"的职责，从源头上加强风险评估工作管理。二是建立完善培训教育制度。一方面各级维稳部门加强业务指导，组织举办社会稳定风险评估专项培训，提高各级干部评估工作能力和水平，另一方面各级行业主管部门也应加强培训教育，加强行业指导，形成"条块结合"全面推开评估工作的良好局面。三是建立完善工作会商制度。加强评估责任单位与政法、维稳、综治、纪检监察、法制、信访等部门的工作会商，建立工作会商制度，定期研究社会稳定风险评估情况，抓好工作落实。四是建立完善督查督办制度。各级党委、政府应加强对社会稳定风险评估的督促检查，定期通报工作开展情况。

3. 严格责任追究

各级党委政府要高度重视社会稳定风险评估工作，严格落实决策主体的决策责任，对未开展社会稳定风险评估或风险评估结论为高风险的决策坚决不予实施；落实实施主体的工作责任，对风险评估报告中所提出的社会稳定风险进行防范化解和跟踪管理；落实评估主体的评估责任，严格按要求、按程序、按规范开展评估工作，确保评估结论真实。纪检监察和组织人事部门应对违反相关规定的党政干部进行严肃追责。

4. 构建风险评估法治体系

推进社会稳定风险评估法治化进程，是推进政府依法决策、依法行政的重要抓手。四川省已经着手开展社会稳定风险评估地方立法，拟以地方性法规形式对社会稳定风险评估中责任不落实、评估不规范等问题予以解决，四川社会稳定风险评估法治化值得期待。

B.7
宜宾市重大行政决策的实践与探索

宜宾市重大行政决策的实践与探索课题组*

摘　要： 重大行政决策事关众多利益相关者，影响改革发展和社会稳定，必须确保其按照依法、科学、民主的原则开展。宜宾市人民政府建立并落实了重大行政决策的一系列制度规范，在重大行政决策方面进行了积极有效的探索，积累了行之有效的经验。本文从实践的视角出发，对宜宾市重大行政决策的运行模式进行了实践分析，力求以此为契机取得工作突破，切实提高重大行政决策的水平。

关键词： 重大行政决策　运行模式　社会稳定

　　重大行政决策是行政权力行使的核心内容。近年来，改革和完善重大行政决策机制，推进重大行政决策的科学化、民主化已经成为一种必然趋势。2008年，《国务院关于加强法治政府建设的意见》把公众参与、专家论证、风险评估、合法性审查和集体讨论决定作为重大决策的必经程序，对规范行政决策程序提出了具体的要求。随着依法治国步伐的不断迈进，2014年10月，《中共中央关于全面推进依法治国若干重大问题的决定》把公众参与、专家论证、风险评估、合法性审查、集体讨论决定确定为重大行政决策的法定程序，进一步将健全依法决策机制纳入法治运行轨道。由此可见，完善依

---

* 课题组负责人：邓前卫，宜宾市人民政府秘书长。课题组成员：聂军、刘宁。执笔人：刘宁，宜宾市人民政府法制办公室行政复议应诉科科长。

法决策机制已经成为各级政府深入推进依法行政、加快法治政府建设的主要目标和必须遵守的法律前提。

为规范重大行政决策行为，促进依法决策、科学决策和民主决策，宜宾市人民政府先后颁布了《宜宾市重大行政决策规范》《宜宾市人民政府重大行政决策听证制度》《宜宾市人民政府重大行政决策听取意见制度》《宜宾市社会稳定风险评估实施细则》《宜宾市政府重大投资项目信息公开制度》等重大行政决策机制文件，积极推行开放式决策，不断实践重大行政决策的规范运行方式。在《中共中央关于全面推进依法治国若干重大问题的决定》提出了更高要求的背景下，分析当前重大行政决策的运行模式、工作成效和存在的问题，提出一些行之有效的措施和办法，对提高宜宾市重大行政决策的质量，加快推进法治政府建设，具有非常重要的现实意义。

一 宜宾市重大行政决策的运行模式

2009年11月，宜宾市人民政府印发了《宜宾市重大行政决策规范》（宜府发〔2009〕16号），明确界定了重大行政决策的范围，确定了决策程序制度、听取意见制度、合法性审查制度、集体决定制度、实施后评估制度等重大行政决策制度，要求重大行政决策必须严格按照调查研究、专家论证、征求意见、部门协调、合法性审查、集体讨论和结果公开的程序执行。之后，宜宾市人民政府陆续印发了一系列单项重大行政决策制度，从制度上确立了调查研究、公众参与、风险评估、合法性审查、集体讨论决定的重大行政决策程序。宜宾市重大行政决策的运行已逐步进入规范化、法治化的轨道。

（一）公众参与制度

公众参与重大行政决策是推进社会主义民主政治的重要实现形式。公众参与制度作为宜宾市重大行政决策的首要环节，具有非常重要的现实意义。重大行政决策的拟定部门通过鼓励利害关系人和社会公众参与重大行政决

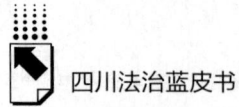

策,实现行政机关和公众间的良性互动,有助于增强公众对政府行为的信任感,增强对重大行政决策的理解与支持。公众参与重大行政决策的形式多样,这里主要论述被广泛使用的4种公众参与方式。

1. 公开征求意见

《宜宾市人民政府重大行政决策听取意见制度》规定,重大行政决策方案草拟完成后,应根据方案的性质、内容、要求和影响面,通过电视、报刊、网络等方式公开听取社会各界的意见。在媒体上公布重大行政决策的草案。从而广泛地征求社会公众的意见,这是实践中使用较多的征求意见方式。2009年以来,宜宾市重大行政决策已在宜宾市人民政府门户网站政民互动栏目中公开征求意见49件,如宜宾市公共自行车使用管理、宜宾市中心城区优化调整公交线路、宜宾市城市园林绿化管理,等等。在网络征求意见过程中,网络点击率达30余万,收到的公众反馈意见有1000余条,起到了良好的社会效果。除了在宜宾市人民政府门户网站等渠道公布重大行政决策方案草案以外,宜宾市还注重新兴媒体与传统媒体的有机结合。目前,宜宾市所有行政机关已全面开通政务微博和政务微信,以使更多的公众可以通过网络平台互动参与重大行政决策。

2. 召开座谈会

重大行政决策过程中公众参与的出发点和立足点是增加决策的科学性,避免决策的片面性。尤其是宜宾市尚处于西部欠发达地区,很多群众根本不了解网络信息,而电视、广播、报纸等信息反馈渠道往往互动性较差,一般群众特别是弱势群体对重大行政决策的关注度相对较低。召开利益相关群众的座谈会,能够当面交流,填补网络空白,避免制定脱离实际的重大行政决策,尤其可以避免忽视弱势群体正当诉求情况的发生。2009年以来,宜宾市的房屋土地征收、城乡规划调整、棚户区改造项目等均召开了利益相关群众的座谈会,认真听取了各方面的意见,这既有力地推动了工作,又切实维护了社会的和谐稳定。

3. 举行听证会

《宜宾市人民政府重大行政决策听证制度》规定,除涉及国家秘密、商业秘密和个人隐私外，重大行政决策听证应当公开举行。听证组织单位应当在举行听证会前30日通过书面、网络、电视、报刊或广播等方式发布公告。职能部门必须对决策方案进行陈述，接受公众质询。在选择参加听证的公民、法人或者其他组织时，要综合考虑地域、专业、受影响程度等因素，避免出现社会公众"被代表"的尴尬，确保其具有广泛的代表性。听证结果将作为重大行政决策的重要依据之一。2009年以来，宜宾市对城区实施单向循环方案、新增出租车方案、垃圾处理费调整、城市占道停车费调整等54项涉及群众切身利益的重大行政决策或者公共服务事项举行了听证会，听证结果均作为政府决策的重要依据。

4. 听取人大、政协意见

《宜宾市人民政府重大行政决策听取意见制度》规定，市政府常务会议可以根据议题需要，邀请人大代表、政协委员旁听市政府常务会议。政府在重大行政决策过程中主动听取人大代表、政协委员对重大行政决策的意见，有利于主动接受监督，减少决策失误。在宜宾市重大行政决策的操作实践中，市政府制定行政规范性文件，都要在征求意见阶段反复听取人大代表、政协委员的建议和意见，确保行政规范性文件具有合法性、合理性和可操作性。2009年以来，宜宾市出台的35件行政规范性文件，均顺利通过了市人大常委会的备案审查。

（二）专家论证制度

重大行政决策往往涉及的范围广、专业性强，牵连的利益主体也十分复杂，对经济、社会的影响巨大，因而建立健全专家咨询论证制度十分必要。宜宾市人民政府专门制定了《宜宾市重大行政决策事项专家咨询论证制度》，明确规定了重大行政决策事项必须实行专家咨询论证，专家的论证意见汇总后作为决策的重要参考依据。

1. 咨询论证的内容

《宜宾市重大行政决策事项专家咨询论证制度》规定，经批准后，决策拟定部门可以对拟定的重大行政决策的必要性和可行性，执行后可能带来的

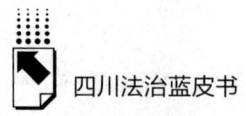

风险,对环境保护、安全生产可能造成的影响等开展专家咨询论证。

2. 咨询论证的程序

宜宾市开展专家咨询论证的程序是:(1)由决策拟定部门提出咨询论证的事项;(2)确定专家组成员;(3)召开有关专家组成的咨询论证会;(4)根据咨询论证的情况,修改完善重大行政决策方案。

3. 咨询论证的方式

宜宾市开展专家咨询论证的方式分为三种:(1)在专家库内选任聘请专家;(2)临时聘请有特殊要求的专家;(3)对特别重大的咨询论证事项公开进行招标,由没有利害关系的第三方组织咨询论证。

(三)风险评估制度

重大行政决策可能存在各方面的风险,风险评估的目的就是要从风险是否可控的角度进行评估,尽量避免或者减少风险。2011年印发的《宜宾市社会稳定风险评估实施细则》,对宜宾市重大行政决策的评估范围、评估事项、评估内容和评估程序等进行了全面的规范。

1. 风险评估的事项

《宜宾市社会稳定风险评估实施细则》规定,国有企业的改制重组、养老医疗等社会保险制度的重大调整、旧城改造中的拆迁补偿、公共交通等收费标准重大调整、农村土地经营权流转、可能造成环境严重恶化的重大建设项目、重大自然灾害和重大疫情的预警防控方案、涉及人员多敏感性强的重大活动、可能引发历史遗留问题的重大行政决策事项等,都应当进行风险评估。

2. 风险评估的方式

宜宾市重大行政决策的风险评估主要是围绕可能存在的风险,开展合法性、合理性、可行性、安全性等评估工作,分析可能存在的不稳定因素,科学评判可能带来的风险,为科学决策提供依据。合法性评估主要是评估是否符合法律法规的规定。合理性评估主要是评估是否反映绝大多数群众的利益。可行性评估主要是评估是否能够得到大多数群众的接受和支持。安全性评估主要是评估是否存在引发群体性事件的可能性，是否有化解不稳定因素的对策措施。

3. 风险评估的程序

宜宾市重大行政决策风险评估严格遵照以下程序。（1）制定评估方案，明确工作目标、时间安排及具体要求。（2）组织进行评估，通过收集资料、问卷调查、民意测验等方式征求意见，进行风险预测或者聘请专家论证。（3）编制评估报告，进行分析论证，做出风险大小的结论，对重大事项做出可否实施和何时实施的建议。（4）制定工作预案。对评估出来的不稳定隐患，制定调处化解和应急处置工作预案。风险评估报告是宜宾市重大行政决策的前置条件和重要依据，重大行政决策的责任主体对风险评估的相关材料进行审核审查后，做出可实施、可部分实施、暂缓实施或不实施的决定。

自2011年《宜宾市社会稳定风险评估实施细则》实施以来，宜宾市共完成重大行政决策风险评估783件，确保了各方面工作的顺利推进。在全面实施重大行政决策风险评估的基础上，宜宾市还在一些重要行政管理领域实施专门的风险评估办法。例如，宜宾市发展和改革委员会于2014年3月出台了《宜宾市发展和改革委固定资产投资项目社会稳定风险评估暂行办法》，要求对市发展改革委审批、核准或者核报市人民政府审批、核准的，在宜宾市建设实施的固定资产投资项目，必须进行风险评估。

（四）合法性审查制度

决策是执行的上游程序，违法决策必然带来违法执行，殃及整个行政管理活动。如果说，公众参与的主要目的是解决决策的民主性问题，专家论证和风险评估的主要目的是解决决策科学性的问题，那么，合法性审查的主要目的无疑就是解决决策合法性的问题。《宜宾市重大行政决策规范》将合法性审查确定为重大行政决策提交集体讨论决定前的最后一道必经程序，规定重大行政决策未经合法性审查或者审查不合法的，一律不得提交市政府常务会议（或市政府全体会议）讨论，从根本上建立起隔绝违法决策的防火墙。

1. 合法性审查的启动

根据《宜宾市重大行政决策规范》的规定，重大行政决策在做出之前，可以在下列时段进行合法性审查：（1）重大行政决策拟定后正式上报市政府之前；（2）重大行政决策上报市政府并经市政府有关领导进行协调之后；（3）重大行政决策在提交市政府常务会议（或市政府全体会议）讨论决定之前。

2. 合法性审查的内容

宜宾市人民政府重大行政决策合法性审查的部门是宜宾市人民政府法制办公室。就工作职责而言，宜宾市人民政府法制办公室是宜宾市人民政府在推进依法行政工作方面的参谋和助手，不涉及具体重大行政决策的实施。由政府法制机构进行合法性审查，相对于重大行政决策的拟定部门和实施部门而言更加超脱和客观。具体而言，宜宾市人民政府法制办公室主要从以下几个方面进行合法性审查：（1）决策主体是否合法；（2）决策权限是否合法；（3）决策程序是否合法；（4）决策内容是否合法；（5）决策依据是否合法。合法性审查的方式一般为书面审查，必要时可以组织有关专家进行法律咨询论证。

3. 进行法律咨询论证

为充分发挥法律顾问在决策、管理中的咨询作用，宜宾市成立了由全国知名法律专家、学者、律师组成的法律顾问团，出台了《宜宾市法律顾问团管理办法》。宜宾市法律顾问团开展法律咨询论证的一般程序是：宜宾市人民政府法制办公室将市委、市政府交办或者委托的涉法事务指派具有承办该项法律事务专业特长的法律顾问进行办理。法律顾问根据工作需要，通过出具书面意见、提供口头咨询、参加合同谈判、参与案件调查等方式提供法律服务。法律顾问出具的书面意见，经宜宾市人民政府法制办公室审核后，以法律顾问意见书的形式，报市委或者市政府作为决策的重要参考依据。

4. 合法性审查的结果

经审查后，宜宾市人民政府法制办公室向宜宾市人民政府报送的合法性审查意见书，一般包括以下内容：（1）有关法律、法规、规章和政策依据；

（2）拟做出重大行政决策事项存在的问题；（3）拟做出重大行政决策事项合法或者违法的结论；（4）拟做出重大行政决策事项的修改建议及其理由、依据。

合法性审查已经成为宜宾市重大行政决策的刚性需要，就合法性审查的效果而言，凡是经过合法性审查的重大行政决策，均未出现法律层面的硬性瑕疵。2009年以来，宜宾市人民政府经过合法性审查的重大行政决策事项有764件。宜宾市人民政府的重大行政决策已步入法治化、正规化、程序化的轨道。

（五）集体讨论决定制度

重大行政决策集体讨论决定制度的目的，是防止个人决策中的非理性行为，避免少数人说了算的现象。根据《宜宾市重大行政决策规范》的规定，宜宾市重大行政决策方案确定后，应当在深入调查研究、广泛听取意见、进行论证和审查合法性的基础上，提交宜宾市人民政府常务会议（或者全体会议）讨论决定。

1. 决策事项的提出

根据《宜宾市人民政府常务会议制度》和《宜宾市重大行政决策规范》的规定，重大行政决策需要提交市政府常务会议审议的，由市长或者市长委托负责常务工作的副市长审定。决策拟定部门在提交拟讨论的决策事项时，须将决策事项的相关材料及前期公开征求的意见、听证记录、合法性审查结论等一并提交，供市政府集体讨论时参考。

2. 决策事项的审议

宜宾市重大行政决策集体讨论时遵循以下程序：（1）决策拟定部门对决策方案做出说明并接受质询；（2）会议组成人员研究讨论并发表意见；（3）根据讨论情况，对审议事项做出同意、不同意、修改、再次审议或搁置决定。宜宾市重大行政决策在集体讨论决定时，要求如实记录各种意见和主要理由。

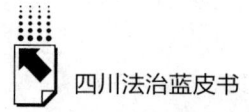

3. 决策事项的执行

经宜宾市人民政府常务会议讨论决定的重大行政决策事项，由常务会议主持人签发《宜宾市人民政府常务会议纪要》，常务会议纪要一般在会议讨论决定后2天内印发。经常务会议讨论决定的重大行政决策事项，由市长、副市长、秘书长、市长助理按照分工负责落实，原则上5个工作日内办理完毕。重大行政决策事项的承办单位须在常务会议后1个月内将实施情况向宜宾市人民政府做出书面报告。

4. 决策信息的公开

目前，经宜宾市人民政府常务会议集体讨论决定的重大行政决策事项，均会在常务会议结束后2个小时内，通过宜宾市人民政府门户网站政务公开栏向社会公布重大行政决策的结果。

（六）实施后评估制度

为解决重大行政决策过程中重决策轻效果的问题，宜宾市对重大行政决策实施后的情况采取抽样检查的方式进行实施后评估。实施后评估主要围绕决策实施成本效益、正面影响和负面因素、实施对象的接受程度、主要经验教训等内容开展。评估报告须对重大行政决策的制定与实施情况进行总体评价，并提出继续执行、修订、暂缓执行、废止决策等处理建议。近年来，宜宾市已对《宜宾市城市居民最低生活保障实施细则》《宜宾市农作物种子管理办法》等12件重大行政决策事项进行了实施后评估。

二 宜宾市重大行政决策的实践分析

自《宜宾市重大行政决策规范》实施以来，宜宾市不断完善重大行政决策机制，实行依法决策、科学决策和民主决策，做到了决策前广纳贤言、深入调查，决策中程序规范、方案求实，决策后普惠民众、确保实效。宜宾市已经初步建立起制度科学、程序正当、过程公开、责任明确的重大行政决策制度规范，推动宜宾经济更加兴盛、政治更加清明、社会更加和谐。

（一）加强组织领导，提升决策能力

党的十八大报告提出，要提高领导干部运用法治思维和法治方式深化改革、推动发展、化解矛盾、维护稳定的能力。近年来，在依法治国的大背景下，随着依法行政理念的深入宣传和全面贯彻，宜宾市各级领导干部的依法决策意识进一步提升，这已成为宜宾市依法决策的基础和保证。第一，加强组织保障。宜宾市人民政府确立了以市长为组长，常务副市长为副组长，组织部、宣传部、监察局等为成员单位的依法行政领导小组，形成了分工明确、责任明晰的依法行政工作机制，为依法决策提供了组织保障。第二，重视能力提升。为充分发挥领导干部学习法律知识的表率作用，进一步增强依法决策的意识和能力，宜宾市出台了《宜宾市人民政府常务会议会前学法制度》。近年来，宜宾市人民政府常务会议每年进行30余次专题学法活动。同时，宜宾市还坚持每年对各县（区）、市级部门的县级领导和各乡镇（街道）党政主要领导干部进行依法行政专题培训。宜宾市各级领导干部依法决策的能力全面得到提升。第三，强化依法履职。宜宾市各级领导干部带头遵守《宜宾市重大行政决策规范》等确立的重大行政决策程序，确保了重大行政决策依法规范运行。第四，落实工作考核。宜宾市把依法行政、依法决策纳入了对领导干部的考核内容，强化了领导干部的责任意识和担当意识。

（二）拓宽参与渠道，保证民主决策

公众参与宜宾市的重大行政决策，可以通过提出书面意见、参加座谈会、参加听证会和12345市长信箱等多种稳定的渠道合法表达利益诉求。从实践中看，宜宾市的重大行政决策做到了公众参与与政府决定的有机结合。第一，公众参与渠道畅通。公众参与重大行政决策的前提条件是决策信息公开，不清楚决策内容，也就无从参与。第二，听证程序规范。《宜宾市人民政府重大行政决策听证制度》是公众参与宜宾市重大行政决策听证活动的规范性文件，该制度明确了听证范围、参加听证的方式、听证的程序、听证

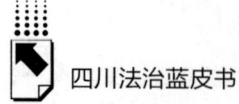

结果的处理等内容，特别是规定了职能部门要公开接受质询，决策的拟定部门和利益主体可以更好地达成共识。第三，民主贯穿决策始终。从宜宾市实施重大行政决策的整个过程看，无论是公众参与、专家论证、合法性审查，还是集体讨论决定、结果的公开和实施后评估，都表现出民主氛围，充分反映了民意，有利于形成符合广大人民群众利益的重大行政决策。

（三）运用科学方式，推行科学决策

宜宾市在重大行政决策过程中，综合运用了调查研究、专家论证、风险评估等科学的决策方式，使决策能够符合经济社会发展的规律。第一，调查研究实事求是。宜宾市重大行政决策的拟定部门在开展调查研究时，必须准确掌握决策所需的各种信息，包括重大行政决策事项的基本情况，是否具有可操作性，是否存在风险等。调查研究工作完成后，对存在多种选择可能的，还须制定两个以上的决策方案，使政府可以进行最佳选择。第二，专家论证公正客观。宜宾市在邀请专家或者专业机构对重大行政决策进行论证时，需要审查专家或者专业机构与承办的事项是否存在利害关系，使专家或者专业机构既能够发挥专业特长，又能够地位超脱，以保证论证结果的客观性和准确性。第三，风险评估减少失误。宜宾市在做出重大行政决策时，坚持风险评估先行，把评估结果和防范化解方案作为重大行政决策的重要内容。通过实施重大行政决策事项的风险评估，可以科学地预测风险事项，及早预防、发现、化解和防范风险。

（四）严格依法依规，落实依法决策

依法决策是重大行政决策的根本要求，在加快推进法治政府建设的新形势下，宜宾市更加注重重大行政决策的合法性，完善了重大行政决策的一系列制度，重大行政决策始终在法治的轨道上运行。第一，重大行政决策程序规范。《宜宾市重大行政决策规范》是宜宾市重大行政决策的纲领性文件，它确立了宜宾市重大行政决策的决策程序制度、听取意见制度、合法性审查制度、集体决定制度和实施后评估制度5项基本制度。以此为基础的《宜

宾市人民政府重大行政决策听证制度》《宜宾市人民政府重大行政决策听取意见制度》《宜宾市社会稳定风险评估实施细则》等均在相应的适用范围明确了具体的实施程序。从实践上看，宜宾市已经基本构建起一整套符合宜宾实际的重大行政决策程序规范。第二，政府法制机构和法律顾问在重大行政决策中充分发挥作用。政府法制机构是政府在重大行政决策方面的参谋、助手和法律顾问。政府法制机构工作人员熟悉法律、了解法律，审查效率高，审查把关专业、准确、客观。他们根据工作职责对拟做出的重大行政决策做出合法、修改完善或者违法（部分违法）的合法性审查意见，是确保重大行政决策合法性的重要保障。第三，依法接受各方面监督。对重大行政决策的监督历来是监督的难点，宜宾市在对重大行政决策进行监督方面，已经迈出了坚定的步伐。社会公众可以在常务会议结束后2个小时内，通过宜宾市人民政府门户网站了解重大行政决策的结果。公民、法人或者其他组织对重大行政决策的制定和执行有意见的，可以向制定机关提出建议或者意见，也可以通过市长信箱直接向市长反映情况。其中，认为宜宾市行政规范性文件有违法内容的，可以向制定机关、备案机关和政府法制机构反映。

三 宜宾市重大行政决策的机制完善

虽然宜宾市已经形成了一整套比较健全的重大行政决策机制且在实践中取得了良好的成效，但是毋庸讳言，该机制也有一些问题和不足。例如，重大行政决策的开放度不够、合法性审查程序性规定不完善、问责机制不健全、常态化监督不到位，等等，只有把重大行政决策行为纳入制度化、规范化的轨道，才能最大限度地保证依法科学民主决策，减少决策失误，确保全面建设法治政府目标的实现。目前，国务院尚没有出台全国统一的重大行政决策机制，各级政府只能在既有权限范围内，不断探索重大行政决策的一些有益尝试。

（一）进一步完善开放式决策机制

开放式决策可以使权力在阳光下运行，引入行政体系之外的公民制约，可以使行政权力在每时每刻、每个环节都受到严密的监督,决策将会更加理性,结果也会更加客观公正。

1. 增加重大行政决策的开放度

首先,开放式决策应当通过网络、广播、电视等媒体向社会公众预告开放式决策事项、决策方案公示时间和进行开放式决策的方式。其次,应当建立健全相应的制度,保障社会公众查阅、复制或摘抄重大行政决策相关的材料,主动提供社会公众获得专家论证或者风险评估意见的渠道。最后,应当建立征集意见的反馈机制,凡是有公众参与的重大行政决策环节都应当有信息反馈,决策拟定部门应当对归类后的征集意见做出采纳或者不予采纳的说明解释。

2. 完善利益群体代表机制

原则上,应构建适当的制度确保与重大行政决策利益相关的社会公众都有权参与决策。对于大多数民众而言,他们可以利用网络媒体充分发表自己的意见和看法,应当积极鼓励这种新的参与方式。鉴于听证会、座谈会等会议参会人数的限制,应当允许社会公众通过公推公选的方式产生代表,应尽可能建立比较明确的代表推选标准和程序,确保被选出的代表既不失典型性,又体现代表性,能切实履行代表职责,将大多数社会公众的意见带入重大行政决策,同时也能将重大行政决策的相关情况向社会公众传播和解释,争取绝大多数社会公众的理解、配合和支持。

3. 构建重大行政决策网

以宜宾市人民政府门户网站为基本平台构建重大行政决策网,为公众在线参与重大行政决策提供更广阔的空间。重大行政决策网应设置和逐渐丰富决策须知、法律规范、决策项目公示、合理化建议、信息反馈、项目评价、投诉举报、经验交流等栏目,不断提升网站的影响力和知名度,引导公众利用网络平台积极、有序、文明地参与重大行政决策。鼓励公众建言献策和"评头论足",着力推动重大行政决策网上民众参与的常态化,让重大行政决策行为不仅在"听"上,而且在"取"上接受公众的评判。

（二）进一步完善合法性审查程序

合法性审查是集体讨论决定之前的最后一道法律屏障，严格合法性审查程序将有效杜绝重大行政决策可能带来的法律风险。

1. 建立完善的提交材料制度

决策拟定部门向政府提交重大行政决策方案，应当提交决策草案和草案说明，有关法律、法规依据，风险评估报告，征求意见及采纳情况，专家论证报告，承办部门法制工作机构意见等相应资料。

2. 建立合法性审查时限制度

经政府领导批准，需要进行合法性审查的重大行政决策方案，应当提前若干个工作日将有关资料送政府法制工作机构。如遇特殊情况需要延期的，应当允许经批准后适当延长合法性审查期限。

3. 建立合法性审查调查制度

有调查才有发言权，应当在制度上明确政府法制机构有权对正在审查的重大行政决策事项进行调查研究。同时，政府法制机构可以通过召开座谈会、论证会、听证会、协调会，书面征求意见，在网站公开征求意见等方式，广泛听取社会各方面的意见。

4. 建立异议制度

决策拟定部门对政府法制机构出具的合法性审查意见有异议的，可以在其接到合法性审查意见书若干工作日内提出书面异议，提出相应的理由和相关的依据材料，由政府领导决定是否重新启动合法性审查程序。

（三）完善重大行政决策问责机制

防范决策失误需要强化责任追究，应完善相应的问责机制。这样可以进一步增强做出重大行政决策时的责任感、提升重大行政决策的执行力。

1. 明确问责对象

重点应当放在对重大行政决策承担直接责任的责任人，适当兼顾间接责任人。必须注重权力和责任的对应关系，切实做到权责一致。

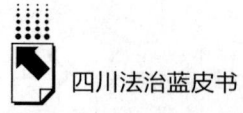

2. 明确问责范围

重大行政决策参与人在决策过程中玩忽职守或因故意或重大过失行为导致决策失误的，应当问责。重大行政决策参与人在决策过程中若有其他违法行为，也应当问责。

3. 明确问责标准

重大行政决策应确立客观归责与主观归责相结合的归责原则，客观方面主要考虑决策是否失误或造成重大损失，主观方面主要考虑决策参与人是否违法或具有其他过错，同时必须考虑决策参与人的过错行为与决策失误之间是否具有因果关系。

4. 明确问责程序

整个问责程序应当包含立案、调查、决定、执行、申诉、复议等一系列相互联系的环节，尤其要确保当事人申辩的权利，为其提供充分的救济措施。同时，应当及时将问责结果公之于众，自觉接受公众监督，避免公众产生诸如"不公开即不可告人"的猜疑。

（四）完善常态化监督机制

重大行政决策一旦做出，将影响诸多的利益相关群体，决策失误将可能造成无法挽回的损失。建立常态化的决策监督机制，可以防患于未然，把决策失误控制在最小范围，减少由此带来的负面影响。

1. 健全层级监督机制

《中共中央关于全面推进依法治国若干重大问题的决定》指出，改进上级行政机关对下级行政机关的监督，建立常态化的监督制度。上级行政机关监督下级行政机关重大行政决策的最好方式是备案审查。首先，应当明确重大行政决策备案审查的承办机构。其次，应当明确备案审查的范围、有关材料等内容。最后，应当明确备案审查的结果，备案审查机构对重大行政决策违反法律规定的处理方式。

2. 健全专门监督机制

重大行政决策的制定机关、实施机关应当确定承办机构处理公民、法人或者其他组织对重大行政决策的异议。纪检、监察、审计等专门监督部门应当专门设置重大行政决策违法举报窗口，调查处理重大行政决策执行过程中的违纪、违规行为。

3. 健全人大、政协监督机制

应当建立政府向同级人大常委会专项报告重大行政决策的制定和执行情况的制度。同时，健全人大讨论、决定重大行政决策制度，建立重大行政决策出台前向本级人大报告的制度。

4. 健全公众监督机制

重大行政决策必须坚持以公开为常态、不公开为例外的原则，完善重大行政决策各个环节的公开机制，对征求意见、专家论证、决策结果、执行情况全方位进行公开。对群众反映的问题，依法及时处理。

公正司法

Fair Administration of Justice

B.8
四川省司法公开推进报告

四川省高级人民法院、四川省人民检察院、四川省公安厅、四川省司法厅课题组*

摘 要： 全面推进司法公开，构建开放、动态、透明、便民的阳光司法机制，是消除司法腐败，保证司法公正，树立司法公信力的重要保障。近些年，四川政法系统紧紧把握信息化时代的脉搏，在推进审判公开、检务公开、警务公开、狱务公开等司法公开方面进行了有益探索。报告总结梳理了2014年度四川司法公开取得的进展与存在的问题，对进一步深化司法公开提出对策建议。

关键词： 审判公开 检务公开 警务公开 狱务公开

---

* 课题组负责人：朱廷君，四川省委政法委纪检专员。课题组成员：郭宇、罗登亮、王艳阳、陈吉勇、孙增、周小锋、金晶、谭周华、王淑芳、张林、周振彪。执笔人：周小锋，四川省委政法委宣传指导处干部；金晶，四川省高级人民法院研究室干部；谭周华，四川省人民检察院人民监督工作办公室副主任；王淑芳，四川省检察院人民监督工作办公室检察员；陈吉勇，四川省公安厅宣传处副处长；张林，四川省监狱管理局刑罚执行处科长；周振彪，四川省锦江监狱干部。

司法公开是贯彻落实党的十八届三中全会、四中全会精神及司法体制改革重要部署的基本要求，是实现让人民群众在每一个司法案件中都感受到公平正义目标的重要保障。在中国，司法公开有狭义和广义之分，广义的司法公开涵盖了法院、检察院、公安机关、司法行政机关在内的所有行使司法权的部门。四川政法系统大力加强信息化和规范化建设，不断延伸公开范围、拓宽公开渠道、提升公开层次，深入推进"阳光司法"，有力助推了全省政法工作科学发展。

一 四川省司法公开现状

（一）审判公开

四川法院系统按照最高人民法院《关于推进司法公开三大平台建设的若干意见》，全力推进审判流程、裁判文书、执行信息三大公开平台建设，构建开放、动态、透明、便民的阳光司法机制，以公开促公正。

1. 推进审判流程公开

截至2014年年底，四川省高院和22个中院已全部建成诉讼服务中心并开通了官方网站，全省188个基层法院中，180个建成诉讼服务中心，154个已开通官方网站，基本构建起多层级、纵深化、全覆盖的司法公开网络。全省法院统一组织开发了审判流程公开软件，含省高院、泸州中院和成都、绵阳、内江、乐山、甘孜5个前期试点地区法院的70个法院已建成并运行案件进展查询系统，当事人凭密码可在法院网站上自助查询20余项审判流程信息。此外，全省法院还建成科技法庭514个，全程运行庭审同步录音录像系统，2014年1~11月，19个中院和122个基层法院采用视频、音频等形式公开庭审3551件次，大力保障了庭审公开的实现。

2. 推行裁判文书公开

全省法院主要依托"中国裁判文书网"公开裁判文书，部分法院同时在门户网站公开裁判文书。2014年年初，省高院制定了《关于全省法院在互联网公布裁判文书的实施细则（试行）》，对裁判文书公开范围、操作流程、内容要求、告知义务等做出规定，明确了裁判文书上网标准，确保了依法规范公开。各级法院按照"以公开为原则，不公开为例外"的要求，普遍建立了裁判文书上网公开前审查和公开后评查制度，依靠信息技术对不宜公开的裁判文书进行智能化判断，对裁判文书中不宜公开的内容进行屏蔽，妥善处理裁判文书公开与个人信息保护的关系。2014年1～11月，全省法院在中国裁判文书网上公布裁判文书223972份，进一步增强了审判工作透明度。

3. 全面实现执行信息公开

省高院和22个中院已建成执行公开网站集群，开通"12368"短信发送平台，全省法院均在诉讼服务中心设置了触摸屏或台式电脑，规范导入执行措施、财产处置、案款收支等执行过程重要节点信息，当事人可以通过执行公开网站、短信以及在法院诉讼服务大厅自助查询等多种途径，及时了解执行案件信息。此外，全省法院还充分发挥执行信息公开平台对失信被执行人的信用惩戒功能，通过广播、电视、互联网等媒介，公开曝光、通报失信被执行人信息，并依法将其纳入银行、工商、民航等社会征信体系，对失信者在融资贷款、高消费等方面予以限制，形成打击失信的高压态势，督促被执行人自动履行义务。

（二）检务公开

四川省人民检察院于2013年11月启动深化检务公开制度改革工作，着力打破过去封闭化、神秘化的办案模式，探索执法办案程序、过程和结果向社会全面公开，充分保障公众知情权，提升执法办案质量和检察公信力。

1. 以执法办案信息公开为核心，推动全面全程规范公开

全省三级检察院均开通"人民检察院案件信息公开网"和案件程序信息网络查询系统，面向全社会公布案件信息和提供查询服务。部分检察院制定检务公开"负面清单"，除了列明不能公开的事项，其他事项均应依法公开。将案件公开信息分为主动公开和依申请公开两大类，及时公开立案、强

制措施、审查起诉、判决等重大节点的情况，以及各诉讼环节的责任部门、办理时限等；主动公开诉讼已经终结的起诉书、不起诉决定书、抗诉书，刑事申诉复查决定书；探索公开检察建议，不批准逮捕、撤销案件决定书，职务犯罪案件不立案通知书，民事行政检察案件不立案决定书等检察阶段的终结性文书，让公众及时了解案件信息，促使检察人员更加注重实体公正、程序规范和文书质量。

眉山市检察院出台《关于进一步明确检务公开有关要求的通知》，对法律明确规定保密和其他不宜公开的八种情况做了明确界定：一是不得发布与党和国家政策、法律、法规相违背的思想内容；二是不得发布涉及国家安全、民族、宗教及涉外涉港澳台等不应公开的内容；三是不得发布未经解密的秘密及其以上保密级别的文件和其他涉密信息；四是不得发布有关"死刑制度""人权"等问题的敏感内容和统计数字；五是不得发布涉及个人隐私的信息，以及未成年人、被（受）害人、举报人、证人和其他第三人的不应公开的信息，不得发布企业法人机构代码、银行账号和其他商业秘密与信息；六是不得发布法院不公开审理的案件信息；七是不得发布对犯罪行为、作案手段做过细描写或渲染凶杀、色情、恐怖等的内容，也不得有歧视性别和残疾人等弱势群体的内容；八是不得发布涉及办案细节和侦查方法技巧的内容等。

起诉书公开是检务公开的关键性环节，广元市检察机关作为检务公开的试点单位，对起诉书公开进行了积极探索。一是坚持及时公开起诉书。除法定不公开的案件外，其余案件起诉书应在案件提起公诉后5日内向社会公开。原来担心可能出现的负面舆情，至今没有发生。二是坚持主动公开起诉书。在门户网站设置起诉书查询栏目，由案件管理办公室将起诉书上传至门户网站。为方便群众查询检索，将上网起诉书统一以案件名称命名，表述为"当事人+案由+文书种类"。三是坚持全面公开起诉书。上网公开的起诉书内容与正本起诉书一致。同时，为了保障当事人隐私，对起诉书中当事人和证人的家庭住址、通讯方式、身份证号码等个人信息采用技术手段隐去。

广元市检察院坚持向社会公开案件信息。根据群众的司法需求，主动向社会公开案件信息。一是主动向社会公开办案流程。将职务犯罪侦查、审查逮捕、审查起诉等案件的犯罪嫌疑人姓名、受理时间、强制措施、结案时间、办理结果等程序性信息，于确定之日起2个工作日内，在门户网站诉讼进度及结果查询栏中公开。二是主动向社会公开案件动态信息。将做出逮捕决定的职务犯罪案件基本信息，用新闻的方式，在门户网站案件动态信息栏中公开。同时，对危害食品药品安全、破坏生态环境资源等案件，用案例的形式在案件动态信息栏中公开。三是主动告知案件当事人诉讼进度。各业务部门在案件诉讼进度发生变化时，及时以电话或短信、信函等方式告知辩护律师、嫌疑人家属、诉讼代理人、被害人及其近亲属。

2. 以检务公开大厅和网上、网下公开平台建设为载体，保证及时公开

各市级检察院及192个基层检察院全部开通门户网站，网站有着网上举报、网上申诉、信息发布、终结性法律文书查询、律师预约阅卷、检察人员违纪违法投诉、检察长信箱、代表委员联络等多种功能，形成与官方微博、微信以及短彩信平台互联互通的一体化新媒体公开平台，达到了"法律文书网上晒，办案过程网上挂，群众提问网上答"的效果。同时，有条件的检察院积极建设网下"一站式"检务公开大厅，整合接待等候、业务咨询、律师接待、控告举报申诉受理、案件信息公布和查询、视频接访、"12309"举报电话等功能。

截止到2014年11月底，全省检察案件信息网络平台访问量达300万余次，发布案件程序性信息14351条，网上接受辩护与代理预约56件、申诉168件、检察人员违纪违法投诉108件、代表委员意见建议369条、检务公开建议1679条。在7个地区开展第三方测评试点工作，邀请第三方机构对20个基层检察院开展人民群众满意度测评。

3. 典型事例——四川省苍溪县检察院"五直通"阳光检务工作法

四川省苍溪县是国家级贫困县，又是农业大县，80万人口中，外出务工人员年均达30%以上。留守家乡的，大多是老弱病残，他们文化水平不高，网络知识缺乏，信息闭塞且居住分散。面对这种情况，如何有效地向社会公开检察机关的执法活动,让检察工作真正贴近基层,更好地服务群众,接受社会监督,已成为推进检务公开必须解决的前置性问题。近年来,苍溪县检察院摸索总结出了"五直通"阳光检务工作法,把检务向老百姓公开,让司法在阳光下运行,较好地破解了这个难题。

直通方式一:开启阳光检务大喇叭。

苍溪县辖39个乡镇共719个行政村。前些年,在县委、县政府的强力推进下,实现了有线广播村村通。县检察院敏锐地发现"村村通"的大喇叭是阳光检务直通群众的一个最有效的载体。经过与政府有关部门协商沟通,在"村村通"增设了阳光检务广播时段,借助大喇叭村村通的辐射功能,向广大农户用通俗易懂的语言重点介绍检察机关主要的职能职责、举报常识,通报检察机关近期执法动态,讲述发生在老百姓身边的"坑农""害农"案件等。"大喇叭"的阳光检务之声每天早晚准时向农村播放,每周更新一次内容。阳光检务之声还通过无线调频广播电台每天三次向城区居民包括乘坐出租车的群众集中播放。截至2014年年底,通过阳光检务大喇叭已向城乡居民播报各类检察执法动态信息65条,较好地解决了基层群众,特别是偏远地区老百姓了解检察机关渠道不畅的问题。

直通方式二:设置阳光检务直通车。

山区乡镇逢集市日在镇上赶集的农民比较多,县检察院把一辆"依维柯"面包车改装成阳光检务直通专用车,排出乡镇集市日时间表,有计划地安排科室干警轮流跟车,巡回开往各乡镇。所到之处,直通车既播放检察之"声",现场发放宣传资料,又受理群众举报控告、释疑解惑,并向村、镇干部进行职务犯罪预防巡回宣讲。截至2014年年底,直通车已巡回30余个乡镇,向群众发放县检察院自制的《公开"画"检务》漫画宣传手册1~3期共21000册,发放阳光检务告知卡20000余张,发放检察执法调查问卷8000份,发放《农民工维权口袋书》4000本,举办职务犯罪预防专题讲座14场,受教育干部3000人(次)。

直通方式三:悬挂阳光检务直通窗。

苍溪县检察院在推进检务公开过程中,与乡镇协商,在党务、镇务公开

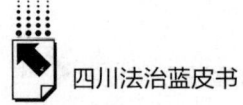

栏以及人口密度较大的农贸市场、工业园区增设阳光检务直通窗共50张。阳光检务直通窗采用老百姓喜闻乐见的卡通、动漫方式，用通俗易懂的语言文字，向群众公布检察机关的联系方式、各内设机构职责分工，介绍检察职能，公开办案流程，通报县检察院查办的典型职务犯罪案件等，直通窗内容每月更新一次。同时，苍溪县检察院还在全县各乡镇政务中心设置了阳光检务影像窗39台，以音频、视频为媒介公开各类检务信息。

直通方式四：建立阳光检务工作站。

苍溪县检察院建成400平方米的阳光检务大厅，开设了案件查询、控申案件受理、民行申诉接待、行贿犯罪档案查询、律师接待等多个窗口，在阳光检务大厅及时回应网络问检、网上举报、网上预约、查询及电话问询等，为群众表达诉求、行使权利提供更加便利的条件。依托县检察院派驻东溪、龙山两个基层检察室，聘请了171名检察联络员和信息员，构建了检察官入镇、联络员入村、信息员入组的阳光检务"三入"便民服务格局。在各乡镇农民维权服务站聘请了39名检务联络员，不定期开展农民工维权集中宣传活动，在部分学校建立留守儿童联络站，每学期组织留守儿童开展向父母写一封慰问信、寄送一张阳光检务告知卡活动。县检察院组织开展的"两个一"活动，在全县10万留守儿童与他们在外务工的29万亲人之间，架起了一道传递爱的桥梁。

直通方式五：增添阳光检务触摸屏。

2013年12月，苍溪检察院建起了阳光检务在线网站，设置了案件诉讼进度、检察法律文书查询、案件办理结果、视频接访、律师接待、检察长信箱等9大板块；开通了在线QQ、检察微博、检察微信等服务平台和互动平台。截至2014年年底，已在网上公布案件诉讼进度152条，公布起诉书、不起诉决定书等终结性法律文书41份，公开率达91%。为了方便群众上网查询，县检察院特地在县城人口密集的社区、政务大厅、学校、汽车客运站、酒店，该院的案管大厅、阳光检务大厅，以及两个乡镇检察室摆放了9台阳光检务触摸屏。该触摸屏与阳光检务在线网站相连接，能够实现后台远程更新，稍有网络常识的群众只要轻轻触点相关选项，有关案件在县检察院的办理进度、办理结果或相关的法律文书等，即可一览无余。截至2014年年底，借助阳光检务触摸屏查询个案执法信息的人数已达8000余人（次）。

（三）警务公开

2014年年初，四川省公安厅把警务公开工作列入省公安厅十大改革任务进行安排部署，以促进全省公安机关依法行政，规范警务公开行为，增强工作透明度，保障公民、法人和其他组织的知情权、参与权、表达权和监督权，并起草制定《全省公安机关警务公开实施办法》。全省警务公开逐步推广辖区治安信息公开、突发公共安全事件公开、相关执法办案活动公开、行政办事程序公开、便民服务措施公开和举报投诉渠道公开"六公开"制度；相关执法办案活动在法律的框架下，针对相关当事人实行执法依据公开、执法程序公开、执法进度公开和执法结果公开"四公开"制度。

1. 公安门户网站全面开通

四川省、市、县三级公安机关门户网站全面开通，总体运行良好，成为警务公开的重要平台。

2. 推进全省网上公安综合服务平台建设

四川省公安厅已完成全省网上公安综合服务平台建设的立项，形成了全省统一建设的基本框架，拟在2015年全面建成。广元、泸州、绵阳、南充四市公安机关已全面开通运行网上公安，从运行效果看，提升了工作效率，方便了群众办事，增强了互动交流，得到广大群众的充分肯定和积极回应。

3. 各级微博建设运行较好

四川省、市、县三级公安机关公安政务微博已全部开通，形成了以四川公安微博为龙头，地市公安微博为主干，省市县三级公安微博互补，政务微博与民警个人工作微博相互补充，具有鲜明特色的四川公安微博群。2014年省公安厅微博已发布微博5800余条，省公安厅政务微博粉丝数稳步增长，在2014年最具影响力省级政务微博评选活动中名列第四，在2014年三季度全省所有政务微博前10名中全省各级公安微博占据6席。

4. 快速推进微信建设

四川省、市公安机关官方微信已全部开通，不少县级公安机关也开通官方微信。省厅交警、治安、消防等7个警种在省厅微信开通服务举措。共106项公安业务都可以通过微信进行在线查询、提前预约和自助办理，成为警务公开新平台。

5. 探索推进移动客户端建设

为适应移动互联网发展形势和广大群众的实际需求，四川省公安厅已把移动客户端建设列入2015年的重要内容，交警、治安、消防等警种将积极推进并独立开发移动客户端，部分市州局和区县局也将积极建设移动客户端。

（四）狱务公开

2010年以来，四川监狱系统的狱务公开工作有序推进，截止到2014年底基本形成了一套制度规范、方式多样、内容明确、程序科学的狱务公开制度。

1. 搭建立体信息平台全面公开

为有效宣传有关法律、法规、司法解释、规章的具体规定，四川监狱通过网络平台、宣传专栏和公开手册的方式，不仅在监狱域网、监区、会见室公开，还通过省监狱管理局门户网站、官方微博进行公开。公开内容涵盖服刑人员的基本权利和义务、刑事奖惩的法定条件和程序。公开的受众包括罪犯及其亲属和社会公众。

2. 计分考核全程公开

计分考核是监狱对服刑人员进行奖惩的基础性核心依据，受到服刑人员的广泛关注。计分考核一律实行日记载、周评议、月总结制度，通过张榜、上栏的方式公开。

3. 行政奖惩全程公开

对给予服刑人员的表扬、记功行政奖励，监区建议，职能部门审核意见，监狱考评委员会审核结果，一律在狱务公开专栏、监狱域网全程公示。

4. 刑事奖惩全程公开

对提请服刑人员减刑、假释，实行"三公示"制度：监区长办公会的监区公示、监狱减刑假释暂予监外执行评审会的评审公示、监狱长办公会的监狱公示。对于"三类服刑人员"的减刑、假释、暂予监外执行，还必须按照有关规定，在监狱和省监狱管理局门户网站向社会公众公示，确保社会监督到位。

（五）公众参与和监督司法

1. 健全人民陪审员广泛参与机制

四川省高院采取"先行试点、分步推进"的方式，组织全省法院大力实施人民陪审员"倍增计划"，通过建立工作季度通报、召开现场推进会、构建多部门协调机制、纳入目标考核等强力措施加大了人民陪审员选任工作的推进力度，72%的基层法院已提前完成"倍增计划"选任目标，全省法院共新选任人民陪审员5072人，人民陪审员总数达9878人，是基层法院法官人数的126%，新选任的人民陪审员90%以上完成了岗前培训。全省法院积极为人民陪审员履行职责创造条件，不断扩大人民陪审员参审案件范围，探索完善随机抽选机制，更加注重发挥人民陪审员在减刑假释、行政诉讼、知识产权纠纷等案件审理和司法听证中的作用，充分发挥陪审制度的功效，有力保障人民群众广泛参与司法。2014年1~11月，全省基层法院一审案件陪审率达94.39%，同比提升1.97个百分点。

2. 健全人大代表、政协委员沟通联络机制

全省法院着力构建与人大代表、政协委员沟通联络工作的经常性、规范化和制度化机制，定期主动向人大、政协汇报法院工作中的重要部署、重大举措，建立健全"一对一"走访机制和"网上办理人大代表意见建议、政协委员提案系统"，广泛收集代表、委员意见建议，定人定时定责及时回复办理情况。2014年，四川省高院根据收集到的代表、委员意见建议，制定了优化调整案件质效评估指标体系、保障律师履职权利等36项措施，要求

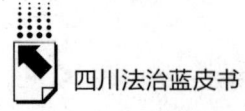

全省法院对照改进工作,收到良好效果。此外,全省法院还通过邀请代表委员观摩庭审、寄送联络专刊、工作简报、开通手机月报等形式,及时向代表、委员汇报工作动向、大要案件等信息,不断拓展司法公开和接受监督的渠道,受到社会各界普遍赞誉。

3. 在侦查过程中引入人民监督员到场监督

为将查办职务犯罪的关键环节纳入公众视野,广元市检察院制定了《人民监督员监督执法活动试行办法》,规定侦查阶段讯问犯罪嫌疑人或询问重要证人,采取搜查、查封、扣押、冻结等侦查措施,以及拟变更强制措施的,可以邀请人民监督员到场监督;在公诉环节第一次讯问犯罪嫌疑人,应当邀请人民监督员到场进行监督。该办法试行以来,全市检察机关共邀请人民监督员监督职务犯罪案件活动51次,其中,监督自侦部门讯问17次,监督搜查、扣押等强制措施4次,监督公诉部门讯(询)问30次。利州区检察院对犯罪嫌疑人王某某羁押必要性审查邀请人民监督员监督,并做出了变更强制措施的决定。同时,严格监督程序,注重监督行为的规范性。落实案件材料提供和案情介绍制度,执行"两告知、两记录、一反馈"规定,即监督中,书面告知人民监督员在监督讯问犯罪嫌疑人时享有的权利和保守秘密的义务,告知犯罪嫌疑人在对其讯问时有要求人民监督员到场监督,并申请回避的权利;将告知情况记录在讯问笔录中,将监督情况及意见在登记表中如实记载,存档备查,并随案移送法院;将监督意见建议落实情况反馈人民监督员。2014年4月以来,邀请人民监督员监督自侦部门讯问的17件案件,无一件在公诉或审判环节翻供,而同期未邀请监督的案件有3件出现翻供。充分发挥人民监督员监督执法的宣传功能,扩大社会对检察工作的知晓度和认同感。

成都市锦江区检察院制定了《关于建立人民监督员对职务犯罪嫌疑人移送法院起诉前谈话监督机制的实施办法》,规定了谈话范围、程序和方式,并在此基础上积极探索在立案、审查逮捕环节开展谈话监督活动。截至2014年年底,锦江区检察院共邀请人民监督员在立案后、批捕前和移送法院起诉前分别与7名职务犯罪嫌疑人进行了谈话,7名嫌疑人均表示检察机关不存在超期羁押、违法搜查扣押、刑讯逼供、暴力取证等违法违纪情况。同时，通过谈话，人民监督员了解到嫌疑人何某某对审查起诉期限的疑问、嫌疑人周某某不清楚是否存在超期羁押的情况后，及时提出了检察机关在办案过程中应做好释法说理工作的建议，锦江区检察院高度重视，切实加强了释法说理工作，消除了嫌疑人的疑虑。

4. 健全执法监督员制度

聘请人大代表、政协委员和社会知名人士为监狱执法监督员，采取定期或不定期的方式，听取工作情况介绍，列席有重大影响或社会关注度高的减刑、假释、暂予监外执行案件的评审会议，旁听人民法院对监狱重大减刑、假释案件的开庭审理活动。

5. 在起诉过程中引入多方人员实质参与

除邀请人大代表、政协委员和各界群众代表观摩庭审，对出庭公诉进行现场监督外，各地还积极探索多方人员参与起诉新措施。泸州古蔺等地检察机关在职务犯罪案件审查起诉阶段，探索赋予人民监督员询问权以参与调查诉讼程序是否合法，人民监督员通过当面询问犯罪嫌疑人以了解检察机关办案过程中是否存在违法行为，并有权提出监督意见。乐山市检察院与省律协签订《关于联合开展"诉前会议"等制度创新试点工作的备忘录》，针对分歧较大的案件，检察机关在做出起诉或不起诉决定之前，以召开会议的方式公开听取侦查机关、被害人及诉讼代理人等各方面的意见，各方通过公开"对质"就事实认定和法律适用予以释明。新津县检察院将"阳光刑检""阳光捕诉"作为检务公开的重要内容，制定了《拟不捕案件公开听证实施细则》和《不诉案件公开听证实施细则》，将法定不捕、酌定不捕、证据不足不捕以及酌定不起诉、存疑不起诉和法定不起诉案件等争议较大、具有一定社会影响力、具有较好社会效果的案件纳入公开听证范畴。同时，对公开听证会前准备、活动程序、结果反馈等进行了详细、具体的规定。

6. 完善狱务监督工作机制

（1）健全监督机制。四川监狱开展狱务公开工作以来，相继出台了一系列常规监督制度：开通举报电话、设立"8大信箱"（厅长、局长、监狱长、纪检监察信箱，以及申诉、控告、检举、约谈信箱），建立"监狱长接待日"制度和局长接待日制度。（2）探索建立廉洁执法风险防范点制度。针对重点领域、岗位、环节加大执法工作的监督检查力度，三年来全省监狱未发现违法违纪办理减刑、假释、暂予监外执行案件情况。（3）建立狱务公开互动机制。一是强化主动宣传。三年来累计向服刑人员发放《狱务公开手册》达6万册，办理狱务公开墙报、板报2千余期，向社会媒体提供狱务公开信息5百余条。二是开展狱务公开咨询。"局长接待日"接待服刑人员亲友来信来访近100余人次（件），"监狱长接待日"接待服刑人员及亲属4千余人次。三是广泛听取意见。向服刑人员、亲友及社会有关人员发放《狱务公开问卷调查表》10万余份，收回《狱务公开问卷调查表》9万余份，对监狱工作的好评率达90%以上。同时，针对问卷调查反映的焦点和热点问题进行梳理、汇总，及时进行完善、解答或回复。四是大力推进亲情帮教，主动接受家属及社会的监督。本着"请进来、走出去"的原则，组织"百子千妻万母""文艺巡回汇演"等服刑人员亲情帮教活动，参加活动的人员达1万余人次，有效促进了服刑人员改造的积极性。五是发挥监狱警示教育的社会功能。根据反腐倡廉的工作需要，全省多数监狱都建立了警示教育基地，累计接受社会各界警示教育2万余人次。锦江监狱的四川省法纪教育基地（同时也是成都市法纪教育基地），2014年共开展警示教育741场次37883人，各级机关团体364个、企事业单位195个参与相关活动。六是强化与法检公工作互动。省高级人民法院、省检察院、公安厅、司法厅建立了联席会议制度，召开联席会议，研究难点热点问题，协商解决办法、制发会签文件。三年来共召开联席会20余次，制作会议纪要、会签文件10余份，有效解决了执法工作中出现的新情况新问题。

7. 健全网络媒体舆论监督机制

全省法院坚持把网络媒体作为公开信息、互动沟通的重要渠道，自觉接受舆论监督。推行新闻发言人制度，对出台重大举措、审理执行有重大社会影响的案件等，及时进行新闻发布或情况通报，主动提供新闻信息，积极引导社会舆论。2014年，围绕打击毒品犯罪、侵害未成年人犯罪等热点问题，省高院举行13次新闻发布会和新闻通气会,形成法院工作与社会舆论的常态化互动。通过摄制专题片、制作专题节目等方式,加强与电视台、报纸等新闻媒体合作,与传媒建立常态化的协作机制,2014年4月,四川电视台经济频道就全省法院2013年度知识产权司法保护状况制作了长达20分钟的专题节目,取得了良好的宣传示范效果。

全省检察机关围绕社会广泛关注、群众普遍关心的案件——包括有较大影响的职务犯罪案件,处理上分歧较大的案件,以及危害民生、侵害民利的典型案件三类案件——通过新闻发布会、网络平台、手机短信等及时发布权威信息,对网络舆情和公众疑问,针对性地跟帖回复,及时回应和处置,让社会公众及时了解真相、理解、支持、认同司法结果,从而树立法治权威。2014年,各级检察院在门户网站、微博等公布各类重大案件信息599条,多条信息得到新华网等媒体迅速转载和网友的普遍关注。

省公安厅制定了《厅属相关部门警种新闻(舆情)员工作制度和工作职责(试行)》,从2014年4月30日启动运行厅新闻(舆情)员工作制度,试运行新闻(舆情)中心,采取厅宣传处统筹、各警种负主要责任、新闻(舆情)员具体负责的工作模式开展工作。构建大宣传格局,警种优势、社会资源优势都利用得较好。截至2014年11月,共召开例会30次;收集厅属各部门上报各类工作信息1110条,宣传采用739条;组织策划大型宣传、专题宣传、主题宣传达40余次。

二 四川推进司法公开面临的问题和困难

(一)司法公开的意识较为薄弱

部分干警对司法公开工作的重要性认识仍然不到位,做群众工作的本领和素质仍然有待提升。少数政法机关和干警在应对舆论和新闻媒体时,缺乏经验,披露信息、进行主动有效回应的能力比较欠缺。在面对一些恶意炒作时,应对不当,导致陷入舆情危机,加深了公众对政法工作的误解。

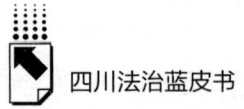

（二）经费保障不足

更大范围、更高层次的司法公开需要强有力的财政保障。但是，受制于四川省经济发展状况，多数政法单位特别是民族地区、边远地区和基层政法单位普遍存在着经费保障不足的问题，导致现代科学技术在推进司法公开方面的应用不足，科技资源不能共享，新的软件及技术无法及时应用和推广，推进司法公开的进程受到不同程度的影响。

（三）新媒体重塑了社会舆论生态，给司法公开带来挑战

新媒体时代，网络成为社会舆论的集散地、发酵场，舆论监督无处不在。而政法工作的特殊性决定，政法机关履行职责要严格依据法律，注重工作程序，有些工作需要适度保密，不宜对外发布执法信息。而在新媒体时代，民众对于关切的案（事）件，希望政法机关快速回应。如果不能及时回应，就有可能引发"舆论审判"和"道德审判"。如何准确把握新媒体时代的受众特点，运用各类媒体加强与社会的沟通，是做好司法公开面临的一大挑战。

三 推进司法公开的展望

未来，政法机关应当充分树立全局、系统的思维，在中央的统一部署下，以务实、稳健的态度深化司法公开改革，解决实践中面临的困难和问题。

（一）立足全局谋划司法公开工作

推进司法公开是一项系统工程，与国家的民主政治建设、社会建设进程与成效密不可分。司法公开面临的很多困惑和问题，从深层次来看其实是官民关系的体现，是政治问题，是社会治理问题。目前，从民主政治建设来看，很多国家机关政务公开、吸纳公众民主参与相关工作总体水平还不高，政务公开意识、民主决策意识不够，应对公众和舆论、做群众工作的经验不够丰富。从社会治理方面来看，还没有及时建立与市场经济相配套的成熟的社会

治理体系，传统体制外的"社会人"参与公共事务还缺乏正式、充分的平台，致使公权力公信力相对不高，司法公开工作很难取得较高社会评价。因此，应将司法公开纳入党和国家民主政治建设、社会治理创新的全局来考虑，特别是纳入改善官民关系、促进官民之间相互信任的全局来谋划，努力营造公民积极良性参与公共事务的氛围。使司法公开改革与其他相关领域改革形成有效互动，使各项改革同步推进、相互促进，避免政法机关陷入孤军奋战的境地。

（二）健全司法公开协同配合机制

一是健全上下级之间的协同配合机制。加强上下级政法单位之间的协调，统一应对策略，统一步调和口径，避免各行其是造成的工作被动。要在系统内形成合力，形成整体应对的格局，以争取更好的司法公开的外部环境。在司法公开过程中，上级单位应当加强对下级单位的监督指导，下级单位应当加强司法公开的请示汇报和信息报告制度。二是健全与党政以及相关部门的沟通协调机制。司法公开工作应当加强向各级党委汇报力度，赢得支持和理解。尤其是涉及司法公开、司法民主工作的一些突发、公共事件的应对，必须在党委的统筹协调下开展工作，争取协调各方面，取得最佳的效果。

（三）深化与媒体网络的良性互动

互联网时代，传统媒体、互联网媒体、自媒体的发展与互动使新闻传播格局发生了很大变化。针对这种形势，应当加强监管，使新闻舆论充分发挥监督国家机关依法公正行使公权力的正面作用，防止恶意、低俗炒作，维护党和国家形象，维护执法和司法公信力。一是积极推动新闻、互联网立法的完善。积极促进行业自律和他律相结合的新闻媒体法律制度的形成，防止干扰正常执法办案，防止情绪化、非理性的社会舆论贬损司法公信力。二是营造理性、平和的法治舆论氛围。加强与新闻媒体的沟通协调，引导公众舆论理性对待司法差错，理性看待法治进程中出现的问题。三是抓住重点、热点、敏感案件，把握舆论宣传的主动权。在重点案件、热点问题上投入更多精力和资源，合理进行信息披露，回应舆论关切，消除误解，增进互信，引领社会共识。

B.9 四川省2014年惩防职务犯罪分析报告

四川省人民检察院课题组*

> **摘　要：** 2014年，四川省各级检察机关积极适应新时期反腐败形势，坚持惩防并重，职务犯罪惩防的实践成效突出。职务犯罪惩防体现出初查作用更加突出等四项路径特征，办案行为的规范化也成为一项重点。当前四川省职务犯罪还存在六大趋势和特点，要坚持"教育是基础，制度是保证，监督是关键"的整体思路，深入推进惩防腐败制度机制建设。
>
> **关键词：** 职务犯罪　检察　惩防

2014年，四川省各级检察机关认真贯彻落实党的十八大、十八届三中全会、四中全会精神，积极适应新时期反腐败斗争的新形势，按照《四川省依法治省纲要》，严格依法履行惩治和预防职务犯罪职责，突出办案重点，强化办案措施，注重办案效果，坚持惩防并重，办案力度进一步加大，预防职务犯罪取得新的成效，队伍执法能力和执法公信力不断提升，为深入推进四川省反腐倡廉建设、维护社会和谐稳定、保障经济平稳较快发展、促进全面依法治省做出了积极贡献。

---

* 课题组负责人：谢海恩，四川省人民检察院反贪局助理检察员。课题组成员：廖雅雯、杜江。执笔人：谢海恩、廖雅雯，四川省人民检察院反贪局助理检察员；杜江，四川省人民检察院反贪局干部。

一 2014年职务犯罪惩防实践成效

2014年1~12月，四川省各级检察机关共受理职务犯罪案件线索4219件，初查2570件，立案查办职务犯罪1882件2457人，为国家挽回经济损失52123.962万元人民币。其中，立案查办贪污贿赂案件1997人，占总数81.28%；渎职侵权案件460人，占总数18.72%。侦查终结职务犯罪2358人，移送审查起诉2308人，移送起诉2255人，生效判决1430人。

（一）案件数量和大要案比例继续提升

全省各级检察机关深刻把握当前反腐败面临的新形势和新要求，重点筛选一批领导机关和领导干部中贪污贿赂犯罪线索，充分发挥市级检察院的办案主体作用，集中反贪、技术、法警等力量，依法查处一批重点部门、重点领域的涉案金额大、嫌疑人级别高的大要案件，有效提升了检察机关的反腐影响力。

1. 立案查办的职务犯罪数量呈增长态势

2009~2012年，查办的职务犯罪案件一直稳定在2100人左右。党的十八大以来，随着中央反腐力度进一步加大，查办职务犯罪数量呈现出较快的增长势头，2013年，立案查办职务犯罪案件2384人，同比上升11.19%；2014年，立案查办职务犯罪2457人（见图9-1）。

2. 查办的大多数案件涉案金额[①]在5万元以上

2014年，立案查办的1997人贪污贿赂犯罪案件中，涉案金额在5万元以下的90人，占4.51%；5万~10万元的606人，占30.35%；10万~100万元的1032人，占51.68%；100万~500万元的228人，占11.42%；500万元~1000万元的25人，占1.25%；1000万以上的16人，占0.80%（见图9-2）。

---

① 由于渎职侵权类犯罪主要涉及造成的损失问题，而没有涉案金额问题，故此，此处仅统计贪污贿赂犯罪的涉案金额问题。该涉案金额系立案金额，最终法院认定金额或与此有所不同。

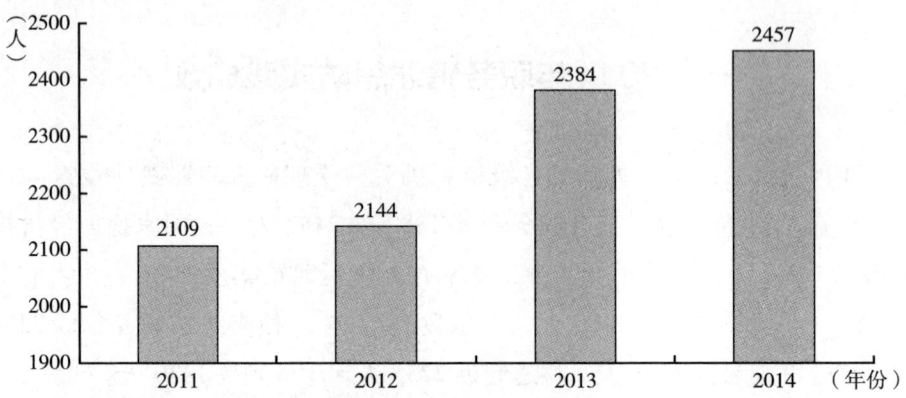

图9-1 2011~2014年查办职务犯罪对比

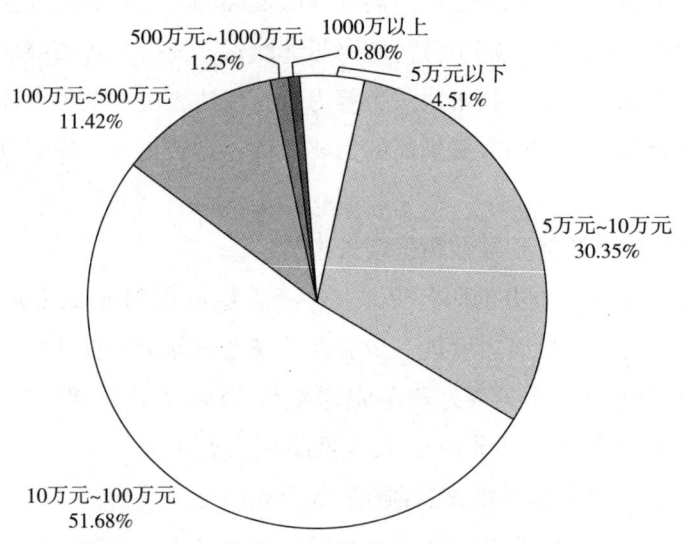

图9-2 2014年查办案件的涉案金额情况

3. 查办县处级以上要案①数增长幅度较大

十八大以来，随着反腐败的力度进一步加大，查处的犯罪嫌疑人级别越来越高，要案比例越来越大。2014年，立案查处的2457名职务犯罪嫌疑

---

① 根据最高人民检察院的分类标准，县处级以上（含县处级）的职务犯罪案件为要案。

中，县处级以上职务犯罪200人，同比增长65.29%（见图9-3）；其中厅级以上干部28人，同比增长154.55%，查办县处级以上人数和增长比例均为近年来最高。

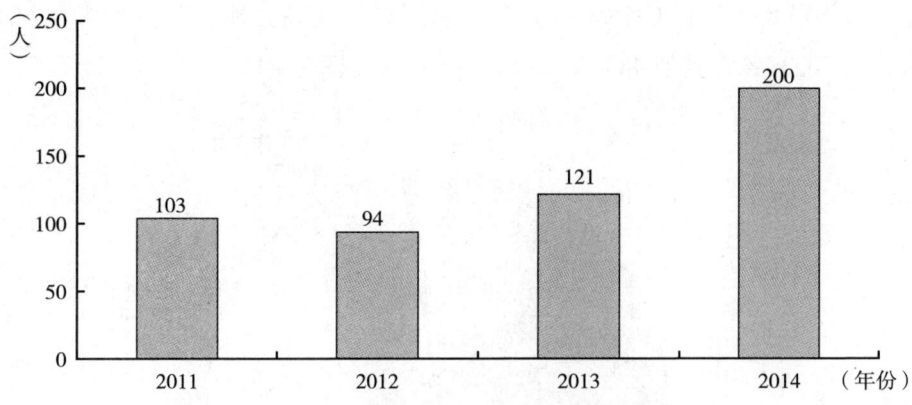

图9-3 查办县处级以上职务犯罪情况

（二）重点领域的职务犯罪查办取得突破

1. 全力查办经济社会发展重点领域职务犯罪案件

随着省委"三大发展战略"和"两个跨越战略"的提出和顺利实施，严肃查办工程建设、新型城镇化建设、新农村建设、征地拆迁等领域职务犯罪成为重中之重。2014年，共查办民生领域职务犯罪519人，占总数的21.12%，其中，征地拆迁167人，社会保障162人，教育63人；查办工程建设领域职务犯罪524人，占总数的21.33%，其中，招投标78人，项目审批规划调整100人；查办涉农领域职务犯罪509人，占总数的20.72%，其中，资金管理使用215人，基础设施建设134人。

2. 着力查办发生在领导机关和领导干部中的职务犯罪

突出查办利用组织人事权、行政审批权、执法司法权实施的职务犯罪案件，2014年，全省检察机关共立案查办党委机关工作人员[①] 61人，占

---

① 此处党委机关工作人员系共产党党委机关工作人员，不包括民主党派。

2.48%；权力机关工作人员23人，占0.94%；行政机关工作人员802人，占32.64%；司法机关工作人员108人，占4.40%；政协机关工作人员14人，占0.57%；国有企事业单位工作人员457人，占18.60%；人民团体从事公务人员8人，占0.33%；委派到非国有单位等其他从事公务人员501人，占20.39%；其他483人，占19.66%（见图9-4）。

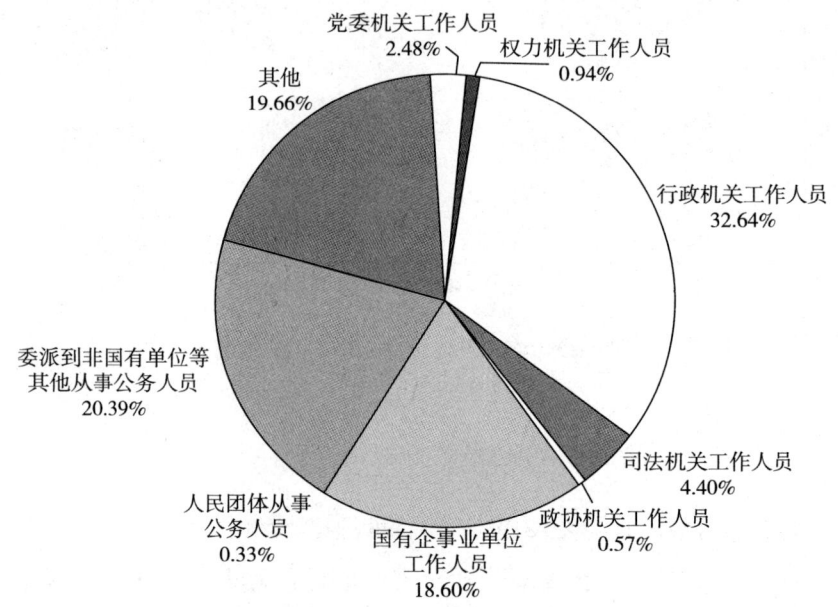

图9-4　2014年查处职务犯罪案件的犯罪嫌疑人身份信息情况

3. 突出查办贿赂型犯罪

随着国家经济政治体制改革深入推进，政务公开和行政公开不断深化，传统的贪污、挪用公款类犯罪逐渐减少，而隐蔽性强、查处难度大的贿赂型犯罪呈现较快上升势头。针对该种情况，全省检察机关将查办贿赂型犯罪摆在工作的重要位置上，坚决遏制贿赂犯罪的蔓延趋势。2014年，共立案查办涉嫌贿赂犯罪1198人，占贪污贿赂犯罪立案总数的59.99%，占职务犯罪立案总数的48.76%。其中，涉嫌受贿906人，涉嫌单位受贿15人，涉嫌利用影响力受贿5人，涉嫌行贿240人，涉嫌单位行贿16人，涉嫌介绍贿赂14人，涉嫌对单位行贿2人（见图9-5）。

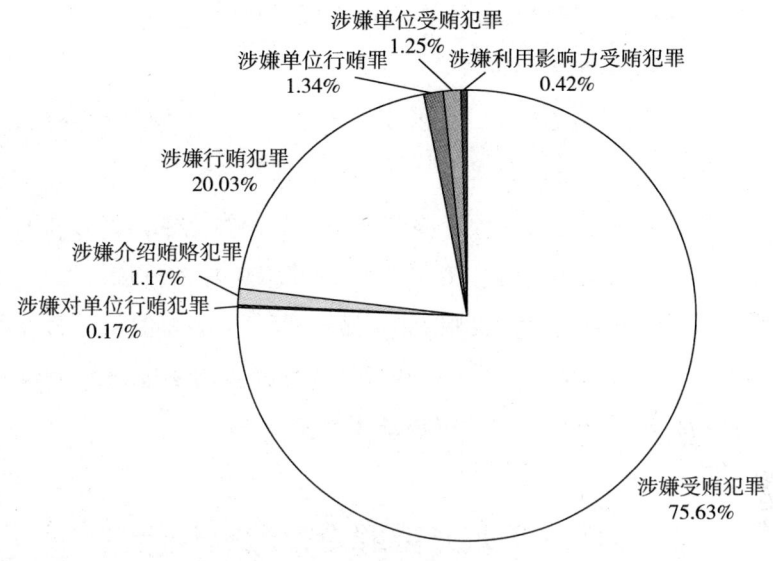

图9-5 贿赂犯罪构成情况

(三)惩防并重下的职务犯罪预防工作全面推进

2014年,在"标本兼治、综合治理、惩防并举、注重预防"方针指导下,四川省预防职务犯罪全面推进。

1. **深入推进职务犯罪侦防一体化**

积极探索实践侦防一体化工作机制,对于典型的职务犯罪案件,确有实时同步开展预防必要的,适时介入侦查活动,与侦查部门协调配合,开展相关预防活动,加强犯罪原因分析,及时提出预防建议和措施。2014年,全省检察机关共开展职务犯罪案例剖析111件。移送职务犯罪线索14件,侦查部门立案2件。

2. **认真抓好预防宣传和警示教育**

紧密结合党的群众路线教育实践活动,充分运用预防调查和犯罪分析的成果、警示教育基地等开展警示教育和预防宣传。2014年,四川省各级检察机关预防部门结合各地职务犯罪案件查办工作,开展预防警示教育和宣传1284次,其中,组织警示教育讲座921次,警示教育讲座参加人数106945

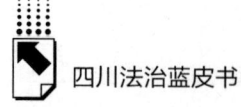

人，组织参观警示教育基地189次，参观人数9294人。

3. 深入开展预防调查工作

围绕查办职务犯罪的重点，加强对侵害群众利益、影响社会稳定的职务犯罪状况的调查分析，把社会保障、经适房、保障房、生态环境、食品药品安全、劳动就业、征地拆迁和补偿等领域和环节作为重点，大力开展预防调查和检察建议、专题报告工作，有效推动专项工作深入开展。2014年，针对不同单位、不同行业制度、机制上存在的问题，全省检察机关共开展预防专项调查152件，制作预防专题调研报告29件，发出书面检察建议83件，其中，79件被采纳，通过检察建议推动建立制度29件。

二 2014年职务犯罪查办的路径特征

（一）初查作用更加突出

初查是指人民检察院在立案前对要案线索材料进行审查的司法活动。[1]"初查的任务是收集必要的证据和材料，确定是否有犯罪事实并需要追究其刑事责任。"[2] 初查在整个职务犯罪侦查中处于极其重要的地位，案件能否顺利突破，关键在于初查工作的深入程度。全省检察机关推行精细化初查，增强初查工作的保密性，努力在初查阶段获取关键证据，为立案后顺利突破案件奠定坚实基础。阿坝州检察院与中国人民银行阿坝州中心支行反洗钱中心建立了涉嫌贪污贿赂犯罪线索移交和案件协查工作机制，拓展了线索来源，畅通了初查查询渠道，提高了工作效率。

（二）侦查讯问取证模式的新转变

传统的职务犯罪侦查主要表现为"依赖口供、由供到证"，容易出现侵

---

[1]《最高人民检察院关于要案线索备案、初查的规定》。
[2] 孙谦主编《人民检察院刑事诉讼规则（试行）理解与适用》，中国检察出版社，2012，第136页。

犯人权的问题。全省检察机关严格执行修改后的《刑事诉讼法》，全面转变侦查讯问模式，从"由供到证"向"以证促供、供证互动"转变，强化讯问预案的制定，提高第一次讯问的成功率。各地检察机关认真总结新形势下的讯问方式方法并将其积极运用于办案实践。如绵阳市检察院在充分调研的基础上，撰写了《反贪侦查中讯问谋略的底限控制》等文章，为切实转变讯问、取证模式、指导办案工作打下了基础。遂宁市检察院统一改进了全市讯（询）问犯罪嫌疑人、证人及听取律师意见模版，下发全市检察机关执行，在证据审查中建立预审机制，严把证据关，保证了全年反贪部门收集的证据无一例被作为非法证据予以排除。

（三）侦查一体化机制建设继续深化

职务犯罪侦查一体化机制，是指检察机关在法律规定的基本框架内，依托现行的检察体制模式，为了优化侦查资源配置、提高整体效能，以侦查指挥中心为组织形式，以提办、交办、督办、联合办为主要办案方式，以上级检察院为龙头，以基层检察院为支点，实行侦查活动统一组织，案件线索统一管理和经营，侦查人员和技术装备统一调配使用，执法环境统一营造，从而实现上下一体、信息畅通、指挥有力、协调高效的职务犯罪侦查工作机制。[①]

鉴于目前部分县级检察院反贪骨干少的情况，全省各级检察机关更加注重发挥侦查一体化机制作用，充分整合省、市、县办案力量，破解人少案多难题。其一，进一步深化办案动态管理。省检察院认真梳理指定管辖案件中存在的问题，进一步规范指定管辖工作。各地积极探索并践行侦查一体化机制的具体方式方法，促进了本地疑难、复杂案件的办理。泸州市检察院将全局分成多个联系基层检察院的中心办案组，中心办案组按照所分管的区域，全面梳理线索，统筹调配力量，集中突破案件。成都市检察院要求局内各部

---

① 王祺国：《职务犯罪侦查一体化问题研究》，载张智辉主编《中国检察（第14卷）》，北京大学出版社，2007，第120页。

门对口指导帮扶各县级检察院,并将各部门与指导的县级检察院捆绑考核,提高了各部门帮扶的积极性和主动性。广元市检察院完善二级侦查人才库,灵活运用督办、交办、领办、指定管辖等方式,加强对案侦工作的具体指导,及时协调解决基层检察院办案中遇到的困难。内江市检察院以"三统一",即统一管理案件线索、统一协调侦查指挥、统一调配侦查力量为重点,发挥侦查一体化实战功能。其二,建立内部大自侦模式。面对反贪干警严重缺乏的现状,一些基层检察院积极探索建立由检察长统一调配,本院反贪、反渎、预防、警务、控申等共同参与的大自侦模式,整合本院内部资源,有效查办案件。其三,探索建立专门检察机关与地方检察机关一体办案协作机制。四川省检察院参办、领办了成都铁路局运输处系列贿赂窝案,并组织成绵乐城际铁路建设沿线的德阳、绵阳、眉山等检察机关和成都铁路运输检察分院开展了成绵乐城际铁路建设中系列贿赂案件的集中统一查办,立案查办涉及高铁运输和建设的贪污受贿犯罪31人。

(四)"两化"建设成为新形势下职务犯罪查办工作的抓手[①]

全省检察机关高度重视侦查信息化和装备现代化建设,采取有力措施,着力加强基础平台和系统建设,力促办案方式的转变。四川省检察院现已实现对手机短信、电子邮件、QQ、微信等通信媒体的直接取证和信息查询分析,及人口、工商、航班、电力等信息联网查询。协调四川省委政法委开通了政法共享平台,逐步充实执法办案信息资源库。2014年11月,全省各市级检察机关基本均已建成本地的侦查情报信息处理系统。南充市检察院利用三级联络专网,构建起基础的侦查经验库、典型案例库和信息情报库,收集全市2009年以来涉农资金动向、重大项目及资金情况,与公安、工商、房管、民航、通讯公司等单位建立了侦查信息协查、查询热线和绿色通道。广安市两级检察院配备了移动终端话机分析软件、网络侦控设备等一大批侦查设备,建立完善情报信息库,推动了侦查现代化水平的提高。资阳市两级检

---

① "两化"建设系职务犯罪侦查信息化和侦查装备现代化的简称。

察院购置了一批侦查装备投入使用，加强对反贪侦查人员相关业务培训，收集辖区内机关、企事业单位及其主要内设机构负责人名单、职责、权力点，辖区内主要工程及相关单位、负责人信息，构建情报信息系统，并在查办水务系统职务犯罪案件中，成功运用手机话单分析软件等设备，及时锁定了行贿人及其他与犯罪嫌疑人密切相关的人员等，为案件的侦破提供了有力支撑。

三 根据修改后《刑事诉讼法》规范办案行为

（一）勇于先行先试，依法适用强制措施

全省各级检察机关职务犯罪侦查部门对修改后的《刑事诉讼法》规定的强制措施勇于先行先试，对于符合法定条件、确有必要的，依法大胆地采取侦查手段和强制措施，并把强制措施的使用与侦查谋略有机结合起来，既保证侦查活动顺利推进，又充分保障犯罪嫌疑人的合法权利。省检察院反贪局为规范全省在查办贿赂犯罪案件中适用指定居所监视居住强制措施，制定下发了《关于规范贪污贿赂犯罪案件适用指定居所监视居住强制措施的通知》，制作了《指定居所监视居住审批表》《报请指定居所监视居住意见书》《批准采取指定居所监视居住强制措施决定书》等文书格式，为全国检察系统首个规范指定居所监视居住适用的规范性文件。泸州市检察院率先制定了《关于规范特别重大贿赂犯罪指定居所监视居住审查决定程序实施办法》，广安市检察院根据省检察院通知要求，迅速制定了该市报请指定居所监视居住的有关规定，保证了这一措施的有效适用。

（二）抓好执法检查，推进侦查规范化建设

2014年4月，省检察院组织6个检查组对22个市级检察院、34个基层检察院的职务犯罪案件涉案财物查封、扣押、冻结、保管和处理情况进行了专项检查，并对2012年前遗留问题进行了清理。在全省范围内全面推行检

务公开，对一些重大案件情况，及时通过省、市、县检察机关门户网站对外公开，提高执法透明度。2014年6月27日，省检察院反贪局邀请人民监督员视察指定居所监视居住办案现场，在全国尚属首例。各地认真落实省检察院要求，全面推进执法规范化建设。成都市检察院完善证据动态审查管理制度，由公诉业务能手任反贪局综合处处长，安排专人即时对审讯笔录、物证书证材料等进行动态审查，即时排除非法证据、补正瑕疵证据。巴中市检察院建立了邀请有关部门协同监督、案件诉前证据审查、侦查干警主动跟案、侦查人员庭审旁听四项制度，确保了办案质量。

四 2015年职务犯罪发案的趋势预测

职务犯罪发展演变与社会经济发展密切相关，四川省正处于经济社会发展的重要战略机遇期，产业转型升级，经济结构深刻变动，利益格局深刻调整，改善民生强力推进，职务犯罪在新时期也必然呈现出新的趋势和特点。

（一）职务犯罪查处数量将保持快速增长态势

随着四川省经济社会的快速发展，一些体制机制制度还不适应社会经济转型的需要，存在不少缺陷和漏洞，职务犯罪滋生蔓延的土壤和条件一时难以消除，职务犯罪高发的情况在短期内还无法改变，同时，反腐败力度进一步加大，查办职务犯罪数量的快速增长态势将会继续保持。

（二）贿赂犯罪仍将是职务犯罪最主要的类型

随着社会主义市场经济的发展，各行业、各领域之间的竞争日渐加剧，对社会资源的争夺日渐加强，权力作为一种有绝对支配力量的资源成为角逐者竞相争夺的对象，寻租权力和权力寻租一拍即合，权力寻租现象进一步加深。同时，随着财经纪律、监管制度的不断完善，贪污、挪用、私分等传统贪占型职务犯罪不断减少，而贿赂犯罪证据单一，以言词证据为主，证据可变性大，作案隐蔽性强，行贿受贿双方形成利益共同体、相互依存的特点，增加了受贿犯罪查办难度，权钱、权权、权情交易型贿赂犯罪由于风险低、易操控仍将成为职务犯罪的主要形态。

（三）拥有实权的领导干部是职务犯罪的高危人群

权力的运行关乎各方利益，掌握权力的领导干部成为众多行贿者首选的拉拢腐蚀对象。领导干部职务犯罪的社会危害性更大，也是检察机关查处职务犯罪的重点，近三年查办的职务犯罪案件中，各级、各类领导干部比例较大。而一些基层干部职级虽不高，甚至没有职级，但岗位特殊，拥有实权，其职务犯罪危害后果也不容小视，如农村基层组织干部、单位出纳、仓库保管员、采购人员、销售人员等，他们利用各种制度漏洞，长期作案，积少成多，终成大案。

（四）工程建设等投资密集型领域和涉农惠民、医疗卫生、文化教育等专项资金覆盖领域仍是职务犯罪多发领域

随着四川省"十二五"规划逐步实施，经济发展方式加快转变，经济结构战略调整加速推进，工业化、信息化、城镇化、市场化、国际化深入开展，市场经济追逐利益最大化体现更加充分，对职务犯罪多发易发具有现实影响，三大领域将成为职务犯罪易发高发区。一是工程建设等资金投入密集型领域职务犯罪仍然突出。城市建设和新农村建设不断推进，投资资金密集，审批权力较大，公权力腐败将难以在短期内得到根本遏制。二是随着国企改革的深化，利用国企经营权等实施的职务犯罪案件，以及发生在铁路、交通、石油、石化、电力、电信等市场竞争尚不充分的重点领域、行业的职务犯罪将呈现高发态势。三是民生领域和涉农职务犯罪将更加突出。随着中央、省委加强和改善民生工作的进一步加强与教育、医疗等领域改革的深入推进，专项资金投入越来越多，一些机关和组织利用对国家各种惠民补贴专项资金的经手之便，贪污、挪用、受贿等职务犯罪上升幅度会有所增加。

（五）案件涉及的范围将越来越广

以往查处的腐败领域主要集中在"三机一部"，即党政机关、行政执法机关、司法机关和经济管理部门，当前查办案件的领域和行业不断扩展，一些空白行业、系统正在被覆盖。从全国来看，军队、媒体等一些过去反腐涉及较少的系统也掀起了反腐浪潮。从四川看，一些相对封闭的领域沉淀的大量贪污贿赂案件也被逐步披露，如四川大学、成都中医药大学、四川理工学院、绵阳师范学院、四川护理职业学院、四川财经职业学院、四川幼儿师范高等专科学校等10余所过去较少发案的院校的腐败窝案接连被查处，表明腐败范围越来越大，涉及的领域越来越广。

（六）职务犯罪侦查和反侦查的对抗将更加激烈

职务犯罪侦查与反侦查的长期较量，让职务犯罪分子变得更警觉、更隐蔽、更狡猾。一是犯罪手段更加隐蔽化和智能化。在明目张胆的职务犯罪减少的同时，隐蔽化和智能化的犯罪日益增加。二是犯罪的形态更加复杂多样。人情往来和礼尚往来掩饰下的各种腐败现象，成为滋生职务犯罪的温床。三是犯罪分子作案后毁证、串供、翻供增多。在尊重和保障人权的法治环境下，职务犯罪侦查工作更加规范，要求更高，也加大了查办难度，特别是修改后的《刑事诉讼法》的深入实施，使职务犯罪侦查工作面临更多、更复杂的新情况、新问题，职务犯罪侦查工作必须在依法应对中求得新发展。

五 依法加强惩防腐败工作的建议

面临反腐败的新形势新任务，做好反腐败工作应当坚持"教育是基础，制度是保证，监督是关键"的整体思路，深入推进完善惩防腐败制度机制建设。

（一）加强廉政教育，筑牢"不想腐"的思想基础

预防腐败必须加强思想道德教育，抑制人性向恶，使人从主观上远离贪欲，增强"不想腐"的内在自觉性。

（1）突出法治教育。"法律是最低的道德。"加强领导干部法治教育，既是提高领导干部运用法治思维、法治方式解决各种矛盾和问题能力的重要举措，更是预防领导干部腐败的重要途径。加强法治教育，既要立足于反腐败的法律、法规的宣传教育，更要以国家反腐败法律法规为重点，系统宣传各项法律、法规，使党员领导干部能够从法律统一体系的意义上更加深刻地理解法律法规，做到知法、守法、护法。

（2）创新廉政文化教育内容和方式。廉政文化能否深入人心，关键在于教育的内容和形式。创新运用实地警示、典型宣传等形式，选取具有针对性的材料进行廉政文化教育，充分利用微博、客户端等新载体，体现廉政教育的时代性和大众化，真正使受教育者听得进、记得住、受感染。

（3）实现廉政文化教育全覆盖。整体社会的廉政氛围不佳是腐败产生的重要因素之一。因此，在加强对领导干部廉政教育的同时，更要对管人、管物、管钱的行业和部门的工作人员、农村基层干部、普通社会大众等进行全民化教育，培养公民的廉洁自律和守法、护法意识，克服"羡腐心理"和不自觉的助腐行为。

（二）完善各项制度，打造"不能腐"制度笼子

社会转型期的各项社会制度、机制不够完善是滋生腐败的根源之一，因此，只有从制度层面推进一系列的改革，方能从根本上走出"腐败困扰期"。

（1）创新行政管理体系，限制权力行使范围。规范公权力调控市场的约束机制，严格控制、限制权力对资源配置的不当干预，根据《中共中央关于全面深化改革若干重大问题的决定》要求，逐步改革行政审批制度，取消缺乏法律、法规依据的行政审批事项，需要保留的行政审批权要进行分解、完

善审批方式、规范审批程序,凡是公民可以自己决定、市场可以自行调节、社会可以自治的事,政府尽量不干预,真正发挥市场对资源配置的决定性作用。

(2)完善权力运作程序,规范权力行使过程。高效的公权力对维护社会秩序、稳定经济发展等是必不可少的。要保障既赋予公职人员一定的权力,又要使其不能腐,就必须建立严格的权力运作程序,遏制权力运行过程中偏离正确的方向。进一步细化、完善地方性法规和规章,明确权力主体、范围,细化权力行使的具体步骤,并规定违反程序的各项法律后果,将整个权力运作中应遵循的正当具体程序法律化、制度化,以正当法律程序规范所有行使公权力的行为,特别是要完善对重大事项决策过程、财物支配权的运作过程、行政审批权的运作过程等的监控程序。

(3)健全权力运行公开制度,创造监督权力的必要条件。阳光是最好的防腐剂。尽快建立和完善一系列政府信息公开的地方法规或规章,明确规定除涉及国家秘密、商业秘密和个人隐私等法定情形之外,一切公务活动程序和结果必须进行公开,并明确未予公开的法律责任。探索建立财产公示及社会信用体系等配套制度,打造监督基础。尽快完善追逃追赃机制,防止赃款赃物外流。

(4)完善权力监督机制,充分发挥权力监督制约作用。全面推进依法治省,认真实施宪法,切实发挥人大的监督作用,提高人大监督的合法权威。贯彻执行"两个主体责任",落实党代会的重要职责,确保各级党代会能够行使各级党的权力机关和监督机关职能。加强上级纪委对下级纪委领导,破除同级纪委监督同级党委无力问题。

(5)畅通社会监督渠道,切实提高舆论监督效能。群众是重要的监督力量。加强举报宣传,畅通群众举报监督渠道,营造人人参与监督的氛围。探索建立检举保护、奖励制度,鼓励社会公民检举行为。研究新形势下反腐舆论监督规律和方法,充分利用舆论监督针对性、广泛性、时效性、公开性强的特点,强化对权力运行情况的监督,特别是对群众关心的"热点""难点"问题进行跟踪监督,真正把权力的运行置于群众的监督之下,逐步建成群众广泛参与的监督体系。

（三）加大司法惩处，强化"不敢腐"的威慑作用

在当前职务犯罪易发高发的严峻形势下，加大司法惩处具有重要意义。全面整合检察机关职务犯罪侦查力量，为加大惩治力度提供组织保障。全面加强检察机关侦查信息化建设和侦查装备现代化建设，提高侦查科技含量，为查办新形势下腐败犯罪提供科技支撑。全面加大办案力度，提高对腐败分子腐败行为的发现率和查处率，消除或缩小腐败黑数，打破腐败分子实施腐败行为所基于的"难以被发现、难以被查处"的侥幸心理。充分利用附加刑，用足法律对腐败分子非法所得进行罚没的规定，让腐败分子付出高昂的犯罪成本。按照中共中央和最高人民检察院关于国际追逃追赃的工作要求，强化与相关国家和地区反腐机构联系，积极通过国际协作开展取证、追赃、追捕工作，彻底打破腐败官员"贪了就跑，跑了就了"的幻想。

廉政法治

The Legal System of Building a Clean and Honest Government

B.10
2014年四川反腐倡廉法规制度建设与2015年展望

四川省纪委监察厅课题组*

> **摘　要：** 本文从完善反腐倡廉法规制度、加强反腐倡廉法规制度宣传、提升反腐倡廉法规制度执行力等三个方面，对2014年四川反腐倡廉法规制度建设进行了梳理，并对2015年四川反腐倡廉法规制度建设进行了展望，主张进一步提高制度建设质量，强化法治宣传教育，增强制度执行力。
>
> **关键词：** 四川　反腐倡廉　法规制度

---

* 课题组负责人：郑东风，四川省纪委副书记；贾瑞云，四川省纪委常委、监察厅副厅长。课题组成员及执笔人：周元军，四川省纪委监察厅法规室主任；张毅，四川省纪委监察厅法规室副主任；周绍金，四川省纪委监察厅法规室正处级纪检监察员；冉强，四川省纪委监察厅干部。

2014年,四川省认真贯彻落实党的十八大和十八届三中、四中全会精神,坚决贯彻中央关于反腐败的重大部署,深刻认识四川反腐败斗争形势的严峻性、复杂性和艰巨性,坚持用法治思维和法治方式反对腐败,在加大治标力度的同时,注重治本,加强反腐倡廉法规制度建设,强化纪律的刚性约束,加大案件查办力度,深入推进党风廉政建设和反腐败斗争。

一 注重制度质量,完善反腐倡廉法规制度

《中共中央关于全面推进依法治国若干重大问题的决定》指出:"党内法规既是管党治党的重要依据,也是建设社会主义法治国家的有力保障。"反腐倡廉法规制度是党内法规的重要组成部分。完善反腐倡廉法规制度,是用法治思维和法治方式反对腐败的重要基础,对于加强党的作风建设,加强对行使权力的监督制约,堵塞制度漏洞,规范党内秩序,严明党的纪律具有重要意义。

(一)完善落实党风廉政建设责任制度规定

党的十八届三中全会要求:"落实党风廉政建设责任制,党委负主体责任,纪委负监督责任,制定实施切实可行的责任追究制度。"为了保证党中央、国务院关于党风廉政建设的决策和部署的贯彻落实,明确党政领导班子和领导干部对党风廉政建设应负的责任,加强党风廉政建设,维护改革、发展、稳定的大局,2014年5月25日,四川省委办公厅在全国率先制发了《关于落实党风廉政建设党委主体责任和纪委监督责任的意见(试行)》,明确了党委(党组)领导班子9项责任、主要负责人4项责任、班子成员4项责任以及纪委5项监督责任。为了进一步落实党风廉政建设责任,2014年11月17日,四川省委办公厅制发《关于实行市(州)党委、政府和省直部门主要负责同志述廉报告制度的通知》,明确规定了述廉报告的主要内容和报送要求,对不按要求报送述廉报告的,将责成其重新提交,或进行诚勉谈话、通报批评。

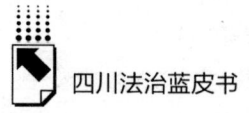

（二）完善规范党员干部廉洁从政行为制度规定

领导干部廉洁自律是抓好党风廉政建设的基础。随着党风廉政建设和反腐败斗争形势的发展，规范领导干部廉洁从政行为的法规制度逐步健全和完善。2014年8月14日，四川省委制定《关于认真贯彻"三严三实"要求进一步加强党员干部教育管理监督的意见》，要求领导干部严以修身、严以用权、严以律己，谋事要实、创业要实、做人要实，要求认真贯彻执行民主集中制，从严从实教育培养管理干部，用制度管人管权管事。为进一步促进领导干部工作作风转变和廉洁从政，2014年8月25日，四川省纪委监察厅制发《关于领导干部操办婚丧喜庆等事宜的暂行规定》，规范领导干部组织或参与操办本人及近亲属的婚丧嫁娶和乔迁、履新、出国、庆生、升学、开业庆典等事宜的行为，提出了"七个不准"，明确了报告制度。2014年8月26日，四川省委办公厅制发《关于党员干部带头推动殡葬改革的实施意见》，要求领导干部带头文明节俭办丧事，带头火葬和生态安葬，带头文明低碳祭扫，带头宣传倡导殡葬改革。为了加强纪检监察干部队伍建设，强化系统内部监督，2014年9月24日，四川省纪委监察厅印发《关于加强纪检监察干部监督的意见》，提出"五个严守"、"五个不准"、"十六个绝不允许"的纪律规定，规范纪检监察干部履职行为。2014年11月14日，四川省高级人民法院制定《关于在审判执行工作中对非因履行职责过问案件全程留痕的暂行规定》，要求对非因履行职责的机关、组织、人员向承办法官、合议庭递交涉案材料、过问案件等进行登记，规范有关机关、组织和人员行为，防止法外因素对审判工作的干预和影响，进一步保障审判权依法独立公正行使，确保司法公正廉洁。为改革和完善执法监督工作，提高人民警察的执法责任意识，规范人民警察的执法行为，2014年12月1日，四川省公安厅制发《四川省公安机关人民警察执法过错问责规定》，要求对人民警察在履行职务时有执法过错的予以问责，并明确了15种应当予以问责的情形。

(三)完善作风建设制度规定

2014年8月8日,四川省委印发《关于建立健全作风建设长效机制的意见》,要求科学设计机制,刚性规定制度,严格执行落实,持续不断把作风建设引向深入,确保改进作风规范化、常态化、长效化。2014年11月28日,四川省委办公厅下发通知,对贯彻落实《关于严禁在历史建筑、公园等公共资源中设立私人会所的暂行规定》做出规定,要求巩固"会所中的歪风"整治成果,规范私人会所的审批监管,强化规划管理,实行信息公开,规范党员领导干部行为。2014年9月26日,四川省委办公厅、省政府办公厅下发《关于禁止乱发钱物的通知》,要求严格津贴补贴政策执行,严格奖励性补贴发放,严格改革性补贴发放,严格工资基金管理,严格预算约束,加强监督检查,严查违纪违规行为。2014年11月21日,四川省财政厅制发《关于进一步加强财政资金管理切实纠正收受红包礼金违规行为的通知》,对强化预算管理,深化国库集中收付制度改革,规范现金管理,切断红包礼金支出来源做出了明确规定。同时,四川省还制定了《党政机关厉行节约反对浪费条例》贯彻实施细则以及会议管理、公务接待、公车使用等配套制度,建立了因公出国(境)制度、公务用车购置计划与经费预算安排联动审核控制机制,推动作风建设深入开展。

(四)完善权力运行监督制约制度规定

2014年1月,四川省政府办公厅发布了《四川省行政权力依法规范公开运行平台建设和使用管理办法(试行)》《四川省行政职权目录动态调整管理办法(试行)》《四川省行政权力依法规范公开运行电子监察管理办法(试行)》,对全省行政权力依法规范公开运行平台建设、使用维护,以及权力事项的动态调整管理提出明确要求。围绕行政审批、行政处罚等8大类行政权力事项进行清理,对清理出的行政权力事项,全部纳入行政权力运行平台职权目录并向社会公开。对全省88万项行政权力逐一设置运行流程,制定权力运行"轨道",锁定权力运行边界。规定每个环节必须记载上传调查

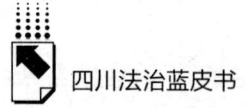

笔录、取证清单等行权依据和要件，控制行政自由裁量权，做到行权有痕；明确每个环节责任主体，坚持职权法定、权责统一、授权"绑定"的原则，将每个环节的行政权力逐一授权相应岗位人员，实现行权人员与运行流程互相"绑定"，防止替代执法、相互推诿、权力寻租等问题。针对行政权力运行中容易出现问题的环节，设置执法资格、决定依据、证据固化、自由裁量、办理时限、环节回退、执行情况7类廉政风险和监察点，省市县三级统一标准，统一监察，实现监察平台的全程监控、预警纠错、督办问责、综合分析四大功能，强化了事前监督、事中监督，进一步提升监察机关督办整改、追责问责、建章立制的针对性。同时，四川省政府在深入剖析近年来的腐败案件成因的基础上，选择土地出让、工程项目招投标、政府采购、矿产资源开发等10个重点领域，制定出台了《关于进一步加强土地出让管理的规定》《关于创新政府采购机制加强政府采购监管工作的意见》等"五个规定""五个意见"，努力把权力关进制度的笼子。

（五）加强纪律检查体制改革制度建设

四川省委把纪律检查体制改革纳入全省深化改革总体规划，专门设立纪律检查体制改革专项小组，制定《四川省纪律检查体制改革工作方案》，把落实"两责任、两为主、两覆盖"作为核心任务，确立8个方面、33项改革重点。聚焦中心任务，突出主业主责，整合纪检监察力量，完成省市两级纪委内设机构改革，省纪委纪检监察室由4个增加到9个，全省纪检监察机关参与的议事协调机构减少14274个，其中省纪委监察厅减幅达90%、市（州）纪委监察局减幅达83.5%。确定9个市（州）、2个省直部门作为改革试点单位，围绕"一案双查"、派驻机构全覆盖、县（市、区）党政和市直部门主要负责人向市（州）纪委全会述责述廉等9项工作开展先期试点。坚持立行立改，在完善纪检工作双重领导体制、深化派驻机构统一管理、健全与中央驻川单位反腐倡廉建设统筹联动机制等方面迈出了坚实步伐，落实查办案件以上级纪委领导为主、改革完善反腐败协调小组职能、推进办案信息查询平台建设等改革任务初见成效。

（六）加强制度清理和备案审查

1. 强化党内规范性文件清理

随着党风廉政建设和反腐败工作形势的变化，特别是上位法的不断出台，地方性反腐倡廉法规制度往往会出现部分条款与上位法和现实不相适应的情况。因此，必须适时对现行有效的地方性反腐倡廉法规制度进行清理，维护法制的统一和地方性反腐倡廉法规制度的严肃性和权威性。2014年9月，四川省委在对自新中国成立以来至2010年1月省委制定的党内法规和规范性文件进行清理的基础上，又对2010年1月至2012年6月省委制定的党内法规和规范性文件进行了清理，共清理涉及党风廉政建设方面的党内法规和规范性文件24件，其中，17件继续有效，3件予以废止，4件确认失效。同时，四川省纪委监察厅对1978~2012年制定或牵头制定的规范性文件进行了全面清理，共清理规范性文件327件，其中，90件继续有效，116件予以废止，105件予以失效，16件要求修改，进一步增强了党内法规和规范性文件的时效性和针对性，从而更加有效地规范和制约权力。在全面清理的基础上，收集1978年以来党风廉政建设法规制度文件700多个，编印了《党风廉政建设法规制度汇编》。

2. 强化规范性文件备案审查

开展反腐倡廉法规制度备案审查，对于把握立法状况和立法大局，积累立法经验，完善反腐倡廉法规制度体系，维护法制的统一和政策的统一具有重要意义。2013年6月，四川省委办公厅制发《四川省党内规范性文件备案办法》，规范省纪委、省委各部门和市州党委制定的党内规范性文件备案工作。2013年12月，四川省纪委监察厅制定了《四川省纪检监察机关规范性文件备案办法》，要求全省各级纪检监察机关发布的规范性文件自发布之日起30日内报送上一级纪检监察机关备案审查。从2014年1月起，四川省纪委监察厅已开展对市（州）纪检监察机关报备的规范性文件的审查工作，用法治思维和法治方式完善党内规范性文件的审查程序，进一步提高了反腐倡廉法规制度的质量。

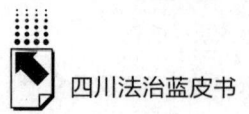

二 营造廉洁氛围，加强反腐倡廉法规制度宣传教育

反腐倡廉法规制度的宣传工作关系党员干部群众对反腐倡廉法规制度的认知。党员干部群众能否自觉遵守反腐倡廉法规制度，在一定程度上取决于法治宣传教育的效果。

（一）强化对新出台反腐倡廉法规制度的宣传

知法是守法的前提和基础。加强对新出台反腐倡廉法规制度的宣传，对于提高广大干部群众对新制度的认同感和信任度，增强新制度的执行力具有重要意义。如《关于落实党风廉政建设党委主体责任和纪委监督责任的意见（试行）》出台后，按照省委要求，四川省委、省政府及省纪委有关领导分别深入21个市（州）和147个省直部门、国有企业、高等学校，面对面宣讲主体责任和监督责任，约谈市（州）党委、政府和纪委主要负责人63人，分级签订履行党风廉政建设承诺书，督促各地各部门知责、守责、尽责，推动党风廉政建设责任的落实。

（二）强化对党员干部的廉政法规教育

举办市厅级、县处级等各层级干部学习班，引导各级干部坚定"三个自信"，解决好世界观、人生观、价值观的"总开关"问题，筑牢"不想腐"的思想防线。坚持把廉洁从政教育作为中心组学习、民主生活会和"三会一课"的重要内容，作为党校（行政院校）培训的必学课程，分级开办"廉政教育大讲堂"等廉政教育活动1.4万场（次）。组织5万余名党员干部到省法纪教育基地接受警示教育，推行新提任省管干部到法纪教育基地接受任前教育，全省制发《"象牙塔"里的蜕变》等警示教育片26万套、《忏悔实录》等警示教育读本25.4万余册，组织全省乡科级以上领导干部开展专题学习。

（三）强化网络法治宣传教育平台建设

积极打造"网上纪检"，强化"廉洁四川"互联网政务平台的应用拓展，提升其功能性和影响力。与四川日报网、四川广播电视台网、四川新闻网等网络形成全媒体合作，第一时间权威发布典型违纪案件111件，强化了案件查处的震慑力。2014年，网站刊发各类信息7100余篇，推出45个专题策划，推出两期"廉洁在线"访谈节目，网友互动交流活动达30万人次，点击量逾1亿次，日均点击量30万次，强化了对廉政法规制度的宣传教育。

三 注重制度执行，提升反腐倡廉法规制度执行力

制度的效用取决于制度的执行力，制度的生命力也在于执行。有效破解制度执行难题，对于提高反腐倡廉建设科学化水平，深化反腐倡廉法规制度建设，具有重要的意义。抓好反腐倡廉法规制度建设，必须注重制度执行，提高制度执行力。

（一）领导带头严格执行党风廉政建设和作风建设各项规定

坚持以上率下，省委领导严格要求、严格自律，认真执行中央八项规定和省委省政府十项规定，在精文简会、调查研究、狠抓落实、公务用车、办公用房、秘书配备等方面以身作则，切实管好配偶、子女和身边工作人员，努力在各方面为全省树立榜样。建立了省领导联系指导市州和基层工作制度，每位省领导联系指导1个市、县、乡镇、村和1~2户贫困户，既深入及时了解基层一线情况、有利决策，又推动落实、帮助基层解决具体问题，带动各级作风转变和工作落实。

（二）强化对制度执行情况的监督检查

2014年，围绕中央"八项规定"精神落实和省委、省政府"十项规

定"执行,成立13个督促检查组,对21个市(州)及其46个市级部门、45个县(市、区)和18个省级部门(单位)进行了集中督查,对发现的问题建立台账并督促整改落实。同时,在2013年集中开展"七项专项治理"的基础上,结合第二批党的群众路线教育实践活动,扎实开展"9+X"问题集中整治。在集中整治政绩观不正确、执行不力、侵害群众切身利益等9个共性问题的同时,省直部门还整改行业系统作风问题481项,市县两级查找整改个性问题491项。从2014年11月开始,结合中央巡视组反馈问题的整改,又在全省开展领导干部收受红包礼金、滥发奖金工资补贴、违规购置和使用车辆、慵懒散浮拖、选人用人问题"五个专项整治"。通过正风肃纪,强化制度执行情况的监督检查,刹住了"四风"蔓延势头,党风、政风和社会风气为之一新。

(三)强化对违反制度规定行为的查处

坚持有案必查、有贪必肃、有腐必反,"老虎""苍蝇"一起打,始终保持高压态势。十八大以来,全省纪检监察机关共接到群众信访举报132026件,立案23305件。2014年,全省纪检监察机关初核16736件,立案12893件,处分13445人,同比分别增长28.8%、29.7%、27.8%。2014年,查处涉及"四风"问题案件3534件,处分3364人,通报典型案件973件,公开曝光537件。

(四)充分发挥巡视监督利剑作用

建立省委常委会定期研究巡视工作、省委"五人小组"听取巡视汇报等机制,制定出台《关于加强和改进新形势下巡视工作的意见》,将省委巡视办作为省委工作部门进行设置,将361个地区和单位纳入巡视范围,推进巡视工作全覆盖。2014年,完成对75个县(市、区)的集中巡视和对3个省属事业单位的专项巡视。向各级纪检监察机关移送问题线索1573件,同比增长386%。根据省委巡视组提供的线索,纪检监察机关立案查处176人。

四 2015年反腐倡廉法规制度建设展望

反思当前反腐倡廉法规制度建设现状，还存在过多、过散、不配套和不稳定等问题；有的党规党纪与国家法律交叉重复，有的过于原则、缺乏细节支撑，可操作性不强；有的法规制度过于"老化"，制定过程科学性不够，执行效果不理想。为此，2015年乃至今后一段时期四川省还需要从如下方面着力。

（一）进一步提高制度建设质量

1. 不断提高党风廉政法规制度建设的时代性

加强事关反腐败工作全局的重要法规建设，制定完善党纪处分条例和行政机关公务员处分条例的配套规定，建立健全防止利益冲突、维护人民群众利益的法规制度，探索"抓早抓小"法规制度。对现有法规制度的可行性、严密性和实效性做跟踪调研和分析评估，对适应形势发展变化和反腐倡廉建设要求的法规制度，要继续严格执行。对不严密、不配套的法规制度，要及时补充、修订和完善。对已过时、条件发生变化不能执行的，甚至已与上位法律法规相抵触的，要及时宣布失效或予以废止。

2. 不断提高党风廉政法规制度建设的科学性

立足实施操作，既做好基本法规制度建设又做好具体实施细则的完善，既做好实体性制度建设又做好程序性制度配套，使普适性的笼统规定明确化，让原则性的表述具体化。着眼法规制度建设的系统性和协调性，既重视党内法规制度建设又重视地方法规制度建设，正确处理新旧制度更替中的扬弃与过渡问题、各种制度的匹配和协调问题，以及制度的空当与漏洞问题，力求实现制度的系统配套。加强和改进纪检监察法规制度的调研论证和廉洁性评估。

3. 不断提高党风廉政法规制度的可操作性

古人云："天下之事，不难于立法而难于法之必行。"[①] 要进一步明确法

---

① 张居正：《请稽查章奏随事考成以修实政疏》。

规制度适用范围和执行主体，明确法规制度执行的程序性要求，完善法规制度的责任追究措施，形成严密的管理系统。要进一步加强法规制度执行情况的监督检查，建立健全法规制度执行情况的评估机制和反馈机制，建立法规制度执行情况的监督检查机制，让违反制度行为无处遁形。对各类违反制度的行为要严厉查处，对典型案件要及时通报。把反腐倡廉法规制度贯彻执行情况纳入党风廉政建设责任制考核和领导干部述责述廉内容，切实维护制度的严肃性和权威性。

（二）进一步增强制度执行力

1. 加强对权力的监督与制约，促使权力始终在法治轨道上运行

通过查找"风险点"和"关键点"，明确权力运行流程和行权依据，量化行权责任，分析廉政风险，制定防控措施，预警处置风险，努力形成一套见之有形、监之有法、控之有策的风险预警防控机制。通过法定职权梳理、制度流程再造、风险防控前置、推行权力网上运行等举措，切实强化对行政权力运行的全过程电子化监督，着力打造科技防腐平台，努力形成一套结构合理、配置科学、程序严密、制约有效的权力运行体系，确保依法行权、规范行权、公开行权、廉洁行权。增强群众的公民意识、权利意识、责任意识，运用和规范互联网监督。

2. 以零容忍的态度惩治腐败，坚决反对一切超越党纪国法的特权思想和特权现象

实践证明，反腐败越坚决，就越能发挥震慑力。坚持一切以党纪国法为准绳，一切由党纪国法说了算，无论是谁，无论党龄有多长，职位有多高，权力有多大，只要违犯党纪国法，都要被绳之以法。坚决反对和克服等级观念、特权思想、特权现象，党内决不允许有凌驾于党纪国法之上的特殊党员，决不允许有不受法纪约束的特殊党员。坚决克服和防止选择性执纪执法，保持执纪执法的统一性，做到反腐败没有盲区、没有死角、没有例外。

3. 强化责任明晰与追究，推动全面落实"两个责任"规范化、制度化

实行"签字背书"制度，推进省直部门内设机构和直属单位主要负责人向派驻（出）纪检监察机构述责述廉，探索县（市、区）党委、政府和市（州）直部门党委（党组）主要负责人向市（州）纪委全会述责述廉。根据年度党风廉政建设责任制工作要求，调整完善考核内容，优化考核结构，将考核结果作为党政领导班子和领导干部接受表彰奖励、考察考核、选拔任用的重要依据。健全社会评价工作机制，强化评价结果运用。开展"一案双查"试点，严格追究有关责任人的党风廉政建设责任。

（三）进一步强化法治宣传教育

1. 强化红线意识，教育领导干部守住法纪底线

国有国法，党有党规。对于党员干部来说，党纪国法是从政做人的底线，是不可逾越的红线，也是触碰不得的高压线。建立健全会议学法、讲座学法、培训学法等学习制度，分层次、分专题、分领域组织开展专题培训，组织党员领导干部学习党章党史、党规党纪，学习宪法和法律的基础知识。坚持把培育和践行社会主义核心价值观同党员干部法治教育统筹结合起来，组织编写"清风天府行"系列廉洁故事书籍，深入挖掘四川历史上的廉吏廉史和廉政文化，引导党员干部注意在日常生活中模范践行社会公德、职业道德和个人美德，筑牢拒腐的"防护堤"。

2. 强化秩序意识，组织群众合法有序地参与反腐败

坚持从群众中来、到群众中去，充分相信和依靠群众，广开言路，听民声、察民意、知民情。党报、党刊、电（视）台、网络平台要发挥自身优势，面向基层党员群众开设"廉洁教育在四川""廉洁教育大家谈"等专题专栏，大力宣传依法依规有序参与反对腐败的思想理念。建立健全群众参与反腐败的社会评价机制，通过问卷调查、电话采访、入户了解等方式，让群众评价反腐倡廉建设实效。积极组织各级党代表、人大代表、政协委员、特邀纪律监察员深入基层、深入群众，引导群众合法有序参与反腐败工作。

3. 强化程序意识，引导纪检干部严格依纪依法办案

实现程序正义与实现实体正义同样重要，都体现了依法治国、依法执政的总体要求。要教育引导执纪执法主体牢固树立程序意识，消除把程序当累

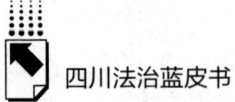

赘、履行程序影响效率的想法和做法，真正做到依纪依法办案。无论是案件的受理、初核、立案，还是案件的调查、审理、决定执行和移送司法机关，每一环节，每一步骤，都不能遗漏，务必坚持程序的完整性。在具体实践操作中，特别是在案件检查中一定要严守规范，防止出现超越制度规范的行为，确保依法安全文明办案。注重让办理的每个案件，都经得起历史和实践检验。要对办案程序执行情况定期组织开展检查，对违反程序规定的问题或行为及时纠正，妥善处理。

B.11
构建科学化选人用人制度体系

四川省委组织部课题组*

摘　要： 四川省贯彻落实中央关于党的建设和干部选拔任用工作的部署要求，特别是认真学习贯彻习近平总书记系列重要讲话精神，紧扣推进治蜀兴川大业，以法治思维落实从严管党治吏，提高选人用人科学化、制度化水平。坚持以《干部任用条例》为基本遵循，大力深化干部人事制度改革，以实施递进培养计划为总揽，构建战略性干部教育培养制度体系；以完善选任流程为重点，构建科学化干部选拔任用制度体系；以建设西部人才高地为目标，构建开放的引才聚才制度体系；以"三严三实"要求为标尺，构建从严管理监督干部制度体系，推动选人用人工作由原则之治向规则之治深化。

关键词： 干部选拔任用　科学管理　制度体系

党的十八大以来，党中央着眼新的历史使命和时代特征，对培养选拔党和人民需要的好干部、以"三严三实"要求加强干部教育管理、建设高素质执政骨干队伍提出了一系列新思想、新要求。2014年修订的《党政领导

---

* 课题组负责人：戴允康，四川省委组织部副部长。课题组成员及执笔人：隆斌，四川省委组织部研究室（政策法规处）主任（处长）；蒋贤孝，四川省委组织部研究室（政策法规处）副主任（副处长）。

干部选拔任用工作条例》（以下简称《干部任用条例》）充分贯彻和体现中央精神，对干部选拔任用制度进行了改进完善，是加强领导班子和干部队伍建设的基本遵循。四川省坚决贯彻落实中央要求，以推动实施《干部任用条例》为契机，大力构建干部"选、育、用、管"的工作链条和制度体系。

一 以实施递进培养计划为总揽，构建战略性干部教育培养制度体系

2013年以来，四川省立足改革发展稳定需要和干部队伍建设实际，以实施优秀年轻干部人才递进培养计划为总揽，在实践中探索形成"公开遴选、集中培训、实践锻炼、跟踪管理、择优使用、动态调整"六位一体的递进培养链条，创新构建干部教育培养制度体系，统筹推进优秀年轻干部人才的递进培养和战略储备。

（一）现实背景

（1）基于对党中央关于大力培养选拔党和人民需要的好干部要求的深刻理解。党的十八大以来，党中央着眼于坚持和发展中国特色社会主义，推进国家治理体系和治理能力现代化，对加强干部队伍建设提出了一系列新思想、新观点、新要求。特别是2013年6月召开的全国组织工作会议提出，大力培养选拔"信念坚定、为民服务、勤政务实、敢于担当、清正廉洁"的好干部，并指出"加强和改进年轻干部工作，要下大气力抓好培养工作"。这是新一届党中央为实现民族复兴中国梦的重要干部储备，更是干部教育培养要按规律办事的重大改革，为四川做好新时期干部教育培养提供了重要遵循和行动指南。经过深入调研，四川省委决定实施"优秀年轻干部人才递进培养计划"，坚持把好干部标准作为考察选拔的导向、培养锻炼的目标、评价使用的标尺、管理监督的内容，着力探索形成一套递进培养的好办法，构建一套干部教育培养的好制度，力争通过5年的持续努力，培养选

拔各类优秀年轻干部人才6.2万名,在全省上下形成优秀年轻干部人才充分涌现、脱颖而出、茁壮成长、干事创业的生动局面。

(2) 基于对四川推进治蜀兴川大业、加强人才资源战略储备的充分认识。四川正处于工业化、城镇化双加速期,正处于全面深化改革、转方式调结构的攻坚期,正处于推进治理现代化、依法治川的关键期,迫切需要一大批高素质、专业化的好干部引领支撑,迫切需要提高干部队伍的专业素质。但从2013年四川干部队伍情况看,在专业素养、能力水平、功能结构等方面,与改革发展的实际需要相比还存在较大差距;年轻干部总量偏小、战略储备不足;领导班子结构不优,具有规划建设、工业经济、现代农业、工程技术等紧缺类专业背景的干部缺乏,高层次、创新型领军人才和战略发展需要的科技人才不足。由此导致专业性较强的领导岗位干部难选,驾驭复杂局面、关键时刻能堪当重任的干部难选。着眼于解决这些问题,四川省委决定以构建干部教育培养制度为重点,加强优秀年轻干部人才的战略储备和专业化建设,促进干部队伍建设既革命化、又专业化,力争在较短时期内改变干部队伍与四川未来发展不相适应的现状。

(3) 基于对新时期年轻干部人才成长规律和干部教育培训规律的准确把握。实践证明,干部不经过千锤百炼、艰苦磨炼,没有在关键时刻经受考验、接受检验,就难当大任。尤其是现在的年轻干部,都是在改革开放中生活、学习和成长起来的,学历层次比较高,知识素养比较扎实,有朝气、有锐气、有正气,但需要在实践中磨砺、发展和检验。四川遵循和运用干部递进历练这一规律,创新构建科学合理的干部教育培养制度体系,引导年轻干部人才在改革发展主战场、维护稳定第一线、服务群众最前沿砥砺品质、提高本领,在经历必要台阶磨练和艰苦环境考验中成长成才。

(二) 实践探索

(1) 扩大视野,不拘一格"选"。坚持将好干部标准作为遴选的基本遵循,主要采取了以下做法:①拓宽渠道推荐。立足于发展战略和队伍建设需要,按照不同培养层次,设置党政综合、经济金融、规划建设、社会治理、

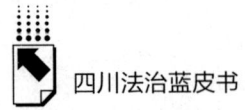

科教文卫、农业农村以及高端领军人才等专业类别，广泛面向各级党政机关、群团组织、国有企业、高等院校、科研院所等企事业单位，村（社区）"两委"班子、大学生村官等基层服务人员，以及非公有制企业、社会组织遴选，打破部门和地域界限，扫除身份障碍，广纳社会贤才。②严格标准审核。明确不同层次遴选对象的资格条件，规定所有人选均须由干部所在地区或单位党委（党组）严格审核，重点审查干部人才的德才素质、一贯表现、工作实绩、廉洁从政等情况，强化党组织的领导和把关作用。③综合测试遴选。综合运用理论素养测试、结构化面试、实践调研等方式，突出专业素养和实战能力检测，全面测评推荐人选的政策理论水平、战略思维、科学决策、调查研究能力和发展潜力，同时抽调纪检等部门人员组建监督小组，实施全程监督，真正让干得好的考得好、能力强的选得上。

（2）改进方式，因材施教"育"。坚持把问题导向作为实施培养的基本要求，主要采取了以下做法。①注重学习提能。致力于解决年轻干部人才理论储备、专业知识"碎片化""陈旧化"等问题，坚持干什么学什么、缺什么补什么，采取为期3个月的"政治理论武装+专业能力培训+社会实践调研"封闭式集中培训。其中，党校政治理论培训一个月，重点加强理想信念、党性党风党纪、道德品行、中国特色社会主义法治教育，帮助学员打牢思想理论根基，做到入脑入心、知行合一；高校专业能力培训一个半月，重点依托清华大学、北京大学等国内一流高校的优势学科，按专业分类培训，着力补齐知识短板；实践调研半个月，以专题和项目编组进行，努力提升分析解决实际问题能力。②强化实践历练。坚持把基层一线、艰苦地区和复杂环境作为培养年轻干部人才的主阵地，有针对性地选派递进培养对象开展实践锻炼。对专业型干部，重点选派到地方党政主干线锻炼；对经历比较单一的干部，主要安排到基层"接地气"；对有潜力的"苗子型"干部，做到有意识地"压担子"，让他们在经磨难、接地气的实践中锻炼成长。③开展结对培养。按照干部管理权限，建立所在地区或单位领导干部结对联系递进培养对象制度，开展经常性、全覆盖谈心谈话，做好日常教育管理和工作上的传帮带。截止到2014年年底，省市县已联动遴选、培训各类优秀年轻干部人才18665人。

（3）跟踪问效，从严要求"管"。坚持把从严从实作为管理的基本遵循，主要采取了以下做法。①加强跟班考察。集中培训期间，采取组织部门、承训机构和学员"三位一体"的方式加强管理。特别是各级党委组织部门派出跟班考察人员，与学员同吃同住同学习，全方位、零距离考察学员，建立跟班考察台账，全面考评学员表现，有针对性地提出改进和完善递进培养工作的意见建议。②开展定期研判。学员返回原单位后，单位党委（党组）加强对递进培养对象的日常分析研判。各级党委组织部门每半年开展一次综合分析研判，全面分析掌握递进培养对象的思想动态和工作情况，研究采取相应培养措施。进行专项考核。各级党委组织部门每年结合年度考核，对本级培养对象进行一次专项考核，考核结果作为动态管理和提拔使用的重要依据。③实行动态管理。各级党委组织部门建立本级递进培养人才库，如实记载和反映递进培养对象在遴选、培训、实践锻炼、使用发展等培养全过程中的现实表现、年度考核、表彰奖惩等情况。对不敢担当、不愿作为、坐等提拔、热衷于自我设计，或工作实绩不突出、群众公认度不高的，及时调整出人才库，不再作为递进培养对象。

（4）选贤任能，科学合理"用"。坚持把择优使用作为选拔的基本遵循，主要采取了以下做法。①坚持科学谋划。根据递进培养对象的一贯表现及培养情况，各级党委组织部门按照"近期使用、中期培养、长期储备"的要求，有针对性地制定后续培养使用计划。②强化机制保障。明确规定把递进培养优秀学员作为各级各部门选配干部的重要来源，建立统筹配备、择优使用的工作机制，做到领导班子日常调整补充时优先考虑、年度推荐拟提拔人选时重点考虑、推荐后备干部人选时统筹考虑。③及时选拔任用。对经过长期培养、各方面比较成熟的优秀年轻干部人才，敢于打破隐形台阶，及时放到党政正职、常务副职等关键岗位和重要职能部门培养锻炼。对在改革发展主战场、维护稳定第一线、服务群众最前沿中，完成重大任务、应对重大事件成绩显著的，及时提拔重用，确保用当其时、用其所长。截止到2014年年底，全省递进培养对象中已交流提拔1740人，其中省一级遴选培训的两期学员中，已有73人得到重用提拔，占同期重用提拔干部的1/3以上。

（三）路径思考

以实施递进培养计划为总揽，构建战略性干部教育培养制度体系，大力培养党和人民需要的好干部，最根本的是遵循年轻干部成长规律和干部教育培训规律，从宏观上厘清和把握好三个方面的关系。

（1）注意厘清和把握党管干部与发扬民主的关系，着力解决"选什么人"的问题。四川坚持把党管干部原则贯穿递进培养全过程，既充分发挥各级党组织在确定人选、动态管理、教育培养、择优使用等各个环节中的领导和把关作用，又注重通过拓宽渠道推荐、跟班考察了解、定期分析研判等方式，多渠道、多角度、多层面听取和收集意见，改进递进培养工作，确保遴选出的递进培养对象符合好干部标准。2014年，四川省统计局社情民意调查中心对优秀年轻干部人才递进培养计划实施了成果测评，随机访问的递进培养对象、所在单位干部、授课教师、社会群众共计2135人，对四川实施递进培养计划的满意率在90%以上。

（2）注意厘清和把握遵循规律与改革创新的关系，着力解决"除什么弊"的问题。四川积极探索构建党政机关、企事业单位、社会各方面人才顺畅流动的制度体系，特别是从操作层面较好地解决在"不唯票、不唯分、不唯GDP、不唯年龄"的前提下如何贯彻落实干部任用条例的现实问题，培养选拔了一大批急需紧缺的优秀年轻干部人才。截止到2014年年底，全省已遴选培养具有规划建设、工业经济、现代农业等紧缺类专业背景的干部人才占同期遴选培养干部人才的50%以上。其中，省级层面遴选培养的672名干部人才中，市厅级干部平均年龄46岁，县处级干部平均年龄42岁，均比全省同类干部平均年龄低4~5岁；2012~2014年度考核中评优率达84.7%，比同级干部的评优率高出30%以上；受到市（州）以上党委政府和省级以上部门表彰的各类先进约占50%。

（3）注意厘清和把握培养选拔与从严管理的关系，着力解决"兴什么风"的问题。四川既坚持从长远发展和现实需要出发，分行业、分区域、分阶段科学制定年轻干部培养选拔规划，坚持递进式培养、阶梯式成长、战略性储备、模型化选配，又着眼巩固和扩大党的群众路线教育实践活动成果，切实把从严教育、从严管理、从严监督贯穿干部"选、育、用、管"各个环节，采取全覆盖谈心谈话等措施，对干部身上出现的苗头性、倾向性问题，早发现、早提醒、早纠正，确保好干部能干事、干成事、不出事。

二 以《干部任用条例》为遵循，构建科学化干部选拔任用制度体系

四川省紧扣改革发展任务选贤任能、调兵遣将、排兵布阵，构建领导班子功能结构模型管理、干部人才递进培养、政绩考核评价、综合分析研判、规范选任工作程序的制度体系，着力把"好干部"选出来、用起来。

（一）制定贯彻《干部任用条例》"1+5"配套制度，解决程序配套问题

四川省总结近年来干部人事制度改革成果，对《干部任用条例》中动议、民主推荐、考察、讨论决定、任职五个环节进行细化，制定贯彻《干部任用条例》"1+5"配套制度，包括一个意见、五个配套制度，规范和固化操作程序、流程，充分发挥程序的把关择优功能，减少自由裁量评判权，用严密的程序、严格的规范、严肃的制度，为培养选拔"好干部"提供制度保障。贯彻《干部任用条例》"1+5"配套制度特别注重将领导班子功能结构模型管理、领导班子综合研判、优秀干部人才递进培养、非定向推荐拟提拔使用人选等创新做法，融入相关制度当中，使各制度之间形成有机链条，有利于发挥制度的整体功能。

（1）制定《关于贯彻落实〈党政领导干部选拔任用工作条例〉进一步规范选人用人工作的意见》，科学界定党委（党组）、分管领导、组织（人

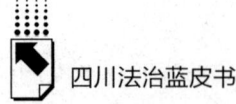

事）部门在选人用人过程中的职责权限，形成权责清晰、分工明确、权责统一的干部选任工作流程。

（2）制定《四川省选拔任用党政领导干部动议工作办法》，按照定职数、定岗位、定提名依据、定备选方案要求，着力从动议主体职责、动议人选来源、动议程序等方面对动议环节进行规范，明确提出了两个"五个必备要件"，即动议程序包括综合研判、启动、比选、酝酿和确定方案"五个环节"，动议方案包括动议的主要理由和依据、班子功能结构模型要求、人选分析、相关方面意见、组织（人事）部门建议意见"五项内容"。另外，针对动议人选来源不科学、群众基础不高等问题，明确动议人选一般应从干部人才递进培养班中的优秀学员、年度推荐人选、全委会推荐人选、后备干部等适合拟任职位的人选中推荐，使动议人选依据更充分、群众基础更扎实。

（3）制定《四川省选拔任用党政领导干部民主推荐办法》，针对民主推荐中的"唯票"问题进行针对性制度设计，将推荐结果作为选拔任用的重要依据变为重要参考，弱化了"票"的作用，同时对于民主推荐顺序做出调整，可先进行个别谈话推荐，也可先进行会议推荐，更有利于党组（党委）对"票"进行分析研判。

（4）制定《四川省选拔任用党政领导干部考察工作办法》，将确定考察对象的依据由唯一的民主推荐结果，变为"根据工作需要和干部德才条件，将民主推荐与平时考核、年度考核、一贯表现和人岗相适等情况"结合起来确定，充分发挥党组织的领导和把关作用。同时，在考察中增加对党风廉政情况的考察公示、民主测评，并实行考察对象档案任前审核、个人有关事项报告查阅并核实等新制度，推动从严管理监督干部常态化。

（5）制定《四川省选拔任用党政领导干部讨论决定办法》，细化干部酝酿工作的参加人员、具体方式，特别针对一些地方破格提拔、一次性集中调整数量较大、领导近亲属及身边工作人员提拔、问责后重新任命等热点问题，明确规定要任前报批后才能进行，进一步加强了干部选拔任用工作的事前监督。

(6) 制定《四川省党政领导干部任职管理办法》，将公示办法、任职试用期办法、任职谈话办法整合为任职管理办法，扩大公示和试用期范围，明确规定要将党风廉政情况列入公示内容，增强群众对干部选拔任用工作的监督。

（二）建立功能结构模型管理制度，解决干部科学配备增强合力问题

按照推进国家治理体系和治理能力现代化要求，着眼于科学管理班子，运用现代管理理念和方法，创新探索制度治党的有效路径，制定《关于实行领导班子功能结构模型管理的意见》，依法管理班子职能职数，强化班子整体功能，规范用人行为，指导领导班子近期调配、中期优化和各类优秀人才战略培养。对领导班子实行功能结构模型管理，为加强领导班子综合分析研判提供了有效管理工具，增强了领导班子建设和领导干部选拔任用的前瞻性、针对性，提高了干部动议质量和科学化水平，从制度层面落实了党管干部原则的有效方法和路径，特别在形成科学选干部、配班子、强功能和培养后备干部的有效机制方面，发挥了四个方面的作用。

1. 指导综合分析研判

要求组织部门和机构编制部门依托领导班子功能结构模型，分别从班子整体运行情况、干部德才表现情况，以及职数、职能进行研判，为党委动态调整干部和对机构职能职数动态管理提供依据。

2. 指导干部对标调配

要求组织部门对照班子功能结构模型要求，确定动议人选的条件、范围及选配要求，实行对标选配，避免领导班子选配的随意性和盲目性。

3. 指导班子动态优化

根据对班子功能结构的综合分析研判结果，对班子结构、运行情况、功能作用存在问题的班子和干部，采取多种措施进行动态调整。

4. 指导后备干部培养

科学分析预测今后一个时期领导班子和干部队伍建设需求，结合优秀年轻干部人才遴选工作，对后备干部实施战略性选拔和培养。

（三）建立体现科学发展观要求的政绩考核办法，解决唯GDP问题

按照党的十八届三中全会提出的"改革政绩考核机制，着力解决'形象工程'、'政绩工程'以及不作为、乱作为等问题"要求，四川省围绕发展战略完善考核评价机制，制定《关于改进和完善市县党政领导班子和领导干部政绩考核工作的实施办法》，针对五大经济区和四大城市群的不同发展定位，以及不同行业部门的不同职责，探索建立统筹安排、规范运行、成果共享的政绩考核评价体系，着力发挥考核工作的导向功能、识别评价功能、激励功能、监督功能和校正功能。

1. 发挥考核的"指挥棒"作用

科学设置考核内容，强化约束性指标考核，加大资源消耗、环境保护等指标权重，把民生改善、社会进步、生态效益等指标和实绩作为重要考核内容，在藏区、限制开发区和生态脆弱的国家扶贫开发工作重点县取消GDP考核，引导各级干部树立科学发展观和正确政绩观。

2. 建立综合考核评价体系

整合考核项目，坚持现有考核主体不变，由各级绩效管理和相应职能部门研究制定各类具体考核实施细则，统一组织、分类实施，综合运用考核成果，切实解决多头、重复、繁琐考核等问题。

3. 建立差异化的考核指标体系

把市（州）分为成都、川南、川东北、攀西、川西北五大经济区，纵向设置三级考核指标，全面、辩证地分析评价领导班子和领导干部的工作实绩，既看发展又看基础，既看显绩又看潜绩，特别对于那些做出成绩而不事张扬的干部，进行客观公正的评价。

（四）建立综合分析研判制度，解决科学化知人识人的问题

坚持把干部考察识别的功夫下在平时，注重用当其时、用其所长，建立领导班子综合分析研判制度，实行一季度一次的常规性研判、关键岗位干部

调整前的专项性研判、一届两轮的基础研判和有突出问题班子的针对性研判，多侧面、全方位了解班子运行状况和干部现实表现，作为班子调整和干部配备的重要依据，增强了干部选拔和班子配备的前瞻性和科学性，使党组织的领导把关依据更充分、操作更规范、公信力更强，形成较为科学的干部调配机制。

1. 多渠道收集研判信息

建立基础信息平台，通过巡视、纪检监察、审计、群众信访、考核考察、谈心谈话等渠道，广泛收集信息，动态掌握领导班子的功能结构、运行状况、工作实绩和领导干部的德才表现、工作能力、廉洁状况等情况。

2. 多形式开展研判工作

采取结构分析、数据分析、比较分析、条件分析、案例分析等方法，对领导班子和领导干部进行系统分析，得出较为客观的分析评价结果。

3. 多维度运用研判成果

将综合分析研判结果纳入干部管理信息数据库，根据研判结果，对选优配强领导班子、调整补充领导干部分别提出建议意见，对苗头性问题早发现、早提醒、早纠正，有效发挥分析研判的预警和纠错功能。

（五）制定年轻干部培养选拔工作实施意见，充分调动各年龄段积极性

四川省制定《关于加强和改进优秀年轻干部培养选拔工作的实施意见》，坚持培养选拔优秀年轻干部与后备干部队伍建设有机结合，大力实施优秀年轻干部和人才递进培养计划，打破体制壁垒、扫除身份障碍，畅通企事业单位和社会优秀人才进入党政领导岗位和公务员队伍渠道，改进遴选方式，促进优秀年轻干部人才脱颖而出，分层分类分专业进行重点培训，提升综合素质，为四川长远发展战略性储备一大批优秀年轻干部。

四川省根据新修订《干部任用条例》关于"用好各年龄段干部"的要求，制定《关于坚决纠正干部任职年龄层层递减和搞"一刀切"问题的通知》，妥善处理重视培养选拔优秀年轻干部和合理使用其他年龄段干部的关

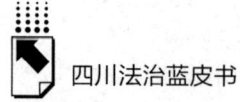

系，不唯年龄取人，不把干部队伍年轻化错误理解为低龄化，不把换届的提名年龄要求、不把领导班子建设的主体年龄要求和机构改革时提前退岗年龄规定，作为平时干部调整的提拔年龄和任职年龄界限，切实纠正干部任职年龄层层递减和搞"一刀切"的问题，充分调动了各年龄段干部的积极性和主动性。

三 以建设西部人才高地为目标，构建开放的引才聚才制度体系

四川认真学习贯彻习近平总书记系列重要讲话尤其是对人才工作的重要批示精神，紧紧围绕省委实施"三大发展战略"、推进"两个跨越"的战略部署，坚持"一条主线""两个贴近"的工作思路，突出服务发展、人才优先、以用为本、创新机制、高端引领、整体开发，推进体制机制改革和政策创新，加快建设西部人才高地。

（一）实施重大人才工程，为治蜀兴川大业提供坚强人才支撑

坚持高端引领、品牌示范、重点突破，大力实施重大人才工程，推动人才工作与产业企业、与地方经济社会发展高度融合。

1. 实施海内外引才"千人计划"

2009年年初，四川省在西部地区率先启动海外高层次人才引进计划——"百人计划"，2013年，在"百人计划"的基础上，启动实施了海内外引才"千人计划"，突出"高精尖缺"导向，重点围绕七大优势产业、六大战略性新兴产业和五大高端成长型产业、五大新兴先导型服务业发展需要，支持引进产业急需的创新创业人才及团队。5年来，累计投入6亿多元，引进海内外高层次人才441人和33个顶尖团队，其中，144人入选国家"千人计划"，入选数量位居西部第一。2014年，四川组建成立了省"千人计划"专家联谊会，更好地为引进人才搭建平台、做好服务。

2. 实施"院士培养工程"

着眼推进科技领军人才队伍建设,启动实施"院士培养工程",给予培养对象每人100万元左右一次性资助,并从重大科技计划、重大课题项目、重要学术研讨、专著出版、专利申请、访问深造等方面,给予倾斜支持,助力实现突破。截止到2014年年底,全省已遴选支持4批次26名重点培养对象,其中5人增选为两院院士,2人成为院士增选有效候选人。

3. 实施"科技创新苗子工程"

按照"早起步、早发现、早培养"的工作思路和"人才带项目""项目+团队"等形式,在全国率先启动实施"科技创新苗子工程",重点支持高校在校生、3年内的毕业生和部分示范性高中生进行科技创新。截止到2014年年底,已累计投入资金2500万元,建立科技创新创业苗子基地6个,资助科技项目516项,培养青年科技人才2600余人。

4. 实施优秀企业家培养计划

依托清华、北大以及井冈山、浦东干部学院等培训阵地,大规模开展企业经营管理人才培训培养,累计投入3800多万元,培训中高级企业人才近4000人;开办"天府大讲堂",邀请国内外知名专家对经济新常态下的区域发展、创新驱动与人才队伍建设等开展专题培训讲座,参训企业管理人员3000多人次,为培养造就新一代高素质"川商"奠定了基础。

(二)扩大人才工作开放度,大力推进招才引智和省校合作

坚持"择天下英才而用之"的开放引才导向,广开进贤之路、广纳天下英才,大力引进高层次人才来川创新创业。

1. 加大赴海外引进高层次人才的力度

省委组织部2014年先后组织4个专业引才团队,赴美国、加拿大、英国等开展招才引智活动,并规定今后凡是由组织部门率团赴海外发达地区开展的项目考察、学习培训等活动,都要举办专场招才引智会,向海外推介四川发展机遇和人才政策,吸引海外高端人才及项目落户四川。

2.举办中国西部"海科会"引才聚才

2014年10月,四川组织280余名海外高科技人才与近百户省内相关企业进行深入探讨和洽谈,共引进200多名海外高层次人才与四川省45家院校、科研院所、园区和企业签订引才引智协议,新聘续聘52名知名海外引才顾问。四川致力把"海科会"办成中国西部最具代表性、标志性、品牌性的海外科技与人才交流盛会,有效填补西部大型人才活动的空白,形成国内东、南、西、中相呼应的全方位招才引智新格局。

3.加强与名校战略合作

2014年8月,四川省与清华大学签署战略合作协议,与清华大学就省校共建产业研究院、科技成果在川转化、重大产业项目合作等对接合作。2014年11月,四川首次在清华大学举办"四川—清华活动周",通过"四会一展一晚会",积极宣传推介四川,并立足清华大学,面向首都"985"高校招收选调生、招聘毕业生,共吸引清华、北大等首都高校1100多名学生参加选调生笔试面试,700名学生与四川企事业单位签订引才意向性协议,在首都高校掀起了一场声势浩大的"四川风"。

(三)着眼于把科教资源优势转化为现实生产力,突出抓好大学生和科技人员创新创业

四川是人口大省、科教大省和人力资源大省,为把庞大的人口规模优势和丰富的科教资源、人力资源优势转化为支撑创新驱动发展的人才资源优势、区域竞争优势,四川研究制定了《关于改革完善体制机制大力促进大学生和科技人才创新创业的意见》,着力从体制机制和政策创新上进行重点突破,释放大学生和科技人才创新创业活力。

1.突出"四个所有"的工作目标

力争3年内实现所有在校大学生和科技人才都接受创新创业教育培训、所有具备条件的高校都建立大学生创新创业俱乐部、所有重点园区都建立大学生和科技人才创新创业园、所有大学生和科技人才创新创业项目都得到专业辅导服务和政策扶持。

2. 突出平台建设和政策扶持

构建从学科改革、学分激励、培训辅导，到成果转化、孵化平台、产业生成等方面完整的政策扶持链条，命名表彰电子科技大学、8号平台·成都青年创业沙龙等8个四川省大学生创新创业示范俱乐部和成都高新区天府软件园等9个四川省大学生创新创业示范园，根据建设规模、孵化人数、创业成效等指标，分别给予俱乐部100万~300万元，创业园100万~500万元的资金资助。

3. 突出科技成果转化激励

鼓励高校、科研院所教师带领学生创新创业，规定高校、科研院所科技人员（包括担任行政领导职务的科技人员）职务发明成果的转化收益，按至少70%的比例划归成果完成人及其团队所有；大学生和科技人员自主研发的科技成果，转化收益100%归研发者及其团队所有，为高校教师和科研人员"松绑"，将科技成果转化为现实生产力。

（四）对接基层紧缺人才需求，激励引导教育卫生人才服务基层一线

为切实解决四川省基层教育卫生人才短缺、保障不足的问题，确保基层特别是艰苦边远地区人才进得来、留得住、用得好，四川研究制定了《关于激励引导教育卫生人才服务基层的意见》，激励更多优秀人才心系基层、扎根基层、服务基层。

1. 强化服务基层导向

规定省、市（州）属教育卫生事业单位除按规定考核招聘人员外，其他公开招聘专业技术和岗位管理人员，原则上应从具有2年及以上基层工作经历的人员中招聘。

2. 改革招录方式

民族地区贫困县招聘县级及以下教育卫生事业单位专业技术人员，可以县为单位面向本州或本县符合条件的人员招聘；对基层短缺的音体美等教师、医学类专业人才，对大专及以上学历人员可采取直接考核的方式招聘。

3. 加强培训管理

力争5年内把基层教育卫生事业单位专业技术人员轮训一遍,实行业绩考核与绩效奖励挂钩、5年最低服务年限制度。

4. 完善激励政策

实行服务基层奖励积分制,对在基层工作和提供援助服务的教育卫生专业技术人员给予奖励性积分,同等条件下优先评聘专业技术岗位(职务)等;加大绩效奖励力度,在秦巴山区、乌蒙山区、大小凉山彝区、高原藏区"四大片区"贫困县积极开展增加教育卫生事业单位绩效工资总量试点,列出专项绩效奖励。2014年引导教育卫生人才等各类专业技术人才1030名到基层一线服务,招录基层教育卫生人才3000余名,产生了良好的社会效应。

(五)加强"人才优先发展实验区"建设,构建多层次人才支撑体系

适应创新驱动发展战略需要,按照分层创建、先行先试、积累经验、以点带面的思路,推动全省建设各级各类人才优先发展试验区,支持"天府新区"、绵阳科技城和成都高新区等建设高端人才集聚区,积极创建"成德绵创新驱动人才示范区",推进攀西战略资源创新开发人才试验区建设,鼓励有条件的地方创建未来科技城。支持"天府新区"建设国家海外高层次人才创新创业基地,指导成都高新区出台《成都高新区推进"三次创业"加快高层次人才聚集的若干政策》,涵盖从团队扶持、启动资金、人才激励、重奖"伯乐"到开通人才服务"绿色通道"。每年设立人才专项资金5亿元,用于下一代信息网络、电子核心基础等主导产业领域高层次人才的引进和培育工作,并对引进的具有国际一流水平、处于国内领先地位、能够引领成都高新区主导产业发展的顶尖创业团队,给予5年最高5000万元的支持。支持绵阳市设立6000万元人才专项资金,组织实施"千英百才"聚才工程、"涌泉计划"扶持工程、优秀人才培育工程、科技企业孵化器和创新研发平台资助工程、人才激励保障服务工程五大工程,对198个团队给予最

高200万元的一次性支持,着力提升绵阳科技城的创新能力、创业活力和区域竞争力。

(六)完善体制机制,大力深化科技人才管理制度改革

为进一步激发科技人才的创新动力与创业活力,四川以全面推进科技体制机制改革为切入点,会同省科技厅、人社厅等部门共同制定了《关于激励科技人员创新创业专项改革试点的意见》,并选择了7家省属高校和科研院所开展试点工作。

1. 允许科技人员兼职取酬的相关政策

鼓励科技人员经所在单位批准,在川兼职开展成果转化活动或创办、领办、联办科技型企业,并取得相应合法股权或薪资。

2. 鼓励科技人员离岗转化科技成果、创办领办企业的相关人事、劳动工资、岗位管理政策

允许试点单位科技人员经所在单位批准,3年内留岗在川转化科技成果或创办、领办、联办科技型企业,由试点单位建立相应管理制度。

3. 促进科研成果转化的收益分配政策

改革科技成果处置权限,允许试点单位自主处置科技成果,报主管部门和财政部门备案。建立促进科技成果转化的收益分配机制,按规定划归成果完成人及其团队的科技成果转化收益不纳入单位绩效工资总额管理。

4. 推进转制科研院所改革试点政策

建立混合所有制,建立企业法人治理结构,建立现代企业制度;在资产处置和成果转化收益分配中,进一步强化对科技人员的激励。

5. 完善科研项目单位内部管理办法

适当增加贡献突出的一线科研人员的绩效支出比例。鼓励担任行政领导职务的科技人员转化推广自身科技成果。

(七)健全党管人才运行机制,着力提高人才工作科学化水平

四川着力在整合资源、落实政策、协调各方、形成合力上下功夫,不断

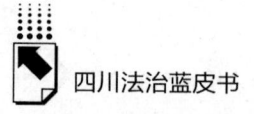

完善党管人才工作运行机制，在全社会大兴识才、爱才、敬才、用才之风。

1. 实施目标责任制

将各级党政"一把手"抓人才工作情况纳入年度目标考核内容，提高党政领导班子综合考核指标体系中人才工作专项考核的权重，把人才工作作为市（州）、县（市、区）党委书记党建述职评议的重要内容。

2. 进一步完善党委联系专家制度

强化各级党委与专家的联系服务，要求党委班子成员负责联系1～2名专家，经常听取他们的意见，做好人才团结凝聚工作。完善专家决策咨询机制，对涉及经济社会发展全局、专业性技术性较强的重大事项都要进行专家论证、技术咨询、决策评估，提高决策科学化水平。支持组建优秀专家联谊会和企业家俱乐部，搭建党委、政府和优秀人才沟通交流平台。

3. 健全人才服务保障体系

筹建四川省人才创新创业服务中心，强化中心的智库、引才、服务等功能。统筹研究完善引进人才享受特定工作和生活待遇的优惠政策，让优秀人才引得进、留得住、用得好。完善区域性人才市场和技术市场，积极培育专业化、国际化的中介机构，拓展引才聚才渠道。

四 以"三严三实"要求为标尺，构建从严管理监督干部制度体系

四川省抓住开展党的群众路线教育实践活动的重大契机，立足治蜀兴川大业需要和干部队伍建设实际，将"三严三实"要求落实到干部监督管理全过程，推出了一系列具有创新性、针对性和可操作性的制度举措，丰富和发展了干部监督管理工作的内涵和外延，从制度层面固化和升华了党的群众路线教育实践活动成果。

（一）构建从严从实加强干部日常管理监督的制度机制

全面落实从严监督管理领导干部的各项措施，建立党员干部日常管理和

监督机制，形成严管严防严查严惩工作合力和高压态势。

（1）2014年11月，四川省委十届五次全会通过《关于坚持思想建党与制度治党紧密结合全面推进从严治党的决定》。该决定提出8个方面36条举措，特别提出"落实从严从实要求，健全党员干部管理监督制度"，要求建立科学有效的选人用人机制、健全干部选拔任用工作监督制度、建立党员干部日常管理和监督机制、健全"一把手"用权行为监督制约机制、坚持和完善干部谈心谈话全覆盖制度等，依靠制度切实加强对干部行为管理的"硬约束"。

（2）2014年8月，四川省委制定出台《关于认真贯彻"三严三实"要求进一步加强党员干部教育管理监督的意见》。该意见从6个方面提出20条措施，这6个方面包括：强化责任担当，从严从实教育培养管理干部；严肃党的纪律，用制度管人管权管事；加强管理监督，把从严要求贯穿干部工作全过程；坚持科学决策，认真贯彻执行民主集中制；遵循客观规律，创造经得起历史检验的实绩；弘扬清风正气，努力营造良好的从政环境等。该意见全方位加强党员干部思想政治作风建设和教育管理监督工作，从制度层面固化和升华从严从实管党治吏的有效举措和经验做法，积极构建党的队伍建设和思想作风建设的长效机制。

（3）出台一系列加强干部日常管理的制度规定。①严格落实提醒谈话、约谈、函询等制度。建立干部谈心谈话全覆盖制度，实行上级"一把手"与下级"一把手"、班长与班子成员、分管领导与联系部门干部、组织部门与直接管理干部"四必谈"，及时了解掌握干部的思想动态和工作生活情况。②强化对"一把手"用权行为的监督制约。全面推行党政正职对财务、工程项目、物资采购的"三个不直接分管"制度，引导党员干部特别是"一把手"依照法定权限和程序行使权力、履行职责，带头依法办事，让权力在阳光下规范运行。③制定出台《加强乡镇干部队伍建设的实施意见》。切实做好乡镇干部选拔任用、教育培养、管理监督和激励保障等工作，形成乡镇干部引得进、留得住、用得好的良性机制。特别强调严格教育管理监督，完善乡镇干部个人事项报告、问题发现、监督问责等制度；严格执行工

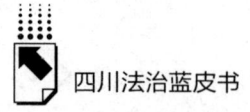

作、考勤、病事假等相关制度，切实解决乡镇干部"走读"问题，严肃处理违规经商办企业、违规兼职等行为。完善考核评价机制，根据不同类型乡镇特点，分类制定完善体现科学发展观和正确政绩观要求的乡镇干部差异化考核评价办法；实行目标管理、任职承诺制；强化考核结果运用，与乡镇干部奖惩、职务调整等挂钩。

（二）构建干部选拔任用工作监督制度体系

坚持把监督贯穿干部选任工作全过程、各方面，修订完善《干部选拔任用监督工作规程》。建立健全干部工作重大问题请示报告、干部选任全程记录、"一报告两评议"和"一把手"履行选人用人职责离任检查、用人失察失误责任倒查监督制度体系。

（1）严格干部工作重大问题请示报告制度。研究制定《党政领导干部选拔任用工作有关事项报告流程》和《省管干部选拔任用工作有关事项受理审核流程》。出台《县（处）级党政领导干部破格提拔办法》，要求破格提拔县（处）级领导干部的，必须事前报省委组织部审批同意。建立拟提拔人选个人有关事项核查制度，在启动前对其个人有关事项报告进行认真核查，做到有反映必核查、凡核查有结论，未形成结论的一律暂缓启动。2014年，全面完成省管干部个人有关事项报告汇总综合工作，对81名省管干部开展随机抽查核实，对649名省直机关处级干部进行查核，21个市（州）完成1387名领导干部信息查核工作。

（2）建立健全干部选任工作纪实制度。要求如实记录干部选任工作各个环节的重要情况，特别是领导个人署名推荐情况和跑要、说情情况，为选人用人监督检查和实施责任追究提供重要依据。同时，充分发挥举报监督作用，在动议提名前对照领导班子功能结构模型，综合有关举报反映和平时了解掌握情况，定期对领导班子进行综合分析研判，为班子调整提供重要参考。

（3）严格落实干部选任"一报告两评议"和"一把手"履行选人用人职责离任检查制度。强化评议结果的分析和运用，将评议结果作为衡量一个地方和单位选人用人风气的重要依据，为改进和加强干部选任工作提供重要参考。同时，加大力度整治选人用人不正之风，在防止"带病提拔"上建立"一评议、两公示、两核查"制度，在大会推荐中对干部廉政情况进行测评，在考察和任用环节对干部廉政情况进行公示，考察中对干部档案和个人有关事项报告进行严格核查，看有没有弄虚作假，对丧失诚信的干部坚决不用。

（4）全面推行结合巡视开展选人用人专项检查制度。根据《中国共产党巡视工作条例》，制定出台《2014－2018年市（州）、省直部门贯彻执行条例情况检查工作规划》，拟用5年时间，分级分类对全省有用人权的所有单位进行全覆盖检查。2014年年底前，四川组织系统结合落实中央巡视整改意见，集中开展了选人用人不正之风专项整治。

（5）严格实行用人失察失误责任倒查制度。凡是提拔后受到撤销党内职务或行政职务以上处分的且在提拔任职前就有违纪违法行为的党政领导干部，都要对其选任过程进行责任倒查；确实存在违规问题的，一律严肃追究有关人员责任。

（三）构建选人用人问题整改治理的制度措施

按照中组部要求，大力整治违反干部任用标准和程序、跑官要官、拉票贿选、说情打招呼、"三超两乱"、干部档案造假、领导干部违规兼职、"裸官"等问题，健全有效防范、及时发现、严厉惩处的整治选人用人不正之风长效机制。

（1）建立领导干部个人署名推荐干部制度，防止私下说情打招呼；建立预警机制，凡"跑要风""说情风"反映较多的地方和单位，及时对主要负责人进行谈话提醒。严明纪律规定，凡跑要的、托人说情的，一律记录在案，不得列为考察和提拔对象。对帮着说情打招呼的，一律严肃批评、诫勉谈话；对组工干部参与跑要、打招呼的，一律严肃处理并调离组织人事部门；对"带病提拔"倒查中发现有跑要、打招呼问题的，一律从严追究责任。

(2) 建立超配干部问题整改台账,实行"月报、季审、半年通报"制度,对整改不力的予以通报。严格执行干部选任职数预审制度和超职数配备干部报告制度,杜绝新出现超职数超规格配备干部的情况。

(3) 按照"实事求是、严格审核、有错必纠"的原则,以干部"三龄二历一身份"(年龄、工龄、党龄,学历、工作经历,干部身份)为重点,对拟提拔或调整干部的档案进行任前审核,确保干部基本信息的真实、准确。

(4) 贯彻执行《中组部关于规范退(离)休领导干部在社会团体兼职问题的通知》,认真开展领导干部在企业、社团兼职情况的清理,督促各地严格限时整改。

(5) 落实中组部整治"裸官"办法,采取干部本人主动申报、所在单位审核把关、比对干部个人报告事项"三结合"方式,确保"裸官"整治取得实效。

(6) 健全干部选任倒查问责机制,改进干部考察工作,更加注重对干部德和廉的专项考察,防止"带病提拔""带病上岗"。

通过上述制度体系的有力建构,充分发挥思想引领作用和制度治本功能,实现对党员干部从严从实教育管理和监督,为推动治蜀兴川大业提供了强有力的干部人才支撑和组织作风保证,凝聚起推动四川科学发展、加快发展的强大正能量。

普法宣传

Promotion of the Knowledge of Law

2014年四川省"法律七进"调研报告

四川省司法厅课题组*

摘　要：	2014年，在推进依法治省的实践中，四川省"法律七进"工作结合实际，突出地方特色，针对机关、学校、寺庙、社区、乡村、企业、单位等不同的人群、不同的法律需求，制定了"菜单式"的普法大纲，编写了具有针对性、时效性的普法教材。通过群众喜闻乐见、寓教于乐、形式多样的法治宣传教育活动，加快构建办事依法、遇事找法、解决问题用法、化解矛盾靠法的法治良序，不断夯实治蜀兴川的法治根基。
关键词：	四川　法律七进　普法

---

* 课题组负责人：史红平，四川省司法厅副厅长。课题组成员：陈志林、李灿、陈太勇、黄强、徐娟、曾文澜。执笔人：黄强，四川省司法厅法制宣传处副处长；徐娟，四川司法警官职业学院副教授；曾文澜，四川司法警官职业学院副教授。

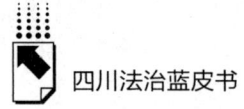

党的十八大提出,法治是治国理政的基本方式,要加快建设社会主义法治国家,全面推进依法治国。《关于全面推进依法治国若干重大问题的决定》明确提出"坚持依法治国、依法执政、依法行政共同推进,坚持法治国家、法治政府、法治社会一体建设,实现科学立法、严格执法、公正司法、全民守法",要求"坚持把全民普法和守法作为依法治国的长期基础性工作,深入开展法治宣传教育,引导全民自觉守法、遇事找法、解决问题靠法"。

法治宣传教育是提高公民法律素质、推进依法治国的一项基础性工作,自"一五"普法到"六五"普法,经过三十年的发展,普法工作取得明显成效。为进一步增强法治宣传教育的针对性、实效性,2006年,国家《"五五"普法规划》首次提出:"要大力推进法制宣传教育进机关、进乡村、进社区、进学校、进企业、进单位,在各行各业掀起学法用法的热潮。""法律六进"首次成为法治宣传教育的有效载体和重要抓手。

2011年,国家开始实施《"六五"普法规划》。基于四川省是全国第二大藏区,所辖有甘孜藏族自治州、阿坝藏族羌族自治州和凉山州木里藏族自治县,区域内藏族同胞聚居且大多信奉藏传佛教,藏传佛教寺庙较多的省情,为进一步加强民族地区法治宣传教育工作,四川省《"六五"普法规划》在"法律六进"的基础上增加"一进",即"法律进寺庙",由"法律六进"上升为"法律七进"。

四川省委出台的《四川省依法治省纲要》进一步确立了普法教育在推进依法治省中的基础地位,明确提出"扎实开展法律进机关、进学校、进乡村、进社区、进寺庙、进企业、进单位活动",要求把"法律七进"作为深入开展法治宣传教育的有效载体和重要抓手。四川省委十届五次全会《关于贯彻落实党的十八届四中全会精神全面推进依法治省的决定》对深入推进"法律七进"提出了更加明确具体的措施,要求持续发力、久久为功,深入持久推进"法律七进"工作。按照省委统一部署,各有关部门进一步突出工作重点、落实工作措施,建立健全四川省"法律七进"工作制度体系,"法律七进"工作在全省范围内深入持久开展。

一 四川"法律七进"工作的制度与体系

随着四川省经济社会的发展,以往传统、单一的法治宣传已不能适应人民群众对法律的需要。如何将"法律七进"工作落到实处,成为四川法治宣传教育工作亟须解决的重要命题。面对新形势、新要求,四川省以务实的作风,创新的举措深化"法律七进"工作。在工作中,注重顶层设计,对各项制度进行完善和优化,制定了"怎么进"—"进什么"—"谁来进"的路线图,形成了一套逻辑清晰、思路严密的可操作性制度。

(一)规划了"怎么进"的路线图

四川省司法厅先后多次召开专题座谈会,广泛邀请普法工作者、资深法律工作者对"法律七进"工作进行研究论证,充分征求基层单位、少数民族地区司法行政机关、省律师协会等单位的意见。经过反复调研论证,制定了《四川省司法厅推进"法律七进"工作方案》(以下简称《工作方案》)。《工作方案》从总体上,分别对法律进机关、进学校、进乡村、进社区、进寺庙、进企业、进单位的工作任务逐条逐项进行了安排部署,对每"进"都从制度设计、队伍建设、人员保障等方面提出了明确的工作措施和工作目标。《工作方案》下发后,多次召开了"法律七进"工作推进会、督导会,分别与各相关责任单位签订了"法律七进"目标责任书。通过目标管理,倒逼工作,促进各地"法律七进"工作真正落到实处。全省各市(州)、县司法局按照省厅部署,结合本地实际,分层级制定了有针对性、操作性和实效性的贯彻实施意见和工作方案。

同时,按照省依法治省领导小组第二次会议关于进一步完善落实法律七进每"进"的实施意见、工作方案的要求,省司法厅会同省委宣传部、省委统战部、省直机关工委、省民宗委、省教育厅、省工商局等部门分别制定了法律进机关、法律进学校、法律进寺庙、法律进民营企业等的实施意见和工作方案,进一步有针对性地强化了"法律七进""怎么进"的路线图。

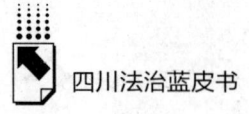

(二)确立了"进什么"的时间表

按照四川省委领导"拟制菜单式普法大纲,明确具体的路线图和时间表"的要求,四川"法律七进"工作紧紧围绕不同地域、不同行业、不同人群的差异化法律需求,抓住提高全社会法治意识和法律素养这一主线,突出了由浅入深、循序渐进、轻重缓急的基本原则,落实了"一年普及法律常识、两年培养法律意识、三年提升法律素质"的时间表,把推进法律进机关、进学校、进乡村、进社区、进寺庙、进企业、进单位所须普及的重点法律知识进行了逐年、逐项、逐条安排,列出菜单式普法大纲。在此基础上,省司法厅会同省委宣传部制定了《四川省"法律七进"三年行动纲要》。各市州根据纲要的要求,结合本地实际,研究制定了重点突出、各有侧重的三年普法大纲。

省司法厅根据全省实际情况,对各地进行法律需求调研,广泛征询省内各机关、企事业单位、城镇社区等各行各业的意见,收集整理了《民法通则》、《物权法》、《婚姻法》、《继承法》、《劳动合同法》、《侵权责任法》、《道路交通安全法》和《治安管理处罚法》等与群众生产生活息息相关的法律。同时,调研了最为群众喜闻乐见的普法方式,如观看法治影片、法律知识有奖竞猜、以案说法、普法文艺演出、听法治讲座和召开座谈会等。

四川"法律七进"工作科学制定普法菜单,根据不同人群、不同层次、不同对象的法律需求,根据群众"点单",开展有针对性的普法宣传教育活动。在各村、各社区都能看到这种菜单式的普法。老百姓遇到法律困扰,就在这张菜单上详细记录下来。这张记录了群众"口味"的"菜单",会快速通过村、社区普法宣传员反馈到司法所,司法所根据菜单的内容为群众提供法律服务。

(三)落实了"谁来进"的普法职责

在"法律七进"工作中,为进一步健全完善普法教育机制,落实各部门的普法责任，通过部门联动、文明执法、优质服务来促进深度普法，省司法厅会同省委宣传部、省依法治省办研究制定了《关于进一步完善"谁执法、谁普法"工作机制的实施意见》。该意见突出了坚持执法办案和普法宣传相结合、坚持日常宣传和集中宣传相结合、坚持属地管理和上下联动相结合的工作原则。明确了"谁执法、谁普法"的责任部门和主要宣传内容。结合年度各类宣传月、宣传周、宣传日和特殊时间节点，分月列出了相关执法部门集中开展普法宣传活动的时间表。同时，还拟制了《"法律七进"工作考核暂行办法》，加强对各市州、各责任单位"法律七进"工作的动态管理，通过不定期组织重点抽查、半年进行一次督导检查、年终进行综合考核评比等措施，对各项工作目标完成情况进行考核，对成绩突出的先进集体和个人，予以嘉奖记功，对措施不力、没有完成工作任务的单位，取消当年评先资格，予以通报批评和问责。

二 四川"法律七进"的工作实践

（一）法律进机关

在法律进机关工作中，省直机关工委制定了《关于做好省直机关依法治省有关工作的通知》和《2014年"法律进机关"活动实施方案》，充分利用省直机关党校、四川机关党建网、《时代先锋》杂志等平台，通过开展集中培训、专题讲座、法治报告等，加强对机关党务干部、党员干部法律专题培训。全省司法行政部门进一步加强对担任机关法律顾问的律师的遴选、推荐和考核工作，共推荐5200多名政治素质好、业务素质高的律师担任机关法律顾问，并采用政府购买法律服务的形式保障相关经费，组建普法讲师团和法律人才库1200多个，为机关会前学法和专题法治讲座培训提供师资8800多次，开展机关法治培训1万多次，参训79万余人次。依托各地监狱、戒毒场所、人民法庭等建立法治教育基地300余个，开展各类警示教育

9000余次,参与77万余人次。在主流媒体和各级机关网站开设普法专栏3800多个,发布各类法治宣传信息、微博、微信、短信等上千万条(见表12-1)。

表12-1 2014年四川省法律进机关数据统计

项 目	数据	单位
推荐律师担任机关法律顾问	5273	名
组建普法讲师团/法律人才库	1295	个
为会前学法和专题法治讲座培训提供师资	8835	次
建立法纪教育基地	349	个
开展警示教育	9118	次
参加警示教育人数	772807	人
会同有关部门,组织开展机关法治培训	10672	次
机关法治培训参与人数	790808	人
推动在主流媒体和各级机关网站开设普法专栏	3816	个
发布法治宣传信息、微博、微信、短信等	11277629	条

注:以上数据来自四川省司法厅"法律七进"工作2014年度统计报表。

(二)法律进学校

在法律进学校工作中,省依法治省办、省委宣传部、省教育厅、省司法厅共同研究谋划"法律进学校实施意见""法律进高校、中学、小学"工作方案并以省依法治省领导小组名义下发,还建立健全了"法律进学校"工作测评体系。省教育厅细化落实"法律进学校实施意见",加强法治教育专题培训,积极开展校园法治主题活动,深入推进依法治校示范创建工作。全省司法行政部门推荐基层司法所所长、优秀法律服务工作者9000多人为中小学校担任法制副校长、辅导员,编制发放中小学普法读物130多万册,开辟法治宣传教育第二课堂4.6万多次,推动在中小学校设立法律图书室(角)1.7万多个。省司法厅、省教育厅联合下发了《关于在全省高校开展"知名律师以案说法·法律大讲堂进高校"的通知》,在四川大学举行开讲仪式暨首场讲座。截至 2014 年年底，该活动已在全省高校举行 300 多场次（见表 12-2）。

表 12-2　2014 年四川法律进学校数据统计表

项目	数据	单位
推荐基层司法所所长、优秀法律服务工作者担任法制副校长、法制辅导员	9598	人
发放普法读物	1359175	册
运用各种形式开辟法治宣传教育第二课堂	46962	次
建设青少年教育法治基地	475	个
学校设立法律图书室/角	17416	个
开辟法治专栏	18036	个
知名律师进高校	326	场

注：以上数据来自四川省司法厅"法律七进"工作 2014 年度统计报表。

（三）法律进寺庙

在法律进寺庙工作中，省委宣传部研究制定了《法律进寺庙实施意见和工作方案》，牵头组建了"藏汉双语联合宣讲团"。省委统战部组织"高僧大德宣讲团"深入寺庙宣讲 232 场次，覆盖 648 座寺庙，2.7 万名僧尼、7.75 万名信教群众受到教育，组织 16 批"四川同心律师服务团"送法律进寺庙，举办僧侣培训班 18 期 1100 人次。省民宗委积极推进《四川省民族团结进步模范评选表彰办法》地方性立法工作，完成 3 州 4 县现行民族法规清理工作，形成自治地方立法完善方案，全面完成宗教行政审批项目清理，广泛开展藏传佛教文明和谐寺庙创建工作。省国土厅进一步加强藏传佛教寺庙国土资源法治宣传。省律师协会与省佛教协会签订协议，选派 100 名优秀律师，为藏区寺庙担任法律顾问，义务开展法治宣传。省司法厅及三州司法行政部门面向藏区僧尼和信教群众编发双语普法读物 400 多种、发放 17 万余册，开设双语普法栏目 70 个，编发藏汉双语"以案说法"普法光碟 1.2 万张，和康巴卫视联合打造《法制明镜》藏汉双语普法栏目，累计播出节目150余期，在省内和省外藏区都收到了较好反响（见表12-3）。

表12-3 2014年四川省法律进寺庙情况统计

项目	数据	单位
建立广播、电视、报纸、网络等媒体双语普法栏目	70	个
面向僧尼和信教群众编印双语普法读物	459	种
发放双语普法读物	173391	册

注：以上数据来自四川省司法厅"法律七进"工作2014年度统计报表。

（四）法律进乡村、社区

在法律进乡村、进社区工作中，全省司法行政部门大力推进乡村、社区普法"六个一"工程建设，设立法治辅导站7000多个、法律援助工作站5200多个，组建法治宣传队伍7000多支，设置法治宣传栏3.44万个，培养"法律明白人"40万人，发放便民法律服务联系卡200多万张。扎实开展"法律服务进万村"和"法治宣传进万家"活动，深入乡村（社区）开展法律服务、法律援助、法治宣传。向村（社区）选派法律顾问1.6万余名，组建法律服务小分队4000支，开展活动4.5万余场次。播放法治广播、放映法治电影7万余次。省国土厅扎实开展"六五"普法宣传，利用地球日主题活动，开展专题法治宣传。省林业厅出台《全省林业系统普法依法治理工作要点》和《四川林业系统"落实依法治省纲要，推进法治林业建设"宣传方案》，利用知识竞赛、普法考试等形式，在植树节、爱鸟周、湿地日和森林防火重要时段，大力宣传林业法律法规。省农业厅建立健全领导机制和工作机制，举办农业法治宣传暨法律进乡村现场活动，深入开展农业法治宣传。省水利厅结合工作实际，大力开展水利法律法规宣传。省民政厅以规范完善村规民约（居民公约）为重点，全面开展法规政策修订创制工作，紧密结合全省第九届村（居）委会换届选举工作，大力开展法律法规宣传教育培训（见表12-4）。

表 12-4 2014 年四川省法律进乡村、社区情况统计

项目	数据	单位
设立法治辅导站	7095	个
设立法律援助工作站	5258	个
组建法治宣传队伍	7537	支
设立法治宣传栏	34440	个
培养"法律明白人"	406286	名
发放便民法律服务联系卡	2173218	张
向村(社区)选派律师、法律工作者担任法律顾问	16238	名
组建法律服务小分队	4048	支
法律服务小分队开展活动	45232	场次
对外出务工、经商人员开展集中法治宣传教育	6981	次
开展旁听式调解	20986	次
组织农村"两委"干部、村民小组长、村民代表集中学法	29149	次
开展法治文艺演出,放映法治电影、广播节目	71436	次

注：以上数据来自四川省司法厅"法律七进"工作 2014 年度统计报表。

（五）法律进企业、单位

在法律进企业、进单位工作中，省工商局扎实抓好工作部署，开展形式多样的普法宣传活动，会同 13 家省级部门出台了《法律进民企暨诚信守法企业示范创建工作的三年规划》、《法律进民企宣传教育活动三年规划》、《法律进民企普法宣传工作实施方案》和《民营企业"诚信守法企业"示范创建活动实施方案》，召开了法律进民企培训动员会，编印发放普法读物、资料，深入推进法律进民企工作。省国资委大力推进建立企业总法律顾问制度，落实企业章程，规范企业决策，促进企业依法管理。省司法厅大力推进"法律进企业"，组织法律服务工作者开展法律巡讲 6000 余场次，参与 36 万人次，开展企业"法律体检" 5000 余次，出具法律意见书 3200 多份（见表 12-5）。深入开展"外来企业服务专项活动"，为"中外知名企业四川行"提供法律服务，为 140 余家英资、美资企业举办法律知识座谈和讲座。大力推进法律进单位，启动建设法治文化公园 121 个、法治文化广场 250

个、法治文化长廊386个，推动在医院、公园、车站等公共场所建立法治宣传栏、电子显示屏1.6万余个。省环保厅以"地球日""环境日"为契机，加大与各对口机关单位和窗口服务行业的环保法律法规知识宣传力度，进一步增强单位环境保护意识（见表12-6）。

表12-5　2014年四川法律进企业情况统计

项目	数据	单位
推进企业聘请法律顾问	5777	名
开展法律服务巡讲活动	6283	场次
参训人数	366301	人

注：以上数据来自四川省司法厅"法律七进"工作2014年度统计报表。

表12-6　2014年四川法律进单位情况统计

项目	数据	单位
启动建设法治文化公园	121	个
启动建设法治文化广场	250	个
启动建设法治文化长廊	386	个
在公共场所建立法治宣传栏、电子显示屏	16669	个

注：以上数据来自四川省司法厅"法律七进"工作2014年度统计报表。

三　四川"法律七进"的工作特点和工作理念

2014年，四川省"法律七进"工作从建立制度体系、落实工作措施，到有计划、有步骤地全面完成各项目标任务，在工作实践中，逐步总结出以下工作特点、探索出以下工作理念。

（一）工作特点

（1）实现了广覆盖。"法律七进"囊括了机关、学校、乡村、社区、寺庙、企业、单位各类社会单元，参与人群广泛，工作"横向到边"；"法律七进"形成了省、市、县、乡四级工作体系,确保落地管用,工作"纵向到底"。

(2) 具有实效性和可操作性。"法律七进"对制度体系、重点举措、工作保障等方面进行了系统安排。结合本地实际,突出地方特色,做到有的放矢,增强了法治宣传教育的实效性和可操作性。

(3) 具有针对性和差异性。"法律七进"工作针对不同人群的不同法律需求,分层次、分类别制定了"菜单式"的普法大纲,满足了不同层次人群的法律需求。

(二) 工作理念

(1) 变"单向进"为"互动进"。单向的、灌输式的宣传教育方式,往往难以取得好的效果,只有将法律与现实生活相结合,才能取得好的效果。四川省"法律七进"工作注重贴近群众生活实际和法律需求,把服务与管理相结合、把维护权益与规范行为相结合、把普法教育与社会活动相结合,用"互动"的方式普法,是四川省"法律七进"工作的亮点之一。特别是在"法律进寺庙"中采取邀请爱国爱教高僧大德在讲经说法中传播有关法律法规知识;与有关部门衔接,由省律师协会挑选100名律师,为50余座重点藏区寺庙每座寺庙配备1~2名法律顾问,为其无偿提供法律咨询、法律服务,在服务中普法,此项举措为进一步推进"法律七进"打下了良好的现实基础。

(2) 变"单独进"为"联合进"。以往的普法工作往往只是某个部门一家的事情,在工作中"单打独斗",难以形成合力。四川省"法律七进"工作转变工作理念,变"单独进"为"联合进"。从横向来讲,在依法治省领导小组办公室的统筹协调下,省司法厅会同省委宣传部、省委统战部、省直机关工委、省教育厅、省民宗委、省民政厅、省国土厅、省环保厅、省水利厅、省农业厅、省林业厅、省国资委、省工商局等多部门协调配合,共同参与;从纵向来讲,省、州、县、乡四级联动,进一步形成了"法律七进"工作合力。

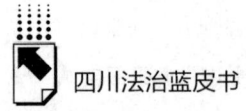

（3）变"突击进"为"常态进"。法治意识的培育是一个循序渐进、日积月累的过程，"法律七进"工作也需要深入持久的进行。只有变传统的"突击进"为"常态进"，法治意识才能入脑入心。因此，在工作中，更加注重制度设计和责任落实，进一步健全"谁执法、谁普法""谁主管、谁负责"的工作机制和属地管理的责任机制，推动各执法部门履行普法责任，努力形成党委领导、人大监督、政府实施、政协支持、各部门协作配合、全社会共同参与的法治宣传教育新格局。

四 结语

2014年，四川省"法律七进"工作虽取得一定成效，但是仍然存在一些问题：工作进展不平衡，个别地方和部门工作不够扎实，制度不够健全，档案资料不够规范，普法手段缺乏创新，影响了普法工作的有效开展；一些地方和单位普法的针对性、实效性不强，个别领导干部和执法人员知法犯法、执法违法等现象还不同程度地存在，亟须加以解决。

2015年，四川省"法律七进"工作需要按照党的十八届四中全会和省委十届五次全会精神，认真总结经验，找准问题，完善措施，深入推进。

（1）因地制宜，拓展法治宣传教育的深度。法治宣传教育必须充分结合各地经济社会发展实际，不能搞一刀切。"人口多、底子薄、不平衡、欠发达"仍是四川最大的省情，在2015年工作中，需要坚持差异化的普法方式，分类指导首位城市、次级城市、底部区域，充分结合本地经济社会发展实际，进一步细化和完善普法工作计划，抓住领导干部和青少年"两个重点人群"，不断改进普法手段，切实提高法治宣传教育的针对性和实效性。

（2）以"点"带面，拓展法治宣传教育的广度。四川省正处于工业化、城镇化加速期，城乡空间布局和人口结构发生很大变化，法治宣传工作的环境、内容、任务都必须适应这一新形势。特别是流动人口和农村转移人口有着不同的文化背景和生活习惯，从事行业复杂，居住相对分散，法律意识和法律素质参差不齐。2015年"法律七进"工作必须瞄准盲区和死角，以

"点"带面，才能取得理想的效果。特别要注意加大对流动人口、外出务工人员、偏远乡村留守人员的普法力度，消除普法盲区和死角，继续推行分级负责的办法，注重发挥城镇街道社区和农村基层组织的作用，不断提高法治宣传教育的覆盖面。

（3）创新载体，提高法治宣传教育的感染力和渗透力。法治宣传的方式和载体如果跟不上时代的发展，必然达不到理想的效果。2015年"法律七进"工作需要进一步创新载体，主动适应网络时代的发展要求，发挥网络和移动通讯、广播电视、报刊等大众媒体的重要作用，进一步加强司法行政机关的门户网站建设，发挥司法政务微博的法治宣传功能，组建四川普法微博集群。全新改版普法手机报，加强各市、州普法手机报规范化、标准化建设工作，进一步扩大用户覆盖面。在载体创新工作中，注重与全国高端企业合作，开发一批法治文化产品和法治文化用品，各市、州充分挖掘当地文化底蕴、结合民俗民族文化特点，集中打造一批法治主题公园、法治文化广场、法治文化景区和群众喜闻乐见、寓教于乐的特色亮点工程，努力打造四川法治文化特色品牌。

B.13
2014年四川法治文化建设的回顾与展望

四川省司法厅课题组[*]

摘　要：	本文回顾了2014年四川在法治文化队伍建设、法治文化作品创作、法治文化阵地建设、法治文化活动开展、法治文化品牌打造等方面取得的进展，总结了2014年四川法治文化建设的主要特点，并对今后四川法治文化建设的方向和路径进行了展望。
关键词：	2014　法治文化　回顾与展望

法治文化是在法治化进程中形成的一种文化形态，是法治社会的重要精神支柱。法治文化建设的核心是法治精神的培育和法治理念的确立，是法治社会建设的内生动力。建设法治中国和法治四川，离不开法治文化的支撑和推动。因此，必须大力弘扬法治精神，推动法治文化建设，使其生机勃勃、井然有序，与优秀传统文化相辅相成、相得益彰。

党的十八届四中全会通过的《中共中央关于全面推进依法治国若干重大问题的决定》明确提出，"增强全民法治观念，推进法治社会建设"，"必

---

[*] 课题组负责人：史红平，四川省司法厅副厅长。课题组成员：陈志林、李灿、张大立、徐凯、杨娟、史艳利、裘有度、周洁玲。执笔人：徐凯，四川省司法厅法制宣传处主任科员；杨娟，四川司法警官职业学院副教授；史艳利，四川司法警官职业学院副教授；裘有度，四川司法警官职业学院讲师；周洁玲，成都市司法局法制宣传处主任科员。

须弘扬社会主义法治精神，建设社会主义法治文化"。四川省委十届五次全会通过的《中共四川省委关于贯彻落实党的十八届四中全会精神 全面深入推进依法治省的决定》将"坚持依法治理和以德治理相结合"作为全面深入推进依法治省工作的五大原则之一，要求加强法治文化建设，增强全民法治观念，形成尊法信法守法用法的社会风尚。

2014年，四川省各地、各部门、各行业按照《四川省依法治省纲要》的具体安排部署，结合本地、本部门、本行业实际，积极推进社会主义法治文化建设，加强法治文化阵地建设，创新推广法治文化作品，完善法治宣传公共设施，广泛开展法治文化传播活动，为法治四川的建设营造了浓厚的氛围。

一 2014年四川法治文化建设的现状

2014年是四川法治文化建设取得重要进展的一年。从调研情况看，全省法治文化队伍逐步壮大，法治文化作品创作日益繁荣，法治文化阵地建设顺利推进，法治文化活动丰富多彩，法治文化品牌打造初显成效，为法治宣传教育和法治四川建设提供了坚实保障。

（一）加强法治文化队伍建设

法治文化队伍是法治文化建设的重要实践者和传播者。2014年，四川积极壮大专兼职法治文化队伍，大力培养乡土法治宣传人才，着力打造法治文化专业团队。各市州组建法治宣传队伍7537个，组建普法讲师团、法律人才库1295个，法律服务小分队4048支，推进企业聘请法律顾问5777名，为法治文化建设提供有力保障。

1. 壮大专兼职法治文化队伍

法治文化专兼职队伍是法治文化建设的中坚力量。2014年，在各级司法行政部门专门从事法治宣传和法律服务队伍的影响和带动下，一大批兼职法治文化宣传人员成长起来。德阳市建设"法律顾问队伍、法治宣讲团队伍、法律服务小分队、大中专院校讲师团队伍和义务法治宣传队伍"五支队伍，全市机关、单位、企业等普遍建立法律顾问制度，全市1778个行政村（社区）全部配备了法律顾问，组建7支依法治市法治宣讲团、136支法律服务小分队和21名德阳知名律师组成的大中专院校讲师团，并依托村（社区）老年腰鼓队、秧歌队等开展义务法治宣传。雅安市建立普法宣传志愿梯队，充分发挥各单位微博信息员、法治宣传协会会员、普法联络员等作用，通过网络等新兴媒体和广播电视等传统媒体传播法治文化。甘孜州司法局组建法治宣传团22个352人，并建立"州级宣讲建骨架，县级宣讲连经络，乡级宣讲丰血肉，村级宣传组细胞"的四级宣讲体系，运用群众听得懂、喜欢听、乐接受的新型龙门阵形式，到18个县66个乡镇开展州委群众宣讲团和谐乡村行活动，以脱口秀方式向偏远农牧区群众集中宣讲，并配套送"文化、卫生、法律、科技"下乡，服务群众5万余人，覆盖全州5.6%的农牧民群众。

2. 培养乡土法治宣传人才

法治文化队伍的本土化是四川法治文化建设的一个突出特点。达州市司法局组建了由专职文艺团体、机关企事业单位文艺骨干、文艺青少年志愿者和民间文艺爱好者四个层面人员组成的"普法文艺轻骑兵"队伍40支，采取"政府资助+专业培训+动态管理+灵活举办"模式，组建了农民普法说唱团、村嫂普法宣传队、夕阳红法治艺术团等普法文艺团体66支，运用本地素材，用百姓最喜欢的小品、诗歌、快板、说唱、方言脱口秀等形式来表现本地的法治故事。截至2014年年底，全市组织创作了精品普法文艺节目120余个。

3. 打造法治文化的专业团队

眉山市司法局用政府购买服务的方式，打造出了演员阵容、硬件设备、创作班底堪与商业演出团体媲美的"心连心"艺术团。这支艺术团通过深入政法一线体验生活，已编演出《遵纪守法从我做起》、《三中全会指方向》、《调解》和《如此孝顺》等30多个精彩的法治文艺节目。2014年共深入到全市相关乡镇、社区、学校、工业园区演出147场。

（二）繁荣法治文化作品创作

法治文化作品是法治文化实践的重要成果和传播载体。2014年，全省各级司法行政机关编印发放普法读物400多万册，推动在主流媒体和各级机关网站开设普法专栏3816个，发布法治宣传信息、微博、微信、短信1127.8万条，各市（州）结合本地实际，创作了一大批群众喜闻乐见、寓教于乐的法治文艺作品和法治文化用品。

1. 分门别类编印普法读物

全省各级司法行政机关根据《四川省依法治省纲要》和《四川省"法律七进"三年行动纲要（2014~2016年）》的主要内容，编印发放"法律七进"普法读物、普法光碟和普法宣传用品。四川省司法厅组织编写了适合不同年龄段学生和机关干部、藏区群众使用的全省统编普法读物，基本形成门类齐全、方便实用、通俗易懂的普法读物体系。凉山州结合民族地区特点，把习惯法与成文法结合起来，深入挖掘彝族习惯法、训世经、尔比尔吉等文明成果，编印成彝汉"双语"普法教材。甘孜州针对信教群众和僧尼的不同需求，分类编写印制寺庙普法读物和农牧民群众普法读物100多种17万册，对教育引导农牧民群众不断提高国家意识和法治意识、促进牧区和谐稳定和长治久安起到了积极作用。

2. 法治文艺作品丰富多彩

各地结合群众关注、影响力大、富有时代特征和地方特色的事件，制作了一批与群众生活密切相关的法治故事、微电影、书画摄影，创作了一大批群众喜闻乐见的小品、相声、川剧等乡土气息浓郁的法治文艺作品，基本组成门类齐全、品种多样的法治文化作品资源库。广安市把农家曲艺文化、红色文化、剧团文化与法治文化"嫁接"，精心创作地方剧《毒之害》、灯戏《嫁妈》、小品《调解换回合家欢》等法治文艺作品。广元市以歌舞剧、小品、方言剧、音乐快板、歌曲、川剧、脱口秀等大众喜闻乐见的艺术表现形式，编辑制作《赌博搞不得》、《都是酒驾惹的祸》、《自食其果》、《变脸》、《阳光路上》和《盛世欢歌》等一批法治文艺节目。四川还举办了首届"平

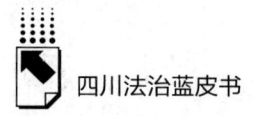

安与法治"四川政法系统微电影、公益广告、动画创作大赛。

3. 法治文化用品日益丰富

眉山市制作发放的法治文化围裙和环保袋受到群众的热烈欢迎。攀枝花市米易县投入40万元购置7万个印有"推进依法治县、创建平安米易"搪瓷杯,实现普法教育"进万家"与"惠万家"有机结合,收到了以"口杯"换"口碑"的良好效果。自贡市制作宣传折页10万份,宣传挂图22套880幅,编印"普法三字经"、普法漫画小人书、法治宣传扇。绵阳市制作各类法治活页挂图、法治动漫卡通、法治诗词、法治书画等作品近千份(册),丰富了法治文化作品。巴中市南江县充分利用当地独特的楹联文化传统,广泛开展法治楹联征集活动,先后征集法治小对联1000多幅,涵盖了依法执政、依法行政、公正司法、学法用法等多方面的内容。

(三)推进法治文化阵地建设

四川省把法治文化阵地建设纳入法治宣传教育工作整体布局,并作为重要的民生项目大力推进。全省各地法治文化阵地得到迅猛发展。2014年,全省设立法治宣传栏34440个,启动建设法治公园121个,启动建设法治广场250个,启动建设法治长廊386个,启动建设法治文化景点183个,建立法纪教育基地349个,青少年教育法治基地475个,学校设立法律图书室(角)17416个,开辟法治专栏17416个,推动在医院、公园、车站等公共场所建立法治宣传栏、电子显示屏16669个。

1. 加强固定法治文化设施建设

四川省各地各部门根据《四川省依法治省纲要》的要求,加强了固定型法治宣传栏和法治文化主题公园、法治文化广场、法治文化长廊等法治文化设施建设,积极推进机关和企事业单位法治文化走廊、法治宣传橱窗等宣传阵地建设。各级司法行政部门还依托驻地监狱、戒毒所等设立了一批法治教育基地。成都市制定全市法治文化公共设施建设实施方案和《加强法治文化公共设施管理工作规定》,按照"主题突出、内涵丰富、表现通俗、形式互动、动静结合、环境协调"的原则,各区(市)县建立一个法治文化广场、一个青少年法治教育基地，在村（社区）一级普遍建立法治教育专栏，做到一区一点，一县一品，提升法治文化建设的辐射力和渗透力。以实施市委市政府为民办实事民生工程项目为重要抓手，集中打造一大批主题鲜明、形式多样的大型法治文化设施，先后建成包括民生工程项目在内的各类法治文化设施4839处，投入资金5040余万元，建设面积达207万平方米。2014年成都市新建法治文化广场23个，青少年法治教育基地26个，其他固定法治文化设施492个，实现大型法治文化设施区市县全覆盖，法治宣传栏村（社区）全覆盖，形成了浓厚的法治文化氛围，对引导城乡群众学法守法、塑造全社会法治信仰发挥了积极作用。遂宁船山区在桂花职业高级中学建成了集法治展览室、法律咨询室、法律书籍阅览室、法律讲堂展播室、模拟法庭以及"法治公园"于一体的青少年法治教育基地。德阳在各类学校设立法律图书室（角）400个，开辟法治专栏890个，运用各种形式开辟法治宣传教育第二课堂948次，发放中小学普法读物74160册，开展知名律师进大中专院校10场次。

2. 加强流动式法治文化阵地建设

内江市启动了"公交普法万里行"活动，市交通运输局以全市的班线客车、出租汽车、城市公交车、客运站、公交站台等公路交通车辆和设施为载体，采用张贴宣传标语、播放宣传图文、发放宣传资料等方式，开展"公交普法万里行"法治宣传活动。截至2014年年底，城区有700辆出租汽车和210台客运车辆在LED显示屏上滚动播放宣传标语、在后挡风玻璃上张贴宣传标语。

3. 加强新媒体法治文化阵地建设

四川省司法厅充分发挥广播电视、报刊、网络和移动通讯等大众媒体的重要作用，在"四川新闻网"与厅机关门户网站和官方微博上开设了"法律七进"专栏，发布普法信息700多万条，利用手机短信编发《法律生活手机报》70期。四川司法官方微博粉丝已达110多万，获全国政法微博最佳应用奖。积极推动在省、市、县主流媒体开设和继续办好普法节目（专栏），在省内主要媒体固定时段推出法治宣传公益广告，加强对普法节目

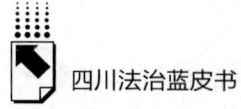

（专栏）的指导，增强教育性、说理性和实效性。成都市打造了"998法治大讲堂"、谭谈交通、张嬢逛街、师兄说法等法治品牌电视节目，在成都日报开设平安成都、法治成都、成都警察、司法行政专版，在新城快报开设"法治大讲堂走进地铁·讲故事说法治"专版，开通普法网站58个、手机平台28个、普法类政务微博41个，开通手机APP"法律服务一点通"，为市民提供2300多个法律服务点信息。资阳市将普法网站信息导入"二维码"，并将"二维码"印制在宣传单、法律板报、挂图上，群众通过智能手机扫描即可快速识别并进入网站，实现了信息化普法，并运用QQ漂流瓶形式面向全社会进行普法教育，凡是接收到漂流瓶的网友都可以选择与普法人员进行互动交流。

（四）广泛开展法治文化活动

开展法治文化活动是传播法治文化的关键环节。全省各地广泛运用法治广场、法治文化长廊、法纪教育基地、法治文化公园、法治文化景点等，组织开展经常性法治文化活动。2014年，全省共建成法纪教育基地349个，开展警示教育9118次，参加人数77.3万人。组建法律服务小分队4048支，开展活动45232次，开展法治文艺演出、放映法治电影71436场次。

1. 推进法治文化活动开展的常态化

成都市每年都组织开展"我最喜爱普法员"、"文明守法好市民"、法治书画大赛等各类法治文化评选活动，广泛传播法治文化。泸州市大力实施全市"法治电影工程"，先后出台了《关于在全市继续组织实施"法治电影工程"的通知》和《关于在全市乡镇、街道、村（社区）和市级机关单位实施"法治电影工程"的通知》，对全市乡镇、街道、行政村、社区及全市机关单位法治电影放映进行全面安排部署，对影片、场次、时间做出规定，2014年组织播放《迷信害人》、《突发事件》、《人命关天》、《悲剧发生以后》和《雨中的树》等优秀法治影片2015场，逾10万人次观看，乡镇平均每场约150人观看，行政村平均每场约70人观看。法治电影工程深入千家万户，丰富了群众的文化生活，提高了公民的法治意识，增强了法治宣传教育工作的时效性。

2. 围绕重大节庆开展群众性法治文化活动

绵阳市充分利用元旦、春节、国庆等节假日和"3·15"、"6·26"（国际禁毒日）和"12·4"等特殊节点，广泛开展宣传周、宣传月和"法律走基层"、"送法下乡"和"送法入户"等活动。德阳市建立了以群众文艺爱好者为骨干的法治文艺表演队伍，组织各类文艺汇演等法治文化活动，有力推动了群众性法治文化活动的经常化、常态化。在首个国家宪法日活动中，自贡市人大常委会组织其任命的领导干部参加宪法宣誓活动，市四大班子领导和市中院、市检察院的领导接受了贯彻实施宪法的专题采访，全市近50个市委部门、市级部门、人民团体在活动现场通过发放宣传资料、接受群众咨询等形式，开展宪法宣传，普及法律知识。

（五）打造法治文化品牌

法治文化品牌在法治文化建设中具有引导和示范的重要作用。2014年，四川各地打造品牌法治文化阵地，推出精品文化产品，着力打造具有四川特色的法治文化品牌。

1. 打造法治文化活动品牌

内江市资中县立足县情实际，在夯实传统普法方式方法的基础上，狠抓普法载体创新，借助木偶剧团深入基层、深入群众的独特优势，采取政府采购木偶戏的方式，在全市范围内免费开展巡回演出活动，在不断丰富市民百姓文娱生活的同时普及法律知识，在全社会营造了浓厚的宣传舆论氛围。在文艺创作及演出中致力于增强木偶节目的思想性，将与当前"六五"普法工作和依法治县的现实意义及其重要性、必要性有关的知识融入演出节目中，大力弘扬社会主义核心价值观，让文艺搭台、法治唱戏，着力打造资中文化名城木偶艺术法治品牌，法治文化与木偶文化相融共生。

2. 打造法治文化阵地品牌

各市（州）充分挖掘当地历史文化底蕴、结合民俗民族文化特点，打造了一批法治文化广场、法治主题公园、法治文化景区等群众喜闻乐见、寓

教于乐的特色亮点工程。成都市依托城郊乡村文化旅游资源建成了集互动、休闲、娱乐为一体的国色天乡·法治文化主题乐园。同时，各地与全国高端文化研发企业合作，挖掘整理颇具地方特色的法治名人故事、法治典故、法治警言等法治文化资源，开发了碑刻、石刻、雕塑、壁画、蜀秀、瓷版画、纪念邮册、公交卡等精品法治文化产品和法治文化用品。

二 2014年四川法治文化建设的特点

2014年，四川牢牢把握社会主义法治文化建设的新特点和新规律，在各级党委、政府的主导，各级司法行政部门的积极推动与各部门、各行业和社会各界的积极参与下，在法治实践中不断丰富和发展法治文化。

（一）健全了"党委领导、政府主导、各方参与、共建共享"的建设机制

各级党委、政府把法治文化阵地建设纳入公共公益设施建设项目，积极推进法治公园、法治文化广场、法治长廊、法治宣传栏等基础设施建设。各级司法行政部门积极发挥指导和协调作用，争取当地党委、政府支持，在项目申报、环境评价、建设选址、项目施工、经费保障等环节加强协调，有效整合各行各业的优势资源，积极与本地关注法治建设、热心公益事业的公司企业和社会组织进行沟通，充分运用社会资源资金，为法治文化设施建设凝聚更大的力量，实现法治文化设施共建共享，有力地推动了全省法治文化公共基础设施建设。

（二）突出了"因地制宜、突出特色、分类指导、分级建设"的建设原则

四川地域辽阔，人口众多，丰富多样的自然资源和多民族文化相互交融。在法治文化建设中，因地制宜、突出特色，各地充分依托本土历史文化、人文精神，大力倡导和弘扬社会主义核心价值观，发挥道德对人的约束

和感化作用，打造了一批法治文化阵地，凝聚了群众共识，扩大了宣传影响，形成了常态传播。坚持分类指导、分级建设，推动法治文化建设资源更多地向基层倾斜，形成了市、县、乡镇（街道）、村（社区）四级法治文化建设体系。

（三）贯穿了"贴近生活、贴近实际、创新载体、注重实效"的建设理念

四川在法治文化建设中，坚持贴近生活、贴近实际，把满足群众差异化法治文化需求作为法治文化建设工作的出发点和落脚点，突出法治文化设施的公共服务功能，让群众能看、能用，能走进普通百姓的生活。搭建群众广泛参与的平台，充分运用群众喜闻乐见的宣传方式，加强对法治精神、法治理念的宣传，用群众听得懂、看得见、能理解的文字、图像、声音、设施传播法治文化，基本形成多层次、全方位、广覆盖的法治文化传播体系。

三 四川法治文化建设的展望

法治文化建设是一项具有长期性、复杂性和艰巨性的系统工程，涉及社会的方方面面，影响每一个公民思维和行为方式的转变。四川法治文化建设，必须继续坚持以服务和推动法治四川建设为根本任务，与全民普法教育深度融合，大力加强法治文化队伍建设和阵地建设，繁荣法治文化作品创作，打造法治文化品牌，建设更加有四川特色、更加有区域特色的法治文化，不断增强四川法治文化的感染力、影响力、渗透力和传播力。

（一）要更加注重法治文化与道德文化的有机结合，推进四川特色的法治文化建设

任何文化建设不能在虚无主义背景下开展，法治文化建设需要从传统文化中汲取积极因素，传承中国传统文化。因此，四川法治文化建设要充分利用四川独特自然和社会资源，充分挖掘巴蜀传统优秀文化中的法治基因和法

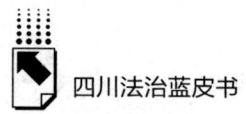

治元素，融入现代法治精神和时代特征，将崇尚法治精神与德治引导有机结合，坚持法治的同时注重道德对人的感化和引导作用，使法治与德治相辅相成、相得益彰。

（二）要更加注重传统阵地与新兴载体的有机结合，不断完善法治文化公共传播体系

继续加强法治文化队伍建设。通过"政府购买公益普法服务"方式，加强基层法治文化骨干的专业培训和辅导，打造一批法治文化创作队伍。要按照主题鲜明、格调高雅、因地制宜、注重民生的原则，加快建设不同类型、不同特色、不同规模的法治大院、法治街区、法治场馆等文化阵地，继续坚持做好电视、广播、报刊等传统媒体普法工作，推动普法网站、普法手机报、普法短信、普法微信四类新媒体普法。

（三）更加注重法治文化建设和"法律七进"的有机结合，大力推进全民普法教育

结合"法律七进"活动的开展，加强机关文化、校园文化、乡村文化、社区文化和企业文化建设。推进法治文化与机关文化有机融合，构建"法治、民本、廉政、阳光"的机关法治文化。推进法治文化与企业法治文化有机融合，构建诚信守法经营的企业法治文化。推进法治文化与校园文化有机融合，构建青少年健康成长的法治文化环境。推进法治文化与乡村文化、社区文化建设有机融合，使法治文化真正贴近实际、融入群众的日常生活，激发广大人民群众的参与热情，不断强化普法的针对性和实效性。

（四）要更加注重制度建设和监督考核有机结合，为法治文化建设提供有力保证

法治文化建设是一项系统工程，必须要完善日常工作制度和运行机制，才能强化分工协作、促进合作交流、不断提高工作质量和效率。坚持将法治文化建设作为依法治省的重要内容，进一步完善经费保障机制，建立政府支

持、企事业单位自筹、社会各方面支持的经费保障机制，将城乡法治文化公共设施建设列入各地文化发展规划项目，同步规划、同步建设、同步使用。引导通过政府购买市场化服务，鼓励社会力量参与法律服务、法治宣传，形成内外联动、上下联动的局面。完善考核制度，依法治省的规划、年度安排和检查验收等都要突出法治文化建设，并形成一套科学合理的建设考核办法，推动法治文化建设，不断满足人民群众日益增长的法治文化需求。

B.14
四川省法律援助事业发展报告

四川省法律援助中心课题组*

摘　要：	本文简要回顾了四川省法律援助的历史，展示了工作现状和成效。经过多年发展，四川省形成了以法律、法规、规章和规范化文件为主要内容的法律援助制度体系。全省法律援助机构大力实施便民利民措施，提高服务水平，切实加强刑事和民事法律援助工作。全省法律援助物质保障能力和队伍建设也不断加强。
关键词：	四川　法律援助　发展现状

前　言

法律援助是指县级以上人民政府设立的法律援助机构，按一定的程序组织律师、基层法律服务工作者和志愿者等法律援助人员，为经济困难或特殊案件的公民无偿提供咨询、代理、代书、刑事辩护等法律服务的一项法律保障制度。

在现实生活中，社会困难群众在利益冲突和利益纠纷中，往往处于劣势又请不起律师等法律专业人员，只有对其提供有效的法律援助，帮助其通过

---

* 课题组负责人：王晓林，四川省法律援助中心主任。课题组成员及执笔人：陈帅，四川省法律援助中心主任科员；刘蕾章，四川省法律援助中心主任科员；郑慕琼，四川省法律援助中心主任科员。

法律途径解决矛盾纠纷，有效保障其合法权益，防止矛盾激化，维护社会和谐稳定。

一　四川省法律援助的历史回顾

自1996年四川省在全国率先建立和实施法律援助以来，四川法律援助事业从无到有，从小到大，从弱到强，已经成为社会主义司法制度和政府公共服务的重要组成部分。四川法律援助事业发展历史，从1996年至今可分三个发展阶段。

第一阶段：1996~2000年的初创阶段。1995年年初，四川省司法厅提出要率先组建法律援助机构，开展法律援助工作，推动全省法律援助工作试点的进程。1996年5月31日，全国第一家省级法律援助机构——四川省法律援助中心成立，同时受理了一起轰动全省的民工维权大案——阳江"11·9"案（1995年11月9日，广东阳江发生了一起当地某派出所干警枪击四川民工，致一死、二伤案件），标志着法律援助工作在四川省正式诞生。法律援助初创阶段的主要做法是推动市（州）、县司法局将法律援助工作纳入司法行政整体的工作范围，宣传法律援助的作用与意义，开展对盲、聋、哑、未成年人以及可能被判处死刑被告人的指定辩护法律援助。

第二阶段：2001~2010年的全面建立和发展阶段。2001年，四川省司法厅积极推动法律援助地方立法。2001年9月22日，四川省人民代表大会常务委员会（以下简称"人大常委会"）审议通过了《四川省法律援助条例》。2003年9月1日，国务院《法律援助条例》颁布实施，标志着法律援助事业在法制化、制度化的道路上进一步推进，并进入了快速发展的阶段。第二阶段的主要做法是积极推动法律援助政府责任落实，加大法律援助案件办案力度，全面提升民事、刑事法律援助服务能力，进一步扩大社会影响力。落实法律援助政府责任，就是要在各级司法行政机关设立法律援助机构，配备人员编制，将法律援助经费纳入同级政府财政预算，做到"有人、有机构、有钱"办事。全省法律援助业务经费财政拨款2001年仅200余万元，2010年达到2500余万元。全面提升法律援助服务能力的主要内涵是多办案，特别是加大受理与老百姓就业、就学、就医、收入分配、社会保障、农村土地流转等与民生相关的法律援助申请力度。全省法律援助办案量从2001年的不足万件，提高到2010年的4.1万件，法律援助的社会影响力迅速扩大，在老百姓中的知晓率快速提升。

第三阶段：2011年至今进入新的发展时期。随着依法治国、依法治省的全面推进，四川省委、省政府将法律援助纳入全省十大民生工程的扶贫解困分项目之中，全省法律援助事业进入了又好又快的发展阶段。省委、省政府连续五年将法律援助纳入民生工程，作为省政府对市州政府的考核目标，极大提高了法律援助工作在党委政府整体工作中的地位，有效改善了市、县两级法律援助机构的物质保障。一大批市（县）"临街落地"规范化法律援助接待受理大厅的建成，改善了服务环境，树立了法律援助服务的良好品牌形象。

二 法律援助法规政策体系基本完善

经过多年的发展，四川省支撑、规范法律援助工作的法规政策体系日趋完善。以相关法律规定为支撑，以法律援助条例和部、省规章为主体，以规范性文件为补充，构建了一个完整的法律援助制度体系，四川省的法律援助工作机制健全，运行有序。

（一）与法律援助相关的法律规定

《律师法》规定了律师事务所和律师的法律援助义务，律师成为承办法律援助案件的一大主力；《刑事诉讼法》规定了刑事法律援助的范围，划定了必须给予法律援助的几类情形；《老年人权益保障法》、《未成年人保护法》、《残疾人保障法》和《妇女权益保障法》明确了相关弱势群体在合法权益受到侵害时，可以申请法律援助。以上散见在法律中的有关法律援助的规定，为法律援助制度的建立，为相关法规、规章的制定提供了法律依据。

（二）法律援助条例

四川省开展法律援助工作依据的专门法规有两部，一部是2003年国务院发布的《法律援助条例》，其属于行政法规，一部是四川省人大常委会2001年通过、2014年修订的《四川省法律援助条例》，其属于地方性法规。《法律援助条例》明确指出法律援助是政府的责任，确定了法律援助机构的职责，并对法律援助的范围，法律援助的申请和审查，法律援助的实施等事项做出了详细规定。2014年修订的《四川省法律援助条例》在遵守《法律援助条例》的基础上，主要有以下创新：第一，进一步明确了法律援助政府责任的内涵；第二，根据四川省的实际情况，扩大了法律援助的事项范围，将法律援助的事项范围从6项扩大到10项；第三，根据四川省法律援助工作发展情况，为巩固"一小时法律援助服务圈"建设成果，对乡镇（街道）法律援助工作站建设做出了规定；第四，依据《刑事诉讼法》的相关规定，明确了强制性刑事法律援助的范围和选择性刑事法律援助申请的条件；第五，进一步规范了法律援助人员的办案行为，明确了违法违规人员法律责任，督促其自觉履行法律援助义务。

（三）与法律援助相关的规章

与法律援助相关的部门规章为司法部颁发的《办理法律援助案件程序规定》，其规范了法律援助案件从受理、审查到承办的各个流程，进一步稳固和完善了由法律援助条例搭建的法律援助制度框架。

四川省人民政府办公厅《关于贯彻落实〈国务院法律援助条例〉确定公民经济困难标准的通知》规定了法律援助经济困难标准。目前，四川省的经济困难标准为城镇居民按户籍所在地或经常居住地（居住一年以上）县级人民政府规定的城市居民最低生活保障标准执行；农村居民按上一年度国家公布的农村低收入贫困线标准执行。该通知授权各市（州）根据当地经济、社会发展水平和法律援助需求情况提高经济困难标准。

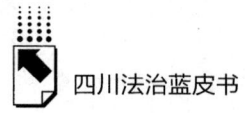

（四）与法律援助相关的规范性文件

规范性文件作为法律法规和规章的有效补充，以其灵活性更适合规定一些因客观原因定期需要调整而不宜纳入立法的事项。法律援助经费管理办法和法律援助工作的相关规章制度均是以规范性文件的形式规定的。四川省司法厅、财政厅出台的《四川省法律援助经费使用管理办法》主要规定了法律援助经费的使用范围、列支标准等事项，这些事项，随着法律援助工作的推进和社会经济的发展，需要有所调整。2014年年底，四川省修订了《四川省法律援助经费使用管理办法》，根据经济社会发展水平和法律援助经费保障水平，提高了法律援助案件补贴标准，规定了重大疑难案件可以实报实销，并授权各市（州）根据实际情况，自行制定相应的经费管理办法。

此外，四川省司法厅为规范法律援助工作，出台了《四川省法律援助程序规则》《四川省法律援助机构接待来访制度》《四川省法律援助重大疑难案件讨论制度》《四川省法律援助事项异地协作办法》《四川省法律援助人员执业规范》《四川省法律援助服务质量监督考评办法》《四川省法律援助业务档案管理办法》《四川省法律援助案件投诉处理办法》《四川省乡镇（街道）法律援助工作站管理办法》《四川省法律援助人员职业道德与执业纪律》十个规章制度，基本囊括了法律援助日常工作的各个方面。

三　加强民事法律援助解决群众打官司难问题

2014年1月习近平总书记在中央政法工作会议上提出四个"决不允许"，其中，"决不允许让普通群众打不起官司"需要通过提供优质高效便捷的民事法律援助服务，大力发展民事法律援助事业，主动做好维护困难群众合法权益的各项工作得以实现。四川省各级法律援助机构及时化解涉及困难群众切身利益的各种矛盾问题，积极抚平困难群众的情绪，从源头上消除社会诸多不稳定因素，通过解答咨询、代书、诉讼代理、非诉讼代理等多种途径大力发展民事法律援助事业，不断满足人民群众对公平正义的要求，最大限度地增加和谐因素。

（一）2014年四川省民事法律援助总体情况

2014年，全省共接待民事咨询347081人次，代书19222人次。民事法律援助申请数为41873件，获得批准民事法律援助案件数为38366件。批准的民事法律援助案件中，以案件类型划分，数量最多的是请求支付劳动报酬案件，为12678件，比2013年的11969件增加了709件，占批准民事法律援助案件总数的33%；交通事故案件3691件，占批准民事法律援助案件总数9.6%；请求社会保险待遇案件3275件，占批准案件总数的8.5%；婚姻家庭案件3216件，占批准案件总数8.4%；请求工伤赔偿案件2562件，占批准案件总数6.7%；给付赡养费、抚养费、扶养费案件，分别为2488件、625件、1271件，分别占批准案件总数的6.5%、1.6%、3.3%；医疗事故333件；见义勇为19件；其他案件8208件，比2013年增加1401件。

2014年，办结民事法律援助案件35481件。其中，诉讼案件数为23018件，占64.9%；非诉讼案件12463件，占35.1%。在诉讼案件中，胜诉案件数为14607件，败诉案件数为911件，调解案件数为6191件，撤诉案件数为1162件，胜诉率（包括调解及撤诉结案的）达96%，为困难群众挽回损失和取得利益共计83866.05万元。

（二）工作中的亮点

1. 做好农民工重点人群法律援助工作

四川是一个农业大省和外出务工人员大省，据省人力资源和社会保障部门统计，2013年四川省外出务工农民2454.98万人，占四川总人口的30%。随着法律援助宣传力度增强，以及全省"12348"法律援助热线的推广，"有困难，找法援"已经成为很多农民、农民工的共识，越来越多的农民、农民工将寻求法律援助作为首选的维权方式。因此，在了解农民工诉求，满足农民工需要的基础上，四川省各级法律援助机构已经建立健全了岁末年初开展为农民工讨薪法律援助专项活动的长效机制，2014年12月四川省司法厅再次下发通知，启动了一年一度的为期三个月的专项活动。从2011年12月至2014年2月，三次专项活动期间，全省共计受理农民工案件9487件，为25582名农民工讨回欠薪、工伤赔偿金等30460余万元。

2. 围绕藏区稳定做好法律援助工作

藏区的和谐发展工作是四川省委省政府的重点工作，法律援助律师在四川省藏区内做的法治宣传和民事案件代理，为藏区发展做出了卓越贡献。2014年，四川省各级法律援助机构共接待咨询藏区民事法律问题13012人次，承办藏区民事法律援助案件512件。

3. 做好涉法涉诉信访法律援助工作

四川省建立健全了法律援助参与涉法信访工作体制，定期安排援助律师参与涉法信访值班和党委政府开展的"大接访"活动，挂牌督办有重大社会影响的信访案件。信访案件往往因案情复杂、当事人积怨很深、证据严重缺失、维权周期过长、调解难度大等特点成为地方政府的"烫手山芋"，一旦政府与群众沟通无效，就会激化干群矛盾，这时法律援助机构主动请缨、勇于担当、倾情援助，能够取得当事人的信任，成功化解当事人长期积怨，维护一方和谐稳定。例如，2014年8月四川省、资阳市、安岳县三级法律援助中心联合办结历时十年的田某某交通事故一级伤残索赔信访案；2014年5月四川省法律援助中心接到四川省委政法委转交的当事人申请，承办了张某于十余年前被四川某某学院单方解除人事关系信访案。这些案件都取得了良好的社会效果。

4. 积极办理重大典型民事法律援助案件

办理涉及群众切身利益、群体性、敏感性的重大典型案件，是四川省各级司法行政机关和法律援助机构的重要工作职责。四川省法律援助机构带头行动，调配精干力量，亲自指挥督办，充分发挥了法律援助在促进社会管理创新、保障司法公正方面的重要作用。典型的案件有2012年省市区三级法律援助中心联合办结的"泸州市江平等384名农民工吉林白山讨薪案"；

2013年雅安市石棉县法律援助中心办结的"郑某等188名农民土地租金纠纷案";2014年四川省法律援助中心办结的"刘某某跨省离婚案";2014年省市区三级法律援助中心联合办理的"内江1147名破产企业职工劳动报酬纠纷案"等。

四 积极开展刑事法律援助维护司法公正

新《刑事诉讼法》正式实施后,贯彻实施新刑诉法,充分发挥刑事法律援助工作在加强人权保障、促进社会公平正义、维护社会和谐稳定中的重要作用。修改后的《刑事诉讼法》,明确了法律援助申请权利、延伸适用阶段和扩大对象范围等,加大了国家基本法律对犯罪嫌疑人、被告人的权利保护力度,进一步健全了中国特色社会主义法律援助制度,强化了法律援助工作在刑事司法体系中的作用,对于加强司法人权保障、促进实现刑事司法公正、做大做强做优法律援助事业具有重要意义。加强刑事法律援助工作是法律援助工作的重心,四川省各级法律援助机构认真贯彻实施新《刑事诉讼法》,增强刑事法律援助工作的责任感、使命感,取得了一定成效。

(一)2014年四川省刑事法律援助总体情况

2014年,刑事法律援助案件受理总数为12051件,法院通知辩护案件仍然是刑事法律援助案件的主要来源,审前阶段通知辩护案件相较《刑事诉讼法》修改之前有大幅增长。法院通知案件数为5626件,公安机关通知案件数为2862件,检察院通知案件数为2310件。其中,涉及未成年人的6751件,占受理刑事案件总数的56%;可能被判处无期或死刑案件为2534件,占受理刑事案件总数的21%;盲聋哑人案件635件,占受理刑事案件总数的5.3%;尚未完全丧失辩护或者控制自己行为能力的精神病人案件261件,占受理刑事案件总数2.2%;基于其他原因指定辩护案件627件,占受理刑事案件总数5.2%;强制医疗通知代理案件59件,占受理刑事案件总数0.5%。

通过公安机关、检察机关、法院转交的刑事法律援助申请为1595件,公民直接提出的刑事法律援助申请为932件。申请并获得批准法律援助刑事案件数为1194件。其中,犯罪嫌疑人、被告人、被害人、自诉人直接申请数分别为385件、340件、113件和94件。

2014年共办结刑事法律援助案件8977件。其中,承办人意见全部采纳和部分采纳的案件数占已办结案件总数的94%。

(二)工作中的亮点

1.《刑事诉讼法》修改后刑事法律援助工作的变化

(1)刑事受援人总数激增。虽然2014年四川省刑事受援人总数为12344人,较2013年12788人相对持平(刑事受援人总数受地方犯罪率、破案率、起诉率等诸多因素影响,短期数据无增长不能说明刑事法律援助无变化),但是比2012年7829人、2011年6607人,增幅分别达58%、87%。

(2)审前阶段通知辩护刑事法律援助案件从无到有。查看四川省2012年及以前的年度法律援助统计报表,可以看出通知辩护案件等同于法院指定案件,侦查与审查起诉阶段的指定案件均为零。2013年,侦查阶段通知辩护案件数为3090件,占通知辩护案件数的27%;审查起诉阶段通知辩护案件数为2179件,占通知辩护案件数的19%。2014年,侦查阶段通知辩护案件数为2862件,占通知辩护案件数的26.5%;审查起诉阶段通知辩护案件数为2310件,占通知辩护案件数的21.4%。由此可见,刑事法律援助辩护律师已经在审前阶段大量介入,为保障犯罪嫌疑人的合法权益发挥了重要作用。

(3)申请案件数逐年增加。四川省2012年公安机关、检察机关、法院转交申请数为790件,当事人直接申请案件数为551件,一共批准764件;2013年公安机关、检察机关、法院转交申请数为1538件,当事人直接申请案件数为728件,一共批准961件;2014年公安机关、检察机关、法院转交申请数为1595件,当事人直接申请案件数为932件,一共批准1194件。

逐年增长的申请案件数表明新《刑事诉讼法》实施后，刑事法律援助工作的影响力逐步增加。

（4）注重维护刑事法律援助案件被害人的合法权益。四川省2012年依被害人申请，批准案件数为126件；2013年依被害人申请，批准案件数为145件；2014年依被害人申请，批准案件数为170件。全省法律援助机构将维护好犯罪嫌疑人、被告人合法权益以及保护被害人利益并重，在依申请受理的刑事法律援助案件中，简化被害人申请的审批程序，为其开辟绿色通道。

2.《四川省法律援助条例》的修改进一步保障新刑诉法实施

（1）与新《刑事诉讼法》衔接。新《四川省法律援助条例》经过四川省人大常委会审议通过后，于2014年5月1日正式实施。修改后的《四川省法律援助条例》明确了强制性刑事法律援助的范围和选择性刑事法律援助申请的条件，进一步明确了公安机关、检察院和法院在刑事办案程序中，对犯罪嫌疑人、被告人的法律援助告知，转交法律援助申请，及时通知辩护与代理等方面的义务，规定其具体的职责内容、履责期限等。

（2）为提高刑事法律援助案件质量做出规定。《四川省法律援助条例》第三十条第三款明确规定："为可能被判处无期徒刑、死刑的犯罪嫌疑人、被告人提供辩护的，应当指派或者安排具有三年以上执业经历的律师。"

3. 全面推进在看守所设立法律援助工作站，加强刑事法律援助工作

2014年8月四川省司法厅和四川省公安厅联合发文《关于在全省看守所设立法律援助工作站的通知》（川司法发〔2014〕30号），要求在2014年12月30日前在全省看守所范围内完成法律援助工作站建设。通过值班律师在工作站内解答法律咨询、开展法治教育、宣传法律援助制度、收转法律援助申请等举措，切实保障犯罪嫌疑人的合法权益。

五 实施便民利民措施，提高服务水平

四川省法律援助案件数和服务人次均稳步增长，这些增长，既得益于法

规和政策层面民事、刑事法律援助范围的扩展,又得益于法律援助便民利民措施的不断丰富、法律援助知晓度的不断提升、服务质量效率的逐步提高。

(一)建设规范化法律援助接待受理厅

2010年以来,以法律援助被纳入省政府民生工程为契机,省司法厅大力推动市、县法律援助机构规范化接待受理厅建设,方便群众申请法律援助、获得法律咨询代书等法律服务,树立法律援助服务的良好品牌形象。司法厅在《四川省法律援助民生工程实施意见》中,对规范化法律援助接待受理厅(以下简称"受理厅")的建设标准做出了明确规定:"选址要求临街、底层,方便群众寻找、来往;面积不低于50平方米(其中市、州受理厅不低于100平方米);有接待、谈话、办公等基本功能区域划分;有接待平台,配备律师及工作人员办公桌椅、文件档案柜、电脑(网络接通,以保证工作情况即时录入法律援助管理信息系统)、打印机、复印机、传真机、电话和照相机;室外有明显标识牌,室内公示法律援助指南(包括法律援助范围、申请受理程序、工作人员照片、咨询举报电话等),办公桌面有桌牌,受理、指派、咨询记录详实,案卷档案材料规范。"经过五年的发展,四川省已建成受理厅144个。受理厅的建成使群众的法律咨询、材料审查、申请受理审批等流程在受理厅一次性完成,为困难群众获取法律援助提供了便利。四川省将继续推动未建成受理厅的地区加快受理厅建设进程,对已建成的受理厅,将加强规范化管理,做到接待群众要热情、解答问题要准确、件件咨询有登记,将受理厅打造成优质公共法律服务窗口。

(二)健全法律援助服务网络

建立健全纵向到底、横向到边的法律援助服务网络,是以市县两级法律援助机构为核心、以法律援助标准化接待受理大厅为主体、以法律援助工作站为窗口、以法律援助联络点为补充,彼此相互联系,共同构成的"一小时法律援助服务圈"(任何法律援助需求者,使用公共交通工具,一小时内能够找到一家法律援助工作机构),能够为困难群体提供便捷、优质、高效的法律援助服务。2011年以来，四川省把"构建一小时法律援助服务圈"摆在司法行政服务群众"八件实事"的首位，狠抓落实。到2014年5月份，全省已建成法律援助中心205个，依托乡镇司法所以及工、青、妇、残等部门设立法律援助工作站4887个，其中，依托乡镇司法所建立的工作站为3422个。各地认真实施法律服务机构代为受理法律援助申请制度，使全省836家律师事务所和1297家基层法律服务所成为法律援助的接待点、受理点和宣传点。

基于四川省为劳务输出大省，常年省外务工人员超过1100万人，而农民工又是法律援助重点对象的情况，2013年下半年以来将四川省法律援助服务向省外务工人员适度延伸，协调配合当地法律援助机构，更好地服务于川籍农民工。为此，省司法厅制定了《关于建立健全省外法律援助工作站（点）的指导意见》，要求四川省条件成熟的300万以上人口市（州）和百万人口大县（市、区），依托川籍在省外执业的律师、川籍省外商会、政府驻省外办事机构等在省外农民工集中地区设立法律援助工作服务站（点）。四川省已在天津、东莞、惠州、深圳、贵阳、绍兴、泉州等地建立了14个川籍农民工法律援助工作站，受到务工地川籍务工人员的普遍好评。

（三）建立法律援助异地协作机制

法律援助异地协作机制是指不同的法律援助机构将受理的法律援助案件转交或部分委托给异地的法律援助机构办理。其目的是方便受援人，节省办案成本，提高办案效率。这种需要异地协作的情形，在农民工讨薪和工伤案件中，表现尤为突出。农民工在一项工程项目完成后，或者在务工负伤后，往往尚未开始维权或者不等他们的维权案件有结果，就需要返回原籍休养或者再到其他地方去务工，在这种情况下，农民工就倾向于向住所地的法律援助机构提出法律援助申请，而调查取证，甚至诉讼都需要到务工地完成。允许农民工就近申请法律援助，有利于节省农民工自身的维权成本，也有利于安抚农民工，及时化解社会矛盾。法律援助机构在受理这样的申请后，就需要在调查取证，甚至诉讼上获取审判地法律援助机构的帮助，以节省法律援

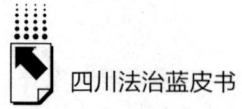

助机构自身的办案成本。目前,省内不同市(州)之间的异地协作较为成熟,按照《四川省法律援助事项异地协作办法》办理即可,有章可循。与省外的异地协作,依据司法部《办理法律援助案件程序规定》相关规定、城际之间互签异地协作协议进行。

(四)通过电话、网络平台,高效便捷地提供法律援助服务

为方便潜在受援人与法律援助机构联系,节省受援人的维权成本,全省各级法律援助机构积极搭建电话、网络服务平台,使受援人可以通过电话、司法行政机关的官方网站、官方微博微信和QQ等方式,方便迅捷地与法律援助机构联系,咨询法律问题,提出法律援助申请。电话平台主要是"12348"平台,在建立了"12348"平台的市(州),受援人直接拨打"12348"热线,即可享受相应的法律援助咨询服务。在没有开通"12348"热线的市(州),每个市(州)法律援助机构已有一部对外公布的法律援助咨询电话,提供法律援助咨询服务。除电话平台外,为了适应年轻一代的受援人习惯运用网络交流的特点,四川省许多司法行政门户网站都开设了法律援助网上办事厅,建立了法律援助微博圈,确保了困难群众能够通过网络在第一时间得到有效法律援助,实现了法律援助申请零距离。电话、网络平台的运用,不仅便捷了受援群众,还使法律援助服务突破了地域的限制,能够为更多的困难群众提供法律咨询,及时化解矛盾纠纷。例如,四川省外出务工农民工就更乐于向户籍所在地的法律援助机构咨询工伤、工资、劳务保障、子女教育等法律问题,家乡的法律援助机构给出的法律建议,往往更容易让他们信服。

(五)加强案件质量监管力度

法律援助办案质量是法律援助工作的生命线,事关困难群众的切身利益。四川省在提高社会律师办理法律援助案件积极性的同时,还注重加强法律援助案件的监督管理力度。

首先,严格落实《办理法律援助案件程序规定》以及相关执业规范、服务标准的要求,规范法律援助服务行为,为受援人提供规范化、标准化的

服务。

其次，切实加强案件指派工作。根据案件性质类型、法律援助人员专业特长和办案情况、受援人特点和意愿等因素，合理指派承办机构及人员，从源头上保证办案质量。

再次，切实加强案件质量管理。完善办案质量监督管理机制，综合运用案件质量评估、案卷检查评比、回访当事人等方式，督促法律援助人员依法依规办理案件，维护受援人合法权益。

最后，切实加强法律援助案件档案管理工作。法律援助案件档案是法律援助工作的真实记录和历史凭证，是法律援助工作成绩的重要展示和办案质量审查依据。因此，各地建立了法律援助机构案件档案库，指定专人负责立卷归档和保管工作。严格按照《四川省法律援助业务档案管理办法》的规定，从严和细化案卷归档要求，不断提升案件归档工作的规范化和精细化。有条件的地区还建立了电子档案信息库，对案卷实行信息化管理，按收案年度、保管期限、案件类型、援助形式、渠道来源、服务人群、集团诉讼案件、疑难典型案件等类别对卷宗进行科学系统分类、汇总，充分开发卷宗档案对办案、舆情分析、宣传调研工作的参考价值。

六　法律援助物质保障能力不断增强

（一）不断提高财政资金保障水平

四川省各级党委政府积极落实法律援助的政府责任，不断提高对法律援助工作的物质保障水平。2011~2014年，全省法律援助财政业务经费拨款共计24459.45万元。仅2014年中央、省、市、县各级财政拨付法律援助业务经费额度达4830.16万元，较2011年的3726.68万元，增长30%。其中，中央财政转移支付法律援助办案经费1900万元，省级财政拨款600万元，市（州）财政拨款744.1万元，县（市、区）财政拨款1586.06万元。100%的市（州）、90%的县（市、区）将法律援助经费纳入同级财政预算。

建立了省级法律援助专项资金用于支持县（市、区）法律援助工作。

全省各级法律援助机构按照有关要求，切实加强经费使用管理，保证法律援助办案经费专款专用，避免其被挪用为司法行政部门和法律援助机构的人员经费和公用经费。承办法律援助案件的律师、法律工作者在领取法律援助办案费补贴时，都要向法律援助机构提交有关的法律文书副本或复印件以及结案报告等材料。全省各级法律援助机构均建立了领款台账，标明承担的法律援助案件名称、指派时间、承办人员、办案费补助数额或报销数额等。

四川省司法厅和省法律援助中心不定期地对全省法律援助机构经费使用情况进行抽查，确保经费使用符合有关要求。

（二）积极争取社会资金用于办理法律援助案件

四川省法律援助受援人群规模大、需求多。法律援助服务能力远不能满足困难群众的实际需求是基本省情。按司法部法律援助需求统计测算方法计算，全省每年的法律援助需求应在 8 万余件。尽管 2014 年的办案量已达 50672 件，但和实际需求相比还存在较大的差距。法律援助工作存在的主要困难是经费短缺，严重影响了各地法律援助工作的开展，也影响了律师、公证员等办理法律援助案件的积极性，不利于保证案件的质量，制约了法律援助工作的健康发展。为此，四川省大力争取社会资金用于全省法律援助工作，以弥补财政拨款的不足。其中，争取到的额度最大、影响力最广泛的社会资金是中央专项彩票公益金法律援助项目。该项目从彩票公益金中安排出法律援助资金，用于资助开展针对农民工、残疾人、老年人、妇女和未成年人权益保障的法律援助工作。从 2010 年开始，四川每年都争取到了一定额度的彩票公益金项目资金。2014 年，四川争取到中央专项彩票公益金法律援助项目资金 312.4 万元。

社会资金注入是对四川省法律援助业务经费不足的有效补充。首先，它增强了全省受理法律援助案件的能力，扩大了案件的受理范围。其次，较高的补贴标准激发了律师办理案件的积极性，也有利于案件质量的提高。最后，有关项目确立的案件补贴标准也有利于推动各地向当地政府争取资金和引领各级司法局提高当地法律援助案件的补贴标准,对全省法律援助事业的健康发展具有重要意义。

(三)大力加强法律援助信息化建设

法律援助信息管理系统实现了省、市、县、乡四级法律援助机构电脑终端连接并网。法律援助案件、群众咨询信息也可以通过管理系统实现资源共享。通过系统还可以开展报送数据、审查群众法律援助申请等工作。为了推广信息管理系统,省司法厅斥巨资购买了大型服务器,租用了大宽带网络,建设了独立的法律援助信息化网络平台,提高了硬件保障水平,为信息管理系统的推广使用创造了良好的条件。截至2014年年底,全省100%的市(州)和县(市、区)均指定了专人负责该项工作,并采取有效措施确保输入信息的准确性、有效性、及时性,确保每个法律援助案件和事项都有对应的书面档案和电脑记录。

(四)完善法律援助经费管理,提高办案补贴

全省每年大约75%以上的法律援助案件都指派给了社会律师、基层法律服务工作者承办。因此,如何提高作为自由职业者的社会律师、基层法律服务工作者办理法律援助案件的积极性,成为法律援助机构必须认真思考和谋划的一件大事。提高社会律师办案积极性的突破口在于提高法律援助办案补贴标准。

2005年11月,省财政厅、省司法厅联合印发了《四川省法律援助经费使用管理办法》(以下简称《办法》)。《办法》实施以来,全省经济社会发展迅速,物价指数明显上升,办理法律援助案件的成本显著提高。律师办理一件本地的法律援助案件一般需要4~5个工作日,不包括律师自身的薪酬,仅办案产生的交通、住宿、调查取证、文印等支出,平均在1000元左右,如跨市(州)、跨省则成本更高。而《办法》规定的补贴标准过低,以至于相当一部分律师办理法律援助案件时自己还要倒贴费用,严重影响了律师办理法律援助案件的积极性,也影响了工作的开展。2014年12月,四川省财

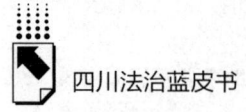

政厅、省司法厅正式印发了新的《办法》。与2005年的旧《办法》相比较，新《办法》在补贴标准和类型上有两大特色和亮点。

1. 法律援助案件补贴标准大幅提高

按旧《办法》规定，成都市内办理刑事案件补贴200～800元/件，民事、行政案件补贴400～1000元/件。新《办法》将补贴标准提高到刑事案件500～1300元/件，民事、行政案件500～1500元/件。旧《办法》规定省内成都市外办案的，刑事案件补贴500～1000元/件；民事、行政案件补贴600～1500元/件。新《办法》将补贴标准提高到刑事案件800～2300元/件，民事、行政案件900～2900元/件。

2. 重大疑难案件可增加补贴或据实报销

新《办法》规定，属群体上访、集团诉讼、跨年度重大疑难案件，或者因案情复杂、路途遥远或其他客观原因，致使成本支出较大的，省法律援助中心审核并报省司法厅分管负责人批准后，可适当增加补助费或者据实报销。

七　法律援助队伍建设不断加强

（一）不断加强法律援助机构管理干部和专职律师队伍

法律援助工作专业性很强，只有依靠一支作风过硬、业务精通、状态良好的法律援助队伍，才能将法律援助工作做细、做实、做好。近年来，全省法律援助机构管理干部和专职律师队伍不断壮大，人员素质不断提高。截至2014年11月，全省法律援助机构人员编制数为641人，实有工作人员685人，其中370人具有法律职业资格或律师资格，占人员总数的54%。

全省各级法律援助机构切实履行了监督管理的职责。《法律援助条例》规定，司法行政机关对法律援助行使监督管理职责。实践中，法律援助机构具体承担监管职责。市（州）一级法律援助机构人员以监督管理为主，以办案为辅；县（区）级法律援助机构人员则监督管理与办案兼顾。法律援助机构人员牵头办理一些典型案件，这既有利于提高个案质量，又起到了示范引领的作用。

（二）持续加强法律援助志愿者队伍建设

2007年，"1＋1"中国法律援助志愿者行动在全国范围内启动。这是司法部、团中央和中国法律援助基金会旨在解决经济欠发达地区法律援助资源严重不足，促进法律援助工作区域协调发展，满足基层困难群众法律援助强烈需求的大好举措，同时为律师志愿者、大学生志愿者提供一个锻炼自我、服务社会的良好途径，为社会力量参与法律援助事业搭建奉献爱心的桥梁。通过志愿者行动，推动了四川省人力资源短缺县（区）的法律人才队伍建设。行动开展以来，共计50余名法律援助志愿者来到四川省开展法律援助工作。2014年有6名志愿者来川支援法律援助工作。

"1＋1"行动开展以来，四川省司法厅和省法律援助中心高度重视，精心选择了人口多、农民工多、经济不发达、律师人才短缺的县（区）作为项目实施地，将志愿者安排到最需要的地区。当地司法局和法律援助中心大力支持项目实施，周密安排部署，尽力为志愿者们提供便利的工作生活条件。当地司法局专门从有限的经费中拨出资金安置志愿者，努力为他们提供良好的工作和生活环境。志愿者们努力克服身体、生活和工作上的种种困难，迅速进入工作状态，了解当地法律援助需求状态和工作情况，受理承办法律援助案件，接待咨询，参与当地调研和普法宣传活动；并积极配合党委政府领导接待群众上访，解答处理信访群众法律方面的问题，参与办理了多件有重大社会影响的法律援助案件。律师志愿者还充分利用自身专业优势和工作经验，利用办理案件、参加旁听庭审、举办讲座等方式，指导法律工作者和大学生志愿者提高办案实务水平和法律理论水平。有的志愿者定期为辖区内的乡镇干部群众开展法治讲座，有的志愿者积极参加"12·4宪法日"等各项法制宣传活动，有的志愿者深入当地偏远乡村看望慰问留守儿童。

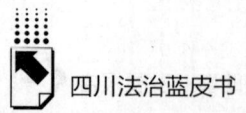

（三）大力加强省农民工法律援助工作站建设

2006年9月，四川省法律援助中心成立了公益性"四川省农民工法律援助工作站"，专门为农民工提供法律援助。工作站由小到大，由弱到强，人员结构进一步优化，公益法律服务的质量和水平进一步提高，整合各方法律援助资源的能力进一步增强，发展的思路也更加清晰，已成为全省法律援助示范性窗口单位。省农民工法律援助工作站从成立到壮大，开创了全省社会力量参与法律援助工作与政府购买公共服务的先河。在人才队伍上，工作站打造了一批专职从事法律援助工作的律师队伍。在法律援助模式上，工作站摸索出了"政府法律援助中心指派＋专职公益律师办案"的新方法。工作站的主要工作内容包括以下几个方面。

1. 认真做好农民工维权工作

以农民工维权服务为重点，简化案件受理程序，及时有效地为农民工提供优质高效便捷的法律服务，切实维护好农民工合法权益。在处理农民工法律援助案件时积极主动与用人单位联系，调解斡旋，使纠纷化解于诉讼程序之外，帮助农民工及时解决问题。

2. 不断夯实农民工法律培训

把民工夜校、新市民学校、"农民工普法员"培训等工作作为长期工作来抓。比如，通过成都市锦江区人力资源市场工作点向农民工做好法律宣传，使农民工"揣着法律去打工"。

3. 积极开辟法律援助的社会资源

积极做好与西南民族大学法学院、四川大学法学院建立起的"理论—实践教学基地"工作，继续为更多的优秀学生提供实习机会。同时，工作站力求与在蓉其他高校建立良好合作关系，建设理论与实践相结合的教学基地。聘请人大代表、政协委员、社会知名人士、企业家等担任农民工法律援助爱心大使，发动全社会力量关心支持农民工法律援助事业。

4. 不断深化对策研究

利用成都市锦江区人力资源市场农民工人数多、流量大等特点，对农民工法律维权、子女教育、工资保障、社会保障、住房等领域的现状进行调查，并对调研数据做好分析研究，最后形成报告，为政府农民工工作提供参考。

（四）持续加强法律援助队伍业务培训力度

持续加强法律援助队伍业务培训力度是加强法律援助队伍建设的重要抓手。四川省法律援助中心每年都要组织两次以上全省规模的200余人的业务培训，深受基层法律援助机构管理干部、专职律师和社会律师的欢迎。市（州）法律援助机构每年也要组织对县级机构及乡镇工作站人员的培训。

各地在制订培训计划时，结合法律援助工作实际，科学合理安排，本着缺什么补什么、干什么练什么的原则，邀请大专院校的教授、司法实务部门的专家进行专题培训。业务培训的重点在于抓好对法律援助机构负责人、业务骨干的培训。培训主要内容涵盖政治理论、法律政策知识和实务技能等方面。

全省各级法律援助机构通过有组织、有计划的系列教育培训，使参训人员开阔了视野，提高了认识，进一步熟练掌握了相关法律法规知识，为充分发挥职能作用、提高办案水平、加强工作能力打下了坚实基础；进一步加强了全省法律援助机构专职律师专业化、知识化建设，使法律援助律师进一步掌握了办案技能和方法，提升了应对群体事件和处理各种社会矛盾纠纷的能力，增强了职业道德，提高了综合素质和业务能力，为全省法律援助事业又好又快发展提供了有力保障。

八 展望

应清醒地认识到，全省法律援助工作与党委政府的要求和人民群众的期盼相比，还存在不足。这主要表现在：法律援助机构需要健全，人员有待增强；法律援助财政保障水平低，基础条件比较差；服务困难群众的质量、效

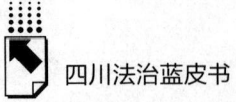

率有待提高;与相关部门的协调配合机制需要进一步加强等。

未来,全省各级法律援助机构应进一步明确法律援助的政府公共服务和司法双重属性;确定法律援助机构统一履行监督管理与组织实施职能;将法律援助专职律师作为公职律师的重要组成部分,提高其待遇;在法律援助服务网络基础上,推进覆盖城乡居民的公共法律服务体系建设;在法律援助办案补贴中,适度增加律师基本劳务费用;更加注重法律援助案件质量提高等。

B.15 泸县"4+3"全民普法教育模式探索与实践

中共泸州市委课题组*

摘　要： 普法教育是推进法治建设的基础工程，是提升全民法治观念和法律素养的重要抓手。在推进依法治县过程中，泸县以法治宣传教育为突破口，牢固树立"敬法尚法内化于心，守法用法外化于行"的理念，积极探索践行"4+3"全民普法教育模式，努力推动普法教育落地生根。

关键词： 普法教育　"4+3"模式　法治观念

一　"4+3"全民普法教育模式概述

泸县隶属于四川省泸州市，是全国文物大县、西部经济百强县。在推进依法治县过程中，泸县牢固树立"敬法尚法内化于心，守法用法外化于行"的理念，立足县域实际，深入挖掘地方文化资源，充分发挥"四川省社会治安综合治理模范县"基础优势，大力整合各方资源，以普法教育为突破口，积极培育人民权益靠法律保障、法律权威靠人民维护的社会新风尚，着力增强全民法治观念，引导全民自觉敬法尚法、守法用法，全力推进法治泸县建设。

---

* 课题组负责人：曹建国，中共泸州市委副书记。课题组成员：郭庆、赵权、唐勇。执笔人：唐勇，泸州市依法治市领导小组办公室工作人员。

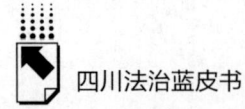

在探索过程中，泸县建立起"4+3"全民普法教育模式，进一步明确了深化普法教育工作的实践路径、平台载体和基础保障。"4"即"四化"推进措施，具体指"品牌化运作、阵地化建设、多元化参与、实践化教育"。"3"即"三大"保障机制，具体指"组织领导机制、经费保障机制、督导考核机制"。

二 "4+3"全民普法教育模式的"四化"措施及成效

1. 品牌化运作

树立品牌意识是提升宣传工作成效的重要前提。泸县独创"法娃"卡通形象作为普法教育代言人，并已正式向国家版权局申请"法娃"版权登记。以"法娃"卡通形象为原点，泸县创新推出了漫画丛书、动画片、笔记本、扑克等系列"法娃"延伸产品；组织开展了文艺汇演、电视展播、知识竞赛等系列"法娃"公益普法活动。2014年，全县累计发放法娃扑克50000副、法娃扇50000把、法娃公益广告200余幅、法娃笔记本10000余册、"法娃说法"漫画系列丛书60000册，播放"法娃普法"动画片8000场次。"法娃"系列产品生动直观，富有感召力；"法娃"普法系列活动贴近群众生活，富有趣味性和教育性。随着"法律七进"活动的深入开展，泸县"法娃"形象已深入人心，扭转了法律在群众心中的刻板印象，有效增进了干部群众对法律的情感认同，在实践中建立起既彰显特色，又颇具实效的"法娃"普法体系，普法品牌效应初步显现。

2. 阵地化建设

（1）打造法治文化景观。在县城中心区高标准打造占地5000平方米的标志性法治主题公园——泸县法治文化广场，结合重大节庆，开展法治文艺汇演、法治书画比赛、法治图片巡展、廉政警示教育等活动，变抽象的法规教条为生动的文化宣传，让干部群众在潜移默化中受到法治教育。依托法治文化广场，大力实施"一区三线N辐射"精品法治文化工程，即以城区法治文化圈为中心，三条过境国省道为法治文化工程主干线，逐年推进，辐射带动20个镇（街道）建成N个法治文化精品项目点，形成法治文化广场、法治文化长廊、法治文化大院、法治文化角等泸县法治文化景观群。首批工程泸县人民法院法治文化示范机关、泸县龙桥生态园法治主题公园、玉蟾街道清溪社区法治家园、石桥镇法治文化街等16个法治文化示范基地已建成并投入使用，成为面向泸县干部群众普法的重要窗口。

（2）建设法治教育基地。泸县在国家级示范性高中泸县二中校园内建成现代化泸县青少年法治教育基地，占地面积700平方米，先期投资100余万元，配有多媒体电教设备、新型教学模型和专兼职法治辅导员，法治教学资源丰厚。基地针对不同年龄段青少年开展个性化法治教育，注重调动教师、家长、学生、社会群体积极性，组织开展成人仪式、模拟法庭、庭审观摩、辩论演讲、法治文化创作等多种形式的法治教学活动。基地与市、县政法部门建立法治教育共建机制，县法院领导兼任泸县二中法制副校长，10名公检法司机关干部兼任泸县二中法制辅导员。2014年，全县中小学校共聘请法制副校长116名，法制辅导员139名，开展各类教学活动860余次。同时，基地与周边村社和部分中小学校签订青少年法治教育共建互助协议，填补了部分村社法治教育基地缺失的空白，示范带动了一大批学校法治教育基地建设。泸县依法治校、依法执教工作取得了较好成绩，学生报考法学类院校、法学类专业人数同比上升15%，青少年违法现象明显减少，实现义务教育阶段和普通高中在校学生零犯罪。

3. **多元化参与**

法治宣传不是党委政府的"独角戏"，强化社会协同、多方参与，保持与受众的良好互动是普法教育取得实效的关键。泸县充分调动社会各界参与公益普法事业的积极性，发挥他们贴近基层、了解群众的优势，依托普法讲师团、法律顾问团、媒体从业者、基层政法干部、群众演艺团队和志愿者队伍，组织普法小分队深入村社、企业、院落等开展法律咨询、巡回审判、法律赶场、法治情景剧摄制和送法上门活动。其中，泸县百和镇将法治内容融入四川省非物质文化遗产——莲枪舞，泸县云锦镇法治音乐快板舞《法律

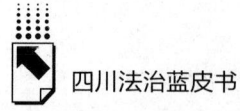

七进创辉煌》脍炙人口，表演爱好者参与摄制的普法情景剧《给您说法》深受群众喜爱。2014年，培养了农村"法律明白人"4800余名，基层政法队伍全年巡回审判案件863件，受理法律援助案件444件、法律援助咨询2337件。实现了让身边人宣传身边人，让身边人服务身边人，用身边事教育身边人，让各界人士和基层群众既成为普法教育的参与者，又成为普法教育的受益者，使法治在基层落地生根。

4. 实践化教育

普法教育的作用最终要体现到干部群众法律意识的提升上，落脚到突出问题的解决上。泸县积极探索法治宣传与法治实践相结合的有效方式，坚持运用法治思维和法治方式化解关系群众切身利益的突出问题，让解决问题的过程既成为公职人员依法办事、依法履职的过程，又成为对干部群众进行法治宣传和法治教育的过程，用解决问题的实效进一步巩固和扩大普法教育的成果。切实将安全生产监管、食品药品监管、信访维稳、社会治安综合治理、城市建设管理、环境保护六大重点领域纳入法治化轨道，全面梳理并攻坚整治六大领域突出问题。2014年，全县整改重大安全隐患8处，一般安全隐患3156处；开展食品药品专项整治32次，查办食品药品领域违法违规案件307件；化解信访难题38件；取缔重点涉黄涉赌场所14家，办理涉黄涉赌案件157件；破获毒品违法犯罪案件67起，抓获涉毒人员143人；破获"两抢一盗"类案件611起，打掉11个犯罪团伙；开展22次环境专项行动，整改环境安全隐患36处，用实际行动进行了鲜活生动的普法教育。

三 "4+3"全民普法教育模式的"三大"保障机制

1. 组织领导机制

泸县成立了由县委常委、政法委书记任组长，16个职能部门为成员单位的普法教育工作领导小组，制定了工作制度、总体方案和分类方案。根据各部门职责，细化分解任务，确定每项工作牵头部门和责任部门，明确完成时限。形成了领导小组统筹抓总，部门间横向配合，系统内垂直推进的工作格局，充分发挥部门职能优势，凝聚工作合力。为增强社会力量参与普法教育的持续性，泸县积极探索建立志愿者吸纳登记、业务培训和分类管理制度以及群众参与普法的激励机制，着力推进多元参与机制常态化、长效化。

2. 经费保障机制

泸县将法治宣传工作经费纳入县、镇两级财政预算，切实予以保障。县级按全县人口总数列入预算，2014年按每人0.65元，以后在2014年的基础上按人均0.05元的幅度逐年递增。各镇按本镇人口总数人均不低于0.80元列入预算专款专用，并逐年递增。各机关和企事业单位统筹安排经费，保证普法教育工作的需要。2014年，县级财政投入法治宣传经费70余万元，县镇两级财政投入法治文化阵地建设经费近200万元，带动社会资金投入近500万元。

3. 督导考核机制

泸县制定的依法治县工作考评体系中，在普法教育问题上对乡镇的考核分为7个方面，占总分值40%，对县级部门的考核分为5个方面，占总分值35%，占比权重大，且每项考核内容均明确了具体目标和效果要求，实现了普法教育考核的精细化、指标化。同时，注重发挥好人大、政协、政府法制机构、司法行政和依法治县办等部门职能作用，通过每季度定期督查和不定期抽查的方式强化对依法治理工作特别是普法教育的业务指导和督促推进。对重要法治宣传工作和法治文化工程，实行项目化管理，完善台账制度，切实增强基层执行力。探索引入社会化评价机制，采取问卷调查、访谈调查等方式，了解各地各单位普法教育实际状况，经分析整理后及时下达整改建议。

四 "4+3"全民普法教育模式存在的问题及展望

泸县"4+3"普法教育模式在探索中取得了一定的成绩，积累了一些经验，但是在实践中仍然有一些亟须解决的问题。从领导层面看，个别单位和部门认识上存在偏差，将全民普法教育等同于司法行政部门的部门业务，

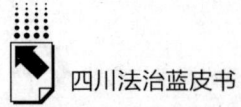

不是自己单位的"主业",重视不够,工作力度不够。从内容层面看,侧重义务教育,忽视权利教育,部分法治宣传工作针对性不强,围绕不同群体的类别化宣传还有待加强。从形式层面看,个别单位宣传教育形式单一,停留在挂横幅、贴标语、摆桌子、发传单上,形式不灵活、不生动、无趣味现象制约了宣传效果提升。从效果层面看,部分单位重活动开展,轻活动实效,重法律知识灌输,轻法治观念养成,普法教育的客观评估机制有待进一步完善。从上述意义上讲,全民普法教育任重道远,必须以强烈的责任感和使命感,采取切实措施,全面深化普法教育各项工作并取得实效。

1. 进一步强化队伍建设

普法教育专业性强、政策性强,必须依靠一支素质过硬的骨干队伍来推动、实施。一方面应加强专业化普法队伍建设。建立健全司法公职人员、行政执法人员、律师等主体普法宣传制度;加强普法讲师团、法律顾问团和法律人才库建设;加强各级各类学校法制副校长、法制辅导员制度建设;加强各级依法治理办自身建设,优选精干充实力量,增强统筹协调的能力和底气。另一方面应加强志愿者普法队伍建设。实行分类管理,按照有特色、有侧重、懂业务的要求组建志愿者普法队伍,建立健全志愿者吸纳、使用、培训、激励办法。

2. 进一步突出重点对象

抓好领导干部学法用法守法,严格落实会前学法、年终述法和法律顾问制度,建立健全依法决策机制和责任追究制度,提升领导干部法治思维和法治能力,发挥学法用法模范带头作用。抓好公职人员普法教育,加强公职人员法治能力培训,健全完善法律考试、定期培训和法治档案制度,严格规范执法行为,强化执法责任追究,增强基层干部法治观念、法治为民意识和依法办事能力,切实解决侵害群众切身利益的问题。抓好青年学生法治教育,倡导"法育未来"理念,切实做到法治教育教材、师资、课时、经费、考试五落实,打造青少年法治教育基地,进一步发挥凝聚青少年、教育青少年的作用。抓好困难群体法治宣传和服务,对贫困群体、残疾群体、空巢老人、留守妇女儿童等开展上门法律宣传和服务,加大法律援助力度,践行法治惠民。抓好特殊群体普法教育，对刑满释放人员、社区服刑人员、邪教转化人员突出重点做好针对性普法教育，帮助他们自觉遵法守法，回归社会。

3. 进一步提升宣教实效

树立大宣传的工作理念，调动各方面力量参与普法教育工作，严格落实"谁执法谁普法"责任制，发挥各部门职能优势，开展针对性、专业化宣传。更加注重群众在普法教育中的参与和互动，进一步探索群众在普法教育中发挥重要作用的方式和途径，进一步提高群众自我普法、自我教育的热情和能力。着力创新宣传形式，不断充实宣传内容，综合运用各类媒体，通过群众愿意听愿意看、看得懂记得住的方式进行宣传教育，强化知行合一，注重实践养成，努力提升全民法律素质。

4. 进一步完善考评体系

将过程评价和效果评价结合起来，深入研究对普法教育进行效果评价的科学有效的方式和程序，探索建立委托第三方中介机构评估机制，加大效果考评的权重，避免活动热热闹闹、效果马马虎虎。建立健全法治建设考核与领导干部提拔任用、评先评优挂钩的制度机制，以考核传递压力，以压力倒逼认识提升，切实强化各级领导干部责任。

基层社会治理

Grassroots Social Governance

B.16
四川省推进网格化服务管理调研报告

四川省社会治安综合治理委员会办公室课题组*

摘 要： 实行网格化服务管理是紧密联系群众、面对面服务群众的重要载体，也是进一步加强和改进新形势下社会治理基层基础工作的有效抓手。本文重点回顾了四川省积极推进以信息化为支撑的网格化服务管理的工作实践，介绍了其经验做法，并对巩固深化相关工作明确了路径。网格化服务管理是基层社会治理的一项综合性系统工程，难在建设、重在管理、贵在应用，需要继续在全面深化改革、全面深入推进依法治省的大局之中去推进，努力把建设成果转化为现实应用，不断提升基层社会治理水平。

关键词： 网格化 服务管理 社会治理

---

* 课题组负责人：王萍，四川省委政法委副书记、省综治委副主任、省综治办主任。课题组成员及执笔人：崔均，四川省委政法委巡视员；程朝辉，四川省综治办基层处副处长；邓一村，四川省综治办综合处副处长；张雏，四川省综治办综合处干部。

2013 年以来，四川省深入贯彻落实党的十八大和十八届三中、四中全会精神，按照中央关于创新社会治理体制和全面推进依法治国的重大决策部署，结合四川实际，以"网格化管理、社会化服务"为方向，以法治思维和法治方式积极探索和实践社会源头治理，全力推进以信息化为支撑的网格化服务管理，着力解决联系、服务基层群众"最后一公里"问题，做到便捷高效为群众服务，有效破解社会治理中"看得见的管不了、管得了的看不见"的难题，为深化平安四川建设奠定了坚实的基础，以"小网格"实现了"大和谐"，促进了社会的"大平安"。

一 实行网格化服务管理的意义

网格化服务管理并非新鲜事物。省内、省外不少地方都在积极探索网格化服务管理工作，并取得了一定的成效。党的十八届三中全会提出加快形成科学有效的社会治理体制，确保社会既充满活力又和谐有序，并对实行网格化管理提出了明确要求。在此大背景下，进一步推进和完善网格化服务管理更为重要。

（一）适应经济社会发展的需要

经济基础和上层建筑之间相互作用。面对经济社会发展的突出矛盾和问题，既要解决好生产关系中不适应生产力发展的问题，又要解决好上层建筑中不适应经济基础的问题。十八届三中全会提出全面深化改革，既有经济体制改革，也包括社会治理体制改革的内容。中国社会正在发生深刻变化，传统的社会管理方式已经难以适应时代需要。四川正处于工业化、城镇化的加速期，处于全面建成小康社会的关键期。推进全省经济社会改革发展，要求在大力推进经济建设的同时，必须加强社会治理建设，尤其是基层的社会源头治理。网格化服务管理作为社会源头治理的重要抓手，可以改革完善社会治理体制机制，创新社会治理方式，确保基层群众有事"找得到人、办得成事"，各种问题能及时发现，矛盾

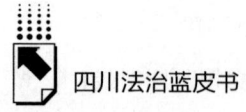

纠纷能迅速解决，从而为全省经济社会发展创造既充满活力又和谐稳定的社会环境。

（二）建设服务型政府的必然要求

从社会管理到社会治理，虽然只有一字之差，却对政府职能转变提出了更加迫切的要求。以信息化为支撑的网格化服务管理是建设服务型政府的重要举措，通过实行网格化服务管理倒逼政府及其部门充分履职，有利于切实发挥政府在社会治理和提供公共服务方面的职责。

（三）创新社会治理体制的需要

传统的基层社会治理中存在的各种问题，亟须通过创新社会治理方式，从源头上、体制上探索解决办法。以成都市成华区为例，一个普通社区要完成涉及党建、民政、劳动保障等20多个部门160余项行政性事务，各种考核、测评项目多达10余项。由于没有完全理顺部门、街道与社区之间的关系，现有社区治理体制中政府服务性职能缺失，社区自治功能未得到充分体现，直接影响基层社会治理的效能。通过网格化服务管理推动社会治理体制的改革，则可以进一步厘清各级政府之间、各部门之间、政府与自治组织和社会组织之间的职责权限，鼓励和支持社会各方面参与，特别是还可以通过工作重心下移，进一步推动民生服务、矛盾化解、信息收集、流动人口和特殊人群服务管理、社会组织作用发挥等社会治理机能的健全，以提高基层自治组织更好地为群众服务的能力，提升社会治理效能。

（四）践行党的群众路线的重要举措

长期以来，各部门联系服务群众的渠道并不畅通，群众诉求反映无门、解决无门的状况时有发生。而通过实施网格化服务管理，网格员每天深入到群众中，通过一日双巡，走家入户开展工作，可以真正做到民生服务有人办理、社情民意有人收集、矛盾纠纷有人化解、治安防范有人组织、特殊人群有人帮教、法律政策有人宣传、重大突发事件有人报告，真正做到第一时间反映和解决群众的各种利益诉求，以服务群众的实际举措来践行党的群众路线，从而有效巩固党的执政根基。

二 四川省开展网格化服务管理的主要做法

在学习借鉴兄弟省份经验做法的基础上，四川省结合实际，将网格化服务管理作为创新社会治理方式的重要载体，着力构建了"党委政府主导、政法综治协调、信息化为支撑、四级整体联动、服务管理高效、社会平安和谐"的工作格局。

（一）准确定位谋划

2013年，按照中共四川省委要求，四川省委政法委员会（以下简称"政法委"）、四川省社会治安综合治理委员会（以下简称"综治委"）牵头相关部门组成课题组，专题调研创新社会治理体制，提出了推进网格化服务管理的工作方向。2013年年底，省委办公厅、省政府办公厅印发《关于加强城乡社区建设和创新管理服务的意见》，明确提出加强社区网格化服务管理。2014年，省委将网格化服务管理建设作为一项重要改革任务列入《关于贯彻落实党的十八届三中全会精神全面深化改革的决定》，将网格化服务管理融入全面深化改革和全面深入推进依法治省大局工作中来推进。

1. 坚持党政主导

各地把网格化服务管理纳入基层党委政府的全局工作中谋划，以契合基层党委政府关于网格化服务管理在加强基层基础工作中必须体现出综合效能、实现互联共享的要求，从而得到了各级党委、政府高度重视。因此，全省网格化服务管理无一例外都是在党政主导下进行。各县（市、区）在推进这项工作时，均多次召开党委常委会、政府常务会进行专题研究部署，全省16个市（州）和183个县（市、区）党委、政府下发了党委政府或"两办"文件，成立县（市、区）党政主要领导为组长的领导小组。省委、省政府和省委组织部分别将网格化服务管理工作纳入各市（州）全年工作绩效考核和领导干部政绩考核，确保始终在党政统一领导下快速推进。2014年年底，省委办公厅、省政府办公厅下发《关于创新社会治理方式推进网格化服务管理工作的意见》，明确要求各市（州）党委、政府加强对本地网格化服务管理工作的组织领导，各县（市、区）党委、政府是责任主体，要统筹抓总，发挥主导作用，及时研究、协调、解决网格化服务管理工作推进中的重大问题。

2. 突出为民服务

吸取过去在网格化管理工作中只注重收集信息而忽视为民服务，导致工作难以推开的教训，紧密结合党的群众路线教育实践活动，将零距离服务群众作为网格化服务管理的着眼点和落脚点。要求网格员在工作中做到"认得到人，进得了门，说得上话，做得成事"，通过提供各种民生服务加强与人民群众的感情沟通，以此得到群众的理解和信任。正是通过耐心细致地为群众服务，群众的诉求才在第一时间得到回应，民生服务问题才在第一时间得以解决。许多群众反映日常生活已经离不开网格化服务管理。由于群众的信任和支持，网格化服务管理使基础信息的采集和各种信息的收集更为便利。

3. 信息化为支撑

全省建设了统一的网格化服务管理信息系统，实现所有数据都在云计算中心这一个平台上存储和运行，网格化管理的各个层级都无须再建平台，大大减轻了基层的财力负担，为网格化服务管理建设在全省迅速推开奠定了良好基础。运用"大数据"、云计算等手段，以信息共享、业务协同为原则，实现基础信息网上录入、办事服务网上管理、工作过程网上监督、责任目标网上考核，提升网格化服务管理工作的效率和水平。通过对网格化服务管理信息的综合分析研判，有利于及时准确掌握基层社会动态，努力把社会风险预警在先、防范在前。

4. 实行刚性监督

在网格化服务管理信息系统中，有关部门科学设立每个服务管理事项的流程、时限和办理要求，运用电子监察对工作进展情况实施"痕迹化"督办,采取"三灯一牌"考核(正常办理亮绿灯,临期未办亮黄灯,顺利办结亮蓝灯,逾期未办结红牌督办),纪检监察、组织人事部门参与督促问责,并与年终目标和绩效考核挂钩,倒逼相关部门职能转变、改进作风,全心全意为民服务,确保群众反映的问题都能及时有效办结。由此,实现了网格化服务管理由粗放到精细的转变,实现了为群众办事由良好愿望到件件落地的转变。

(二)点面协调推进

2013年9月起,按照"试点先行、以点带面、整体推进"的思路,全省统筹推进网格化服务管理建设各项工作。

1. 先行试点探索

全省确定了58个县(市、区)开展网格化服务管理试点。省综治委选取武胜县、西昌市和成都市成华区3个具有代表性的地区直接抓点,分别探索丘陵地区、民族地区和大城市中心城区的网格化服务管理工作模式,为试点地区树立参考样本。试点地区充分学习借鉴外省先进经验,在巩固原有网格化管理好做法的基础上,结合实际建立健全了一整套网格化服务管理工作机制,为其他地区开展网格化服务管理积累经验做法。

2. 整体同步推进

在工作试点的同时,其他地区同步开展科学划分网格、建设四级体系、组建网格服务管理员队伍、采集基础信息等工作,为全省全面实施网格化服务管理做好基础性工作。2013年年底,省委政法委、省社会治安综合治理委员会办公室(以下简称"综治办")先后在武胜县、西昌市和成都市成华区3个不同类型的试点县(市、区)召开全省网格化服务管理工作培训会,总结推广试点经验,对全省各县(市、区)党政分管领导、相关部门负责同志1200余人进行了专题培训,推动各地因地制宜开展网格化服务管理工作。

3. 强力指导推动

四川严格设置网格化服务管理建设时间节点,明确要求2014年6月底

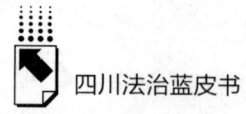

前全省城区和乡镇人民政府所在地实现全覆盖，2014年12月底前网格化服务管理覆盖到农村的村组。各地党政高度重视，落实责任，倒排工期，加快推进网格化服务管理建设。省综治办每月召开一次视频会对各地推进情况进行调度，通报工作进展情况，督促推动工作落实。省综治办负责同志分别带队亲赴各县（市、区）实地调研指导，与党政负责同志面对面沟通交流，督促工作高起点、快速度推进。截至2014年12月31日，全省21个市（州）、183个县（市、区）已基本实现网格化服务管理全覆盖。

（三）健全体制机制

在网格化服务管理体系建设中，四川注重整合各方面的资源力量，逐步建立起条块结合、上下联动的服务管理体系，健全了规范有序运行的工作机制。

1. 健全工作体系

各地结合实际建立了党政主导的县（市、区）、乡镇（街道）、村（社区）、网格四级服务管理体系，将党的基层组织、综治组织、自治组织、社会化服务组织等全部纳入网格化服务管理，将人、地、事、物、组织等社会治理基本要素纳入信息系统。村（社区）依托服务站设立网格化服务管理站，乡镇（街道）依托便民服务中心建立网格化服务管理分中心，落实具体人员负责办理辖区内的服务管理事项。各县（市、区）明确工作机构，授权其组织协调网格化服务管理日常工作，对乡镇（街道）上报的网格事项履行分流督办考核职能；县（市、区）相关职能部门接受该机构交办任务和工作考核。

2. 规范运行机制

健全网格事项的发现、处置、上报、交办、办结、回访运行机制，要求网格员在帮助群众解难题、做实事中与群众建立感情信任，对网格内的各种情况做到"耳聪目明"。对于能办理的事项，由网格员办理；网格员解决不了的，通过手持终端上报，按职责和权限分别由村（社区）、乡镇（街道）或县级管理机构通过信息系统分流指派相关职能部门限时办理，确保"件件有着落,事事有回音"。

3. 做实网格基础

在现行行政区划框架下,按照"因地制宜、街巷定界、规模适度、无缝覆盖、动态调整"的要求,城市原则上按 300~500 户、农村以现有的村组为单位划分网格。各地结合实际整合力量,组建网格员队伍,城市及乡镇所在地每个网格至少配备一名专职网格员,农村则在村组干部或大学生村干部中选择兼职网格员。全省划分网格 11 万余个,配备 23.1 万名专兼职网格员和 50 余万网格协管员,主要履行社情民意收集、重大事件报告等职责,协助做好民生事项服务、矛盾纠纷调处、社会治安防控、特殊人群服务管理、政策法规宣传等工作。网格员在社区的指导下,每天深入院落巡查走访,保持手持终端 24 小时畅通,及时反映和协调群众各种诉求。

三 实施网格化服务管理的效果

经过一年多的实践,全省的网格化服务管理工作取得了明显成效,截至 2014 年 12 月 31 日,已收集办理各种民生服务事项 148 万余件,使联系、服务群众"最后一公里"的难题得到较好的解决。网格化服务管理已成为全省创新基层社会治理、密切联系群众的有效载体,是建设平安四川、法治四川的重要举措,搭建了党委政府与群众的"连心桥",织就了一张平安和谐网。

(一)主动服务群众,密切了干群关系

网格化服务管理让网格员与群众面对面打交道,逐步融入群众之中。在日常工作中,网格员主动上门服务,及时反馈和办理群众反映强烈的突出问题,在真诚沟通中拉近了距离、在为民服务中取得了信任、在劝解矛盾中获得了认可。按照省委"走基层、解难题、办实事、惠民生"活动的要求,把网格化服务管理作为"走基层"活动的重要载体,在其信息系统中增设了民生、困难群众、稳定工作"三本台账"模块,分类建账、公开晒账、

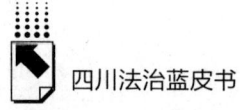

及时结账,回应群众诉求,深受群众欢迎。网格员成了最接地气的"服务员",被群众亲切地称为"管家格格",党群、干群关系更加密切。

(二)动态掌握信息,夯实了基层基础

网格员通过巡查入户收集更新人口、房屋、重点单位场所、城市管理等社会治理各类基础信息,第一时间精确掌握网格内基本要素的动态变化情况,为党委政府科学决策提供真实参考依据。推进网格化服务管理信息系统与"天网"视频整合,逐步实现与职能部门专业系统对接,建立起以"人、地、事、物、组织"为核心的基础数据库,做到"一次采集、多次使用,一家采集、多家使用",初步实现部门之间信息横向联系、上下信息纵向互通,有效解决了信息"孤岛""壁垒"的问题,为"大数据"的应用和相关部门开展服务管理工作提供了全面准确、及时动态的基础信息支撑。

(三)实现资源整合,提升了行政效能

完善职能部门协作配合机制,整合相关部门服务群众的各种资源,并纳入网格化服务管理,提升了基层公共服务能力和管理水平。将信息化手段融入网格化服务管理,促使群众反映和要求办理的问题通过信息管理系统层层流转,实行电子监察、"痕迹化"管理,以刚性的监督手段倒逼行政职能部门的职能转变,提高公共服务水平和社会治理效能。同时,把社区从繁重事务中解脱出来,集中精力开展自治和社会服务,促进了政府行政管理和社区自我管理的有效对接,形成社会各方力量参与基层社会治理的良好局面,推动了社会治理各项基础工作真正在基层落地,实现了"上面千条线"与"基层一张网"的无缝对接。

(四)加强源头治理,深化了平安建设

在网格化服务管理体系中,通过依托网格整合各种群防群治力量,逐步建立起网格化动态管理体系,为及时开展社会治安防控、就地化解矛盾纠纷、发现消除安全隐患、服务管理特殊人群、综合做好反恐防爆的基础性工

作等打下了坚实的基础,推动了将平安建设的各项举措在网格中落地,切实增强了人民群众的安全感。通过实行网格化服务管理,全省在网格中接受群众咨询,面对面地向群众宣传与其生活息息相关的各种政策法律14.8万余次,及时化解各种矛盾纠纷8.5万余件,发现暴恐、涉毒、邪教、传销以及在逃犯罪嫌疑人等犯罪线索和治安隐患4.6万余件,报告重大突发事件1.3万余件,有力推动了矛盾纠纷的源头预防和化解,基本实现了"小问题不出网格、一般问题不出社区、突出问题不出街道"。

四 完善网格化服务管理的方向

网格化服务管理工作只有进行时,没有完成时。针对实行网格化服务管理工作中存在的问题,下一步将在重点巩固和不断完善提高网格化服务管理的实际效用上下功夫,并以此不断提升基层社会治理科学化、法治化水平,全面推进平安四川、法治四川建设。

(一)健全网格化服务管理机制

各地结合实际健全管理体制,规范联动运行机制,完善职能部门协作配合机制,科学调整网格,完善制度管理规范,不断提升网格化综合服务管理能力和水平。建立健全社会化服务平台,全面、主动对接民生需求和群众关心的社会服务管理问题,提供"一站式集中受理、专业式精准办理、贴心式高效服务"。

(二)增强网格服务管理实效

四川将进一步加强对网格员的培训和管理,着力在提高素质和履职尽责上下功夫。发挥网格员在社情民意收集、重大事件报告、协助职能部门开展民生事项服务、矛盾纠纷化解、流动人口及特殊人群服务管理、法治宣传等方面的作用,第一时间反映和协调人民群众各方面、各层次利益诉求,推动维护社会平安和谐稳定的各项措施在基层落地落实。

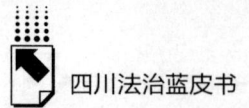

（三）强化网格宣传引导作用

四川将进一步加大新闻宣传和报道力度，采取群众喜闻乐见的形式，多渠道、全方位开展宣传，不断提高社会各方对网格化服务管理的知晓率和参与度，努力营造良好的社会氛围。充分发挥网格化服务管理贴近群众、服务基层的优势，进一步加大法律法规的宣传力度，引导群众自觉学法、懂法、用法、依法理性表达诉求、维护权益，在全社会形成办事依法、遇事找法、解决问题用法、化解矛盾靠法的舆论氛围和法治良序。

B.17
四川网络环境治理报告

四川省公安厅课题组*

摘　要： 面对错综复杂的网络安全形势，四川省公安机关坚持系统治理、源头治理、综合治理，探索应用"虚拟社会深度管理模式"，有力维护了虚拟社会的"纯洁性"，推动四川网络虚拟社会管理工作不断发展。报告总结了2014年四川公安机关推进虚拟社会治理的主要措施，并结合实践思考提出了进一步完善网络社会治理的对策。

关键词： 虚拟社会　治理深度　管理模式

一　四川网络环境治理的做法与成效

信息化时代，网络的应用对社会发展和进步的影响力日益凸显。相应地，依法监管网络环境，维护与网络相关的公民、组织合法权益以及网络安全，就成为社会综合治理的重要环节。作为以维护公共安全为主要职责的公安机关，在网络环境治理领域责任重大。

（一）坚持系统治理，实现治理主体由公安包揽向公安主导、社会共同治理转变

1. 开展重要信息系统和政府网站安全隐患专项治理

（1）以问题为导向，及时解决问题。按照发现一起处理一起的原则，

---

* 课题组负责人：邓刚，四川省公安厅网安总队政委。课题组成员：赵云、陈洁。执笔人：陈洁，四川省公安厅网安总队支队长。

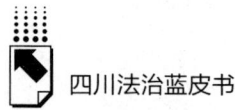

对四川省政协、省邮政局、省新闻出版广电局、四川机场、四川大学、省地震局、省民爆管理办公室、省政府参事室、省民宗委、省外事侨务办、省农业厅、省体育局、省交通厅、省卫生厅、省文化厅、省冶金地质勘查局、省法制办、省气象局、省食药监局19家重要信息系统单位和绵阳、凉山、宜宾、德阳、南充、乐山、广安、阿坝8个市（州）共11家政府单位网站发生的网络安全事件进行了快速、妥善处置，避免了现实危害的扩散。

（2）利用网络案事件为驱动，倒逼制度的落实。利用网络案事件为驱动，以点带面地推动单位整体网络安全防范工作的开展，促进安全管理制度和安全保护技术措施的全面落实。有3个典型案例：一是成功侦破"3·5专案"，打掉了一个以黑客攻击入侵"四川建设网公共资源交易网站"、非法从事招标串标围标活动的犯罪团伙，收缴涉案资金1226万元，3名主犯已经被移送司法机关。此案不仅维护了招投标工作的公平公正，更是发现和堵住了四川省重要信息系统单位存在的重大安全漏洞，为相关责任部门敲醒了警钟。二是通过双流机场门户网站被攻击篡改事件，指导四川机场集团公司进行了为期长达一年半的安全整改工作，从网站管理、重要信息系统、公共上网场所、内部联网系统四个方面进行了全面整改和安全建设，使其成为四川省33家省属国企中，率先高质量完成本单位安全防护体系建设的单位。三是由于四川省地震局地震区域骨干网络系统出现了安全风险隐患，约谈省地震局办公室、技术中心等相关部门负责人，直接推动省地震局对技术中心进行了力量和技术的补充，出台了全省地震行业重要信息系统安全防护标准，主动完成了风险评估、技术加固、等级测评工作，并首次召开了全省地震行业重要信息系统等级测评工程验收会，有力促进了全省地震行业重要信息系统安全保护工作的推进。

（3）以技术监测为抓手，提供经验指导。四川省公安厅以网站木马、页面篡改、第三方插件等常见网络攻击破坏方式为监测重点，对全省近4000家政府网站、新闻网站、高校网站，从内部脆弱性和外部风险性排查隐患漏洞，第一时间将情况通报给责任单位和主管单位，避免了各类安全隐患因得不到及时处理而造成网络安全事件/事故的发生。

2. 落实了备案单位和公安机关的"双责任制"

（1）确定国家级和省级重要信息系统单位。公安机关会同相关行业主管部门确定省电力公司、省国电集团等25家单位为"网络安全重点保卫单位"，与公安机关建立信息通报、安全事件分级响应和处置工作机制，确保重点行业重点部位的网络安全。

（2）与政府网站单位签订安全责任书。2014年全省有926家政府网站单位与公安机关签订了《网站安全责任书》，承诺按照"谁主管、谁负责，谁运营、谁负责"的原则，主动落实网站各项安全保护措施，配合公安机关开展安全检查。

（3）明确了行业主管部门的监管主责。四川省政府、省发改委、省教育厅、省国资委等重点行业主管部门在省公安厅的指导下，制定了系列行业监管政策，进一步明确了行业主管部门在落实信息安全等级保护工作中的主管责任。其中，省政府电子政务处制定了《2014年四川省政府网站绩效评估指标体系》，明确了政府网站落实信息安全等级保护制度的要求；省发展和改革委员会制定了全省电子政府系统立项与验收管理办法；省教育厅与省公安厅联合下发了《关于进一步加强学校网络和信息安全保护工作的通知》；省公安厅与省国资委联合对全省33家国企和77家央企驻川单位进行了信息安全等级保护专业培训。

（二）坚持源头治理，通过各项制度设计，实现治理环节从事后处置向源头治理前移

1. 实现了"以人管网"

（1）在全国率先建立重点网站前端审核制度。四川省公安厅、省通信管理局、省委宣传部3家互联网主管部门共同建立了对经营性网站、新闻网站前端安全审核制度，对开办人信息进行严格审核、核对，并要求网站在开通接入服务或接受主管部门年检之前，完成公安机关安全审核。2014年，全省共有65家经营性网站和新闻网站在公安机关、通信管理部门或省委宣传部实现了网站双重备案，网站主体责任更加清晰。

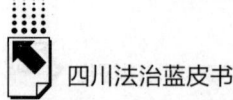

（2）落实好网站管辖双责任制。按照网站备案管辖主体和接入两大要素，开展接入网站开办人信息核查异地流转工作，2014年共发起流转网站数据168172条，查实网站备案数据157167个，向54097个网站发放了公安机关网站备案标识。

（3）开展交互式栏目网站安全检查。对全省258家交互式栏目网站、商业网站、高校网站开展安全检查，查清开办人、开办单位信息，并逐步在重点网站推动吧主、版主实名登记制度，由这些具备一定专业技术和专业判别能力的管理员协助公安机关开展有害信息删除和安全技术防范工作。

2. 实现了"技术管网"

（1）完成重点网站日志留存系统升级改造工作。完成四川省143家重点交互式栏目网站日志留存系统升级改造工作，确保网站能够有效实施符合国家互联网法律法规要求的安全保护技术措施。

（2）完成四川省三大基础运营企业日志留存系统检查工作。对省电信、省移动、省联通三大基础运营企业建立的固网、移动网上网日志留存系统实行季度技术检查，及时发现系统在数据记录、留存、查询中的问题，反馈基础运营企业倒查错误数据。

3. 实现了"制度管网"

（1）启动涉嫌违法犯罪通讯码号暂停查处工作。2014年7月向四川省电信、省移动、省联通公司下发通知，对在网上发布涉枪、涉黄、涉毒、涉爆等违法信息累计5次以上的通讯码号，一律由公安机关通知基础运营企业进行暂停。同时，全省公安机关建立24小时暂停通讯码号救助工作机制，接受暂停通讯码号机主的申诉和审核，及时解决因暂停通讯码号所产生的异议。2014年7月以来，共通报省级基础运营企业暂停涉嫌违法通讯码号1160个，关停成功率为100%，有效压缩了违法信息的传播空间，在一定程度上遏制了电信诈骗类案件的高发态势。

（2）对违法网站进行持续高压监管。制定了全省违法网站处置规范，约谈重点网站56次，共处罚网站/栏目124家，警告64家，责令限期整改57家，停机整顿3家，形成了高压震慑态势；对于以虚假信息登记入网，无法找到网站开办人的中小网站，根据危害程度和接入实际情况，制定分级处置预案，确保违法网站能够得到妥善处置。

（三）坚持综合治理，通过社会力量的共同参与，实现从单一治理手段向各种手段综合运用转变

1. 试点非经营市场化推广模式

针对数量庞大的无线上网场所单位，在成都、眉山开展试点工作，采用无线路由器商业化定制的做法，由接入服务商根据无线上网单位的商业需求和上网数量，采购符合国家上网场所安全建设标准的安全产品，在提供接入服务的同时配合公安机关完成上网场所安全审计系统的安装。

2. 创新网吧上网管理

在成都、广元创新开展手机上网、指纹上网的实名上网模式，解决网民上网证件不统一的问题，进一步巩固和完善了以二代身份证为核心的经营性上网场所实名认证工作。

（四）坚持重拳出击，严打涉网违法犯罪

2014年，四川省网络违法犯罪成倍增加，新型网络犯罪层出不穷，传统犯罪不断向互联网蔓延，主要犯罪类型有网络诈骗、网络赌博、网络淫秽色情、网络传销、网络黑客等。2014年全省公安机关共侦破网络违法犯罪案件4156件，抓获犯罪嫌疑人6281名。

二 存在的主要问题

（一）互联网实行的事后备案增大了监管难度

在网站接入制度上，我国实行的是经营许可和非经营备案制度，大量非经营网站在开办时只登记了开办者身份信息，其中不少是使用虚假身份信息进行登记的，缺乏必要的安全准入条件。这些有安全问题的网站一旦进入互联网，网站虚假信息登记、无人管理和无力管理、违法信息泛滥、安全管理制度措施不落实等一系列网络安全隐患都需要耗费大量精力核查解决。

（二）信息传播手段的多样化给查找违法信息源头带来不少困难

目前，云存储、云计算、云搜索在互联网上应用方式已较为广泛，大量的云应用方式可提供远程下载、互动交流等功能，相关服务单位大多未对上传日志、访问日志、下载日志等日志信息进行保存，有害信息变相地以网络公告形式进行传播，对违法信息进行溯本追源难度很大。

（三）互联网使用单位安全保护技术措施不到位

互联网安全管理制度和安全保护技术措施的建立，是互联网运营使用单位必须履行的法律义务，但是现阶段"重建设、轻安全"的现象十分突出和普遍，几乎所有的互联网运营使用单位均是在互联网上运行一段时间后，才考虑网络安全的相关工作，甚至有些单位直到发生网络安全事故以后，才开始着手建立相关制度和保护措施，加之受人员、经费等因素制约，安全保护技术措施往往得不到应有的保障。

（四）互联网新应用在上线前缺少必要的安全评估，为互联网安全运行带来隐患

基础运营企业和网络信息服务单位在推出各类网络新应用和新产品前，没有进行安全风险评估，应用服务与安全防范不配套，上线后容易出现各类安全隐患、后患，增加管控难度。

三 对策

（一）健全法律法规，设立虚拟社会"禁忌区"

首先，要尽快修订《四川省计算机信息系统安全保护管理办法》，满足

当前安全监管的实际需求。其次，要针对网络行业制定专门法律，明确规定行业行为规范和提供网络服务部门的义务责任。最后，要针对上网人员网络行为制定相关法律，规范网络行为。

（二）开展综合治理

首先，要加强行业约束性制度设计，倒逼基础运营企业、信息服务单位承担违法信息发现、处置、报告等净化网络文化环境的事务。其次，要对网络行业场所严加监管。加强对经营性和非经营性公共上网场所的管理，严格实施上网实名制度；对各类网络安全应用、服务要提前介入审查，实施风险等级评估，凡可能对社会产生重大危害的要限制上线使用。最后，要建立APP手机应用商店和应用软件上线安全评估制度，确保对手机通讯健康性、合法性和安全性的有效监管。

（三）加强技术管控

首先，要紧密跟踪物联网、三网融合、云计算等高新技术发展趋势，及时跟进互联网的升级扩容与新服务的应用推进，不断开发能有效管控整个虚拟社会的新技术。其次，要与网络开发商、基础运营企业建立技术协作机制，确保公安机关能够准确评估网络应用服务安全问题。最后，要建立四川省基础运营企业安全管理技术措施评审验收制度，定期考核安全保护技术措施对于公安机关打击网络违法犯罪活动的支撑效果。

（四）提高从业人员法律意识

要在基础运营企业、接入服务商、信息服务单位、上网场所单位推行网络安全岗位责任人持证上岗制度，加强对网络运营管理人员的教育，提高网络从业人员的法律意识，从源头上做好防范工作。

B.18 德阳市中江县村规民约"六步工作法"调研报告

德阳市依法治市领导小组办公室课题组*

摘　要： 针对基层民主管理遇到的各种矛盾问题，德阳市中江县将健全村规民约作为创新社会治理并落实依法治县的重要抓手，创造出"强化领导监督、广泛宣传动员、精心组织起草、反复征求意见、依法表决备案、认真组织实施"的"六步工作法"，增强了村规民约的认同度、操作性、约束力和生命力，发挥了推动当地经济发展、社会和谐稳定、社会风气好转等良性效果，有效提升了乡村治理水平。今后，还将继续深化村规民约的修订完善，加强宣传力度，并将村规民约扩展到小区（院落）等领域，以期实现基层民主自治与依法治理的有机统一。

关键词： 村规民约　六步工作法　基层社会治理

为进一步创新社会治理，推动基层民主自治建设，近年来，四川德阳市以加强基层民主建设为基础，以依法治理为主线，以村规民约为抓手，大力推进农村民主法治建设，不断提高农村居民民主法治意识，引导村

---

* 课题组负责人：刘宏葆，中共德阳市委副书记、市依法治市领导小组副组长。课题组成员：刘宏葆、张俊懿、刘应刚、刘述明、冯军、黄伟、陶进、田伟。执笔人：陶进，德阳市民政局基层政权和社区建设科科长；田伟，中江县民政局社会事务股股长。

(居）民实现自我管理、自我服务、自我教育、自我监督、依法自治，促进基层社会健康有序发展，加快构建"民主法治乡村"。全市基层民主法治建设和依法治理乡村工作取得明显成效，依法治市工作扎实推进，农村社会风气进一步好转，发展环境进一步优化，为德阳建设中国西部经济文化强市提供了有力的法治保障。特别是，中江县把建立健全村规民约作为创新社会治理、落实依法治县的重要抓手，切实加强组织领导，全面有序推进，创造和推行了"强化领导监督、广泛宣传动员、精心组织起草、反复征求意见、依法表决备案、认真组织实施"的"三上三下、六步工作法"，有力推进了农村基层民主法治建设。截至2014年年底，全市1434个行政村、342个社区，结合各地实际，全部制定出了具有本地特色的村规民约（居民公约）。

一 制定村规民约的背景

基层群众在民主管理中经常遇到承包土地怎么调、村级财务怎么管、建房宅基地怎么划、村内道路怎么建、环境卫生怎么管、秸秆禁烧怎么办等问题。解决这些问题，需要村民事先制定出处理公共事务的程序和规则，这就是平常所说的"村规"，同时，在基层民主管理中，还需要用好"民约"来引导、约束村民的日常行为习惯。村规民约作为村民自己的"小宪法"，是村民共同认可的"公约"，是村民实施村民自治的基本依据和行为准则，具有教育、引导和约束、惩戒作用，对促进村民自治具有重要作用。

全面建成小康社会需要抓好各个层次、不同领域的社会管理，充分调动广大人民群众的积极性，特别是在广大群众政治参与意识、民主法治意识、权利义务意识、公平公正意识日益增强的今天，如何规范对基层的管理、推进基层民主政治建设，如何引导群众在基层公共事务和公益事业中实行自我管理、自我服务、自我教育、自我监督，怎样把基层民主法治建设与培育社会主义核心价值观结合起来，就成了必须面对的现实问题。四川省委指出，农村要建立村规民约，城市要建立市民公约，通过制度约束规范党员干部和

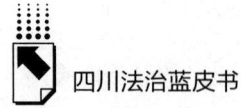

群众言行,将制度要求转化为自觉行动。中江县在2013年县委第二季度中心组学习会上及时做了安排,用了半年的时间进行研究、试点、示范,结合2013年10月开始的全省第九届村(居)民委员会换届的契机,以强化村规民约(含居民公约,下同)工作为突破口,开展了"强化领导监督、广泛宣传动员、精心组织起草、反复征求意见、依法表决备案、认真组织实施"的"三上三下、六步工作法",在全县837个村(社区)率先修订完善和实施村规民约,取得了较好的效果,有力推进了基层民主法治建设和村民自治工作。

二 主要做法

(一)强化组织领导,确保工作有序推进

1. 高度重视

市委、市政府把推行村规民约作为依法治市的重要内容列为各级党委政府的年度考核目标,与区域经济、社会事业、社会主义精神文明建设等工作同研究、同部署、同检查、同奖惩,为推进村规民约建设提供了组织保障。市民政部门印制了《修订和完善村规民约的实施方案》,指导各村依法制定或修订符合广大村民意志、具有导向性和约束性的村规民约;把村规民约作为创新社会治理、深化村民自治的重要载体在全市进行推广。全县(市、区)、各乡镇成立了制定完善村规民约工作领导小组,进一步明确责任、分解任务,确保工作落地。

2. 强化组织

县、乡(镇)、村三级成立推行村规民约工作领导小组,整合县法制办、民政、司法行政等部门力量,统筹组织实施、强化督促指导,形成了"党委政府主导、乡镇部门联动、村(社区)实施"的局面;出台《关于进一步规范和完善村规民约推进农村精神文明建设的意见》,推动各项工作落到实处。

（二）注重把握原则，确保合法合规

1. 坚持党委政府的主导地位

中江县充分发挥乡镇党委、村党支部的领导核心作用，把党的领导贯穿于村规民约起草、征求意见、表决、宣传、执行等工作的全过程，确保党的方针政策在基层得到落实。同时，乡镇政府强化监督指导，认真履行对村规民约的备案审查职责，对村规民约的合法性进行审查，要求村规民约不得包含侵犯村民人身权利、民主权利和合法财产权利的内容，对村规民约中与宪法、法律、法规以及国家政策相抵触的，责令改正。

2. 尊重人民群众的主体地位

村规民约是村民自我管理、自我服务、自我教育、自我监督的重要载体，村规民约的制定实现全民参与，自己的事情自己办，全面发挥村民的自主性，由村民自己提出哪些事项需要纳入村规民约、自己决定约束和惩戒规定，并反复征求群众意见，提交村民大会讨论通过，使村规民约真正成为村民们认可的"公约"，形成"我制定，我签字，我承诺，我执行"的良好氛围。

3. 坚持实用可行

以培育社会主义核心价值观为指导，坚持结合本村实际，按照"易记、易懂、易行"的原则，既紧紧抓住群众关心的基础设施建设维护管理、家庭美德、公共环境卫生、财务管理、集体资产处置等热难点问题，又充分体现事关本村社会管理、村民自治的特色，保证"一村一约"，切实提高村规民约的实用性和可操作性。

（三）严格程序要求，确保符合民意

1. 酝酿准备

各乡镇由制定完善村规民约工作领导小组全面负责工作的落实，实行乡镇班子成员包片、联村干部包村制度，定期研究解决工作中出现的问题和困难，指导各村依法按程序推进村规民约相关工作。各村成立村规民约工作小组，具体负责起草、征求意见、表决、宣传、执行等工作。

2. 宣传动员

在做好充分准备的基础上，各村及时召开村规民约制定工作动员会，让群众广泛知晓。同时，通过"坝坝会"、广播、宣传栏、短信、电话等多种方式，深入宣传制定村规民约的重要意义和具体要求，营造良好的社会氛围，动员村民积极参与到村规民约的制定中来。全县知悉村规民约的有45万户、114万人，分别占相应总数的91.6%、80%。

3. 组织起草

为了提高工作效率，各乡镇起草指导备案审查组通过广泛的调查研究，起草村规民约参考版本，供各村参考；各村成立专门的起草班子，根据乡镇提供的参考版本，结合本村的习俗习惯、民风民情实际，起草符合本村特点的村规民约初稿，防止说大话、说空话、说套话。

4. 征求意见

乡镇联片领导、驻村干部、各村领导小组成员主动深入田间地头、农家院落，就起草的村规民约初稿案征求群众意见。在深入调查研究、广泛征求意见的基础上，村党支部、村委会、村监委会对征求的意见进行研究讨论并修改，再次征求群众意见，形成村规民约审议草案初稿。审议草案初稿形成后由各村民委员会报乡镇政府，由乡镇政府法制工作人员对村规民约审议草案初稿进行合法性审查，形成村规民约审议草案终稿。在讨论、修改、完善过程中，对没有采纳的村民意见和建议均向提议人进行了解释和说明。

5. 表决通过

通过乡镇合法性审查后，依照《村民委员会组织法》和四川省实施办法的规定，举行会议对草案终稿进行表决，会议由本村过半数十八周岁以上公民或本村三分之二以上户代表参加，草案终稿经过半数以上参会人员表决同意后方予以通过。全县参与表决人数达86万余人，同意的有82万人，分别占村民会议人数的76%、73%，同意人数占参加表决人数的95%。

6. 备案公布

各村对表决通过后的村规民约按要求报送乡镇备案审查。各乡镇的起草指导备案审查组对各村报送的村规民约审定稿严格按照宪法、法律、法规和国家的政策规定进行审查，对审查合格的制发准予备案通知书。全县备案率现在已达100%。各村将准予备案后的村规民约进行张榜公布，印制成册，分发到户。

（四）注重长效管理，确保执行有力

1. 增强操作性

把宣传、落实村规民约与加强村民社会公德教育、开展崇尚科学破除迷信等活动紧密结合起来，丰富村规民约内涵，融入群众日常生活，让群众入脑入心，增强村规民约的操作性。

2. 增强约束力

制度的生命力在于执行。通过召开村民会议、院坝会议、民主评议，大力开展道德模范、文明户、遵纪守法户、五好家庭户评选等活动，对模范遵守村规民约的村民给予表扬奖励，对违反的村民予以批评并督促纠正，进一步增强了村规民约的权威性和约束力。

3. 增强生命力

村规民约不是一成不变的，而是要与时俱进。在实施过程中，各村根据经济社会发展出现的新情况、新问题，召开村民代表大会、党员大会，及时讨论修订完善村规民约，确保村规民约适应社会发展的需要，不断增强村规民约的生命力。

三　主要成效

（一）推动了农村经济社会发展

村规民约的制定和实施，保障了村民的知情权、参与权、决策权、监督权，增强了村民的主人翁意识和责任感，充分调动了广大群众参与新农村建设的主动性、积极性，从而推动了农村征地拆迁、安置补偿、产业结构调

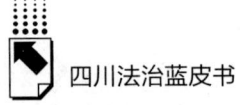

整、公益事业发展及道路建设等工作的顺利实施，促进了农村经济快速发展。富强村完善村规民约，广大村民主动参与"一事一议"项目建设和新村建设，积极筹资投劳，自觉维护公共基础设施，组织建立瓜蒌专业合作社，大面积推进瓜蒌种植，农民收入有了较快增长，2013年人均纯收入8979元，比上年增加1619元。永丰乡2014年上半年群众通过"一事一议"自愿筹资652.88万元，修建农村公路33.4公里。

（二）促进了农村社会和谐稳定

通过村规民约的制定和实施，全县村民遵法守法的意识得到加强，村社干部依法办事的能力得到提高，办事依法、遇事找法、解决问题用法、化解矛盾靠法的法治良序正在形成，乡村矛盾纠纷减少，安全意识增强，治安形势好转，邻里关系和睦，干群关系融洽。如东北镇实施村规民约以来，社会矛盾纠纷大幅减少，2014年治安案件比去年同期下降50%，盗窃案件下降75%。

（三）促进了农村社会风气好转

通过村规民约的制定和实施，村民对各级组织、村集体的归属感、认同感得到了明显提高。如东北镇白梨村，村民过去有比较严重的"等、靠、要"思想，有些人想方设法争取低保等救助。现在，村民们自力更生、互帮互助意识大大增强，生活得到改善的村民主动要求不再享受救助，有的还主动捐助有困难的村民。在村规民约实施后，许多乡镇的村委会积极筹建了"邻里乡亲互助会"，为村里的困难群众在生产、生活方面提供帮助，深入空巢老人、留守儿童家中送温暖，送慰藉，从而转变了农村社会风气，促进了和谐稳定。

（四）提升了乡村治理水平

在"中江经验"得到全面推广后，各县（市、区）以制定和实施村规民约为契机，初步建立起党委与政府引导、村级基层组织主导、基层群众广泛参与、社会各界踊跃支持的农村治理体系，推动了基层社会管理向乡村治理方式的转变和创新，提升了党委政府基层治理水平和村组干部治理工作能力；进一步增强了依法治村、群众自己事情自己办的意识，村民"四自"的能力和水平不断增强，参与村级事务的主动性、积极性明显提高。全县农村初步呈现出村级事务管理有序，村容村貌焕然一新，乡村社会和谐稳定的崭新气象。如中江县的富强村、罗江县的白马关镇凤雏村都在新村建设中让村民自我管理、自我服务、自我监督，房屋搬迁、土地征用和住房分配的全过程公开透明，未发生矛盾纠纷。

四 相关经验

（一）充分发挥人民群众的主体作用

群众是一切创造的主体，村规民约也不例外。中江县充分尊重群众制定村规民约的主体地位，动员群众积极投入到村规民约制定、实施的全过程中来，使村民们在学法、用法、敬法、守法观念进一步增强的同时，实现了自我约束和自我管理。这也是依法治省工作"坚持人民主体地位"在基层工作中的具体体现。

（二）充分发挥基层组织的引领推动作用

充分利用村委会换届选举的契机，推动村规民约的制定和完善，村党支部、村民委员会在村规民约的准备筹划、宣传动员、起草制定、组织实施的过程中，发挥了重要的引领、推动作用，其凝聚力、战斗力和致富带富的能力得到进一步增强。

（三）充分发挥法制的规范和保障作用

在村规民约的制定过程中必须坚持以村民自治法律法规为依据，使村规民约制定工作法制化、制度化、规范化，坚持做到"三符合"，即制定过程要符合法定程序，条文内容要符合法律规范，公布实施要符合法治精神，保证了村规民约制定实施工作在法治的轨道上运行。

（四）充分发挥党组织领导核心作用和政府主导作用

在村规民约工作中始终坚持党的领导，县委、县政府把制定和实施村规民约工作作为"精细管理"的重要内容，作为创新社会治理、深化村民自治的重要载体全面推广。始终坚持发挥政府的主导作用，部门统筹推进、共同督导。乡镇党政和村级党组织强化指导、认真实施，把好村规民约起草关、审查关，确保依法治省的要求贯穿在村规民约中，落实到基层。

五　存在的问题及下一步努力的方向

村规民约在取得成效的同时，也存在一些不足，主要是实施工作发展不够平衡，内容还需要充实，工作的长效机制和执行的监督保障机制还需要健全；与法律法规的有效衔接有待进一步加强。

村规民约不是一成不变的，它将随着经济社会的发展变化而不断修订完善。在下一步工作中，将继续以村规民约作为推进村民自治的重要载体，引导广大群众实行自我教育、自我管理，进一步推进农村基层自治建设工作。

（1）深化村规民约的修订和完善，确保村规民约充分体现社会主义核心价值观和村（居）特色，成为指导村（居）群众行为规范的指导性"公约"。村规民约的完善对于基层而言不仅有利于健康法治，也有利于法治建设和确立村民当家作主的地位，让人民当家作主从一种主观意识变为客观现实。

（2）加强村规民约的宣传，引导村（居）民自觉遵守和执行村规民约。村民对于村规民约的了解和掌握程度关系到村规民约实施的效果。村规民约是基层自治制度，也是基层民主事务的进步措施和发展规划。怎样让村

（居）民更好地掌握和了解村规民约关系到基层民主事务的发展和进步。一部完善的村规民约就是一种完善的自治体系，能够更好地促进农村民主法治建设。村规民约的主体受益者就是村（居）民。引导他们自觉遵守和执行村规民约，才是村规民约具体落实和真正有效实施的根本。

（3）积极开展小区（院落）自治，把村规民约落实到小区（院落），形成小区（院落）"公约"，实现小区管理正常化、院落环境美化的目标。

B.19 成都西部法律服务中心建设调研报告

成都市司法局课题组*

摘　要： 成都是中西部地区重要的国家区域中心城市。法律服务是经济社会发展的必备要素，是法治建设的重要内容。成都市承担着建设与西部经济核心增长极和现代化国际化大都市相匹配的西部法律服务中心的历史使命。成都市将通过3年左右的努力，初步建成服务门类齐备、业态高端配套、公共服务普惠、制度保障先进的法律服务体系。到2020年，建成具备全国竞争优势、西部领先优势、省内首位优势的高端法律服务产业富集区、公共法律服务普惠区、法治文化示范区和管理服务先导区。

关键词： 成都　首位城市　西部法律服务中心

　　法律服务是经济社会发展的必备要素，是法治建设的重要内容。《四川省依法治省纲要》明确提出，要加强和规范法律服务，健全规范律师、公证、基层法律服务等法律服务体系，着力把成都建设成为西部法律服务中心。作为四川省经济社会发展的首位城市，贯彻十八届四中全会、省委十届五次全会精神，奋力推进依法治省，成都必然承担着将其建设成为与

---

* 课题组负责人：唐洪春，成都市司法局副局长。课题组成员：谭英华、朱巍。执笔人：朱巍，成都市司法局法制处主任科员。

西部经济核心增长极和现代化国际化大都市相匹配的西部法律服务中心的历史使命。

一 建设西部法律服务中心是治蜀兴川的题中要义

（一）建设西部法律服务中心是建设现代化国际化大都市的基础保障

法律服务发育程度是衡量一个区域现代化水平的重要指标，也是扩大对外交往的必备要素。建设西部法律服务中心，有利于完善成都现代服务业的产业构成，为扩大国际经济往来提供配套法律服务，强化成都作为西部内陆开放高地在配套服务方面的优势，提高法治成都的知名度，增强对外开放吸引力。

（二）建设西部法律服务中心是深入实施"改革创新、转型升级"总体战略的内在要求

法律服务是现代经济社会的润滑剂。"改革创新、转型升级"总体战略的深入实施，需要规则引导和法治保障。建设西部法律服务中心，将充分满足打造西部经济核心增长极所急需的多元化、高端化法律服务需求，有利于运用法律手段保障经济社会活动在法治框架内规范运行，预防和减少法律风险、经济风险、稳定风险。

（三）建设西部法律服务中心是推进依法治市的重要抓手

深入推进依法治市，关键在于保障法律的运用实施。建设西部法律服务中心，有利于促进成都市法律服务业发展和公共法律服务供给，真正让法律成为维护公平正义和社会稳定的利器，在全社会形成办事依法、遇事找法、解决问题用法、化解矛盾靠法的良好氛围。

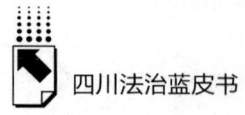

二 法律服务中西部领先格局基本形成，西部法律服务中心基础稳固

（一）法律服务促发展成果丰硕

成都市建立了法律顾问制度，积极为科学立法、依法执政、依法行政提供高效服务。2014年以来，法律顾问为政府重大决策提供法律咨询1634次、组织专家论证234次、成功处置灾后重建合同纠纷等37件重大法律事务，进一步提高了党委、政府重大决策的法治化水平。为天府新区路网建设及环境整治等重大基础设施建设、西部博览城项目及配套设施的融资建设事宜提供专项法律服务。为金牛区、新都区、成华区、彭州市旧城改造提供专项法律服务。为成都高新投资集团有限公司发行15亿元中期票据、成都公共交通集团有限公司发行8亿元资产支持票据、新希望六和股份有限公司非公开发行股票融资30亿元项目、四川天齐锂业股份有限公司再融资31亿元项目提供专项法律服务。为英国著名清洁能源公司EEA集团在成都设立股权基金管理公司提供全程法律服务，该项目系成都市批准的首例外国投资者以跨境人民币投资的合资项目。

（二）法律服务惠民生成效突出

2014年以来，成都新建成1个县级法律服务大厅和30个法律援助工作站，开通24小时值守的法律援助热线和在线咨询平台，开辟了重点群体法律援助绿色通道，保障困难群体依法维权，法律援助的社会满意度网络测评在全市35个公共服务行业中连续4年保持第一。2014年以来，共办理法律援助案件8659件，服务困难群众69892人次。组织8274名考生参加国家司法考试，应试人数居西南考区之首。

（三）现代法律服务业发展壮大

以建设西部法律服务中心为目标，成都市培育高端复合型法律人才和法律服务机构，积极推进公证体制改革，完成省属律师事务所下放接收，提高司法考试组织服务水平，拓展法律服务领域，满足社会多样化法律服务需求。目前，全市有律师事务所491家、执业律师7972名，执业律师总数居副省级城市第三位、中西部省会城市和副省级城市第一位，律师拥有率达每万人5.03人，是全国平均水平的3.1倍。成都市有市属公证机构22家、公证员191名，占全国1.36%，全省的21.9%，位居全省第一。司法鉴定机构32家、司法鉴定人463名。2014年，全市律师业办理各类诉讼案件45430件，非诉讼案件19410件，担任法律顾问14490家（人）。成都公证行业总办证件数490955件，占全省的47.12%，国内业务总量在全国公证行业中处于领先的地位。市属司法鉴定机构共受理案件14972件（含业务咨询），业务收费1876万元（含业务咨询收费），分别较2013年同期增长77%、75%，鉴定结论采信率达到99%，鉴定人出庭率达100%，全市司法鉴定事业呈稳步发展态势。成都还建成省内首个少数民族法律援助志愿律师数据库，构建起优质便捷法律服务市场，成都市法律服务门类和总量位居中西部前列。

（四）普惠型法律服务体系基本形成

以"让每一个老百姓都打得起官司"为目标，构建起以成都市法律服务中心为龙头，21个区（市）县法律服务大厅为主体，317个司法所和3415个村（社区）法律服务工作室为触角，法律服务综合信息平台为纽带的普惠性公共法律服务体系。依托群团组织、工业园区和乡镇司法所建立法律援助工作站427个，完善了"12348"法律服务热线、网络在线服务平台，在全国首推"法律服务一点通"手机APP，形成了高效便捷、全方位覆盖的法律服务网络体系。

（五）法律服务保障机制不断完善

成都市司法局推动市人大将《成都市律师执业规范和保障条例》纳入2014年立法计划，在8家区（市）县法院设立律师室开创全国先河，联合公、检、法部门制定《刑事法律援助工作实施意见》，建立律师与法官、检

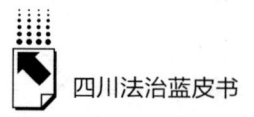

察官交流长效机制,加强与国资、房管等部门的沟通,为律师拓展业务消除了行政壁垒。建立律师维权机制网络,设立律师互助金,加强了对律师的权益保障和人文关怀。

(六)"法律七进"增强全民法治观念作用明显

以"两责任两备案"制度落实"谁执法谁普法"工作机制,成都市完善了法治成都宣传教育联席会议制度,制定《推进"法律七进"工作考核标准70条》,推进"法律七进"10项重点举措,增强"法律七进"的工作合力,开展法律七进"菜单式"普法活动。围绕天府新区、"北改"工程、城市管理转型升级和基层民主法治建设开展"以案释法""普法直通车"等专项法制宣传教育活动,强化"守法者依法办事畅通无阻、违法者违法行为处处受限"的鲜明导向,培育崇法向善、循法而行的社会环境。2014年以来,组建了1760余人的普法讲师团、1500名驻村(社区)律师队伍、7700多名法制宣传志愿者和492支群众性法治文艺小分队,全年开展"法律七进"活动4918次,对执法人员集中培训94次、涉及1万余人次,市、县两级党委中心组学法3670人次、政府常务会学法1649人次,法制副校长、法制辅导员中小学覆盖率达100%,直接受教育人员达50.7万人次,切实增强了市民的法治意识。

(七)法治大讲堂助推社会治理法治化成效显著

成都发挥法治大讲堂的品牌作用,建成以金沙讲坛(法治专场)、少城讲堂为标杆,县、乡镇(街道)、村(社区)三级法治讲堂为主体,党校和中小学为补充,各类媒体和法治文化阵地为触角的法治大讲堂工作体系,普法阵地延伸到最基层。完善法治大讲堂"三基础四统一"工作机制,坚持区(市)县、市级部门法治大讲堂讲课计划报备制度,增强法治大讲堂的持续动力。加强对重点人群的普法教育,开办领导干部学法专场和公务员法律知识竞赛,将法制教育纳入中小学课程,建立中小学法制副校长和法制辅导员队伍,试点建立社区法制副主任制度,营造良好的学法用法社会环境。

（八）法治文化共享度和便捷性有效提升

2014年以来，全市新立项启动法治文化广场23个，青少年法治教育基地26个，其他固定的法治文化设施492个，法治文化传播平台更加深入基层、融入群众。扎实开展民主法治示范村（社区）、法治示范乡镇（街道）、法治示范区（市）县三级联创和依法行政示范机关、依法治校示范校、诚信守法企业三类共创等基层法治创建活动，提升了各领域的依法治理水平。建立普法依法治理市民观察员制度，定期开展督促检查，推行人民调解议事评理制度，开展"我最喜爱的普法员"和"文明守法好市民"评选、年度法治书画大赛、"法治文化聚民心"文艺汇演等群众性创建活动，在丰富群众文化生活的同时，培育理性平和的社会心态。开发群众喜闻乐见的法治文艺作品和法治公益产品，拓展新媒体宣传阵地，推广法律服务一点通手机应用软件，开通普法网站58个、手机平台28个。开设政务微博平台"@法治成都"（粉丝已达22万），发布各类法律、资讯、服务微博近千余条，阅读量达3000万次。不断增强法治文化的影响力、引导力和感染力。

（九）人民调解工作运行机制不断完善

成都市完善四级联调机制，健全矛盾纠纷排查统计、社情民意分析、社会矛盾风险评估等制度，夯实人民调解工作基础。完善人民调解与信访衔接机制，选派律师和人民调解员进驻信访大厅，引导上访群众通过法律途径表达诉求。完善"三大调解"联动衔接机制，健全民事案件和轻微刑事案件审前调解机制，完善跨区域和行政接边区域人民调解联动响应和处置机制，形成各级各类调解组织相互协作、相互支撑的工作格局。

（十）化解社会矛盾纠纷专项治理活动成效显著

加强重大敏感时间节点和特殊区域矛盾纠纷的排查调处，开展"两节两会""春耕""西博会"等重点时段社会矛盾纠纷的专项治理和"三案"（积案、难案、大案）攻坚活动，提高复杂疑难矛盾纠纷化解能力。2014

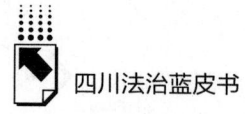

年，各级各类人民调解组织共调处矛盾纠纷 31615 件，调解成功率 96%，化解疑难复杂纠纷 1897 件，化解群体性纠纷 498 件。

（十一）专业性行业性人民调解组织树立新品牌

成都市着力将人民调解延伸到矛盾纠纷多发易发领域，全市已建立各类专业性行业性人民调解组织 635 个，涉及物业管理、劳动争议等 13 个领域。探索建立了覆盖全域的"五位一体"道路交通事故损害赔偿联动调处机制和医患纠纷人民调解机制，解决调解难、理赔难、执行难等问题，其中，交通事故纠纷的处理周期由过去的平均 25 天下降到 4 天。2014 年，共调解交通事故纠纷 6862 件，调解成功率 95.5%；调解医患纠纷 185 件，调解成功率 93%。

三 打造西部法律服务中心需要构建四大体系

将成都打造成西部法律服务中心，还需要构建四大体系。

（一）构建现代法律服务体系

1. 推进律师业转型升级

实施精品发展战略，支持中小规模所突出专业服务产品、品牌所做强优势服务产品、规模所研发新兴服务产品，形成一批特色化、精品化的律所和服务产品。实施规模发展战略，引领律师事务所合并重组，打造一批在中西部有影响力的大所。实施"走出去"战略，支持鼓励本地律所到北京、上海、广州和西部地区设立分所，在美国、韩国、香港等设立办事机构，提升全球整合资源能力和保障成都扩大开放能力。实施复合发展战略，加强律师、公证、司法鉴定行业的业务合作，增强与审计、会计、资产评估、保险、金融等服务行业的战略协作，推进律师业由单一法律服务向投资顾问和投资媒介等复合型产业发展。

2. 推进公证行业有序发展

继续发展财产继承、身份证明等公证业务，大力发展招标投标、知识产权、网络大数据、保全证据等高端业务，提高公证行业对经济发展的配套能力，防范经济活动中的法律风险。推进区（市）县公证机构体制改革，建立完善的事业单位法人治理结构。

3. 推进司法鉴定行业持续发展

稳步发展法医类、物证类和声像类鉴定业务，为司法活动提供真实公正的技术支持，大力拓展环境监测、产品质量、资产评估、知识产权等新兴业务，为经济社会发展提供完善的鉴定服务。统一司法鉴定管理机制，破除司法鉴定多头管理、多重监管难题。

4. 发展涉外法律服务业

支持律所选派优秀人才到发达国家和地区进修，打造一批精通涉外法律服务业务的精品化律师事务所。有序引进国外和港澳地区律师事务所来成都设立办事机构，鼓励本地法律服务机构通过举办国际性、区域性法律服务合作论坛与境外律师事务所建立战略协作关系。加强对本地涉外法律服务产品的研发和推荐，编印成都市涉外法律服务指南。引导法律服务机构在成都高新综合保税区、成都空港保税物流中心等海关特殊监管区域设立服务网点和办事机构，拓展涉外商事法律服务领域。

5. 加强法律服务人才队伍建设

加强人才分类管理，建立律师、公证员和司法鉴定人员专家库，培养推出一批行业领军人物。将高层次法律服务人才列入"成都人才计划"，完善高端复合型法律服务人才和法律机构的本地培育和外地引进机制，积极引进和培养精通涉外业务的高层次法律服务人才。加强思想政治、执业纪律和职业道德教育，把拥护中国共产党的领导、拥护社会主义法治作为从业的基本要求。开展针对性的业务研讨和技能培训，提高法律服务队伍素质。

（二）构建普惠型公共法律服务体系

1. 推进城乡一体法律服务体系转型升级

将市法律服务中心升级为法律服务综合功能体，县级法律援助大厅升级改造为综合性法律服务中心，全面推进规范化司法所和标准化村（社区）法律服务室建设，形成覆盖城乡、方便快捷的公共法律服务体系，为群众提供法律援助、免费法律咨询、矛盾化解和法治教育等多种服务。

2. 打造法律服务综合信息平台

建立律师、公证、司法鉴定机构和执业人员基本信息、诚信信息查询系统，向社会提供权威信息。提升"12348"法律援助热线和法治成都政务微博在线实时服务功能，提高法律服务便捷性。升级改造法律服务一点通手机终端系统。建设国家司法考试咨询服务平台。

3. 推进法律援助扩面提质

建立看守所、戒毒所法律援助工作站，开展标准化县级法律援助大厅和乡镇法律援助工作站建设，构建"城区一小时、乡村半小时法律援助服务圈"网络。将困难群众的法院申诉案件纳入法律援助范围，确保人民群众在法律援助中能感受到公平正义。探索建立法律援助质量标准化管理体系，建立公职律师事务所，为法律援助案件提供政府性法律保障。

4. 建立律师公益法律服务机制

坚持大援助、大公益、大调解理念，整合提升现有公共法律服务体系，切实发挥政府的引导作用、行业协会的组织作用和律师事务所的主体作用，推进"七个一"建设（一个服务平台、一个专门委员会、一个律所联盟、一套考评制度、一支志愿者队伍、一家公益性律所、一个资金保障），向全社会提供免费法律咨询、法治教育、法律援助、优惠价诉讼代理、争端调解等全方位、多层次、常态化的公益法律服务。

5. 优化司法便民服务和政务服务

加强法院诉讼服务中心和检察院综合性受理接待中心建设。加快审务、检务公开，畅通行政复议申请受理渠道和行政执法监督渠道，确保行政救济及时公正。建立政府信息公众查询系统，完善政府与公众交流平台，公开行政执法案件信息。

（三）构建学法用法工作体系

1. 健全法治宣传工作机制

坚持"谁执法、谁普法"原则。政府向社会组织购买法治宣传服务。针对普法对象的不同特点和需求，分类制定培训计划。落实国家工作人员学法用法制度，将法治教育纳入国民教育体系，在中小学、中等职业学校和高等学校开设法治知识课程。加强普法讲师团、普法志愿者队伍建设，全面推行普法依法治理"市民观察员制度"，推动在高等院校、群众团体和"两新"组织发展法治宣传志愿者，建立志愿者登记管理制度和公益服务激励制度。建立健全普法教育考核评估、督导监督检查机制。

2. 建设西部一流的法治文化示范基地

完善法治文化基础设施管理办法，将法治文化阵地作为城乡公共设施配套项目优先安排。打造新媒体普法宣传和法治文化传播平台，健全和充实新媒体普法网络体系。结合区域特点，打造法治文化地标建筑和示范点位，启动成都法治文化博物馆和法治教育市民中心规划建设工程，推进区（市）县法治文化主题设施建设。推动乡镇（街道）和村（社区）法治文化便民设施建设，全面落实法治大讲堂"7+3"计划，实现市级有标志性建筑、区县有主题性广场、乡村有便民性设施的目标。

3. 加强法治文化产品研发和推广

培育社会化的法治文化研发基地，开发群众喜闻乐见的法治文艺作品和法治公益产品。创建多层次的法治文化示范基地，规划建设多层次的法治文化推广展示场所，研究制定示范基地激励政策。建立公益法治影视库，推广实行公益法治"电影日"计划。

（四）构建法律服务业领先发展体系

1. 制定扶持法律服务业发展的政策措施

将律师业等法律服务业纳入现代服务业规划，制定具有吸引力的财税扶持政策，吸引行业领军人才和全国知名机构在成都创业发展。将律师等法律服务人才纳入本地人才培训计划,建设高素质法律服务人才队伍。将公共法律服务列入政府购买服务范畴,建立公共法律服务体系建设经费保障机制和公益法律服务政府补贴机制。

2. 创新法律服务行业服务和监管机制

优化律师异地流动和律师事务所变更事项等办事流程,精简办事手续,创新律师事务所年度检查考核方式,开发律师综合管理信息系统,开展律师行业事务办理网上预审,实现律师行业服务信息化。推动《成都市律师执业规范和保障条例》出台,开展法律服务行业综合执法,强化律协自律作用,加强律师事务所规范化建设,推行律师服务满意度测评,建设律师诚信评价体系,构建律所自我管理、协会行业自律、社会公开监督、司法行政部门行政监管四位一体,诚信评价、行业惩戒、行政处罚相结合的无缝监管体系。

3. 发挥法律服务行业的自我管理作用

推进法律服务行业协会和行政机关分离,提高律师协会、公证协会、司法鉴定协会自我规范、自我管理能力。加强律师事务所、公证处、司法鉴定机构的规范化建设,健全内部管理制度,切实发挥机构的主体作用和机构负责人的第一责任人作用。

B.20
遂宁第三方依法化解
医患纠纷调研报告

遂宁市司法局课题组*

摘　要： 传统医患纠纷化解陷入了"私了"没法了、"官了"了不了的尴尬局面，导致医患纠纷持续增加。2005~2007年，遂宁市年均发生医患纠纷超400起，其中医闹事件超300起，严重影响社会的和谐稳定。对此，遂宁市选择引入第三方调解机制，坚持树立法治思维、运用法治方式化解医患纠纷，取得了有效突破。本文从遂宁市依法化解医患纠纷的法治导向确立、法治架构搭建、保障机制设计、法治效应显现进行实证分析，探索医患纠纷化解的有效途径和长效机制。

关键词： 医患纠纷　依法化解　机制完善

如何运用法治思维和法治方式化解医患纠纷，是当前推进社会有效治理、维护社会和谐稳定的热点和难点。近年来，遂宁市把引入第三方调解机制依法化解医患纠纷作为依法治市的重要抓手，通过积极探索实践，第三方依法化解医患纠纷的"1+4+5"（法治导向、四大支撑、五项机制）模式已孕育出强大的活力，一个"规范实施诊疗、合理表达诉求、理性维护权益、依法化解矛盾"的新医患秩序已经成形。

---

* 课题组负责人：蒋喻新，遂宁市司法局党组书记、局长。课题组成员及执笔人：陈发友，遂宁市司法局党组成员、副局长；吴硕，遂宁市司法局政策法规处副处长。

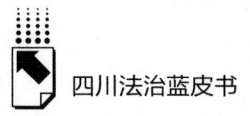

一 遂宁市医患纠纷化解的法治导向确立

医患纠纷的专业性、复杂性、特殊性,决定了医患纠纷化解方式必须具有稳定的价值取向和可靠的程序依托。因此,坚持法治导向、树立法治思维、运用法治方式必然成为遂宁市第三方化解医患纠纷的选择。

(一)现实原因:传统方式的倒逼

化解医患纠纷的传统方式主要有双方自行协商、卫生主管部门行政调解和向人民法院起诉等。由于利益的根本对立、情绪的激烈冲突、信息的严重失衡等因素,双方自行协商根本无法实现医患双方的契合,往往导致医方推诿、患方缠闹,继而演化成激烈的医患冲突甚至是"医闹"。卫生主管部门的行政调解因其非中立地位难以得到社会的认可和信任,化解效果不佳。向人民法院起诉虽是法治方式,但由于患方在知情权、证据收集等方面的弱势地位,以及诉讼效率和成本的负担,被选择率较低。传统医患纠纷化解进入了"私了"没法了、"官了"了不了的尴尬局面,导致医患纠纷持续增加。2005~2007年,遂宁市年均发生医患纠纷超400起,其中医闹事件超300起,严重影响社会和谐稳定。因而,选择引入第三方调解机制,依法化解医患纠纷成为遂宁的必然选择。

(二)内在原因:法治方式固有的稳定性

"大事化小、小事化了"是传统调解的直接手法,随意性大、稳定性低,"抹平了事"也是传统调解的重要特征。出于维稳的压力,传统调解处理医患纠纷无固定原则,习惯于用管理思维解决问题,时常突破法律和政策的底线,让群众形成"大闹大解决、小闹小解决、不闹不解决"的错误认识,纠纷调解进入了"按下葫芦浮起瓢"的怪圈。因而,坚持法治导向,运用法律的明确性和稳定性,在法律框架下和政策规定内进行调解,不但"讲理""讲情""讲德",而且"讲法",引导医患双方通过合理合法的程序确定过错方、划分责任程度和明确赔偿标准，让双方明明白白、心服口服，让调解结果经得起时间检验。

（三）预期原因：预防和减少医患纠纷

坚持依法化解医患纠纷，对诊疗过失和诊疗责任有了明确界定，能促使医方吸取教训，加强医疗服务质量管理，建立健全医疗质量管理体系，完善质量管理制度，提高医疗服务质量，有效预防纠纷发生。坚持用法治方式化解医患纠纷，消除了患方的顾虑，保障了患方的权益，也挤压了患方胡搅蛮缠的空间，有效减少了"医闹"的发生。

二 遂宁市医患纠纷化解的法治架构搭建

遂宁市第三方化解医患纠纷的核心是尊法、依法、用法。坚持以主体合法、方式合法、结果合法等要素为考量，突出以事实为依据、以法律为准绳的根本原则，注重科学技术的运用和各方力量的参与平衡，形成了"法律运用、事实基础、技术鉴定和专业水准"四大支撑体系。

（一）严格依法、准确用法

1. 依据《人民调解法》，平移调解主体，提升调解的公信力

调解组织体系设立不依法，就无法确保调解主体的合法性。遂宁市依照《人民调解法》第34条关于"乡镇、街道以及社会团体或者其他组织根据需要可以参照本法有关规定设立人民调解委员会，调解民间纠纷"的规定，依法设立了遂宁市医患纠纷人民调解委员会（以下简称"医调委"），在司法行政部门新增医患纠纷调解职能，使其成为独立于卫生行政部门、医院和患方的第三方调解机构，有力地提升了社会对调解的信任度。医调会下设遂宁市医患纠纷调解中心，具体负责调解全市的医患纠纷工作，调解实行全免费服务，坚持了《人民调解法》确立的自愿性、群众性、自治性、民间性等基本属性。2011年2月，四川省委机构编制委员会正式批准遂宁市医患纠纷调解中心为全省第一家社会公益型事业单位，遂宁市医患纠纷调解的性质和地位得到明确。

2. 依据《侵权责任法》，完善实体法律运用体系，确保调解的法理性

遂宁市将《侵权责任法》作为医患纠纷调解过程中的主要法律依据。将"公平确认医患双方平等的法律地位"、"医务人员在诊疗活动中是否尽到与当时的医疗水平相应的诊疗义务"和"死亡赔偿金的支持及计算"等作为考量的重要内容，找到了调解的准绳。

3. 依据《遂宁市医疗纠纷预防与处理暂行办法》，厘清调解的方法步骤，实现调解的规范性

遂宁市根据《侵权责任法》、《医疗事故处理条例》和其他有关法律法规的规定，结合遂宁市实际，制定了《遂宁市医疗纠纷预防与处理暂行办法》，对医患纠纷的预防、处置（调解）及相关法律责任做了明确规定。按照该暂行办法的规定，遂宁市医患纠纷调解中心结合具体工作实际，制定了遂宁市医患纠纷受理与调解流程，并在调解中严格遵行。流程包括接待咨询、决定受理、调前鉴定、初次调解、调查评估、认定责任、协商赔偿、达成和解、调解中止、回访结案十个步骤。结合调解步骤，建立了信息收集、纠纷排查、分析研判、督促回访等工作制度，使调解工作各环节均有章可循。对经调解达不成协议的，中心严格按照《人民调解法》"在当事人自愿、平等的基础上进行调解""尊重当事人的权利，不得因调解而阻止当事人依法通过仲裁、行政、司法等途径维护自己的权利"等规定，发放调解不成功通知书，告之可向人民法院提起民事诉讼等其他救济渠道。

（二）查明事实、弄清真相

遂宁市第三方化解医患纠纷机制始终遵循"事实和真相比什么都重要"的原则，调解中不"和稀泥"，不搞平衡，更不搞"抹平了事"和"花钱买平安"，而是在充分调查分析的基础上，还原真相、尊重事实，坚持把事实作为调解的基石。

1. 现场调查收集第一手资料

现场获取的第一手资料,是调解员掌握医患双方争议焦点、摸清纠纷概貌的"牛鼻子",对高效化解纠纷作用巨大。接到调解申请后,调解员第一时间赶赴现场,在做好患方情绪安抚工作后,按以下步骤着手调查。①先向患方了解诊疗过程,重点了解患方对医方诊疗的质疑点。②针对患方质疑点,听取医方诊疗过程有无过错的陈述。③做好记录,备份医患双方提供的相关资料。2014年,遂宁市医患纠纷调解中心到市级医院现场调解纠纷18件,调解纠纷两日内结案率达100%。

2. 问询了解查证医方是否存在过错

多维度、多角度、多方面了解情况,更能接近事实真相。医方是否存在误诊误疗,是否担责,医患双方往往争议过大、意见不一,调解中绝不能偏听偏信。对此,调解员会单独问询诊疗医生了解具体诊疗情况。针对医生说法,调解员当面或电话向第三方专家(从专家库随机抽取)咨询,做好录音或书面备份,作为调解纠纷的参考。2014年,调解员电话咨询医学专家36人次。

3. 查阅保全病历文书固定最关键资料

《侵权责任法》第61条规定,医疗机构及其医务人员应当按照规定填写并妥善保管住院志、医嘱单、检验报告、手术及麻醉记录、病理资料、护理记录、医疗费用等病历资料。患方要求查阅、复制上述病历资料的,医疗机构应当提供。这一规定明确了医方在病历形成、保管、提供等方面的义务,保障了患方的知情权。纠纷发生后,医调中心充分利用这一法律规定,积极帮助患方查阅、复印、保全病历,并根据患方对病历的质疑及时组织双方当面沟通。同时,与卫生行政部门人员一道监督医方按程序当场封存病历资料。患方复印病历,由患方代表签字并加盖医院公章。从程序上保证病历资料的完整性、真实性,为客观公正调解医疗纠纷和以其他救济方式化解医患纠纷固定了证据。

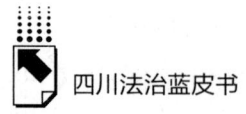

（三）笃信科学、客观判定

1. 将鉴定作为判定原因和责任的主要手段

查清原因、分清责任是化解医患纠纷的关键，也是确保医患纠纷调解后不"复反"的保障。如果没有明确的科学结论，就让医院赔钱了事，或者告知患方索赔无据，那肯定是一笔糊涂账，既难让患方满意，也无法让医方服气。遂宁市在医患纠纷调解中，充分相信和依靠现代科学和医学技术，坚持引入司法鉴定和医疗事故鉴定等技术手段，把"调前鉴定"作为普遍原则，"不鉴定调解赔偿"作为特殊例外。充分发挥司法鉴定客观、公正、独立的第三方优势，建立"医患纠纷司法鉴定绿色通道"，引导医患纠纷通过司法鉴定后调解解决。未鉴定或鉴定结果未明确前，原则上不调解赔偿事宜。同时，对于重大疑难纠纷，引入异地鉴定机制，邀请外省的专家进行鉴定，以消除患方疑虑。在达成调解协议的案件中，通过鉴定结案的占85%。

2. 充分发挥专家咨询的补充作用

医患双方不愿接受司法鉴定、医疗事故技术鉴定时，由医调委组织双方从专家库中邀请3名以上非当事医院的医学专家召开专家分析会，专家团对纠纷涉及的医疗专业问题提供评议意见，供调处纠纷时参考。截至2014年年底，专家已累计提供书面报告21份，提供咨询意见258条，医患双方接纳率在90%以上。

（四）内专外联、公开公正

为增强调解的专业性、公平性和公开性，遂宁市在医患纠纷调解中构建了以专业调解员为骨干、专家团队为后盾、社会力量为保障的多层次工作力量和监督力量。

1. 专业的调解队伍主导调解

遂宁市医患纠纷调解中心配备了6名专职工作人员，其中既有医学专家又有法学专家，他们对具体纠纷有较强的自主判别力，掌握了调解工作的主动性。由专业调解队伍主导调解,既得到了医方尊重,又增强了患方的信任。

2. 全覆盖的专家团队助力调解

调解疑难复杂的矛盾纠纷,充分听取专家咨询意见必不可少。遂宁市在全市各大医院、各家律师事务所选取366名退休专家教授和40名知名律师,组建医调人员专家库,覆盖了临床医学和法学各个学科,为医疗纠纷的调查、评估和调解提供医学咨询和法律服务。

3. 社会化的监督队伍参与调解

为确保调解的公信力,特邀人大代表、政协委员和群众代表作为日常工作监督员,对外公布监督员电话,方便群众和患方联系。对于一些影响较大、社会关注度较高的调解案件,调解中心邀请监督员到场监督。注重引入社会中立人士参与调解,大力支持新闻媒体跟踪采访,并将调解的情况及时予以公开。

三 遂宁市医患纠纷化解的保障机制设计

(一)组织保障机制

遂宁市医调委由分管副市长担任主任,负责协调医疗纠纷的调解工作。各级司法行政部门和卫生行政部门将医患纠纷调解工作作为"一把手"工程,由主要领导负总责、亲自抓。党委、政府在人财物上给予大力保障,确保了医患纠纷调解不与"医患"任何一方发生利益关系。市政府为市医患纠纷调解中心落实办公场地800平方米,并购置了医疗鉴定仪器、电脑、监控系统等办公设备。

(二)宣传引导机制

宣传引导是确保群众知法、懂法、守法的基础。遂宁市加大法治宣传力度,从提高人民群众的法治意识着手,使公民知法、懂法、守法,学会用法

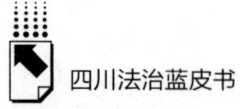

律手段解决矛盾纠纷，真正把医患纠纷化解工作纳入法治轨道。各医疗机构均在显著位置张贴相关宣传内容，并向就医群众发放大量宣传资料。重点宣传《侵权责任法》等相关法律法规、省市医疗纠纷预防与处置办法、公安部卫生部严打"医闹"的规定等。特别是明确宣传医患纠纷的处理方式、救济渠道，大力宣传打击处理"医闹"的典型案例。

（三）部门联动机制

医患纠纷化解工作，不能仅靠司法行政机关"单打独斗"，还需要职能部门通力协作。遂宁市按照既分工又合作的原则，进一步明确部门职责，构建了从预防到处置的一体化责任体系。市、县（区）建立由政府牵头，卫生、公安、司法、民政、信访等部门组成的医疗纠纷处置协调领导机构，负责对辖区内重大医疗纠纷处置工作的领导。司法行政部门负责抓好普法宣传教育，为医患双方提供必要的法律咨询和法律援助，具体组织纠纷调解。卫生行政主管部门负责制定医疗纠纷处置应急预案和医患纠纷源头预防。公安部门负责现场秩序的维护和依法强制移放尸体。民政负责督促殡仪馆、火葬场或殡葬服务站严格按照《四川省殡葬管理条例》有关规定接运、保存和火化尸体。新闻媒体负责客观公正地报道医疗纠纷，正确引导社会舆论。患方所在单位或村社区，全力配合做好劝解和协调工作。

（四）"医闹"打击机制

"医闹"是医患纠纷中的突出问题，对正常的调解工作产生了巨大的阻碍作用。遂宁市坚决打闹治乱，确立了"以闹取利"的坚决不赔的硬原则。制发了《关于依法整治"医闹"等违法行为维护医疗机构正常秩序的通告》和《关于依法整治"医闹"维护社会稳定的通知》，紧密结合打黑除恶专项斗争，对蓄意煽动群众、挑动事端、制造混乱的人员，果断依法严厉处置。对有组织的"医闹"行为和"医闹"组织的头目，司法机关联合开展重点打击，斩断非法利益链条。2012年以来，共打击处置"医闹"事件60起，拘留21人,其中处置职业"医闹"13人。有力的打击让医患纠纷的解决主渠道固定在调解桌前。

(五)保险理赔机制

为了不让调解协议成"白条",杜绝"赔付久拖不决""事了案不结"的情况,增强调解的威性和刚性,遂宁市探索建立了医疗责任保险机制,要求所有公立医院全部参保,鼓励个体诊所和其余医疗机构参保。调解协议达成后,由保险公司负责直接赔付。同时,还鼓励医疗机构从业人员购买个人责任保险,鼓励患者购买商业健康保险。把医疗责任险的承保范围从"医疗事故"扩展到"医疗纠纷",并把医疗意外的公平责任分担或适度人道主义补偿纳入其中。2014年,全市共有3641家医疗机构参加了医疗责任保险,保险及时赔偿率在95%以上。

四 遂宁市医患纠纷化解的法治效应显现

2010年以来,遂宁市各级医患中心共调解医患纠纷698件,调解成功率达98.2%。

(一)维护了医患双方的合法权益

遂宁市医患纠纷第三方调解机制建立以来,引导双方当事人依法达成协议,患者及其家属获赔2980万元。经调解不予赔偿53起,全市医疗机构整体赔付年均下降448万元。调解做到了客观公正,依法维护了医患双方的合法权益。

(二)减少了医患之间的非理性冲突

调解机制的有效运行,恢复了正常的医疗秩序。2007年前,遂宁全市平均每天发生1起医患纠纷,年均发生"医闹"事件50余起。2014年,全

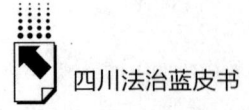

市共发生医患纠纷仅194件,"医闹"事件不足10起,未发生因医患纠纷引起的群体性事件。

(三)增强了全社会的法治意识

医患纠纷的依法化解,让医方更加深刻认识到"有过错就要担责"的法理,医疗机构和从业人员依法治医的责任意识明显增强,医疗管理和服务质量也得到有效提高。患方树立了"无理不能取闹,有理也必须依法"的理念,促进全社会形成了良好法治氛围。

五 遂宁市医患纠纷化解的完善方向

(一)突出保障人权这一核心

1. 建立以患者为中心的医疗服务体系

将"以人为本"作为核心,把尊重人、关爱人作为医疗服务的基本准则。坚持以"患者为中心",建立医疗卫生服务制度体系。

2. 建立严格的医疗机构和从业人员保护制度

医疗机构是重要公共场所,医护人员是重要公共服务产品的提供者,应受到最严密的保护。对扰乱医院公共秩序、破坏医院设施设备、攻击医护人员人身安全的行为实行"零容忍",确保医院的正常秩序。

(二)落实体制改革这一要务

1. 加快推进医疗卫生体制改革

全面落实国家深化医药卫生体制改革的各项任务,重点处理好"促进公平和提高效率""政府主导与引入市场机制"之间的关系。合理确定公立医院功能、数量、规模、结构和布局,坚决破除"以药养医"的机制。

2. 加大对卫生事业的投入

公共卫生事业属于公共产品，提供公共卫生服务是政府的基本职能，确立以政府为主导的卫生事业发展格局，全面增加政府对卫生事业的投入。每年的投入至少增加0.5个百分点以上。

（三）完善体制机制这一保障

1. 完善第三方调解机制

进一步充实专兼职的调解员队伍，实现调解员队伍中医学背景和法学背景人员的比例平衡。探索法官参与调解机制，在调解中心设立巡回法庭，对调解不成功的实现无缝诉讼衔接引导。

2. 完善医疗纠纷鉴定机制

充分发挥司法鉴定客观、公正、独立的第三方优势，继续完善以司法鉴定为主，医疗事故技术鉴定、专家评估分析为补充的鉴定机制。扩大"医患纠纷司法鉴定绿色通道"的适用范围，加大司法鉴定法律援助的力度。

3. 创新医疗纠纷代理机制

依托现有的法律服务机构，挑选和培育一批"运行规范、管理严格"的机构开展医患纠纷专业代理服务，既增强代理过程中沟通的有效性，又提高纠纷代理的质量和水平。必要时单独组建公共代理服务平台，以彻底消除"职业医闹"滋生的市场。

（四）抓住责任追究这一要害

责任追究是法治的基本属性，"后果模式"也是法律的基本模式。建立严格的医疗服务责任追究制度势在必行。对经医学会鉴定、司法鉴定或人民法院判决的医疗事故，以及卫生行政部门直接认定或医院自行认定并已向保险公司索赔的医疗过失行为，坚决对当事医疗机构进行行政处罚，对责任人给予党纪处分或行政处罚，倒逼医疗机构加强管理，提高服务质量和水平，倒逼医务人员增强责任感，提供优质服务。

（五）强化宣传引导这一手段

充分借助"法律七进"这一载体，加大对医患纠纷化解的宣传攻势。突出宣传法律法规和政策，让患方明白自身的权利、责任和义务。突出宣传医患纠纷的处置方式，引导群众用合法合理的方式表达诉求、维护权益。突出宣传违法的后果和责任，营造让医患双方不愿违法、不能违法、不敢违法的社会环境。

B.21 眉山市创新开展普法工作的探索与实践

眉山市依法治市办课题组*

摘　要： 如何增强法治宣传教育的针对性和实效性，一直是普法工作中的一个难题。眉山市在总结提炼基层工作经验的基础上，依托"大调解"工作体系，常态化开展"调解一次纠纷，上好一堂法治课"活动，不断完善工作机制，将调解与普法有机结合，取得了矛盾纠纷化解和法治宣传教育的双丰收。

关键词： 调解　普法　法治宣传教育

"调解一次纠纷，上好一堂法治课"是指调解人员在每一次调解纠纷的过程中，结合相关法律法规，给纠纷当事人及相关人员上一堂法治课。2008年以来，眉山市开展了"调解一次纠纷，上好一堂法治课"专项活动，经过7年的努力，取得了显著成绩，有力地推进了法治眉山建设。

一　形成过程

（一）提出理念阶段

2008年，眉山市司法局深入全市6个区县调研基层普法工作，在洪雅

---

* 课题组负责人：刘十庆，中共眉山市委副书记。课题组成员：王军、赵樱、蒋励、文玉林、王玉祥、周凡。执笔人：蒋励，眉山市人民调解指导中心副主任；文玉林，眉山市司法局法宣科科长；王玉祥，眉山市洪雅县司法局党组成员；周凡，眉山市依法治市办工作人员。

县司法局三宝司法所座谈时，三宝司法所提出了"调解一次纠纷，上好一堂法治课"的普法方式，将调解和普法相结合，在调解结束后，面向群众以案普法，上一堂法治课，取得调解与普法双赢的效果。在此基础上，眉山市司法局将"调解一次纠纷，上好一堂法治课"这一普法方式进行提炼，并不断丰富内容，进一步提出了"调解治标、普法治本""将人民调解员转变为普法宣传员""调解一次纠纷，上好一堂法治课，教育一片群众，稳定一方民心"等创新性普法工作理念。

（二）开展试点阶段

2009年，眉山市司法局在洪雅县、青神县人民调解工作中开展"调解一次纠纷，上好一堂法治课"专项活动试点，受到调解员和广大群众的普遍欢迎。中共眉山市委出台了《进一步加强社会矛盾纠纷"大调解"工作体系建设的实施意见》，纵向到底、横向到边、全面覆盖的"大调解"组织网络全面建成。眉山市大调解中心立足于"从根本上有效化解社会矛盾必须依据法律，使公众信法、服法，实现社会的持久稳定"，创造性地提出以市司法局试点经验为指导，依托大调解工作体系，在全市开展"调解一次纠纷，上好一堂法治课"专项活动。

（三）总结推广阶段

2010年，眉山市司法局在试点经验的基础上，不断推陈出新，总结出调查说法、研案学法、调解宣法、以案普法"四步工作法"和活动流程图，印制成工作手册，发放到各级调解员手中，指导活动的规范开展。同时，重点选取了各行各业具有代表性的案例在各区县和有关部门开展现场观摩活动，示范指导调解员开展"调解一次纠纷，上好一堂法治课"专项活动。全市各级调解组织积极行动，按照"四步工作法"掀起了专项活动热潮。

（四）建立机制阶段

2011~2014年，眉山市党委政府高度重视"调解一次纠纷，上好一堂法治课"专项活动,将该项活动纳入市委专项目标考核和市委市政府综治维稳年度目标考核,作为晋职晋级、评先受奖的重要依据。全市逐步建立起"调解一次纠纷,上好一堂法治课"专项活动机制,专项活动成为眉山市普法工作、大调解工作、依法治市工作的主要抓手。2014年12月12日,中共眉山市委三届十七次全会审议通过《中共眉山市委关于全面推进依法治市建设法治眉山的决定》,提出"坚持和完善'调解一次纠纷,上好一堂法治课'工作机制",以市委文件的形式将工作机制正式确立下来。

二 工作基础

2007年以来,眉山市着力于社会矛盾纠纷的有效化解,探索形成了"大调解"工作体系和"诉非衔接"工作机制,在全市农村和城镇推进网格化服务管理,为"调解一次纠纷,上好一堂法治课"工作的顺利推进,打下了坚实基础。

(一)构建起"大调解"工作体系

眉山市已构建起人民调解、行政调解、司法调解、行业组织调解和群众信访疏导调解相互衔接配套、整体联动的"大调解"工作体系,建立了纵向延伸到农村中心户、横向覆盖到42个行业部门的"大调解"网络。纵向上,市、县、乡、村、组五级调解网络全覆盖,推行农村中心户调解室"五站"模式,推进调解触角向农村最前端延伸。全市已建立农村中心户调解室3900多个,大量矛盾纠纷被化解在家门口,消除在院坝里。横向上,以行业主管部门为主体,按照"1+X"模式,推进专业调解组织建设,建立行业性、专业性调解组织168个,基本形成了"有人群就有调解组织,有矛盾纠纷就有调解工作"的格局。

(二)建立"诉非衔接"工作机制

眉山市把"诉非衔接"作为"大调解"工作的"升级版",建立起多元化纠纷解决机制。坚持党政主导推动，采取"二培三接"办法，即培育调解组织、培训调解人员，"诉"与"非诉"间进行组织对接、机制对接、效力对接；法院系统内部建立了诉讼辅导、分流、调解、审判"辅分调审"的纠纷解决流程；采用了"案分比、案服比、案访比"的考核评价体系，实行动态化监控。全市矛盾纠纷的社会化解数、法院分流化解数、司法裁判数之比约为82∶15∶3，群众更愿意选择调解来解决纠纷。

（三）全面推行网格化服务管理

眉山市把推行网格化服务管理作为提升基层治理能力的重要内容，实现了城乡全覆盖。科学划分城乡网格，建立网格化管理信息系统。在组建网格员服务队的基础上，眉山市还组建了党员先锋服务队、社会志愿者服务队和基层便民专业化服务队，建立"1+3"工作制度，实现"四支队伍"的整体联动，既充分发挥了网格员优势和作用，又最大限度地整合了社会资源。"四支队伍"既是为群众办事的服务队，又是矛盾纠纷的调解队，还是普法工作的宣传队。

三 工作步骤

（一）贴近实际调查说法

调解人员结合矛盾纠纷个案实际，听取诉求，收集证据，分析材料，掌握事实真相，全面了解当事人的职业特征、家庭情况和心理预期，重点了解当事人的社会评价。根据调查所掌握的情况，运用法律法规现场说法，有针对性地做好调查对象和当事人的法治宣传工作，达到尊重事实、理性判断、有效说法的目的。在人民调解案件达成调解协议后，调解人员还将调查了解当事人对协议是否满意，并引导双方在协议生效之日起30日内到人民法院进行司法确认。同时，根据案件实际和当事人情况，告知当事人若需法院、公安、司法行政等其他部门协助的，人民调解员将随时协调并提供帮助。

（二）贴近基层研案学法

对人民调解的案件，人民调解员应根据调查结果，研究案情，找准矛盾纠纷的争议点，把握法理情理的融合点，认真学习相关法律法规，在充分考虑当事人和基层群众的文化修养、性格特征、风俗习惯的前提下，理顺宣讲思路，选准宣讲内容，明确宣讲风格，制定适合当事人和基层群众的宣法方案。对司法调解和行政调解的案件，主审法官和执法人员要认真研究和熟悉案情，针对不同案件的不同特点，既注意对双方当事人前期诉求法理分析的严密性，又注意法院庭审和执法活动的原则性，做到"调解治标与普法治本"的有机结合，实现"以人为本、标本兼治、和谐调解、传播法律"的目的。

（三）贴近群众调解宣法

调解方式贴近群众，采取个别调解、集体调解、开家庭会调解、小型座谈会调解等形式，按照调解宣法方案，做到"明之以法、晓之以理、动之以情"，引导当事人依法提出请求，消除对立情绪，达成调解协议。根据案件情况和群众需要，调解员在安排当事人、知情人和周围群众旁听学习的同时，视情况组织矛盾纠纷重点区域的群众和特殊人群参与学法。适时组织调解员、村组干部等现场观摩，正确引导现场人员有序互动，充分利用法律法规的约束力和社会舆论的影响力，最大限度地提高调解与普法的双重效果，达到从源头上预防民间纠纷、减少社会矛盾，从根本上树立法治信仰、增强法治观念的目的。

（四）贴近社会以案普法

将"调解一次纠纷，上好一堂法治课"专项活动的文字资料和影像资料进行收集、整理，存入调解档案和普法档案。开展跟踪回访，利用调解成果和普法成果，筛选出与人民群众生产生活密切相关的、与党委政府中心工作密切相连的典型案例，在"三月法治宣传月"、"12·4"国家宪法日暨全国法制宣传日以及重大节庆日，贴近社会组织开展法治赶场、法治讲座、法治文艺节目等活动，不断提高以案普法的效果。对大调解中心组织的一些专业性、行业性疑难复杂案件的调解，司法调解员、行政调解员、人民调解员要结合案件实际和调解需求，宣传专业性、行业性法律法规，增强法治宣传的针对性。

在开展"调解一次纠纷，上好一堂法治课"专项活动中，全市制定了一套规范的活动流程图。活动流程图将活动流程分为三个层次，即活动准备、活动实施和活动推进（见图21-1）。调解员根据活动流程图，完成好每一个规定动作，大大提高了法治宣传效果和调解工作效率。

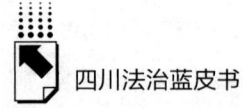

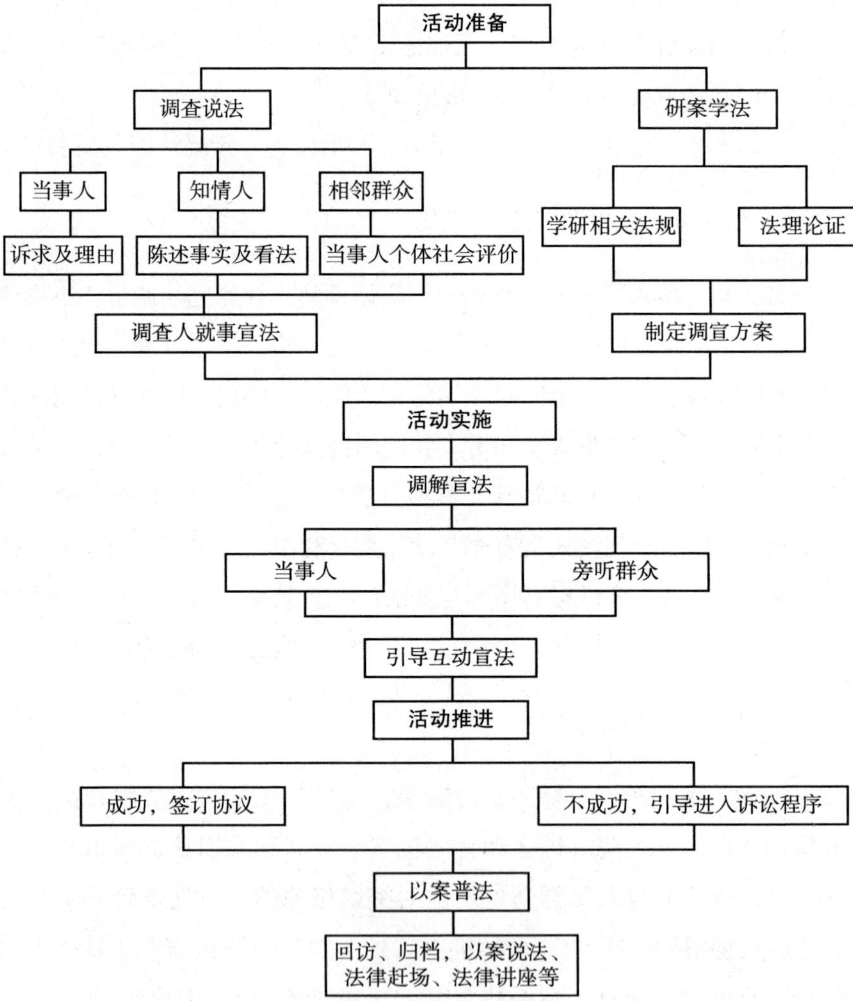

图21-1 "调解一次纠纷，上好一堂法治课"活动流程

四 主要成效

（一）提升了普法实效

传统的发放普法资料、张贴普法标语、制作普法专栏等宣传方式，总体来说是固定的、单调的"灌输式"宣传，这些被动式普法，普法效果不理想，越来越不适应时代发展的需要，越来越无法满足普法对象的需求。"调解一次纠纷，上好一堂法治课"则是就身边事说身边法，用身边事教育身边人，比传统普法方式更具有直接性、生动性、针对性，既解开了当事人之间的"法结"和"心结"，又达到了普需结合、学用结合、知行结合的效果，公民、法人或其他社会组织更容易主动接受；同时针对双方当事人对相关法律知识的需求，动之以情、晓之以理，将具体纠纷事实和诉求相对比，或因诉求得到支持而激动，或因诉求得不到支持而懊悔，都是纠纷当事人真实情感的表露，使当事人更易于明辨是非、定分止争，从而实现普法"刻骨铭心"的实效性。

（二）壮大了普法力量

"调解一次纠纷，上好一堂法治课"专项活动，整合了全市各级调解委员会、各级调解员的力量，将调解员变为普法员，使普法网络进一步健全，普法触角进一步延伸，普法队伍进一步壮大。截至2014年年底，全市有专兼职普法人员54920名，形成了"哪里有人群，哪里就有调解组织；哪里有调解组织，哪里就有普法队伍"的新格局。在角色转变过程中，扎实开展了调解员普法能力培训。在培训内容上，按照"缺什么补什么"的原则，重点抓好社会主义法治理念、常用法律法规知识、矛盾纠纷调解技能、普法宣传教育技巧等培训。在培训方式上，采取集中培训、分片轮训、以会代训、经验交流、现场观摩、案例剖析等

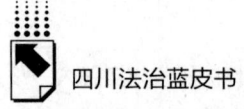

方式，确保调解员全年培训次数不少于3次，全年培训时间不少于3周。通过各种培训，增强了调解员依法调解观念，提高了调解员释法说理能力。

（三）丰富了普法形式

"调解一次纠纷，上好一堂法治课"贴近基层，贴近群众，是一种能解决群众具体问题的普法方式。在活动过程中，从普法讲师团、知名律师宣讲团队伍中筛选出普法能人210名，在全市基层干部群众中培养了"法律明白人"8112名，满足了基层群众第一时间调解、第一时间学法的需求。2010年以来，全市共筛选征地拆迁、涉法涉诉、教育医疗、环境保护、安全生产等方面的典型案例220个，组织调解员、村组干部、矛盾纠纷重点区域群众等人员开展现场观摩活动11364次，旁听群众达134万人次。组建了"心连心艺术团"等法治文艺团体10个，以"调解一次纠纷，上好一堂法治课"典型案例为素材，精心编排了《调解》《求助》《如此孝顺》等法治文艺节目155个，深入全市乡村、社区、园区、学校巡回演出1450场次，现场观众达380万人次。

（四）维护了社会和谐

"调解一次纠纷，上好一堂法治课"使调解与普法相得益彰。2010年至今，眉山全市矛盾纠纷数量呈逐年下降之势，矛盾纠纷调解成功率呈逐年上升之势（见表21-1）。该调解机制做到了"家庭纠纷不出户，邻里纠纷不出组，小事不出村、大事不出镇"，把矛盾化解在了基层、消灭在了萌芽状态，筑牢了维护社会稳定的第一道防线。全市98%的村（社区）达到了无民间纠纷引发的自杀、无民间纠纷引发的群众性械斗、无民间纠纷引发的群体性上访、无民间纠纷引发的民转刑案件的"四无"标准，基层依法治理的成效普遍上升。群众依法表达诉求，依法维护权益，特别是信访人员能够坚守"无理不能取闹、有理也不能闹事"的法治底线，形成"守法者受保护、违法者受惩处"的鲜明导向，"有理乱访、无理滥访"的现象得到有效遏制,全市"进京到省"非正常上访量连续七年居四川省末位。

表21-1 眉山市2010~2014年调解矛盾纠纷统计

时间(年)	调解纠纷数(件)	调解成功数(件)	调解成功率(%)
2010	53604	49958	93.2
2011	41236	39801	96.5
2012	24506	23349	95.3
2013	29901	29356	98.1
2014	25347	25297	99.8

五 存在的问题

(一)队伍须进一步壮大

目前,全市共有司法调解员、行政调解员、人民调解员23228名。司法调解员、行政调解员办案任务重、执法难度大,没有足够的时间和精力在调解过程中去系统普法。基层司法所是开展"调解一次纠纷,上好一堂法治课"专项活动的主要组织者和实施者,但基层司法所所长和司法助理员除担负指导、参与人民调解工作外,大多还兼任综治、维稳、信访等基层工作。需要进一步壮大调解普法员队伍,以更加有效开展"调解一次纠纷,上好一堂法治课"专项活动。

(二)素质须进一步提升

司法调解员、行政调解员大多有法律知识但缺调解经验,而人民调解员普遍学历偏低、年龄偏大,有调解经验但缺法律知识。单就人民调解员来说,眉山全市有人民调解员20856人,其中,大专以上学历的868人,占4.2%;45岁以上的12930人,占62%;专职的1141人,占5.4%。

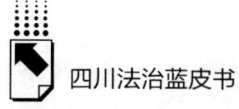

因此，在开展"调解一次纠纷，上好一堂法治课"专项活动中，必须进一步提升调解普法员素质，才能析清法理，讲明道理，拉近亲情，达到效果。

（三）保障须进一步加强

眉山全市三大调解的工作经费，特别是人民调解经费总体偏低。人民调解员每调解一起纠纷平均补贴 78 元，与调解员付出的工作量不成正比，影响了工作积极性。需要建立起可持续的经费增长机制，有效保障"调解一次纠纷，上好一堂法治课"专项活动的持续开展。

六　前景展望

（一）实现思路的拓展

化解社会矛盾纠纷、开展法治宣传教育是社会治理的系统工程。眉山市委、市政府坚持党政主导，相关部门各司其职，全社会齐抓共管。"调解一次纠纷，上好一堂法治课"被确定为依法治市的重要载体，由市委、市政府主导推进，出台文件落实，主要领导担纲。针对工作中面临的困难和问题，市委、市政府将不断壮大工作队伍，提升人员素质，增加工作经费，推动"调解一次纠纷，上好一堂法治课"向纵深发展。

（二）实现领域的拓展

按照"谁执法、谁普法"的工作原则，在全市各领域推广和运用"调解一次纠纷，上好一堂法治课"专项活动经验。比如在法院开展"审理一起案件，上好一堂法治课"，在信访局开展"接待一次信访，上好一堂法治课"，在工业园区开展"开工一个项目，上好一堂法治课"等活动，将普法工作渗透到社会服务管理全过程，推动全社会形成办事依法、遇事找法、解决问题用法、化解矛盾靠法的良好环境。

(三)实现品牌的拓展

"调解一次纠纷,上好一堂法治课"已成为眉山普法工作的亮丽品牌。眉山市将主动作为,久久为功,实现"调解一次纠纷,上好一堂法治课"的新常态,引领全体公民成为社会主义法治的忠实崇尚者、自觉遵守者、坚定捍卫者,探索出一条具有中国特色的普法新路。

B.22
法治巴中建设的生动实践

中共巴中市委课题组*

摘　要： 本文对四川省巴中市推进法治巴中建设情况进行调查，全面反映革命老区巴中立足后发地区实际，直面法治建设的现实困难和问题，分析在深入推进依法执政、依法行政、公正司法、社会法治和全民守法上的生动实践和探索，并从党的领导、以人为本、重点突破、制度建设四个方面揭示出法治巴中建设取得阶段性成效的根源。

关键词： 法治巴中　革命老区　后发地区

巴中市是全国第二大苏区——川陕革命根据地的中心和首府、秦巴山片区三大中心城市之一。近年来，巴中市深入贯彻落实中央依法治国战略和省委依法治省决策部署，坚持把法治巴中建设作为事关长远的战略任务和关键性工程来抓，牢牢把握依法执政、依法行政、公正司法、社会法治、全民守法等工作重点，努力从法治层面破除制约巴中发展的体制机制障碍，走出了一条革命老区和后发地区依法治市的新路子。

---

* 课题组负责人：何平，中共巴中市委副书记、市依法治市领导小组常务副组长；朱冬，中共巴中市委常委、政法委书记、市依法治市领导小组副组长；张长云，巴中市人大常委会副主任、市依法治市领导小组副组长。课题组成员：马云、王湘云、陈立平、刘剑、王健。执笔人：陈立平，巴中市委目标督查办公室综合科科长；刘剑，巴中市大调解协调中心专职副主任；王健，巴中市依法治市办综合组组长。

一 在坚持问题导向中增强建设法治巴中的紧迫感

巴中是欠发达地区，近年来在全市上下共同努力下，各项事业取得长足进步。但全市法治建设面临不少现实困难和问题，给"统筹城乡、追赶跨越、加快发展"的工作大局带来了挑战。

（一）公民法治意识有待提高

广大公民主动学法守法的意识不强，亦步亦趋、按部就班的普法模式也无法调动和满足在信息流、数据流爆炸的新时代广大人民群众的需要。部分群众信权不信法、信访不信法、信关系不信法，认为"小闹小解决，大闹大解决，不闹不解决"。一些党政部门学法守法不深刻、不主动、不经常，学法无序，守法无数，执法无据。少数官员不依法履职，不作为，乱作为，依法执政的意识和能力亟待加强。

（二）全能型政府转型缓慢

由于支撑公民社会运行的机制缺损，各级政府成为"大包大揽、统管一切"的"全能型政府"，社会组织发育迟缓，社会自治功能严重不足，发展时常遭遇"瓶颈"制约。比如，一段时期经济社会发展严重滞后，劳动就业岗位严重不足，导致大量人员外出务工谋生，全市候鸟式家庭经济特征十分明显；一些行政部门随意执法、选择性执法问题突出；部分执法部门职能交叉、权力边界不明、责任不清，显现出"九龙治水"格局；有的行政职能部门把行政管理混同于罚款、收款，视自身为发展软环境建设局外之人。

（三）司法不公现象时有发生

涉法涉诉信访问题虽经治理，但仍未从根本上得到解决。司法腐败问题仍有反映，人情案、关系案、金钱案没有从根本上杜绝。法院判决"执行难"，特别是民商事案件的执行困难较大，严重影响司法公信力。一些司法行为不透明、不公开，人民群众有疑虑、难理解、不认可。

（四）社会治理能力有待提高

社会转型时期，历史遗留矛盾与发展中伴生的问题交织叠加、集中凸显，潜在的社会矛盾、安全隐患与不稳定因素动辄被激发和释放。住建领域一些管理失范的问题，重点工程、项目开发涉及的征地拆迁问题，企业改制、乡镇事业单位改革分流遗留问题等对社会治理能力提出挑战。全市每年外出务工人员达130万，留守儿童、空巢老人问题非常突出。侵财性犯罪、街面犯罪、网络电信诈骗犯罪增长迅速，全市吸毒人员、社区矫正人员等特殊群体管理难度加大。特别是一些人员打着维护正当权益、表达合法诉求的旗帜，四处寻访，给社会安全和社会稳定带来严峻的挑战和巨大的压力，社会治理的思维和方式亟待转变，全面推进依法治市、建设法治巴中刻不容缓。

二 在把握依法治国战略中提振法治巴中建设的信心

法治兴则国家兴，法治强则国家强。巴中市委提出"后发也要高点起步"的法治建设理念。

（一）法治巴中建设是法治四川建设的重要组成部分，唯有担当，没有退路

"依法治国"是全体中国人民的高度共识和行动宣言。巴中市作为全国第二大苏区——川陕革命根据地中心和首府，拥有厚重的红军文化传承。特别是1932年12月红军入川，即在巴中通江、恩阳等地建立了苏维埃革命法庭，先辈铸就了优良传统，在新的历史时期巴中没有理由走在法治建设的后面。

（二）法治巴中建设是和谐社会建设的必然选择，除了坚持，别无选择

和谐社会是人类孜孜以求的美好社会，和谐社会的基本特征是"民主法治"，核心要义是"公平正义"。没有公平正义，就谈不上社会和谐；没有民主法治，就谈不上公平正义。困扰巴中经济社会发展的各类问题和矛盾，归根到底是民主和法治体制机制不健全的产物。要形成和谐社会，就必须厉行法治，从根本上化解矛盾和问题。

（三）法治巴中建设是推动跨越发展的重要保证，只能抓好，不能懈怠

巴中作为秦巴山片区三大中心城市之一，欠发达、后发展是当前和今后一个时期的基本市情，全市54.6万贫困人口，扶贫攻坚任务十分艰巨，市第三次党代会提出了"统筹城乡、追赶跨越、加快发展，为与全省同步全面建成小康社会而奋斗"的宏伟目标。实现这一目标，除了硬件建设，还需要法治建设这个软环境，从体制机制层面有效破解"九龙治水""雁过拔毛""踢皮球""打太极""以罚代法、以收代管，选择性执法、随意执法、多头执法"等顽疾，使巴中真正成为人气、商气汇聚的"洼地"和经济社会发展的"高地"。

三 在推进依法治省进程中找准法治巴中建设的着力点

巴中市委结合市情，相继出台《关于推进法治巴中建设的意见》及《关于深入推进依法治市加快建设法治巴中的决定》。

（一）深入推进依法执政

1. 不断增强全体党员干部的法治理念和法治意识，使法治成为共同信仰

坚持把党员干部法治教育作为政治生活的"必修课"，始终要求各级党组织在宪法和法律范围内活动，强化法律的刚性约束和制度约束，坚决反对党员干部以权谋私、以权压法、徇私枉法、干预司法，努力通过法治的引领和规范不断提高执政能力和执政水平。全市普遍建立了领导班子及其成员年度述职述廉述法报告制度、领导干部和司法公职人员法治档案制度、领导干部带头学法制度，把遵守法律、依法办事作为考察干部的重要内容，落实党委常态学法、任前考法、年终述法"三位一体"的学法用法机制。市委常委会带头坚持每月一次会前学法，带动全市各级党政专题学法630余次，建立党员领导干部和司法公职人员法治档案1240余份。

2. 通过科学决策、依法决策，实现好、维护好、发展好人民群众的根本利益

建立党委依法决策机制，把法律咨询、法律依据查证、合法性审核作为党委重大决策和出台重要政策的必经程序，对领导干部行使权力实行全程监督和有效制约，促进决策制度化、规范化、程序化。全面建立法律顾问制度，出台了《巴中市建立党委法律顾问制度实施方案》和《巴中市人民政府法律顾问管理办法》，市、县、乡三级党委全部组建法律顾问团（组），党委组成部门、村（社区）党组织一律聘请法律顾问，并让法律顾问参与重大决策全过程，凡是未经法律顾问审查的事项，一律不得上会研究。进一步完善了党务公开制度，除涉及党和国家秘密或依照有关规定等不宜公开的事项外，全市决策部署、管理服务等九大类19项55个方面重要信息均及时进行了公开。

3. 把党的领导作为依法执政最根本的原则，充分发挥党总揽全局、协调各方的作用

深入落实党委领导和支持人大科学立法、依法行使职权，政府依法行政，司法机关公正司法的工作制度，坚持党领导下的多党合作、政治协商以及基层民主制度，坚持和巩固政法委员会领导政法工作的组织形式，支持人民法院、人民检察院依法独立行使审判权、检察权，努力实现党委同人大、政府、政协、法院、检察院依法履行职能的有机统一，实现了全市工作"一盘棋"。市人大常委会做出《关于深入推进依法治市的决议》，各级人大综合运用审议报告、执法检查、专题询问、组织人大代表视察等形式，常态化监督依法治市等有关工作的落实。市纪委、监察局出台了《关于建立依法治市工作问责制度的实施方案》，把依法治市责任落实纳入重要监督问责范围。特别是2014年12月，市纪委、市依法治市办、市电视台以全媒体直播方式开展以依法治市为主题的"法治阳光行动"，曝光三大类13个问题，接听热线电话76个、短信312条、QQ信息216条。

4. 牢记"坚决惩治和有效预防腐败"这个重要使命，把党风廉政建设纳入法治化轨道

把依法治市和从严治党紧密结合，严格落实党风廉政建设党委主体责任和纪委监督责任，市委出台了《关于建立健全作风建设长效机制的实施意见》和《关于认真贯彻"三严三实"要求进一步加强党员干部教育管理监督的实施意见》。各级党组织把党员干部管理和党风党性党纪教育作为主要任务，努力构建起决策科学、执行坚决、监督有力、惩治有效的权力运行体系。不断强化纪委监督执纪问责，以"零容忍"态度坚决惩治腐败，严格依纪依法安全文明办案，大力反对和克服"四风"，严格执行领导干部政治、工作、生活待遇等方面制度规定，强力推进整治特权行为。

（二）深入推进依法行政

1. 着力提高行政队伍法治素质

市政府制定了《巴中市人民政府常务会议学法制度》，坚持政府常务会前由法制办或相关领域专业人员针对议决事项专题释法，定期邀请专家学者开展专题法律讲座，让带头学法守法成为政府领导的自觉行动。加强行政执法队伍教育培训，采取部门或系统自主培训、行政学院专题培训和市政府统一组织法制教育培训相结合的方式，不断提升行政执法人员法治素质。2014年已举办"依法行政与公共管理""依法治市，建设法治政府"等专题研修班，培训行政执法人员3000余人（次），收到了很好的效果。

2. 着力推进行政决策法治化

修订完善《巴中市人民政府工作规则》，制定了《巴中市政府重大决策程序规定》、《巴中市重大行政决策合法性审查实施办法》和《巴中市重大决策事项社会稳定风险评估实施办法》。实行党政"共享法律服务"机制，各级政府法律顾问团、政府工作部门和村（社区）法律顾问覆盖面达到100%。政府重大决策均要求法律顾问参加，特别是对涉及全市经济社会发展及民生改善等问题的重大决策，法律顾问团反复研究，及时提供法律意见。在讨论重大决策事项时邀请市人大代表、政协委员或公众代表列席会议，充分听取其意见、建议。重大决策出台，均由市政府全体会议或市政府常务会议讨论决定。由于严格遵循决策程序规定，两年来全市新开工重点项目400余个，涉及房屋拆迁27217户620万平方米，没有发生一起恶性、群体性事件。建立规范性文件统一登记、统一编号、统一发布的"三统一"制度，2014年市政府组织对2009年以来制发的154件规范性文件进行全面清理，确定继续执行110件，修改后执行16件，废止28件。

3. 着力推进简政放权

一是深化行政审批制度改革。截至2014年年底，市级部门行政审批项目由原来的761项减少为97项，5个县（区）行政审批项目由原来的平均500余项减少为平均150余项。全力承接省政府下放的行政审批项目并全部纳入政务服务中心办理，将市级21个窗口部门71项涉及两个及两个以上部门办理的审批项目纳入并联审批范围。二是不断优化市场环境。按照建设服务型政府的要求，出台了《巴中市推进工商登记制度改革实施方案》，明确除27项实行工商注册资本实缴以外，其余一律实行认缴制；除13项保留前置审批外，其余一律不再实行前置审批。同时，将117项前置审批改为后置审批。方案出台一年，全市新增市场主体13000余户，同比增长165%。出台了《巴中市关于政府向社会力量购买服务管理办法（试行）》，将基本公共服务、社会管理服务、行业管理与协调等事项纳入了政府购买服务范围。在简政放权、培育市场主体的同时，着力加强市场监管，保障市场经济的规范有序。全市对行政审批相关的中介机构进行全面清理，共清理了中介机构74家。三是深化行政执法体制改革。理顺城管执法体制，先后组建了巴中市城市管理行政执法局和通江县城市行政执法局，恩阳区、巴州区由市城管执法局设立分局并委托授权执法，有效解决了城市管理领域多头多重执法、职责交叉、重复处罚的问题。全市将涉及国土、交通、水利、建筑等领域的招标采购事项共七大类81项全部纳入公共资源交易服务中心，编制了《巴中市市本级公共资源进场交易目录》。

4. 着力规范行政权力

一是加强对行政执法人员的资格管理。市政府每年组织开展行政执法人员培训及资格考试，对行政执法人员实行信息化管理。二是深入推进行政权力依法规范公开运行。市县（区）两级均建成"一目、一厅、两平台"（行政职权目录、电子政务大厅、行政权力运行基础平台和行政权力运行监察平台），强化了权力公开运行机制。三是切实加强对依法行政的监督。先后出台了《巴中市政府信息公开规定》和《巴中市深入推进政务公开工作实施方案》，全市100多个单位对外公开了行政执法依据，发布《政府信息公开指南》，主动公开计划总结、法律法规、人事、财政等方面信息。加强行政复议工作，设立市人民政府行政复议委员会，建立了行政复议案件办理程序、备案监督、错案责任追究及案卷评查等制度，政府层级监督的职能不断强化，巴中市被省依法行政工作领导小组授予"行政复议规范化建设示范市"称号。

（三）深入推进公正司法

1. 以"阳光司法"促司法公正

审判机关建立刑事裁判文书层级审核、备案审查、缓免刑适用、工作通报、大要案报告"五项制度"，刑事死缓案件连续三年发改率为零；检察机关强化刑事立案、侦查、审判、监所四个方面的监督，推行重特大案件提前介入、引导侦查、不起诉听证等诉讼改革措施，主动探索构建的轻微刑事案件快速办理管理监督机制已在全省推广；在全市重大项目、重点领域、重点行业开展预防职务犯罪专项工作，有力支持了全市经济发展大局。

2. 以解决群众突出关切的问题促司法公正

针对人民群众关心、关注的热点、难点问题，在全市集中开展了三大专项活动。一是开展案件评查活动。两级党委政法委审核确定评查案件600余件，政法各级各部门成立了59个案件评查小组，通过交叉评查、委托检察机关评查、市委政法委指定评查等多种方式，找出案件办理中存在的问题和不足，分析原因、督促整改，并出台规范司法行为提升司法公信6个方面19项长效制度。二是开展专项审判活动。重点对"打黑除恶""食品药品安全""危险驾驶""民间借贷"等9类事项进行了专项审执。三是开展"执行风暴"活动。建立"公开、联动、威慑、管理"四位一体的执行工作机制，以执行信息化建设为突破口，全面执行未结执行案件2025件。

3. 以落实司法便民服务促司法公正

巴中两级法院建成并升级诉讼服务中心"五大功能"，实行"一站式"办理。开通网上立案信访，进一步畅通了群众反映诉求的渠道。巴州区回风社区巡回法庭的做法发挥良好效果；通江法院"5080工程"经验（50%的刑事案件和80%的民事案件到案发地审理）在全市推广；市中级法院探索出"微司法"模式，在全省率先设立了环保法庭；检察机关在全市有条件的重点乡镇建立检察室，将"检察触角"向基层再延伸，使检察工作更"接地气"。

4. 以推进司法公开促司法公正

全面落实审、检、警、狱、所务公开，不断提升司法公信力。市中院深入推进"三大公开平台"建设，建成并启用高清科技法庭11个，建成政务网站6个，开通12368服务热线。开通网上司法拍卖平台，实现全省首单司法拍卖。全市法院系统判决文书在全省率先公开，在中国裁判文书网公布文书5665份，发布各类信息2650次。市检察院加快检务大厅建设步伐，通过电子屏幕滚动播放检务公开内容，开通检察官方微博、微信、检察QQ群等新媒体，让群众第一时间了解检察工作动态和执法办案信息。

5. 以提升干警素质促司法公正

强化干警在职培训，市法院、检察院与国内部分高校签订合作协议，选派数十名干警参加培训、提升能力。实行新老法官、检察官"一对一"传帮带制度，启动实施了"百人培养工程"。组织开展办案标兵、调解能手、优秀书记员等评选活动,树立业务标杆。成立学术委员会及调研人才库,形成了一批有价值的法学论文。市、县(区)司法机关均建立了文化长廊、院(局)史展览室、图书室以及干警活动室。建立干警挂职锻炼机制,选派年轻法官、检察官和业务骨干上派下挂,特别是通过任中小学兼职法制副校长、挂联扶贫村,广大干警加强了对市情、社情、民情的掌握和关注,大局意识、中心意识和为民意识不断增强。

(四)深入推进社会法治

1. 依法化解社会矛盾

一是坚持综合化解,破拆历史积案。对征地拆迁、重点工程、企业改制、环境污染、劳动争议、交通事故、医患纠纷、民间借贷、涉法涉诉9类重点领域遗留的社会矛盾全面梳理,形成"社会矛盾化解清单",按照属地原则,采取组团化解、包案化解、联动化解、依法化解等办法逐一销案,全市159个突出社会矛盾已成功化解136个,81件老难积案严格实行诉访分离、诉非对接和信访三级终结制度,已销案终结49件。二是推进源头防范,阻断新生矛盾。构建"维稳跟着项目走"工作新机制,加大招商引资企业背景审查力度,完备风险保证金和农民工工资保证金制度,强化各级政府及其职能部门风险评估工作的主体责任,把社会稳定风险评估作为上项目、做决策的必经程序,建立实施前主动介入、实施中主动服务、实施后主动跟踪的全程动态防控机制。全面推进"诉非衔接",完善多元的矛盾调处机制,加强行业性、专业性调解组织建设,先后建立各类调解组织2920个,矛盾纠纷调解成功率在98%以上。三是强化底线思维,做到守土有责。严格落实辖区属地责任、部门主管责任,依托市、县、乡镇、村(社区)网格四级纵向排查预警体系,采取定期全面排查、重点专项排查、动态滚动排查等办法,对矛盾纠纷做到早排查、早研判、早稳控、早化解,实现矛盾纠纷不脱管失控、不越级上交,全市群众(信访)工作实现了"四降四升一好转",即信访总量、越级访、集体访、重复访"四下降",初信初访办结率、网上信访回复率、矛盾纠纷调处率、交办案件息访率"四上升",信访形势

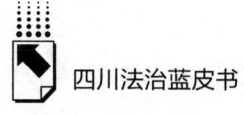

持续好转。

2. 加快转变社会治理方式

一是强化信息支撑，推动社会治理现代化。综合考虑自管小区、物管小区、城乡接合部、巴山新居聚居点、拆迁补偿安置点等不同情况，划分网格1600余个，将电子政务外网建设、城市报警与监控点位升级改造、"智慧城市"、"光网城市"等纳入网格化服务管理体系来统筹建设，实现全市城乡网格化服务管理体系全覆盖。全市建成监管指挥中心6个，分中心199个，管理站247个，网格员1609名，采集基础信息近200万条，办理各类民生事件近6000件。

二是夯实基层基础，实现综合治理社会化。立足"进一扇门、找一个人、办所有事"的思路，将乡镇（街道）分中心和村（社区）管理站全部纳入政务服务大厅（窗口）建设的总体规划，对街道办事处下移到社区的工作人员，不改变经费供给渠道和身份，由社区对其包片、定岗、定责、定任务，落实二级网格监管责任，并通过监管中心信息平台的流转，实现各职能部门服务前置和前移，形成社会服务管理事项闭环运行机制，有力助推政府行政管理和公共服务方式变革，实现了人在格中走、事在格中办。巴州区探索的社区扁平化管理模式，开创了社会治理的新模式。

三是激发社会活力，助力公共服务一体化。对网格内卫生、文体、家政、餐饮、商贸等服务企业和社会组织进行有效整合，建立起全市统一、城乡一体的社会化服务平台，增强网格事项的社会化服务功能；通过网格员积极引导社会组织、社区自治组织、志愿者、"红袖标"治安群防群治队伍等各种社会力量参与服务管理，有效将治安防控、安全监管、法律援助、公共服务等各类事项纳入网格，促进了"小政府、大社会"的服务管理模式形成。

四是推进基层自治，强化公约管理。全市各类机关、学校、村（社区）、企业、事业单位、寺观教堂以及"两新"组织按照"四我"（我制定、我签字、我承诺、我遵守）制定模式，在2014年一律建立具有特色的自治规范，实现了各行各业全覆盖。通江县空山乡把制止滥办酒宴纳入村规民约,明确规定村民办酒席实行申报,违反规约者处以5000元至10000元罚款,并在全乡曝光,纳入不诚信公民管理,这一做法不仅被各级媒体广泛报道,而且带动了各行各业公约的建立和实施。

3. 创新推进治安防控联动

一是密织"天网",打破信息壁垒。以公安110指挥中心为依托,织牢街面、社区(村)、单位和行业场所、区域边界、虚拟社会、线(路)治安防控六张防控网,建立了以情报信息、实战指挥、部门联动、区域协作等为重点的社会治安防控运行机制,实现跨部门视频图像信息应用和信息化条件下大数据研判共享,对城市1274个报警与监控点位完成升级改造,新建400个高清点位和2部摄像机,稳步推进城区高空摄像机、治安卡口、重点部门视频联网监控系统建设,有效整合行业、单位、个人自建视频监控,实现"鼠标巡逻、视频站岗",从市到村四级公共安全监控网络全覆盖。

二是织牢"地网",实现联防联动。把牢社会治理方向,突出人民群众主体作用,发挥社会组织协同作用,建立了1000余支近4万人的群众义务性巡防"红袖标"队伍,在城区重点区域和重点部位建立"守望岗",在农村人员聚集地和交通干线建立"治安前哨"。同时,全面深化主动警务战略,形成与动态化、信息化条件下公安发展相适应的警务运行机制和勤务模式,扎实推进区域联勤,构建起公安巡特警"高峰站点、平峰巡线,有警即出、无警查纠"的专业巡防机制,形成了专业队伍巡线、社会组织管片、人民群众守点的社会治安大防控格局。

三是"双网"并行,推进无缝对接。先后将公安"天网"、治安卡口全部导入县(区)监管指挥中心,构建起网格化巡防机制,通过鼠标对"天网"巡查及时将警情下达给街面巡逻力量,实现打击犯罪同频同轨;通过"地网"巡防力量对社会治安面的管控及时将警情反馈给指挥中心,实现社会治安防控协同并轨,确保了各类不稳定风险提前预警。同时,以网格化服务管理为基础,加强对严重精神障碍患者、刑满释放人员、社区矫正对象、吸毒人员、邪教痴迷人员、不良青少年等特殊人群的服务管理,探索建立起

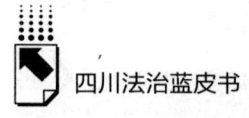

网格化服务管理系统和司法矫正系统两网并行、司法干警和网格员双管并进的社区矫正新模式。

(五)深入推进全民守法

1. 健全责任体系,强化普法保障

出台了《巴中市关于大力推进深度普法实施意见》、《巴中市"法律七进"三年行动方案》和《巴中市关于进一步完善谁执法谁普法工作机制的工作方案》,对普法工作既从面上进行规划,又从点上进行细化。全市构建了"217N"普法责任体系,即2个纳入(把"法律七进"工作纳入党委、政府综合目标考核,把法律知识学习纳入重大问题决策失误问责范围),1个抓总("法律七进"工作由司法行政机关具体抓总),7个牵头("七进"分别确定牵头单位),N个责任单位("每一进"的各项工作都确定具体责任单位),每一个牵头单位和责任单位都制定了具体的工作方案和考核办法,全市上下形成了常抓不懈、齐抓共管的普法工作态势。

2. 优化普法内容,提高普法针对性

对各级领导干部,重点强化社会主义法治理念学习,提高依法执政、依法行政的能力和水平;对其他公务员和事业单位公职人员,重点强化依法办事、依法履责的法律法规学习;对在校学生,根据不同年龄特征确定学法内容;对企业经营管理者,重点普及依法经营、守法经营的法律法规;对社会公众,重点宣传与生产生活密切相关的法律法规。

3. 丰富宣传载体,增强法治感染力

在全市集中开展了"四个一"普法工作,即组织编写一批法律实用读物(法律口袋书、法律手册、法律教材),打造一批法治文化品牌(法治文化广场、法治文化长廊、法治文艺节目),创新一批普法工作载体(以案说法、现身说法、讲堂说法),实施一批法律为民活动(法律宣传进一线、法律咨询进一线、法律服务进一线)。如巴州区的"一月一主题"、平昌县的青少年学生14岁守法生日典礼、18岁成人仪式暨守法生日典礼,恩阳区的"法治早班车",通江县的"两个赶场(法律赶场、政策赶场)进社区",

经开区的"百名警察进万家"等,将法律知识传播到千家万户。

4. 注重舆论导向,营造法治氛围

市依法治市办、市委政法委创办《法治巴中》刊物,《巴中日报》、巴中电视台、巴中广播电台均开设了"推进依法治市,建设法治巴中"专栏,新华网、新浪网、四川新闻网、民主与法治时报等巴中频道开办各具特色的依法治市专栏。各级各部门充分借助移动、联通、电信等现代通信和公交车、出租车站台等,以短信、LED 显示屏、户外宣传栏等形式展示法治名言警句、生动事例。"法治广播村村响"、"乡村法治俱乐部"、"法治文化茶园"、普法 QQ 聊天室等普法方式各具特色,体现了地域性和针对性。

5. 坚持法德结合,开展全民守法活动

坚持依法治理与以德治理相结合,在全市集中组织开展了"依法治市集中宣传教育月"活动、"万人依法治省知识大竞赛、网上答题大参与"活动、"国家宪法日"宣传活动等一系列深度普法活动。全市 120 名律师、259 名基层法律服务工作者担任中小学法制副校长、法制辅导员,为 27 家企业配备了法制副厂长(副经理),340 个宣讲小分队深入学校、企业、机关、厂矿等一线单位开展宣讲,13 万余名机关干部、学生及群众参加依法治省知识竞赛,300 余名法官、检察官向宪法庄严宣誓。2014 年,全省"治蜀兴川"法治论坛、全省人大法制工作会先后在巴中市成功举办。

6. 强化示范创建,形成普法"龙头效应"

大力实施"法治细胞"创建工程,制定了《关于统筹开展依法治理示范创建工作的实施意见》,创新开展了"一优十佳"[优秀法治示范县(区),"十佳"办案法官、"十佳"办案检察官、"十佳"办案警察、"十佳"律师、"十佳"人民调解员、"十佳"法治人物、"十佳"守法模范、"十佳"法治村(社区)、"十佳"法治乡镇(街道)、"十佳"学法用法机关(单位)、"十佳"法治学校、"十佳"诚信守法企业、"十佳"依法行政单位]示范创建活动。全市创建市级法治示范机关 39 个、法治示范单位 22 个、法治示范乡镇(街道)32 个、民主法治示范村(社区)35 个、依法治

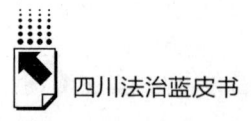

校示范校58所、诚信守法企业35家。巴州区被全国普法办表彰为"全国法治县（市、区）"先进单位。

四 推进法治巴中建设的几点经验

（一）推进法治建设，必须始终坚持"党的领导"这个核心

巴中的探索之所以有效，在于市委以高度的政治自觉、思想自觉和行动自觉领导依法治市工作全面开展。一是强化政治责任。全面落实依法治市工作责任制，强化各级党委（党组）主体责任、党委（党组）书记第一责任、班子成员"一岗双责"。仅2014年，市委主要负责人就先后20余次主持召开市委常委会、领导小组会和专题会议研究依法治市工作，10余次深入县区、乡镇和市级部门专题调研，带头做到重要会议亲自出席、重要工作亲自拍板、重大问题亲自协调。市依法治市领导小组常务副组长和副组长把主要精力放到依法治市工作上，在工作谋划、文件制定、氛围营造、督促检查等各个环节亲力亲为、常抓不懈。其他市领导逢会必讲、逢事必讲、逢人必讲。二是强化工作保障。全面落实有人办事、有钱办事、有条件办事的要求，充分保障依法治市工作顺利开展。市、县（区）、乡镇（街道）三级党委和市级部门党委（党组）均成立书记任组长、副书记或第一副局长（副主任）任常务副组长、其他相关负责人任副组长的依法治理领导小组。市、县（区）依法治理办按6~10人、市级部门依法治理办按不少于2人的标准足额配备工作人员。市、县两级财政把依法治理经费纳入预算、足额保障。三是强化思路引领。坚持把依法治市工作纳入全市工作大局中来谋划，努力探索符合巴中市情、体现巴中特点、具有巴中特色的法治工作路径，特别是在全面推进依法治市决定中明确提出依法治市的4条基本原则、2020年要实现的"6+1"目标以及全面启动年、治理攻坚年、巩固提升年三个阶段的重点任务，实现了长短结合、远近结合、虚实结合，为法治巴中建设全面推进提供了方向。

（二）推进法治建设，必须紧紧抓住"以人为本"这个根本

始终坚持"以人为本"的理念，充分发挥人民群众在依法治理中的主人翁作用。一是深入联系群众。以全面深入推进依法治市决定为例，起草组先后13次深入县区、部门专题调研，通过"三上三下"向市领导、县区、市级相关部门、党外人士征集修改意见59条，在此基础上反复讨论修改，九易其稿，最后形成了正式文稿。二是充分依靠群众。如全面推进村居（民）自治和行业公约自治，就是充分运用群众的力量，来实现最大的治理效益。三是全力服务群众。始终坚持问题导向，把人民群众最关切、社会各界最关注的热点难点焦点问题作为工作的突破口，努力为群众办实事办好事，正因为这样，才使工作落到了实处、收到了实效，赢得了人民群众的广泛支持。

（三）推进法治建设，必须认真落实"重点突破"这个准则

2014年，巴中市按照"发展最需要什么、改革最缺少什么、群众最期盼什么"的原则，筛选确定了全面推行党委常委会会前学法制度和党委法律顾问制度、建立行政权力清单、构建司法公开信息平台、推进自治规范制定、开展"法律七进"活动、开展以依法治市为主题的"法治阳光行动"、构建信访工作法治良序七项年度重点工作，每项工作由1~2名市领导牵头，绘出"路线图"，排出"时间表"，制定配套实施方案具体抓，不仅取得了突破性成效，而且带动了依法治市水平整体提升。2015年，结合"依法治理攻坚年"的启动实施，全市还将全面开展依法治市"十大行动"，法治巴中建设的成效将进一步凸显。

（四）推进法治建设，必须牢牢把住"制度建设"这个关键

制度具有管长远、管根本的作用。为推动法治巴中建设工作深入实施，巴中市在实践中探索构建了"六位一体"的制度体系。一是实施领导挂联制度。市委、市政府相关领导每人挂联"1个乡镇、1个村、1个企业、1~

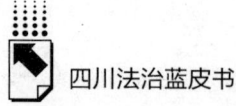

2个法治重点课题或重大工作",一竿子插到底,推进工作落实。二是实施双线考评制度。既将依法治市工作纳入全市年度综合目标实行综合考核,又将其作为全市重点工作实行单项考核。综合考核分值5分,并根据重大贡献或重大失误进行上下浮动。考核结果纳入领导干部法治档案,作为履职评定、绩效奖励、职务晋升的重要依据。三是实施督查通报制度。将依法治市工作纳入市委、市政府重点督查内容,市委、市政府目标督查办公室和市依法治市办各落实1名同志专门负责依法治理工作督查督办,督查督办结果由三家联合通报。四是实施专项述职评议制度。每年举行一次县(区)委书记、市级部门"一把手"抓依法治市专项述职,接受各类代表评议。五是实施问责追究制度。对年终考核和述职评议处于末位的县(区)和后三名的市级部门,约谈单位主要负责人;连续两年处于末位的县(区)和后三名的市级部门,对主要负责人、分管负责人采取组织措施,并严格追究相关直接责任人的责任。六是实施创新评估制度。每年组织一次依法治市创新成果评选,推动法治巴中建设提档升级。

民族法治

Constructing the Rule of Law in the Field of Ethnic Minority Affairs

B.23
甘孜州结合藏区实际配套完善民族区域自治法规调研报告

甘孜州人大常委会课题组*

> **摘　要：** 甘孜州注重发挥地方性法规的规范、引领和保障作用，已出台多部自治条例、单行条例，坚持立、改、废相结合，对已有地方性法规予以及时清理、修改和废止，并注重地方法规的实施，强化对规范性文件的备案审查，逐步形成了体现甘孜藏区特点和民族区域自治特色的地方法规体系。甘孜州的配套法规建设，促进了民族自治地方的经济发展、社会进步、生态环境保护，以及宗教领域的和谐稳定。
>
> **关键词：** 地方性法规　民族自治地方　自治立法　单行条例

---

* 课题组负责人：廖才坤，甘孜州人大副主任。课题组成员：张运旻、叶萌、陈昊。执笔人：陈昊，甘孜州人大法制委副主任委员。

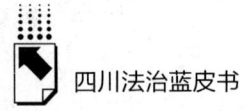

甘孜藏族自治州（以下简称"甘孜州"）按照《宪法》《民族区域自治法》，以及有关法律的规定，把配套完善民族区域自治地方法规作为贯彻落实民族区域自治法的重要环节，结合甘孜州实际，紧紧围绕全州工作大局，把促发展、惠民生、保稳定、谋和谐作为出发点和落脚点，配套完善地方法规，民族自治地方立法工作不断继承、创新和发展。

一 配套完善的民族区域自治法规情况

自1981年至今，甘孜州把民族区域自治法配套法规建设作为促进民族地区经济发展和社会全面进步的大事来对待，从民族地区实际出发，注重实效，努力探索和实践，发挥地方法规的规范、引导和保障作用，使民族地方配套法规建设工作迈出了坚实的步伐。截至2014年5月，制定自治条例和单行条例等配套法规共13件，其中，自治条例1件：《甘孜藏族自治州自治条例》；单行条例12件：《甘孜藏族自治州施行〈中华人民共和国婚姻法〉的补充规定》《甘孜藏族自治州藏族语言文字使用条例》《甘孜藏族自治州施行〈四川省土地管理实施办法〉的变通规定》《甘孜藏族自治州矿产资源管理条例》《甘孜藏族自治州实施〈四川省人口与计划生育条例〉的变通规定》《甘孜藏族自治州实施〈四川省《中华人民共和国水法》实施办法〉的变通规定》《甘孜藏族自治州草原管理条例》《甘孜藏族自治州实施〈四川省旅游条例〉的变通规定》《甘孜藏族自治州义务教育条例》《甘孜藏族自治州藏传佛教事务条例》《甘孜藏族自治州非物质文化遗产条例》《甘孜藏族自治州突发事件应对条例》。同时，坚持立、改、废相结合，及时废止了《甘孜藏族自治州施行〈四川省义务教育实施条例〉的变通规定》和《甘孜藏族自治州实施〈四川省《中华人民共和国草原法》实施细则〉的补充规定》。

目前，正在制定的单行条例有：《甘孜藏族自治州集体人工商品林采伐运输管理条例》《甘孜藏族自治州城镇市容与环境卫生条例》《甘孜藏族自治州民族团结进步条例》《甘孜藏族自治州生态环境保护条例》《甘孜藏族自治州气象条例》，正在修订《甘孜藏族自治州实施〈四川省人口与计划生育条例〉的变通规定》。待上位法出台后，适时启动《甘孜藏族自治州矿产资源管理条例》和《甘孜藏族自治州施行〈四川省土地管理实施办法〉的变通规定》修订工作。

甘孜州十分重视条例实施工作，围绕条例督促制定规范性文件。针对条例规定较为原则的实际，把细化条例作为人大履行职能的一项重要内容。《甘孜藏族自治州藏传佛教事务条例》公布实施后，州政府及时制定《〈甘孜藏族自治州藏传佛教事务条例〉实施细则》，细化条例的重点内容和条款，使条例的内容更具体，可操作性更强，贯彻实施更容易。州政府还先后制定了《寺庙基础设施建设管理办法》《关于切实做好藏传佛教工作的意见》等政策文件。通过抓督促落实，使条例的法律效力在实践中得到充分发挥，基本形成了符合本地宗教事务管理实际的法规体系，做到有法可依、有章可循，夯实了引导宗教事务管理步入法制化轨道的基础。

同时，甘孜州注重加强备案审查，维护法制统一。甘孜州严格按照《各级人民代表大会常务委员会监督法》《四川省人大常委会关于规章及规范性文件备案审查的规定》《甘孜州人大常委会关于规范性文件备案审查的规定》，认真开展规范性文件备案审查工作，增强主动报备意识，理顺报备程序，注重对规范性文件中涉及改革发展稳定和社会普遍关注的重大问题，以及涉及行政许可、行政强制、行政处罚等方面的规定进行重点审查，不断加强规范性文件备案审查工作。2014年以来，共报备规范性文件8件，审查规范性文件9件。

二 取得的成效及做法

配套法规的内容涵盖了甘孜州政治、经济、文化、社会等各个方面，保障了自治机关根据州情自主发展经济和社会事业的权力，为促进甘孜州经济社会全面发展提供了法律保障。

（一）配套完善民族区域自治法规促进民族自治地方经济加快发展

《民族区域自治法》修改后，甘孜州就开始着手修改《甘孜藏族自治州自治条例》。修改后的自治条例，根据自治州的特点和优势，以发展生态经济为重点，自主制定经济建设的政策和规划，安排、管理自治州的经济建设事业。其亮点有：实行资源有偿使用制，对州内自然资源依法进行统一规划利用。完善了自治地方对财税收入和资源利用的管理自主权。新增建设用地的土地有偿使用费、矿产资源补偿费、水资源费以及财政共享收入"三费一收入"中涉及上缴省的部分全额返还民族地方，有力地促进了民族地方经济的发展。丰富了自治地方对林业方面的管理权限，省收取的育林基金的全额和森林植被恢复费的90%，返还自治地方用于生态建设。

甘孜州根据当地水能资源丰富，开发潜力巨大的实际情况，将开发资源与造福地方结合起来，制定了《甘孜藏族自治州实施〈四川省《中华人民共和国水法》实施办法〉的变通规定》。建立了水资源开发利益共享机制，实行水资源有偿使用制度，强化地方税费征收。明确了以公开方式出让水能资源开发权，并收取资源出让的补偿费，规定了对依法征收的水资源费、水土保持设施补偿费、渔业资源增殖保护费、河道（堤防）工程修建维护管理费和水电资源开发补偿费除上缴国家部分外，其余部分全额专项用于自治州水资源涵养保护、节约、规划管理和开发利用，促进了自治地方资源优势向经济优势转化，将开发资源与造福地方结合起来。

（二）配套完善民族区域自治法规促进民族自治地方社会进步

修改后的自治条例，促进了甘孜州社会事业不断进步。甘孜州提出发展教育、科学、文化、卫生、体育事业，完善社会保障等制度，进一步促进了对教育的投入，提高了教师水平，改善了办学条件，学生入学率、巩固率都有较大提高；进一步促进了对卫生条件的改善，建立了乡镇卫生院，增加了设备，培训了人员，少数民族群众的就医状况明显改善；进一步加大了对民族政策和民族团结教育,发展了平等、团结、互助、和谐的社会主义民族关系;进一步加大了对少数民族干部的培养使用,少数民族干部队伍的壮大和素质的提高,为民族地方社会的发展发挥了重要作用。

配套文教单行条例,加快文教事业的发展。制定了义务教育方面的单行条例,在加强民族地方基础教育、改善办学条件、提高教学水平、巩固双语教学、发展寄宿制学校等方面做出了明确规定,实现了教育经费的"两个提高""三个增长",落实了"两免一补"的有关政策,教师公用经费得到逐年增长,教育费附加全额拨付用于教育事业,土地出让金收益的10%全额拨付用于教育事业,农村税费改革转移支付资金的45%全额用于教育事业,建立健全了科学规范、高效快捷的资金拨付制度,保障了全州教育事业健康发展。2014年,全州教育支出达到财政性支出的18%。教师待遇得到不断改善,激励一线教师的政策得到进一步落实,从2010年开始,凡在教学教研工作岗位上干满30年的教师退休时,可享受一次性奖励5万元。

甘孜州非物质文化遗产十分丰富,为了保护和发展非物质文化遗产,培育和弘扬民族精神,增强各族人民的凝聚力和向心力,甘孜州出台《甘孜藏族自治州非物质文化遗产保护条例》。条例对非物质文化遗产保护需要把握的原则、保护方式、代表性传承人、工作机制、经费保障、活动管理等方面进行了明确规定。

(三)配套完善民族区域自治法规促进民族自治地方生态环境保护

修改后的自治条例,注重生态意识的培养,加强对森林、草原、矿产、水资源的保护,促进了甘孜州自然环境的不断改善。将保护好天然林,实行封山育林和退耕还林,培育新的森林资源,提高森林覆盖率,作为自治州的重要工作。加强了对生态功能保护区、自然保护区、风景名胜区、森林公园、地质遗迹、古文化遗址和文化遗产的保护、建设和管理。

配套草原管理单行条例,对加强草原生态环境建设起到了积极作用。实行了草原生态动态监测，坚持以草定畜，推行基本草原保护、草畜平衡、禁牧休牧和轮牧制度，禁止超载过牧，在一定程度上遏制了草地生态环境恶化的局面，提高了草地生产能力，确保了草地生态安全。退牧还草工程实施成效显著，草地鼠虫害综合治理成效明显。截至2013年年底，全州18个县共完成退牧还草工程围栏建设6897万亩，植被盖度平均提高8个百分点，高度平均提高33.8个百分点，产量平均提高30.7个百分点。建立起全州鼠虫害监测体系，全面推广鼠虫害综合治理技术，全州累计开展鼠虫害防治9000余万亩次，建立13个草原无鼠害示范区，示范区防控面积达1100万亩，完成鼠荒地和沙化草地治理2.69万亩。

（四）配套完善民族区域自治法规，依法加强社会治理

藏传佛教在甘孜州历史悠久，影响深远。为依法管理藏传佛教事务，保障藏传佛教活动场所、僧尼和信教公民的合法权益，甘孜州出台《甘孜藏族自治州藏传佛教事务条例》，将藏传佛教管理纳入法制化轨道，维护了藏传佛教正常秩序和宗教领域的和谐稳定。

在立法实践中，甘孜州始终做到"一个坚持，四个注重"。"一个坚持"，即坚持党的领导。建立了党委提出立法建议的制度，切实加强和改进对自治州立法工作的领导，及时研究立法工作中的重大事项，适时提出立法建议，把立法工作同推进跨越发展与长治久安的重大决策结合起来，研究解决地方立法中的政策取向和重大问题。

通过配套完善民族区域自治法规，甘孜州逐步形成具有甘孜藏区特点、民族区域自治特色的地方法规体系，对坚持和完善民族区域自治制度，保障民族自治地方依法行使自治权，支持和帮助民族自治地方加快经济社会发展，进一步巩固和发展平等、团结、互助、和谐的社会主义民族关系，发挥了重要作用。随着民族自治地方经济社会的发展，甘孜州还需要不断加强完善配套法规建设，进一步提高制定和实施配套法规的工作水平，使配套法规建设为全州改革发展稳定发挥引领和推动作用，为建设美丽生态、和谐幸福新甘孜提供强有力的法制保障。

三 工作展望

（一）充分行使立法变通权

党的十八届四中全会提出，建设中国特色社会主义法治体系，必须坚持立法先行，发挥立法的引领和推动作用，抓住提高立法质量这个关键。要恪守以民为本、立法为民理念，贯彻社会主义核心价值观，使每一项立法都符合宪法精神、反映人民意志、得到人民拥护。要把公正、公平、公开原则贯穿立法全过程，完善立法体制机制，坚持立改废释并举，增强法律法规的及时性、系统性、针对性、有效性。进一步提高对民族自治地方行使立法变通权重要性和必要性的认识，为民族自治地方行使立法变通权创造条件，促进民族地方经济和社会事业的发展。

（二）促进经济社会加快发展

针对民族地方资源丰富的特点，在制定法律法规时，注重保障民族地方对本地资源的开发权、使用权、收益权和处分权。认真贯彻《民族区域自治法》第56条"国家在民族自治地方安排基础设施建设，需要民族自治地方配套资金的，根据不同情况给予减少或者免除配套资金的照顾"的规定，根据甘孜州的实际情况，给予免除配套资金的照顾。通过以上方式，将部分过去由上级国家机关行使的职权下放给民族地方，既有利于国家法制的统一，又有利于进一步促进民族地方经济社会的发展。

（三）提高民族区域自治立法质量

深入推进科学立法、民主立法。加强人大对立法工作的组织协调，健全立法起草、论证、协调、审议机制，建立基层立法联系点制度，推进立法精细化。完善立法项目征集和论证制度，健全法律法规起草征求人大代表意见制度，增加人大代表列席人大常委会会议人数，更多发挥人大代表参与起草

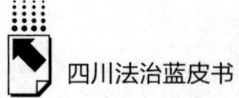

和修改条例的作用。健全立法机关主导、社会各方有序参与立法的途径和方式。牢固树立并不断强化"质量第一"的立法理念，将提高立法质量摆在突出位置，始终把提高立法质量作为加强和改进民族地方立法工作的重中之重。一是增强立法针对性。要紧紧围绕民族地方经济社会发展中迫切需要解决的现实问题开展立法工作。二是增强立法及时性。针对突出问题，及时启动立法程序，出台相关法规予以规范和引导。三是增强法规的可执行性，确保法规规范严谨周密、可靠管用。四是增强立法系统性，做到各项制度相互衔接、统筹协调、形成合力，切实提高立法的引领和推动作用。

（四）加强民族区域自治立法队伍建设

党的十八届四中全会提出，全面推进依法治国，必须大力提高法治工作队伍的思想政治素质、业务工作能力、职业道德水准，着力建设一支忠于党、忠于国家、忠于人民、忠于法律的社会主义法治工作队伍，为加快建设社会主义法治国家提供强有力的组织和人才保障。民族地方立法工作面临新形势、新任务、新要求，立法队伍的素质和能力直接关系到民族地方立法的质量和水平，必须始终把立法队伍的建设作为民族立法工作的重中之重来抓，进一步加强立法队伍建设，加大对民族自治地方立法队伍培养的力度，提高立法工作人员思想素质、专业素质和实践能力。把立法工作队伍建设纳入省、州中长期人才发展规划，创新人才培养机制，完善立法工作人才选拔任用、激励保障等机制。

B.24 藏区基层社会依法治理的阿坝实践

藏区基层社会依法治理的阿坝实践课题组*

摘　要： 阿坝基层社会治理采取纵向到底、横向到边的全域治理模式，将村、乡、机关、学校、寺院、企业六个社会基本单位作为关键环节，治理重点落实在基层，依法治理扎实、稳步推进。其经验主要包括改进和加强科学立法，做好公众普法，稳妥推进宗教事务的依法管理，落实依法行政，将纠纷解决纳入法治轨道等。

关键词： 基层社会　依法治理　民族立法　法治思维

前　言

阿坝藏族羌族自治州（以下简称"阿坝"），位于青藏高原边缘，四川省西北部，与甘肃、青海、西藏三省区交界，是中华人民共和国10个藏族自治州之一。

历经民主改革、自治州成立、改革开放等重要历史发展阶段，阿坝走上了与全国、全省一道快速发展的道路。经过62年的发展，今日的阿坝各族人民享有充分的自由、平等和尊严，全州人心和顺、民族和睦、社会和谐。

---

* 课题组负责人：赵平，中共阿坝州委副书记。课题组成员：尼玛木、蔡刚、吴宗权、向林、梁万寿、克波、杜欣蔓。执笔人：向林，阿坝州委副秘书长、阿坝州依法治州办主任；梁万寿、克波、杜欣蔓，阿坝州依法治州办干部。

特别是进入21世纪,依法治州已成为自治州基本方略,法治旗帜已高高树起,以法律为准绳的法治思维正成为社会主流,保障阿坝社会全面进步的法治环境正在成熟,建设法治阿坝已成为历史必然。

一 阿坝开展基层社会依法治理的社会背景

随着国家将法治作为治国理政基本方式,阿坝认真研究法治在国家治理和社会管理中的支撑作用,全面实施基层社会依法治理,并以此作为贯彻落实依法治国、依法治省理念的一项基础性工作,推动藏区治理水平和治理能力的全面进步。

2014年4月,阿坝州委制定出台了《基层法治创建指导意见》(以下简称《意见》)。《意见》立足阿坝实际提出,基层社会依法治理采取纵到底、横到边的全域治理方式,纵向由村(社区)、乡(镇)、县、州构成,横向由机关、学校、企业组成,通过对基层社会依法治理分类评估、分类创建、健全机制,深入开展法制教育,弘扬社会主义法治精神,树立社会主义法治理念,增强全社会学法遵法守法用法意识,倡导运用法治思维和法治方式深化改革、推动发展、化解矛盾、维护稳定,促进司法机关公正司法,促进基层民主政治建设,提高公民的法律素养和基层社会的治理水平,力争到2017年年底为省级法治州创建奠定坚实的基础,到2020年基本建成省级法治州,为建设川西北生态经济示范区和与全国全省同步全面建成小康社会构建和谐稳定的社会环境、公平正义的法治环境和优质高效的服务环境。

二 阿坝开展基层社会依法治理的六个重点方面

阿坝将村、乡、机关、学校、寺院、企业六个社会基本单位作为推进基层社会依法治理的关键环节,采取自下而上、示范带动、联动治理、连片创建的方式,将治理重点落实在基层,推动依法治理扎根基层、稳步推进。

1. 创建民主法治示范村(社区)

围绕基层社会治理体系和治理能力现代化的要求,以完善村民、居民自治制度为核心，弘扬社会主义核心价值观，提高群众自我管理、自我教育、自我服务、自我监督的能力。整合各类基层创建资源，统筹推进、一体建设，实现"业兴、家富、人和、村美"的幸福美丽新村建设目标。

2. 创建法治乡（镇）

党委、政府依法科学民主决策的制度健全，严格执法、公正执法、规范执法、文明执法，规范行使公共权力，执法为民在基层得到有效的落实，基层解决矛盾纠纷的渠道畅通，群众合法权益得到依法及时维护，群众自治组织健全、运行规范，公务人员带头学法、办事依法，群众自觉守法用法，村（居）民积极有序参与基层民主法治实践。在所辖行政村（社区）、学校、寺院、机关单位等基层广泛开展法治创建。

3. 创建法治机关（单位）

围绕国家治理体系和治理能力现代化建设开展创建工作，提高领导干部运用法治思维和法治方式推动发展、深化改革、化解矛盾、维护稳定的能力，提高部门依法办事能力和法治化管理水平，使领导干部、职工法制观念不断增强、法律素质普遍提高。

4. 创建依法治校示范学校

建立健全依法治校管理体制，完善以依法治校为基础的与各项学校管理制度和学校章程相配套的运行机制。依法实施教育教学活动，培育校园法治文化，不断提升青少年学生的法律道德素质，依法维护学校、教师和学生的合法权益，全面提高依法治校水平。

5. 创建文明和谐寺院

对寺院实行依法管理、规范管理、主动管理，确保寺院社会化管理、规范化建设、公共化服务、制度化保障。落实社会管理的各项措施，实行管理和服务并重，依法保护正常的宗教活动，切实维护宗教界人士及信教群众的合法权益。促进寺院管理与国家治理体系和治理能力的现代化相适应。

6. 创建诚信守法企业

建立健全企业管理各项制度，建立和完善以职工代表大会为基本形式的企业民主管理制度，推进厂务公开，支持职工参与管理，维护职工合法权益。加强民主管理和监督，完善企业法律风险防范机制，进一步提高企业经营管理人员的法律素质和依法管理能力。

三 阿坝推进基层社会依法治理的经验

在推进全域治理的基础上，根据依法治藏、长期建藏的总体思路，结合阿坝社会发育程度，不断改进和加强科学立法，推进依法行政、深化法治理念等领域工作，推动了基层社会依法治理不断迈上新台阶。

（一）加快科学立法完善法规体系

认真履行宪法和法律赋予的立法权，坚持科学立法、民主立法，把握保障少数民族权益、推进经济社会发展、依法保护生态环境和积极维护社会稳定的总体需求，科学有序实施民族区域自治立法，实现"制定符合当地民族政治、经济和文化特点的自治条例和单行条例"的立法初衷。

1. 民族立法拓展保护了少数民族公民的基本权利

自治州人大及其常委会先后制定了《阿坝藏族羌族自治州教育条例》《阿坝藏族羌族自治州宗教事务条例》《阿坝藏族羌族自治州计划生育办法》等一系列民族自治法规，通过履行法律变通执行权、创制权，完善了少数民族义务教育、宗教信仰、计划生育等方面的基本权利保障。其中，《阿坝藏族羌族自治州教育条例》在全国地方性法规中首先明确了15年义务教育，成为推动和提升少数民族综合素质的关键性法规；即将制定通过的《阿坝藏族羌族自治州农村扶贫开发条例》首先明确了少数民族地区扶贫攻坚的法定职责，构建起以法律为保障的扶贫开发长效机制。

2. 民族立法保障了民族区域经济的可持续发展

自治州人大及其常委会先后制定了《阿坝藏族羌族自治州邮电通信设施保护条例》《阿坝藏族羌族自治州施行〈四川省《中华人民共和国草原法》实施细则〉的补充规定》《阿坝藏族羌族自治州矿产资源管理条例》《阿坝藏族羌族自治州野生动物植物保护条例》等民族自治法规，规范了阿坝土地资源管理、草原保护、药材菌类保护、矿产资源管理以及邮电通信设施保护等内容。同时，民族立法更加注重向环境与自然资源保护领域转换。水资源保护、湿地保护、生态环境保护、非物质文化遗产保护、世界遗产保护、旅游资源保护、野生动物植物资源保护等正在成为民族自治法规的重要内容。目前，自治州现行有效的20部法规中规范生态环境保护方面的已达11部。

3. 民族立法提升了民族地区应对公共突发事件水平

2009年，阿坝制定出台了《阿坝藏族羌族自治州突发事件应对条例》，在预防与应急准备、监测与预警、应急处置与救援、灾后恢复重建上做出了严格规定。这部法规颁布实施5年来，提升了阿坝应对处置突发事件的整体水平，特别是在2010年"8·14"特大山洪泥石流灾害和2013年"7·10"特大山洪泥石流灾害处置中，按照条例迅速反应、妥善应对，最大限度地保障了人民群众的生命和财产安全，推动了灾害预警处置的快速稳妥，实现了救灾迅即、重建有序。

（二）因地制宜做好社会公众普法

从"一五"普法开始，阿坝的普法实现了形式从单一走向多样，内容从简单趋向复杂的转变，通过"谁执法谁普法，谁主管谁普法"，进一步增强了"法律七进"活动的指向性和实效性。

1. 深入开展送法进寺庙活动，不断增强寺庙僧尼法治观念

做好寺庙法治宣传一直是阿坝公众普法工作的重要组成部分。各级党委政府围绕寺庙法治宣传逐步建立了以统战民宗部门牵头、多部门联合协作的寺庙法治宣传教育工作运行机制，组建了"藏汉双语联合宣讲团"，制定了"僧尼权益保护""依法治州"等专题内容，定期深入寺庙开展法治宣传教育。同时，加强寺庙法律宣传阵地建设，建立阿坝州律师义务为寺庙提供法律服务人才库，在爱国爱教、持戒守法、助民为乐的僧众中，选择了一批热爱法治宣传、具有较高威信的僧尼担任"法律明白人"，支持他们参与寺庙规范化建设、公共化服务和制度化管理以及矛盾纠纷化解。

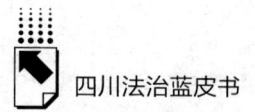

2. 深入开展法律进农家牧户活动，让法律贴近农牧民生活

始终着眼于让法律意识、法律精神扎根农牧民心中，全面实施农村普法"三个一"工程，即每个村（社区）有 2 名以上普法员，建立一个法律图书角，设立一个法制宣传专栏。充分整合司法行政资源，组织法律服务小分队，宣讲法律法规。目前已与 645 个村委会签订义务法律顾问协议，逐步实现一村一名法律顾问。立足牧区实际，抽调双语表达强、业务素质精、身体素质好的专业人员，组建"马背法制政策宣讲团"，深入地广人稀、牧民群众居住分散、路途遥远的边远村镇，坚持用本土语言、以贴近生活的实例，引导群众办事依法、遇事找法、解决问题用法、化解矛盾靠法，受到社会各界的广泛赞誉和广大牧民群众的普遍欢迎。2014 年以来，阿坝全州组织法律进机关（单位）、进学校、进企业、进景区、进医院活动，帮助干部职工和农牧民群众 18 万人次，解答法律咨询 9100 人次。

3. 广泛建设喜闻乐见的基层法治文化阵地

坚持将法治宣传与传统文化、现代传媒相结合，坚持主题鲜明、格调高雅、因地制宜、注重实效的原则，建成阿坝普法网，开办《阿坝法治》电视栏目，开通藏文语音手机报，制作藏汉双语的普法年历，针对社会热点难点进行法律透析、法律讲解，引导群众学法、知法、守法。建设群众易于接受、注重寓教于乐的法治场馆、法治长廊、法治公园、法治文化广场、法治文化街区等。其中，九寨沟、金川、茂县建成法治文化街景式长廊，制作九寨琵琶弹唱、金川马奈锅庄等法治宣传节目，受到藏族群众喜爱。

（三）稳妥推进依法治寺各项工作

阿坝历来就是连接西藏与内地的"汉藏走廊"，境内藏传佛教、汉传佛教、道教、伊斯兰教等各宗教派别相互交融、和谐共处。近年来，阿坝坚持"依法治寺、以戒管僧"，强化法治思维和法治意识，逐步增强了寺庙僧尼的遵纪守法意识，通过依法管理宗教事务，切实维护宗教活动的正常秩序。

1. 不断深化依法治寺意识

阿坝先后制定出台了《阿坝藏族羌族自治州宗教事务条例》《阿坝藏族

羌族自治州藏传佛教事务管理暂行办法》，统筹编印了《民族宗教政策学习教育活动读本》《阿坝州宗教法规和藏传佛教教规戒律汇编》，明确了法律界线和法律责任，促进了宗教事务管理法制化。在寺庙内普遍建立寺庙书屋，组建"高僧大德宣讲团""藏汉双语宣讲团"，开展"爱国爱教、持戒守法、助民为乐"活动，举行法律政策、形势教育等定期时政讲座，有效开阔了僧尼眼界，强化了法治意识。

2. 爱国爱教力量不断壮大

认真贯彻尊重和保护公民宗教信仰的宪法精神，坚持依法保护藏传佛教和其他宗教教派的传承，积极为广大僧尼和信众提高佛学造诣、提高修行修为创造条件，建立健全了州县的佛协组织，建立起四川藏语佛学院阿坝办学点，实施以藏传佛教代表人士为基础的宗教界"百千万"和"千人计划"，全面实施寺庙危房旧屋改造修缮和公共服务"五有三通三覆盖"工程，一大批传统寺庙得到保护性延续，一大批僧人享受到公共服务。各级党政领导主动与1088名宗教界代表人士建立对口联系、对口帮扶机制，定期上门为他们排忧解难，并通过他们为广大僧尼群众办实事、办好事。据统计，仅2014年，全州就有77名宗教界代表人士进入州县人大政协，履行参政议政的职责，345名僧尼被评为民族团结进步模范个人。

（四）坚持依法规范民间调解

阿坝坚持以法治思维、法治方式规范民间调解，完善人民调解组织，实现了"民转刑"案件矛盾纠纷明显减少的良性发展趋势，维护了基层农牧区，特别是牧区社会的平稳发展。

1. 用依法治理的思路推进规范民间调解工作

坚持依法治理，努力把社会矛盾化解工作纳入法治轨道，坚决依法打击复旧势力干预正常调解活动，坚持宗教不得干扰正常调解活动，通过依法强化人民调解、转化民间调解、取缔打击非法调解等手段，规范整顿混乱无序、影响法治建设、削弱基层政权权威的民间调解，吸收积极因素，整合社会力量，通过规范调解组织、规范调解资源、规范调解行为、规范调解运行、规范调解管理等措施统一法治效果。

2.用源头防范的手段推进规范民间调解工作

坚持发挥社会主义民主政治的优势，结合基层实际，积极构建党政主导、依靠群众、源头预防、依法治理、综合施策的矛盾化解新格局。坚持抓组织规范，将维护好群众的合法权益、合法诉求作为维护社会稳定的根本，扩展人民调解工作范畴，吸收热爱祖国、热心公益事业的优秀基层代表，通过教育培训将其充实到基层人民调解组织中，发挥他们的地缘、人缘、亲缘和习俗通的优势，延伸人民调解的阵地，形成了优势互补、多元化的新型人民调解组织，从根本上、源头上、组织上解决农牧区民间调解乱象，从源头上消除不稳定隐患。

（五）不断加强法治政府建设

紧紧围绕建设法治政府目标，认真贯彻落实国家关于推进依法行政和法治政府建设工作的系列要求，着重在举措上务实创新，为推动政府法制工作又好又快发展提供有力的法治保障。

1.服务经济社会发展能力明显增强

建立依法行政学习教育长效机制，增强领导干部运用法治思维和法治方式深化改革、推动发展、化解矛盾、维护稳定的能力。全力以赴推动行政权力依法规范公开运行。建立行政权力清单，编制完成州级行政权力目录6124项，县级行政权力目录52037项，基本建成州、县两级行政权力依法规范公开运行平台，逐项绘制行政权力运行内部流程图。以深化行政审批制度改革为突破口推动政府职能转变。对照国务院、省取消下放的行政审批目录，州级部门首批取消、调整行政审批项目58项，县级首批取消、调整行政审批项目124项，承接国务院、省政府下放的行政审批事项84项。

2.行政复议化解矛盾纠纷的公信力提高

进一步夯实行政复议的主渠道作用，加大实地调查、公开听证力度，积极运用和解、调解手段，做到复议变更案件零起诉、复议程序把关案件零败诉，有效发挥行政复议"渠道畅通、案结事了"的功能。组建行政复议委员会，建立健全行政复议委员会工作规则、议事规则，初步形成行政调解新机制，努力构建行政调解与人民调解、司法调解相衔接的大调解联动机制，切实推动信息互通、工作联动、矛盾联调、优势互补。

结束语

今天的阿坝，是传统与现代交相辉映的新阿坝，各族人民生活幸福安康、政治进步、社会稳定、经济发展、生态良好、文化繁荣。

实践证明，只有在中国共产党的领导下，才能充分保证人民当家做主，充分发挥民主法治建设在推进改革开放、促进科学发展、维护社会和谐稳定方面的促进和保障作用，以法治道路实现好、维护好、发展好阿坝人民的根本利益，推动阿坝社会发育程度的不断进步。

B.25
四川同心·律师服务团服务藏区调研报告

中共四川省委统战部课题组*

摘 要： 四川同心·律师服务团的法律援助藏区活动是全国统一战线、律师行业同心服务中的成功典型，发挥保障各民族群众合法权益，增强藏区各级政府的依法行政能力，提升全社会的法治意识等成效。本报告介绍了四川同心·律师服务团组建的背景、基本情况、组建目的、主要任务和工作机制，对其开展法律援藏服务的做法予以总结梳理，列举其典型案例并提炼其经验启示，对于其他地方乃至全国层面的制度完善都有着借鉴意义。

关键词： 律师服务团 社会治理 法律援藏

概 述

当前，四川发展已进入新的阶段，改革进入了攻坚期和深水区，面临的各种社会矛盾和问题纷繁复杂，社会利益多元化、社会结构复杂化特征明显，影响社会和谐稳定的因素不断增多，特别是藏区和民族地区不稳定因素呈现新的特点。解决这些矛盾和问题，维护社会和谐稳定，必须深入贯彻中

---

* 课题组负责人：刘建军，四川省委统战部副部长。课题组成员：傅烨红、颜旭。执笔人：颜旭，四川省社会主义学院教师。

央关于推进国家治理体系和治理能力现代化的要求,深入推进依法治省,增强建设法治四川的自觉性和坚定性,依法引导规范各种社会行为,促进社会治理法治化,实现社会秩序活泼有序,永葆活力。因此,中共四川省委十届五次全会明确提出,要把社会依法治理摆在更加突出的位置,把藏区依法治理作为重中之重,加快完善现代社会治理体制,注重运用法治思维和法治方式化解社会矛盾。

律师作为中国特色社会主义法律工作者,是全面推进依法治省、建设法治四川的重要力量,在立法、司法、执法等各个环节中发挥着重要的作用,在维护法治、践行法治、传播法治中有着不可替代的地位。四川省拥有很好的律师资源,现有律师事务所近1000家,执业律师1.3万余人,位居西部第一位。充分发挥律师的专业特长和群体优势,鼓励更多律师投入到志愿法律服务的事业中去,对于全面推进依法治省、建设法治四川具有重要意义。2012年8月,中共四川省委统战部、四川省司法厅共同发起成立了四川同心·律师服务团,以"同心"思想为引领,积极开展法律援藏活动,组织省内21家知名律师事务所对口甘孜、阿坝、凉山等地的11个藏区县、贫困县开展帮扶活动,组织优秀律师团队深入藏区机关、学校、企业、单位、寺庙、社区、村社,开展以法治宣传、法律培训、法律援助、法律调解、法律顾问咨询、法律人才培训、法治示范点创建为主要内容的同心法律服务,为推进四川省藏区依法治理,增强藏区各级政府依法行政能力,提升藏区干部群众法治意识,营造人人守法、依法办事的法治氛围做出了积极贡献。

一 四川同心·律师服务团组建的背景

(一)改革开放以来,中国律师事业发展迅速,但律师资源分布不均的问题仍然比较突出,已成为制约中西部地区、民族地区法治建设的重要瓶颈

截至2013年年底,中国律师事务所已发展到2万多家,比上一年增长

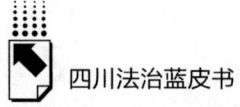

6.4%;执业律师已达25.09万人,比上一年增长8.01%;律师整体素质进一步提高,具有本科以上学历的律师已占总数的82.1%,研究生以上学历的律师超过4万人。但由于各方面的原因,中国的律师事业发展很不平衡,律师和律师事务所地域分布不均,大部分律师和律师事务所集中在发达地区及大中型城市,中西部地区和民族地区律师资源相对匮乏。根据中华全国律师协会发布的《中国律师行业社会责任报告》,按人口律师比计算,2012年中国每1万人口平均拥有1.6名律师。其中,人口律师比最高的北京市,每1万人口拥有11.7名律师,其次是上海市,每1万人口拥有6.7名律师。但人口律师比较低的地区如西藏,每1万人口仅拥有0.6名律师,安徽、青海、甘肃、贵州、江西、西藏6个省、自治区,每1万人口中拥有的律师数量还不足1名。截至2012年6月,全国仍有200多个县没有律师。从四川省的情况看,律师资源总体比较丰富,全省共有律师事务所970家,执业律师13602人,入驻四川省的省外知名律师事务所已达30多家,律所和执业律师数量分别居全国第七和第八,位列西部第一。但区域分布不平衡,半数以上的律师集中在成都,甘孜、阿坝、凉山等民族地区的律师较少,个别县甚至没有律师,难以满足当地经济社会发展和人民群众对法律服务的需求,严重制约了当地法治建设的进程。

(二)律师作为新的社会阶层人士,是新世纪新阶段统战工作新的着力点之一,深入推进律师行业统战工作是实现爱国统一战线科学发展的重要课题

改革开放以来,中国产生了民营科技企业的创业人员和技术人员、受聘于外资企业的管理技术人员、个体户、私营企业主、中介组织的从业人员、自由职业人员等新的社会阶层。他们作为中国特色社会主义事业的建设者,是完善社会主义市场经济体制和推动经济社会发展的一支新兴力量,在促进共同富裕、构建社会主义和谐社会、全面建成小康社会中发挥着重要作用。《中共中央关于巩固和壮大新世纪新阶段统一战线的意见》(中发〔2006〕15号)强调:广泛团结新的社会阶层人士,是巩固党的阶级基础、扩大党的群众基础的需要,是巩固和发展新世纪新阶段统一战线的需要,是推动中国特色社会主义伟大事业的需要,新的社会阶层人士是统一战线工作新的着力点。

律师群体作为新的社会阶层的重要成员,是统战工作的重要对象。2014年5月,中央统战部、司法部党组联合下发了《关于加强律师行业统战工作的意见》,明确指出加强律师行业统战工作是充分发挥律师作用,推进中国特色社会主义伟大事业的必然要求;是巩固党的阶级基础,扩大党的群众基础的必然要求;是促进律师队伍健康成长,保障律师行业健康发展的必然要求,强调律师行业统战工作要以党外律师为主体,重点是政治坚定、法律精通、恪守诚信、业绩突出、群众认同的党外律师代表人士。

从四川的情况看,律师行业统战工作开展较早,总体情况较好。截至2013年年底,全省党外律师中,共有各级人大代表、政协委员224人,高于全国平均水平,居全国律师行业前列。四川省第八届律师协会的87名理事中,党外律师占51.72%;10名副会长中,党外律师占50%;协会监事长为党外律师;各专委会主任中,党外律师人数超过了50%。同时,四川律师行业统战工作须结合群体特点推进相关工作。一是律师群体具有人数众多、分布地域广、工作流动性大等特点,有限的统战工作力量难以对律师群体实现全面覆盖,需要对传统的统战工作体系加以调整,加强与相关政府职能部门和行业协会的合作,完善行业统战工作联席会议机制,构建大统战工作格局,形成推动工作的强大合力。二是律师群体具有独立思考能力较强、个体自主性较高、思想较为多元化的特征。传统的统战活动、统战工作载体和思想教育方式需要针对律师群体的特点加以创新,进一步突出实践在政治引导中的作用,鼓励他们在服务发展、服务社会的实践中认识国情省情,了解社情民情,坚定他们对中国特色社会主义的道路自信、理论自信、制度自信。

(三)践行"同心"思想、投身"同心"实践成为包括律师在内的广大统一战线成员的共同职责,"同心"行动在全国统一战线深入开展

在2011年1月中共中央召开的党外人士迎春座谈会上,胡锦涛同志提出了以"思想上同心同德、目标上同心同向、行动上同心同行"为核心内容的"同心"思想。这一思想是在总结中国共产党领导的多党合作历史经验的基础上做出的深刻论述，成为新形势下广大统一战线成员深化政治交接、增进政治共识的重要载体。

2011年中央统战部下发《关于在统一战线实施"同心"行动的意见》，在全国统一战线范围开展"同心"系列活动。2011年5月，中央统战部、司法部联合组建的同心·律师服务团在北京正式成立，48名全国知名律师作为首批成员与48个县签订了对口帮扶协议。该服务团以对中西部地区对口帮扶为切入点，以党外律师为主体，以全国部分没有执业律师的县为对象，深入开展法律服务、人才培训、经济帮扶、公益慈善等志愿服务活动。服务团的成立为广大律师参与社会公益事业和统一战线活动开辟新渠道，对于解决中国律师事业发展不平衡、区域分布不均的问题起到促进作用，在引导广大律师践行中国特色社会主义法律工作者的总要求、加强优秀律师人才的培养和使用、增强广大律师执业为民理念和服务民生意识、树立律师行业承担社会责任的良好形象、推动律师事业的健康顺利发展等方面发挥着积极作用。2013年7月，同心·律师服务团第二批服务活动启动。第二批服务活动在总结第一批服务活动经验的基础上，进一步扩大了服务范围和服务队伍，建立健全了长效服务机制，按自愿参加、组织推荐、就近帮扶的原则，组织105位律师对137个无律师县和律师资源匮乏县进行为期3年的对口帮扶。发展至今，同心·律师服务团已日益成为广大律师服务依法治国、推进法治中国建设、参与社会公益活动的重要渠道和在实践中锻炼成长的重要平台，日益成为创新新的社会阶层人士工作、推进律师行业统战工作的重要载体。

二 四川同心·律师服务团的基本情况

（一）四川同心·律师服务团的组建情况

2011年7月，中共四川省委统战部和四川省司法厅以四川省无执业律师县之一的甘孜州得荣县为试点，组建四川同心·律师服务团得荣分团。得荣分团依托四川鼎立律师事务所，与得荣县政府签订为期两年的服务协议，以对口帮扶的形式，免费志愿担任得荣县政府的法律顾问，为得荣县依法行政提供法律咨询和论证，为该县重大涉法事项提供咨询意见、开展法治宣传进行法律人才培训，为农牧民群众提供法律咨询服务，在该县法治建设工作中发挥了积极作用。

2012年8月，为加大对四川民族地区、贫困地区法律服务工作的支持力度，在总结四川同心·律师服务团得荣分团试点经验的基础上，中共四川省委统战部、四川省司法厅共同发起成立了四川同心·律师服务团，四川致高守民律师事务所等21家事务所成为服务团首批成员。服务团由中共四川省委统战部和四川省司法厅共同领导，设团长1人、副团长8人，分别由四川省律师协会会长、副会长担任，服务团秘书处设在省律师协会，设秘书长1人，由四川省律师协会秘书长担任。

（二）四川同心·律师服务团的组建目的和主要任务

成立四川同心·律师服务团，旨在团结引导广大律师学习践行"同心"思想，践行社会主义核心价值观和中国特色社会主义法律工作者的职责使命，通过参与社会实践和公益事业，发挥律师的法律专长和职业优势，服务民族地区、贫困地区经济发展，服务社会稳定和民主法治建设；加强优秀律师人才的培养使用，进一步增强律师执业为民理念、服务民生意识和社会责任感，提升律师行业良好社会形象，推动四川律师事业健康有序发展。

四川同心·律师服务团以民族地区特别是四川省贫困藏区为主要服务对象，主要任务是：组织律师深入民族地区、深入基层群众，了解国情省情，掌握社情民情，反映群众诉求，发挥好党委政府联系人民群众的桥梁纽带作用；发挥法律专长和职业优势，帮助政府及其工作部门依法行政、依法管理经济文化事务，为基层培养法律人才；广泛开展法治宣传教育，积极宣传法律法规和党的民族宗教政策、经济政策，帮助农牧民群众不断增强法律意识，提升法律素质；根据人民群众的法律服务需求，开展各种形式的法律服

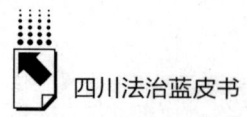

务和法律援助,维护社会公平正义,促进社会和谐稳定;围绕省委省政府中心工作和全面建成小康社会总目标建言献策、牵线搭桥,助推民族地区、贫困地区科学发展,实现长治久安。

(三)四川同心·律师服务团的工作机制

1. 组织机制

四川同心·律师服务团是四川统一战线组织开展的"同心"系列活动之一。为实现对活动的有效组织,中共四川省委统战部出台了《在四川统一战线实施"同心"行动的意见》《四川"同心"服务团试行办法》,对活动进行了总体规划。针对四川同心·律师服务团,中共四川省委统战部、四川省司法厅联合发文,对服务团的组织机构、专家聘用、主要任务、服务方式、服务程序做出了明确规定。

2. 协调机制

在工作中,逐步形成了三级协调机制。在全省层面,形成了中共四川省委统战部、四川省司法厅和四川省律师协会共同参加的联席会议制度,定期研究部署服务团工作。在受援县(市、区),建立由党委、政府分管领导牵头,政府办、统战、司法等有关部门参与的工作协调小组,负责服务团的协调保障。服务团秘书处承担日常服务和管理工作,负责联系各方、统筹协调、跟踪督促。

3. 考核机制

建立健全活动管理机制,要求服务分团严格按照程序向主管部门及服务团秘书处进行活动申报、活动备案、活动总结。做好业绩考评,对分团和个人服务业绩进行年度考评,定期评比四川"同心"实践先进单位,及时总结交流经验,通过典型示范、经验推广,带动服务团工作全面深入开展。

三 四川同心·律师服务团开展法律援藏服务的主要情况

四川是全国第二大藏族聚居区,藏区的稳定发展是省委省政府关心的重点工作。四川同心·律师服务团成立后，根据四川实际和自身特色，围绕省委省政府中心工作，选择以藏区为主要服务区域，以推进藏区法治建设、服务藏区长治久安为工作重点，组织21家律师事务所组成11个分团（除得荣分团外，每个分团由2家事务所组成）与马尔康、阿坝、若尔盖等11个律师资源匮乏的藏区县签订对口援助协议，组织实施法律援助藏区服务，点对点开展以法治宣传、法律培训、法律援助、法律调解、法律顾问咨询、法律人才培训、法治示范点创建为主要内容的"同心"法律服务活动。

（一）广泛开展法治宣传，营造藏区法治氛围

推动藏区的依法治理，首先要做好普法工作，加大法制宣传力度，增强藏区干部群众的法治意识，推动全民守法，努力营造"办事依法、遇事找法、解决问题用法、化解矛盾靠法"的良好氛围。律师是法治建设的重要力量，也是法制理念宣传工作的重要生力军。服务团把增强藏区党员干部和基层群众学法尊法守法用法意识作为工作切入点，组织优秀律师到机关、学校、企业、寺庙开设法治讲座，深入乡村、社区，到基层群众中开展法治宣传。服务团成立以来，共举办法制宣传讲座130余场次，发放宣传材料近3万余份，干部群众接受法治宣传教育逾2万人次；组织开展法律咨询活动20余场次，接受人民群众咨询6000余人次。

为提高法治宣传实效，使藏区群众真正能够理解法治精神、知晓法律法规，服务团根据藏区实际进一步创新了宣传方式。一是开展双语宣传，努力克服语言关。马尔康分团将日常法律法规编成通俗易懂的法律谚语，将村民日常行为规范编写成朗朗上口的"村规民约三字经"，将其印制成汉藏双语对照的法律宣传日历挂历、标语牌、宣传画赠送给藏区群众。阿坝分团将普法讲座文稿翻译成藏文发放给参加法治宣讲的藏族群众。新龙分团联合西南民族大学开展了"藏汉法律翻译"课题研究，着力攻关藏区法律宣传的语言障碍。二是在宣教重点上，突出学校、寺庙两个重点，以学生带动家长、家庭学法用法，以寺庙影响信教群众遵法守法。服务团成立以来，马尔康分

团在阳日岗寺，德荣分团在宾巴寺，木里分团在康坞大寺，康定分团在安觉寺分别开设法治讲座。阿坝分团在地方党委政府的支持下，举办了"阿坝县藏传佛教寺庙民管会成员暨高僧大德法制讲座"，向阿坝县寺庙民管会成员暨高僧大德60余人讲解了《宗教事务条例》等法律法规，进一步提高了僧俗群众的法律意识。三是开展集中宣传，形成强大声势。2014年10月15日，服务团集中各分团30余名优秀律师在马尔康民族广场集中宣讲法律法规，开展法律知识有奖竞答，现场进行法律咨询，近400名群众参加了当天活动。

（二）加强法律顾问咨询，积极推动依法行政

党的十八届四中全会强调，全面推进依法治国，要坚持法治国家、法治政府、法治社会一体建设，深入推进依法行政，加快建设法治政府。加大依法行政力度，既是加快建设法治政府的重要要求，也是实施依法治国方略的关键环节。在四川藏区，受制于多种因素，各级政府依法行政的意识和党政干部依法行政的能力都有待进一步提高。因此，服务团把推动依法行政作为对口帮扶的重要内容，积极组织各分团与受援地政府签订法律顾问服务协议，选派优秀律师团队担任受援地政府法律顾问，参加受援地政府组织的各种专题研讨会、政策会诊会70余次，为对口援助地经济社会发展提出意见、建议100余条，为政府制定政策性文件审查把关、出具法律意见书数十份次，并为总额逾10亿的招商项目提供了有效的法律服务，尽可能地将法律顾问咨询服务贯穿于藏区政府行政管理过程中。

各分团还根据受援地在经济社会发展中的突出问题，组织专门力量，深入展开研究，为当地党委政府决策提供法律建议。新龙分团围绕在水电开发中的拆迁、安置及房地产开发等突出问题，成立专门法律服务小组，提供法律建议；马尔康分团针对当地矛盾较集中的河道采砂、违章建筑拆除等问题专门制作了两期宣传节目；若尔盖分团针对当地因工程建设施工合同纠纷引发的两起群体上访事件出具《法律意见书》，提出相关律师建议被县委县政府采纳；宝兴分团围绕当地法治建设中的重点问题与县政府共同召开了依法

行政专题研讨会。

同时，各分团积极配合受援地政府开展针对党政干部的法律培训，举办《宪法》、《行政诉讼法》、《行政复议法》、《行政处罚法》、《合同法》和预防职务犯罪等专题培训近 20 场次，引导党政干部带头树立法治理念，带头依法办事，带头依法行政，切实按照"法治"思维理清工作思路，根据"法治"要求施行行政管理，依靠"法治"手段化解矛盾问题。

（三）主动提供法律援助，维护群众合法权益

为困难群众提供法律援助是一项扶助贫弱、保障社会弱势群体合法权益的公益事业，是维护社会公平正义、实现社会法治的阳光事业，也是律师行业践行党的群众路线的重要体现。在对藏区群众开展法律服务的过程中，服务团律师发现有困难群众因为不了解法律规定、不清楚法律维权的渠道而走上了漫长的上访道路，甚至出现了暴力维权的行为。因此，服务团把为藏区困难群众提供免费的法律援助作为法律援藏工作的重要内容之一，共无偿提供法律援助 117 人次。得荣分团与四川省总工会签订为期两年的《法律援助服务协议》，组建得荣县工会劳动法律服务律师小组，对口向得荣县总工会及当地职工提供法律援助服务；新龙分团建立了新龙县来蓉务工人员联系平台，跟踪提供法律援助；稻城等多个分团还通过电话热线、电子邮箱、QQ、微博等现代通信方式，进一步降低困难群众寻求服务的成本，扩大服务覆盖范围，使每个需要法律服务的困难群众都能感受到法治的阳光和"同心"法律服务的温暖。若尔盖、稻城、道孚等分团还深入到群众中开展法律调解，以专业法律服务帮助地方党委政府化解群众矛盾和利益纠纷，及时排除群体事件隐患，切实维护藏区社会的稳定。

案例一

某县藏族群众在青海省某采砂场打工，由于倒塌的电线杆突然通电，发生两人一人瘫痪一人截肢的重大人身伤害事故。由于受伤的两人都是家中的主要劳动力，是家庭的重要生活来源，两人的受伤使原本不富裕的家庭顿时

陷入困境。接到该县司法局求助后，同心·律师服务团委派律师代理此案。该律师往返四川、青海十余次，深入伤者家庭了解情况，与青海某电力公司谈判赔偿方案。最终，经法院判决，两名藏族群众分别获得了40余万元和120余万元的赔偿。

（四）着力培养法律人才，夯实藏区法治基础

法律人才培养是建设法治国家的重要保障。通过筹建律师事务所、开办培训班等形式，为当地培养法律人才，是提高受援地法治建设水平的根本之策。服务团在帮扶过程中，不仅积极为当地"输血"，发挥了"宣传队"的作用，更努力帮助当地"造血"，担负起"播种机"的重任，共为受援地培训政法干部和基层司法助理员、人民调解员200余人次。其中，得荣分团为当地培养了第一位律师，组建了第一家律师事务所；稻城分团、木里分团把培训重心下沉到最基层，与当地律师事务所或基层司法所建立对接关系，为其提供专业培训和业务支持；新龙分团在"走进去"的同时，还通过"请出来"的方式，组织地方司法行政人员来蓉驻所培训学习，安排业务骨干担任指导教师，在实践锻炼中提升基层司法工作人员的业务能力，并计划用3年时间将当地司法干警轮训一遍。

案例二

为进一步提高藏区基层司法助理员的职业能力，四川同心·律师服务团得荣分团自筹资金，在成都举办了得荣县基层司法助理员培训班。中共四川省委统战部原副部长王增建围绕新时期政策法规为学员做了专题讲座，执业律师结合得荣县工作实际，以案例分析的形式，深入浅出地讲解了水电移民征地拆迁补偿、旅游资源开发管理、农民工维权、人身损害赔偿案件的计算实务、婚姻、家庭财产继承等法律法规和法律事务。培训期间，还组织学员到成都市温江区进行了参观学习。参训人员纷纷表示："这次培训给了我们一个非常好的学习平台，不仅提高了我们

的法律知识水平,更让我们学到了优秀的学习方法和工作理念,为我们今后在基层做好法制宣传、积极化解基层矛盾纠纷、搞好法律援助等工作打下了坚实的理论基础。"

(五)创建法律援藏示范点,探索有效工作举措

"同心"法律服务是新事物,在民族地区特别是四川省贫困藏区开展法治建设也不同于城市,会出现许多新情况、新问题,需要"摸着石头过河",选取典型开展试点,逐步探索制度措施,及时总结工作经验,积极推广有效做法。在藏区,学校、村社、寺庙作为社会的基本单元,既是法治建设的重点,也是法治建设的难点。服务团以此为切入点,由马尔康分团自筹资金10余万元,在阳日岗寺、阿底村、马尔康县中学集中打造"一寺、一村、一校"法律援藏示范点,探索藏区基层法治建设的有效方式和措施做法,总结形成法律援藏工作的科学模式。

案例三

在示范创建第一站——阳日岗寺,马尔康分团以创建基层法治文明和谐寺庙为契机,找准切入点开展送法进寺庙活动。在形式上,做到了法制宣传与宗教形式的融合,增强了法制宣传吸引力;在内容上,把法治精神与宗教教规教义相融合,与法律公平为民的宗旨融会贯通,悄然地将法律植根于信仰。同时,把法律服务与依法治寺相融合,设置了寺院法律顾问室、法律图书角。在法律服务中,注重办理法律事务的具体指导和调解咨询,并按照《阿坝藏族羌族自治州宗教事务条例》梳理、修订寺院管理制度十余种。服务团一行对马尔康分团"一抓三融合"打造送法进寺院的做法予以充分肯定。

"挖药材,有秩序,取砂石,有手续。"朗朗上口的《村规民约》三字经,引得服务团成员连声叫好。在示范创建第二站——阿底村,马尔康县推行"以法定约、依民议事、村务公开",即依托群众健身走廊设置趣味浓

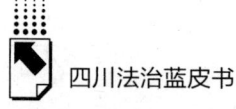

郁、形式多样的法治文化走廊。与会律师服务团成员对阿底村寓法于群众健身走廊、探索法制宣传有效形式的做法予以高度认可。

"老师好!"在一阵雷鸣般的掌声中,服务团马尔康县分团为136名高中生开办的以"青春美好,且行且珍惜"为主题的校外法治辅导课正式开讲。听者津津有味,讲者兴趣正浓,互动场面活泼有趣。授课律师针对受众心理特征,以"都教授讲法理"等系列法治动漫展和展示模拟违法违禁物品的形式,为学生上了一堂有效有趣的法律学习课。近年来,该县送法进学校活动围绕"依法治校,抚育未来"理念,加大在校学生法律知识的普及力度,不断提升其法制意识。①

(六)及时总结工作经验,推动服务纵深开展

为总结法律援藏工作经验,进一步推动"同心"法律服务深入开展,服务团下一步的工作重点是紧紧围绕中央和省委依法治国、依法治省重大决策部署,进一步扩大工作覆盖面,着重突出人才培训重点,积极参与法治政府建设,不断创新平台载体,切实当好普法教育宣传队、人才培养播种机、依法行政智囊团和同心品牌推进器,积极创造条件推动各市州和重点县(市、区)成立地方分团,鼓励律师建立服务小组,深入基层、深入群众开展服务,把"同心"法律服务推向深入。

结　语

当前全国统一战线、全国律师行业都在开展"同心"服务活动,四川同心·律师服务团的法律援助藏区活动是其中较为成型、较为系统、较为有效的典型之一。通过四川同心·律师服务团的实践,可以得到以下启示。

---

① 马尔康县政府办公室:《四川同心律师服务团深入马尔康县调研法律援藏示范点创建工作》,http://www.abazhou.gor.cn/jrab/gxdt/201410/t20141024-html。

一是"同心"法律服务的有效开展需要得到党委的高度重视和领导，党政有关部门的协调支持，相关行业协会的组织联络，行业代表人士的带头参与和服务团成员的热情奉献。

二是"同心"法律服务必须围绕党委政府的中心工作设定活动主题、确定活动重点对象，力求把"同心"法律服务投送到党委政府最关心、群众最需要、律师最能发挥作用的地方。要立足律师行业的职业优势和专业特长，科学设计服务内容、创新服务形式，提高服务活动对律师的吸引力，确保律师参与服务的积极性和创造性。

三是要注意营造宽松的活动范围，既要突出活动的公益性，尽可能实现社会效益的最大化，又要切实尊重相关律师的自主性和权利，既强调无私奉献，又考虑律师自身工作生活的实际情况，要努力实现政府、律师、群众三方共赢。

四是要推动服务团队真正深入群众、深入基层，掌握群众需求、学习群众语言、积极与群众互动，用生活中的案例和群众喜闻乐见的形式开展法治宣传，避免古板说教、单向灌输。

五是要把"同心"法律服务工作与律师行业代表人士队伍建设结合起来，把党外代表人士的物色发现和教育培养融入服务实践中。通过服务活动发现行业优秀人才，有意识地在活动中给他们"压担子"，使他通过服务实践加深对国情、省情、社情、民情的认识，使其熟悉中国政治制度和政治运行机制，帮助他们扩大在行业中的影响力和树立良好的社会形象，在实践中锻炼提升政治把握能力、参政议政能力、组织协调能力和合作共事的能力，为把他们培养成为政治坚定、法律精通、恪守诚信、业绩突出、群众认同的行业代表人士打下坚实基础。

B.26 "两真两严"的木里经验

中共凉山州委课题组[*]

摘　要： 本文全面阐释"两真两严"的木里经验，全面总结"两真两严"取得的成效，得出做好藏区工作就是要运用法治思维、法治方式，统战思维、统战方式，紧紧抓住"人心是最大的政治"这个关键，着力抓发展惠民生、创稳定促和谐，建立党和政府与藏区群众相互信任的关系，形成血浓于水的民族感情的结论。

关键词： 木里县　两真两严　抓发展惠民生　创稳定促和谐

凉山州木里藏族自治县是全国仅有的两个藏族自治县之一，是四川省唯一的藏族自治县，地处川滇藏区结合部，与甘孜州理塘、雅江、康定、九龙、稻城及云南省香格里拉、丽江、宁蒗等县市接壤，是康巴藏区的重要组成部分。全县总面积1.32万平方公里，平均海拔3100米，总人口13.8万人，辖29个乡镇、9个牧场、113个行政村、603个村民小组，有藏、彝、苗、汉、蒙古等21个民族成分。森林、水能、矿产等资源富集，活立木蓄积量占全省的1/10、全国的1/100。有藏传佛教开放寺庙14座，分布于11个乡镇，木里大寺在四川康巴藏区具有广泛影响，信教群众8万余人。

---

[*] 课题组负责人：宋光明，中共凉山州委副秘书长、州依法治州办主任。课题组成员：田华、郭涛、郑建。执笔人：宋光明；田华，中共凉山州委统战部副部长、工商联党组书记；郭涛，中共凉山州委统战部民宗科科长；郑建，中共凉山州委办公室干部。

近年来,凉山州委、州政府坚持以邓小平理论、"三个代表"重要思想和科学发展观为指导,认真贯彻中央治藏兴藏方针和省委藏区工作思路,着眼跨越发展和长治久安,统筹抓好发展、民生、稳定"三件大事",着力发展创稳、主动维稳、强基促稳、创新抓稳,推进保稳定向创稳定、促和谐转变,木里藏区呈现出经济快速发展、民生极大改善、民族团结和睦、社会安定有序的良好局面。在推进木里藏区和谐稳定、长治久安各项工作中,坚持用法治思维、法治方式和统战思维、统战方式,推进藏传佛教依法管理,探索出了"两真两严"木里经验。

"两真两严"木里经验核心是坚持以人为本,真心对待各族群众,全力维护民族团结和社会稳定,推进木里藏区跨越发展和长治久安。"两真两严"木里经验,是推动从寺庙管理延伸到社会管理、由以僧人为管理服务对象扩展为以藏区各族群众为管理服务对象的成功实践,是推进藏传寺庙管理工作长效机制建设的重要成果,具有重大的现实指导意义。

一 主要做法

(一)真心相待,用心呵护信任

1. 树立团结和谐意识,夯实思想基础

民族团结是社会和谐稳定的生命线。州委、州政府始终牢牢把握"各民族团结奋斗、共同繁荣发展"的民族工作主题,深化"三个离不开"宣传教育,大力弘扬"共同进步、共同发展、共同维护民族和睦、共同维护祖国统一"的优良传统,坚持以尊重与融合并重的民族宗教观、继承与创新并重的文化发展观指导民族团结工作,积极营造维护民族团结、促进民族团结的良好社会氛围。

(1)着眼思想引领,强化宣传教育力度。一是引导藏区各族群众自觉弘扬以爱国主义为核心的民族精神,树牢社会主义核心价值观,使"三个离不开"的思想内化于心、外化于行,进一步增强对伟大祖国、中华民族、

中华民族文化、中国特色社会主义道路的认同感和归属感。二是引导藏区各族群众充分理解党的富民惠民政策,深刻认识"稳定是福、动乱是祸",自觉拥护党和政府的领导,自觉维护民族团结和谐。

(2)着力方式创新,增强宣传教育实效。一是创新宣传形式。组建113个"马背党支部"、58支法律服务队、8支"藏汉双语法制宣讲队",深入机关、学校、乡村、社区、企业、寺庙、单位、牧场,广泛开展爱国守法、民族团结、感恩奋进、理性信教"四项教育",加强党员干部思想政治教育,引导党员干部坚定政治立场、保持清醒头脑。加强藏区群众民族团结进步教育,引导藏区群众增进感恩情怀。二是创新宣传载体。编发藏汉双语普法读物20000余册和普法用品3000余件,举办《宪法》《宗教事务条例》《治安管理处罚法》《消防法》等法律法规宣讲会150余场次,切实增强藏区群众的法律意识、国家意识和公民意识。三是创新教育机制。发挥高僧大德的威望和优势,着力构建活佛带住持、住持带僧人、僧人带信教群众的"三带"教育体系,投入资金200万元在木里大寺建立爱国爱教教育基地,定期组织全县14座寺庙的僧人开展爱国爱教和持戒守法"主题教育"、新旧对比和感恩奋进"同心教育"、全面建成小康社会"目标教育",为僧人和信教群众讲经说法,把遵纪守法、爱国爱教作为教规教义,讲清"国家好、民族好,大家才会好"的道理。加强寺庙僧人的持法守戒教育,引领广大僧人转变思想观念、潜心修佛、持戒守法、爱国爱教,自觉同分裂主义分子做斗争,自觉维护民族团结和社会稳定,充分发挥寺庙僧尼在经济建设中的积极作用,支持优势资源开发和重大项目建设。

2. 树立真心交往意识,筑牢感情根基

做民族团结工作重在交心,要将心比心、以心换心。州、县、乡、村各级干部以开展结对交友活动为载体,用"爱党、爱国、爱家乡"的共同价值理念促进民族融合,凝聚民族团结正能量,以真情换真情、以真心换真心,架起党和政府与各族群众的"连心桥"。一是从基层干部队伍建设入手,率先在各民族干部间培养"友情"。二是从干部联系僧人、与群众结对入手,培养对群众的"感情"。三是从大力选拔能吃苦、政治过硬的年轻干部入手，培养对工作的"热情"。四是从鼓励汉族与各民族交往、交流、交融入手，在各族群众中培养"亲情"。五是从开展定期走访僧众、联谊交友等活动入手，与僧众建起牢不可破的"真情"。木里县21个民族间肝胆相照、休戚与共、同呼吸、共命运、心连心，建立起水乳交融的民族感情，形成血浓于水的亲情关系。

3. 树立服务群众意识，用心采集民情

群众路线是中国共产党的生命线和根本工作路线。州县各级干部牢固树立"僧人是普通公民"理念，全面了解各族群众的意愿，努力把藏区群众工作做实做细做深做好，切实维护藏区群众合法权益，密切与藏区群众特别是僧人的血肉联系。

（1）走进群众，全面征询民情民意民愿。以"走基层"联户联僧活动为载体，联系干部真心实意走进联系僧人和群众中去，面对面、心贴心交流，认真记好"三本台账"（困难群众、民生诉求和社会稳定）和"寺庙群众工作日志"。采取一联一、一联多的方式，建立专门的活页档案，将了解的情况登记在册。创新推行领导干部"五个一"直接联系服务群众工作制度，州、县领导和党员干部直接联系29个乡镇、113个村、14座寺庙，7000多名党员、3000多名机关干部、900多名村组干部与3万多户农牧民家庭"结对子""认亲戚"。

（2）深入寺庙，全面掌握寺情僧情社情。以"领导联系、县乡结对、部门包寺"活动为载体，州县领导、乡科级干部和党员分别联系寺庙、僧人、信教群众，结成"联、引、助"对子7000余对，深入寺庙全面了解消防隐患、卫生防疫、文物保护、公共安全等情况，了解信教群众信仰需求方面存在的问题。联系干部定期走访寺庙和僧人，经常性沟通交流、联络感情，党员干部与活佛、住持、僧人建立起牢固的个人友谊。

（3）联系僧人，全面了解所需所求所盼。495名党员干部与所有僧人及家庭"一联一""一联多"全覆盖，对困难僧人逐一摸查登记，掌握其困难状况、困难原因，制定帮困解难方案，使其病痛有医治、生活有着落、精神有慰藉、活动有组织、管理有人员。各级联系寺庙干部共走访僧人1300多

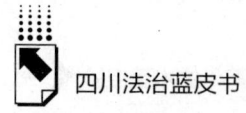

人次，走访僧人家属900多人次，为僧人及其家庭办实事好事150余件，发放慰问金10万余元，发放各类生活物资折合人民币8万余元。

（二）真诚帮助，以诚凝聚人心

发展是解决民族地区各种问题的总钥匙。州、县牢牢把握发展第一要务，牢固树立"不发展是最大的不稳定、发展不好发展不快是最大的不和谐"理念，立足木里资源禀赋、经济基础和发展条件，突出"藏区社会稳定、特色产业发展、生态有效保护、优势资源开发、基础设施建设、民生切实改善"等工作重点，主动对接国家和省治藏兴藏政策，科学制定藏区发展规划，一门心思抓发展、心无旁骛促跨越，充分调动各族群众积极性创造性，凝聚和谐稳定、长治久安的强大力量，加快建设团结富裕文明和谐新木里。

1. 坚持根本在发展，用抓发展的成效鼓舞人心

（1）强化木里藏区在全州发展大局中的重要地位，把木里藏区与安宁河谷地区、大凉山彝区一道作为凉山全面建成小康社会的三大板块进行统筹谋划、联动推进，加大政策、资金、项目、人才等支持力度，把加快发展、改善民生作为木里藏区工作的主线，在科学开发优势资源中同步推进交通、水利、电力等基础设施建设，抓住水电移民安置机遇，规划建设移民新村、特色集镇和特色产业，确保群众在资源开发中直接受益、长期得利、持续增收，让藏区群众共享发展成果，以发展惠民的实际成效赢得群众的支持和拥护。各族干部、群众在发展富民中看到了希望和前途，自觉维护藏区安定团结的大好局面。

（2）树立开发与保护并重的资源生态观，既要金山银山，更要绿水青山。坚持加强生态保护和环境整治、加快建立生态保护与补偿机制、严格执行节能减排考核"三管齐下"，优势资源科学开发收益占地方财政收入的80%以上，有力促进了经济可持续发展。突出抓好水电资源开发，加快推进雅砻江、木里河、水洛河、鸭嘴河"一江三河"水电开发。大力实施核桃、畜牧、林业"三大富民工程"，扎实推进50万亩核桃生产基地、30个标准化养殖示范基地、1万亩藏原药基地建设，积极发展森林食品、森林药材等新兴产业，走特色路、打绿色牌，加快推进农业现代化。大力实施"精品旅游"发展战略，加快木里洛克九百里生态旅游线路开发，打造大香格里拉旅游环线最佳目的地，把旅游业建成拉动藏区经济增长、促进农牧民增收的重要支柱产业。大力实施天保二期、退耕还林、退牧还草、石漠化治理、湿地保护与恢复等生态工程，认真开展水电、矿产等资源开发领域环境污染专项整顿行动，促进经济效益与生态效益高度统一。

（3）借力"对口援藏"，坚持输血和造血相结合，合力推进木里藏区经济社会发展。一是开辟援建藏区项目绿色通道，大力实施并联审批、特事特办。共协调帮扶资金3720万元，组织实施项目22个，已完成项目5个、正在推进项目17个。浙江省义乌市投入资金500万元实施项目3个，已完成项目1个、在建项目2个。攀枝花市投入资金2720万元实施项目15个，已完成项目5个、在建项目10个。西昌市投入资金500万元实施4个项目。二是统筹推进定点扶贫、"领导挂点、部门包村、干部帮户"活动、千名干部人才援藏等工作，注重做好中国电信对口定点扶贫工作和省农科院、省地震局、二滩水电开发公司对口帮扶工作，主动加强沟通协调，争取更大支持，努力形成多层次帮扶格局。三是组织动员相关单位、各族群众参与援建工作，积极探索帮扶方式，拓展帮扶领域、提升帮扶层次、扩大帮扶规模，确保帮扶地区人才、资金、技术、管理优势与木里资源优势有机结合。

2. 着力改善民生条件，用惠民生的硕果争取人心

中央民族工作会议强调：发展经济的根本目的就是让各族群众过上好日子。凉山州委、州政府坚持把保障和改善民生作为赢得群众信任、促进民族团结的根本途径，制定实施以民生为导向的财政支出政策，将全县新增财力的80%用于保障和改善民生，将每年新增一般转移支付和民族地区转移支付的50%、资源有偿出让收益的50%用于扶贫开发，有力推动了藏区各项民生事业发展。近三年累计投入资金4.6亿元，抓紧实施省、州"十大民生工程"、藏区"六项民生计划"和县"十件民生实事"，突出抓好以交通、电力、新村新居、城建、教育卫生为重点的民生项目建设，让藏区群众学有

所成、病有所医、老有所养、住有所居。

(1) 优先发展民族教育。一是抓好义务教育。实施农村义务教育阶段学生餐费、作业本费全免政策，2万余名学生受惠，减免县幼儿园在园幼儿保教费。制定实施藏区双语教学发展计划，强化"双语"教学管理，统筹安排师资，加快双语教师队伍建设。二是抓好高中教育。2014年县财政投入300万元免除城镇特困职工家庭、下岗职工家庭和农村学生高中阶段学杂费。完成总投资1790万元的攀枝花市对口援建木里县中学新校区（高中部）项目建设，1490名学生入校就读。三是抓好职业教育。2014年，新增藏区"9+3"学生名额237名。5年共输送"9+3"学生3544名，两批"9+3"毕业生共1046名走上工作岗位，就业率达98.2%，其中考录木里基层乡镇公务员及事业单位工作人员164名、参军23名。

(2) 改善医疗卫生条件。建立健全县乡村三级卫生服务网络，积极推进藏区大病医疗救助工作，僧人新农合参保率达到100%。县医院综合楼建设项目主体工程已完工，5个国营牧场和5个寺庙卫生室工程抓紧建设。选派12名僧人到凉山卫校进行为期3年的半脱产学习。

(3) 促进社会保障服务。一是促进就业提升。引导群众直接参与小型工程项目建设，保证10%~30%的岗位用于吸纳当地群众就业，木里水电项目已吸纳当地140名群众就业。二是加强技能培训。邀请攀枝花、西昌三所专业培训学校与木里县联合举办青年劳动者技能培训班12期，培训840人次。选送120名农牧民到攀枝花市参加技能培训。三是扩大社保覆盖面。全县新农合参保农牧民达11.7万人，参合率达99.48%。全面落实惠寺惠僧政策，将寺庙僧人全部纳入社会保障范围，实现"四有三通三覆盖"（寺庙有联系干部、有规章制度、有广播电视、有寺庙书屋；路通、水通、电通；基本养老保险制度、医疗保险制度、寺管会成员补助全覆盖），对缴费困难的给予民政救助，实现僧人低保全覆盖，让包括广大僧人在内的各族群众充分享受发展带来的红利。

(4) 抓好藏区新居建设。一是加快藏区新居建设。累计投入3530万元，启动20个乡镇69个村1756户的藏区新居建设，预计2015年完工。完成藏区聚居点建设53个，受益群众4552户2.03万人。二是加快寺庙公寓建设。按照《木里藏区寺庙基础设施建设五年规划》，采取以奖代补方式补贴寺庙基础设施建设，逐步完成各寺庙危房改造。

（5）推动文化发展繁荣。深入实施文化强州战略，依托丰富独特的藏民族文化资源，积极整理藏传佛教文化、纳木依文化、尔苏文化等民族特色文化，深入挖掘内涵，传承弘扬藏民族优秀传统文化。积极搭建民族融合平台，加强民族体育场、民族影剧院、民族公园等文化设施建设，大力弘扬各民族优秀文化，每年藏历年、春节、彝族年等民族节日期间，组织开展各民族服饰表演、原生态歌舞表演、民族运动会等文体活动，不断满足各民族不同层次精神文化需要。深入研究藏民族文化形成、发展和作用的规律特点，不断推出优秀的社科作品，大力宣传凉山州藏区极具魅力的民族文化，弘扬爱国爱教、自强不息的优良传统，提振民族文化自信，推动木里藏区文化大发展、大繁荣。

（6）加大扶贫帮困投入。一是加大扶贫力度。投入扶贫专项资金1100万元，覆盖3600名农村贫困人口。二是加大政策扶持。落实草原生态奖补政策补助基金2216.2万元，2.25万户农牧民户均政策性收入增加984元。

（三）严格管理，共筑包容和谐家园

乡村一级是工作的着力点。州、县深入实施"钢班子铁队伍"工程，加大优秀民族干部培养选拔力度，造就一支靠得住、有本事的治藏兴藏骨干力量，不断增强党组织的创造力、凝聚力和战斗力。加大寺庙管理力度，创新寺庙管理机制，推动寺庙管理规范有序，促进木里藏区跨越发展、长治久安。

1. 加强干部队伍和基层党组织建设

（1）围绕核心在党委，配强领导班子。强化"两套班子"建设，一手抓发展，一手抓稳定，大力推行"确定岗位、公开报名、结构推荐、全民测评、延展考察、差额票决"六步法选任干部，打造一支靠得住、有本事的治藏兴藏骨干力量。认真做好援藏干部管理服务，充分信任、放手使用援藏干部。按照"一好四强"标准选好配强党组织书记,选派得力干部充实到乡镇、村两委班子,优秀村党支部书记直接录用为驻村乡镇事业单位工作人员。近5年来,共选拔县级领导干部11人,提拔78名基层干部充实乡镇领导班子。

(2)围绕核心在基层,夯实基层党组织建设。一是创新基层党组织设置,建立片区党工委制度,设立三个片区党工委,由县委常委兼任党工委书记。二是在乡镇机关和村一级建立"勋鲁"和"苏施"(分别为藏语、彝语"优秀青年人才"之意)党支部,掌握全乡镇的优秀青年人才。2010~2014年,面向全省公开考录公务员332名,招聘"9+3"毕业学生到乡镇机关、事业单位、基层派出所工作,对先后两批115名援藏干部充分信任,放手使用。三是创新开展"区域边界携手共建"活动,与边界乡镇建立32个联合党支部,打造香格里拉党建工作示范带,架起边界地区协商沟通的"连心桥"。

(3)围绕关键在干部,建强基层执政骨干。从民族干部中及早发现培养苗子,大胆信任、长期关爱、严格教育、多方锻炼,唯才是举,一视同仁使用各民族干部,在干部队伍中创造公平竞争环境,不搞民族界限,不定民族指标。尽可能从大中专毕业生中挑选家庭经济困难的学生充实基层公务员队伍。

2. 大力推进寺庙管理机制创新

扎实推进寺庙管理制度化、规范化,坚持用法治思维和法治方式保护合法、制止非法,引导僧尼和信教群众进一步增强法治观念。

积极开展和谐寺庙创建活动,制定实施《寺庙民主管理办法》《寺庙佛事活动管理制度》等15项管理制度,开展寺庙标准示范化建设,积极推进机制创新,引导僧人爱国爱教、持戒守法、崇德向善、勤学敏思、苦修精进、头脑清醒、明辨是非,促进寺庙团结稳定、活动有序,教风端正、管理规范、安全整洁、服务社会,不断提高依法治寺工作科学化水平。

(四)强化社会面管控工作,维护社会大局稳定

切实做好矛盾纠纷排查化解,有序推进社会面网格化管理,健全群众工

作应急联动制度，强化对重点人群、重点地区、重点部位、重要场所的防控。扎实开展社会稳定风险评估，发挥"三三制"矛盾纠纷调处机制作用，净化社会环境。

二 工作成效

（一）思想高度统一，群众爱国守法

各民族间互相尊重、互相信任、互相支持、互相学习、互相谅解，平等团结互助和谐的社会主义民族关系得到进一步巩固和发展，各族干部群众识别大是大非能力进一步增强，自觉同分裂主义做斗争，"各族干部群众都要像爱护自己的眼睛一样爱护民族团结，像珍视自己的生命一样珍视民族团结"。

（二）经济快速增长，群众安居乐业

优势资源开发与保护、充分开放合作、大企业大集团带动、"三大发展战略"深入实施，发展、稳定、民生"三件大事"扎实推进，木里藏区呈现强劲发展态势。2014年实现地区生产总值31亿元，增长20%，地方公共财政收入4.9447亿元，增长10.46%，规模以上工业增加值6.73亿元，增长7.5%，固定资产投资80.5亿元，增长6.9%。

（三）社会安定有序，民族团结和睦

党的民族政策全面贯彻落实，民族区域自治制度进一步完善，保稳定、抓发展两套班子建设进一步强化，藏区维稳长效机制进一步健全完善，藏区民族事务治理法治化、社会化、精细化深入推进，广大干部群众感恩奋进、艰苦奋斗，"两个共同""四个认同"思想更加深入人心，各族群众对伟大祖国的认同、对中华民族的认同、对中华文化的认同、对中国特色社会主义道路的认同进一步增强，自觉维护社会稳定、社会主义法制、藏区民族团结大局。

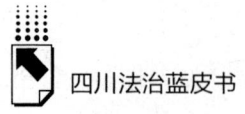

三 工作展望

（一）深化认识夯实群众基础

木里社会治理坚持慎重稳进的方针，自觉站在政治和全局的高度，高举爱国主义旗帜，以中国梦、中国精神、中国力量、中国道路凝聚人心，以科学发展的成效鼓舞人心，引导藏区群众充分认识到国家统一、民族团结是我们事业胜利的根本保证，充分认识到稳定是福、动乱是祸，夯实藏区和谐稳定、长治久安的群众基础。尊重群众的宗教信仰和民族情感，加强各民族交流交融，引导僧尼和信教群众增强国家观念、法治观念。

（二）厉行法治夯实工作基础

全面落实依法治省基本方略，健全法治建设指标体系和考核标准，将依法治州情况纳入各级领导班子和领导干部考核和年度述职述廉报告的重要内容，提高运用法治思维和法治方式开展工作、处理问题的能力。深入开展法制宣传教育，大力推进"法律八进"活动，把寺庙、学校、牧区作为藏区法制宣传教育重点，组织法律宣讲队进村入寺开展法律宣讲，增强法治宣传教育实效。坚持依法管理与社会管理、属地管理、民主管理相结合，总结完善维稳工作经验和有效做法，系统研究部署依法治理工作，把推动藏区长治久安各项工作纳入法治的轨道。立足抓早抓小、抓快抓好，坚决克服麻痹思想和松懈情绪，健全预警和应急处置机制，完善各类预案，加强综合性演练，提高突发事件处置能力，维护藏区社会大局和谐稳定。

（三）加快发展夯实物质基础

坚决贯彻落实好党的民族宗教政策，把政策动力和内生潜力有机结合起来，突出改善民生、公共服务、基础设施和生态保护重点，抓好木里藏区改革发展稳定工作，以改革发展成效汇聚民心。认真谋划"十三五"藏区规划,确保一批全局性、基础性、战略性的重大项目纳入国家藏区"十三五"规划,争取更多的资金项目和政策支持。建立精准扶贫工作机制,瞄准特困地区、特困群体、特困家庭,扶到点上、扶到根上、扶到家庭。

(四)加强党建夯实执政基础

藏区各项工作重点在基层,难点也在基层。必须着眼藏区和谐稳定大局,旗帜鲜明、大张旗鼓推进党的建设,充分发挥党委领导核心作用、基层组织战斗堡垒作用、党员干部先锋模范作用,切实加强乡村基层党组织建设和宗教人士培养、青年人教育、基层干部监督管理等方面的基层基础工作,帮助藏区各族群众解决最关心、最急迫的实际困难,不断夯实木里长治久安的根基。

"两真两严"的木里经验,关键在于真心待人、真诚发展,服务为主、管理为辅,发展为主、维稳为辅,真心真诚为纲、严管严防为领,重点在人心、细节在真情。真心真诚与严管严防二者有所倚重不可偏废,相辅相成、相得益彰,是建设富裕木里、和谐木里、平安木里的行动指南。

B.27 四川依法治省重要文件目录（2014）

1. 《中共四川省委关于贯彻落实党的十八届四中全会精神全面深入推进依法治省的决定》（川委发〔2014〕17号）。

2. 《中共四川省委关于坚持思想建党与制度治党紧密结合全面推进从严治党的决定》（川委发〔2014〕18号）。

3. 《中共四川省委关于印发〈四川省依法治省纲要〉的通知》（川委发〔2013〕25号）。

4. 《中共四川省委办公厅关于印发〈四川省依法治省2014年工作要点〉的通知》（川委办〔2014〕1号）。

5. 《中共四川省委办公厅关于印发〈四川省依法治省指标体系（试行）〉的通知》（川委办〔2014〕37号）。

6. 四川省人民代表大会常务委员会《关于深入推进依法治省的决议》（2014年5月29日四川省第十二届人民代表大会常务委员会第九次会议通过）。

7. 四川省人民政府《关于推进依法治省、加快法治政府建设的意见》（川府发〔2014〕39号）。

8. 《四川省依法治省领导小组关于印发〈四川省依法治省领导小组工作规则〉等3件工作制度的通知》（川法组〔2014〕2号）。

9. 四川省依法治省领导小组《关于统筹开展依法治理示范创建工作的意见》（川法组〔2014〕6号）。

10. 四川省依法治省办、省委组织部、民政厅、司法厅《关于深入开展示范创建活动全面推进依法治村（社区）工作的通知》（川法组办〔2014〕20号）。

11. 四川省依法治省领导小组办公室、四川省人民政府法制办公室《关于开展依法行政示范创建活动的通知》（川法组办〔2014〕32号）。

12. 《四川省依法治省领导小组关于印发〈关于深入推进"法律进学校"的实施意见（2014~2016）〉的通知》（川法组〔2014〕11号）。

13. 《四川省依法治省办、省委宣传部、司法厅关于印发〈关于进一步完善"谁执法、谁普法"工作机制的实施意见〉的通知》（川司法发〔2014〕33号）。

14. 《中共四川省委宣传部、司法厅关于印发〈四川省"法律七进"三年行动纲要（2014~2016年）〉的通知》（川司法发〔2014〕17号）。

15. 《四川省人民政府办公厅关于印发〈四川省人民政府法律顾问团管理办法〉的通知》（川办发〔2014〕14号）。

Abstract

Annual Report on Rule of Law in Sichuan No. 1 (2015) (*Blue Book of Rule of Law in Sichuan*) comprehensively summarizes the explorations carried out and achievements made by Sichuan Province in building the rule of law in the fields of the people's congress system, law-based government, judicial fairness, social governance, and ethnic minority legislation in recent years, especially in 2014, points out existing problems in such practice, and puts forward suggestions on further improving the practice.

The General Report summarizes the reform measures taken by the governments of various areas and by various government departments in Sichuan Province for the implementation of the rule of law in the fields of people's congress system, the government, administration of justice, and society, summarizes their experiences, and looks at the prospects of their future development.

The Book provides indices of the rule of law in western provinces, which contain the first quantitative assessments of the legislation, government transparency, judicial transparency, and procuratorial transparency in the western region of China.

The Book also examines the role played by local people's congresses in ruling the province by law, conducts researches on such hot issues in Sichuan Province as administration by law, assessment of social stability risks, major administrative decision-making, management of network environment, construction of mechanisms for combating corruption and building a clean government, and punishment of duty crimes, explores approaches to improving the institutions and mechanisms relating to openness of judicial affairs, legal aid, handling of complaints by letters and visits, and resolution of doctor-patient disputes, summarizes the experiences of Sichuan Province in the dissemination of legal knowledge, popularization of law and nurturing of the culture of the rule of law, as well as the achievements made by the Province in coordinating on the basis of the rule of law the relationships between different ethnic and religious groups, which are of vital importance to social stability and harmony not only in Sichuan Province, but also in the whole country.

Contents

B I General Report

B.1 The Rule of law in Sichuan Province: Situation in 2014 and Its Prospect

Innovation Project Team on the Rule of Law Index,

Law Institute, CASS / 001

   1. Strengthening and Improving the Party's Guiding Role in the Rule of Law Construction / 002
   2. Giving Full Play to the Promotive Role of the People's Congress / 008
   3. Building the Law – based and Transparent Government / 013
   4. Promoting Justice and Judicial Authority / 019
   5. Popularization of Law by Disseminating the Knowledge of Law in Seven Kinds of Places / 025
   6. Building the Society under the Rule of Law / 028
   7. Prospect and Forecast: Building Sichuan as Rule of Law Height in Western Region of China / 035

Abstract: This report examines the progresses made by the Government of Sichuan Province in the work of ruling the province by law during the past several years, especially in the year 2014, analyzes the construction of the rule of law and innovations made by the province in the fields of the people's congress system, building a law-based government, the fairness of and public trust in the administration of justice, social law, safeguarding of rights, and dispute resolution, summarizes its experiences, and looks at the future development of the rule of law in the province.

Keywords: Sichuan Province; ruling the province by law; rule of law

B II Report on the Indices of the Rule of Law

B. 2 Report on the Indices of Development of the Rule of Law in the Western Region of China (2014)

Innovation Project Team on the Rule of Law Index,

Law Institute, CASS / 038

Abstract: The healthy and orderly development of the western region is of great significance to the reform, construction, and the long-term stability of the country and the development of the rule of law in the western region is an important aspect of the development of the rule of law in the whole country. In 2014, the *Innovation Project Team on the Rule of Law Index of CASS Law Institute* carried out assessments of the development of the rule of law in terms of indices of legislation, government transparency, judicial transparency, and procuratorial transparency in 12 provinces, autonomous regions, municipalities directly under the Central Government and larger cities in the western region of China and puts forward suggestions on the future development of the rule of law in the region.

Keywords: the western region of China; the rule of law; indices

B III People's Congress System

B. 3 Giving Full Play to the "Forefront" Role of People's Congresses in Ruling the Province by Law

Project Team of General office of the Standing Committee

of Sichuan Provincial People's Congress / 067

Abstract: In the process of building the province under the rule of law, the People's Congress of Sichuan Province has performed its functions in accordance

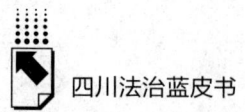

with law, exerted itself in giving full play to its guiding and promotive role in ruling the province by law through the performance of its legislative, supervisory and educational and publicity functions. Meanwhile, in accordance with the plan and arrangement of ruling the province by law, people's congresses in Sichuan Province have made a series of innovations and breakthroughs in legislative and supervisory work, thereby further enriching and elucidating the theory on the work of people's congresses and demonstrating the superiority of the people's congress system in China.

Keywords: Sichuan Province, people's congresses; ruling the province by law

B. 4 Exploration in the Budgetary Examination and Supervision by the People's Congress of Sichuan Province

The Budget Committee of the Standing Committee of Sichuan Provincial People's Congress / 082

Abstract: The examination of and supervision over government budgets and final accounts is an important function given by the Constitution and laws to the people's congresses at various levels and their standing committees. In recent years, the people's congresses at various levels in Sichuan Province have continuously improved the relevant mechanisms, carried out budgetary examination and supervision in accordance with law, and raised the efficiency of their examination and supervision work. This report reviews the experience gained by the people's congresses in Sichuan Province in the work of budgetary examination and supervision, tries to identify the difficulties and problems existing in such work, and puts forward suggestions on further improving this work and other work related to ruling the province by law under the new situation, with a view to providing reference to those who are engaged in the relevant research and decision-making work.

Keywords: the supervision by people's congresses; budget; ruling the province by law

B Ⅳ　Law-based Government

B.5　Report on Work of the Government of Sichuan Province in Implementing Administration by Law in 2014

Project Team of Report on Work of Sichuan Provincial Government in Implementing Administration by Law in 2014 / 100

Abstract: This report summarizes the progresses made by the Government of Sichuan Province in improving institutions and mechanisms of administration by law, deepening the reform on the administrative approval system, regulating the administrative power in ten major fields, establishing the government legal advisory system, implementing the system of list of administrative power, regulating the discretional power in administrative law enforcement, implementing the open decision-making system, strengthening the work of sorting out and reviewing normative documents, innovating administrative reconsideration and administrative mediation work, and exploring the system of third-party evaluation of administration by law, analyzes the difficulties and problems currently faced by the government in administration by law, and looks into the future prospect of implementing administration by law in the province.

Keywords: Sichuan Province; administration by law; law-based government

B.6　The Process and Prospect of Bringing Social Stability Risk Assessment under the Rule of Law in Sichuan Province

Project Team of Social Stability Risk Assessment / 115

Abstract: In 2005, Sichuan Province carried out the first social stability risk assessment in China. Since then, it has exerted itself in innovating the work of social stability risk assessment, adopted the first provincial-level government regulations and Party regulations on social stability risk assessment in the country, and initiated in 2014 the legislative process of adoption of the Regulations of Sichuan Province on Social Stability Risk Assessment, and continuously propelled the process of bringing social stability risk assessment under the rule of law. In light of the existing problems in the work of social stability risk assessment, this report puts forward suggestions on further improvement of social stability risk assessment by building a theoretical system, establishing a sound system of work, implementing the responsibility system, and constructing a legal system of social stability risk assessment.

Keywords: social stability; risk assessment; rule of law

B.7 Practice and Exploration of Yibin City, Sichuan Province in Major Administrative Decision-making

Project Team of Practice and Exploration of Yibin City, Sichuan Province in Major Administrative Decision-making / 126

Abstract: Major administrative decision-making concerns numerous stakeholders, affects reform and social stability and therefore must be carried out in a lawful, scientific and democratic way. The People's Government of Yibin City has adopted and implemented a series of norms on, carried out active explorations and gained effective experience in major administrative decision-making. This report analyzes from the practical perspective the operational mode of major administrative decision-making in Yibin City, and tries to find ways of making further breakthroughs in work of major administrative decision-making.

Keywords: major decision-making; operational mode; social stability

B V Fair Administration of Justice

B. 8 Report on the Advancement of Openness of Judicial Affairs in Sichuan Province

Project Team of the Higher People's Court, the People's Procuratorate, the Public Security Bureau and the Judicial Department of Sichuan Province / 142

Abstract: Comprehensively implementing the system of openness of judicial affairs and constructing an open, dynamic and convenient mechanism of administration of justice under the sun is an important safeguard for eliminating judicial corruption, ensuring judicial fairness, and establishing public trust in the judicial system. In recent years, the politics and law system of Sichuan Province has kept pace with the information time, and carried out useful explorations in the implementation of the openness of adjudicative, procuratorial, police and prison affairs. This report examines the progresses and existing problems in the implementation of the openness of judicial affairs by Sichuan Province, and puts forward suggestions on further deepening the openness of judicial affairs.

Keywords: openness of adjudicative affairs; openness of procuratorial affairs; openness of police affairs; openness of prison affairs

B. 9 Analysis Report on the Prevention and Punishment of Duty Crimes in Sichuan Province in 2014

Project Team of the Provincial People's Procuratorate of Sichuan / 158

Abstract: In 2014, the procuratorial organs in Sichuan Province have taken

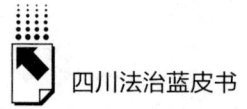

active measures to adapt to the anti-corruption situation in the new era, implemented the strategy of building a clean and honest government and constructing the rule of law in Sichuan Province, intensified the work of punishment and prevention of duty crimes, regulated the criminal investigation behavior in accordance with law, adhered to the principle of attaching equal importance to punishment and prevention, and made thorough-going efforts in promoting the integration of investigation and prevention, thereby creating a clean environment for ruling the province by law.

Keywords: duty crimes; procuratorate; punishment; prevention

ℬ Ⅵ The Legal System of Building a Clean and Honest Government

B. 10 Construction of the System of Administrative Regulations on Combating Corruption and Building a Clean Government in Sichuan Province: Situation in 2014 and Prospect for 2015

Project Team of Inspection Department of the Commission on Disciplinary Inspection of the Party Committee of Sichuan Province / 174

Abstract: This report examines the construction of the system of administrative regulations on combating corruption and building a clean government in Sichuan Province in 2014 from the perspectives of improving the system of administrative regulations, strengthening publicity, and reinforcing implementation, and puts forward suggestions on ways of further improving the quality, strengthening the capacity of implementation, and intensifying the publicity of the system of administrative regulations on combating corruption and building a clean government in the Province.

Keywords: Sichuan Province; combating corruption and building a clean government; rules and regulations

B. 11　Constructing a Scientific System of Selection and Appointment of Cadres

Project Team of the Organization Department of Sichuan Province Committee of CPC / 187

Abstract: In 2014, the Government of Sichuan Province has conscientiously studied and implemented the new strategies adopted by the CPC Central Committee on Party building and the selection and appointment of cadres, especially the spirit of a series of important speeches given by President Xi Jinping, strengthened the administration of and supervision over Party and government officials in accordance with the principle of the rule of law, and raised the scientific and institutionalization levels of the cadre selection and appointment system. Taking the Regulations on the Appointment of Cadres as the legal basis, it had made vigorous efforts in deepening the reform of the personnel system relating to cadres, constructed a strategic system of training of cadres in accordance with progressive training plan, a scientific system of selection and appointment of cadres that focuses on the improvement of relevant procedures, an open system of attracting talents aimed at establishing a "talent highland" in the western region, and a system of strict management of and supervision over cadres that takes the spirit of President Xi Jinping's speeches as the guidance, so as to promote the transition of the system of selection and appointment of cadres from a principle-based system to a rule-based system.

Keywords: selection and appointment of cadres; scientific management; institutional system

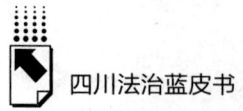
四川法治蓝皮书

B Ⅶ　Promotion of the Knowledge of Law

B. 12　Report on the "Promotion of the Knowledge of Law in Seven Kinds of Places" in Sichuan Province in 2014
　　　　Project Team of Judicial Department of the Government
　　　　　　　　　　　　　　　　　　　　　of Sichuan Province / 209

Abstract: In 2014, the Government of Sichuan Province, in the process of implementing the policy of ruling the province by law, developed a menu-like program of promotion of the knowledge of law, compiled targeted and time-sensitive teaching materials in light of the demands of different groups of people in state organs, schools and colleges, temples and monasteries, neighborhoods, villages, enterprises, and public institutions, and carried out different forms of publicity of law that the people were delighted to hear and see, thereby speeding up the establishment of a good social order in which people handle their daily business and resolve their disputes in accordance with law and continuously strengthening the rule-of-law foundation of the development of a prosperous Sichuan Province.

Keywords: Sichuan Province; dissemination of the knowledge of law in seven kinds of places; popularization of law

B. 13　Construction of Rule-of-Law Culture in Sichuan Province
　　　　in 2014: Retrospect and Prospect
　　　　Project Team of Judicial Department of the Government
　　　　　　　　　　　　　　　　　　　　　of Sichuan Province / 222

Abstract: This report reviews the progresses made by Sichuan Province in building the ranks of rule-of-law cultural workers, creating works of rule-of-law culture, establishing the front of rule-of-law culture, carrying out activities of rule-of-law culture, and developing famous brands of rule-of-law culture, summarizes the main characteristics of the construction of the rule-of-law culture in Sichuan Province in 2014 and looks at the future direction of and approaches to the development of the rule-of-law culture in the Province.

Keywords: 2014; the rule-of-law culture; retrospect and prospect

B. 14 The Report on Development of Legal Aid in Sichuan Province
    Project Team of Legal Aid Centre of Sichuan Province / 234

Abstract: This report reviews the historical development, current situation and achievements of legal aid in Sichuan Province. After many years of development, Sichuan Province has developed a legal aid system with the relevant laws, administrative rules and regulations, and normative documents as its main body. Legal aid agencies throughout the province have adopted various measures for facilitating people's access to justice, improving the quality of legal aid services, strengthening the legal aid work in the fields of criminal and civil laws, and continuously reinforcing the material safeguards for legal aid and building the rank of legal aid workers in the whole province.

Keywords: Sichuan Province; legal aid; current situation of development

B. 15 Exploration in and Practice of the "4 +3" Mode of Popularization of Law in Lu County of Sichuan Province *Project Team of Luzhou Municipal Committee / 255*

Abstract: Popularization of law is a foundation for the construction the rule

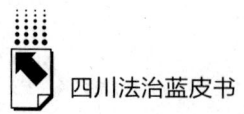

of law and an important means for enhancing the consciousness of the rule of law and legal literacy of the general public. In the process of implementing the policy of ruling the county by law, the Government of Lu County took the publicity of and education on the rule of law as the breakthrough, firmly established the idea of respecting and abiding by the law, actively experimented with the "4 + 3" mode of popularization of law, and made vigorous efforts to enable the consciousness of the rule of law to take roots in people's mind.

Keywords: publicity of and education on law; the "4 + 3" mode; the consciousness of the rule of law

ℬ Ⅷ   Grassroots Social Governance

B. 16   Report on the Implementation of the System of Grid Service and Management in Sichuan Province
Project Team of the Office of the Committee on Comprehensive Management of Public Security of the Government of Sichuan Province / 262

Abstract: The implementation of the system of grid service and management is an important means of keeping close contact with and providing face-to-face service to the people, as well as an effective tool of further strengthening and improving grassroots social governance under the new situation. This report reviews the practice of Sichuan Province in the implementation of the system of grid service and management with informatization as its support, introduces its successful experiences, and identifies various approaches to strengthening the relevant work. Grid service and management is a comprehensive system engineering of grassroots social governance, with its difficulty laying in the construction, its emphasis laying in the management, and its value laying in the application. Efforts need to be made to further improve the system in the context of deepening the reform in a comprehensive way and ruling the province by law, and to put the results of the improvement of the system into practical application, so as to continuously improve the quality of grassroots social governance.

Keywords: grid service; management; social governance

B. 17 Report on the Management of Network Environment

Project Team of Public Security Bureau of Sichuan Province / 273

Abstract: In 2014, the public security organs of Sichuan Province, faced with complicated situation of network security, adhered to the strategy of systematic management, management of sources, and comprehensive management, and explored the application of "the mode of depth management of virtual society", thereby forcefully upholding the "purity" of virtual society and promoting the continuous development of the work of management of network virtual society in Sichuan Province. This Report summarizes the main measures taken by the public security organs of Sichuan Province in the management of virtual society and puts forward suggestions on further improving the management of virtual society on the basis of reflections on the existing experience.

Keywords: virtual society; depth management; management mode

B. 18 Investigation Report on the "Six-Step Method" of Work on Village Regulations and Villagers' Pledges Adopted by the Government of Zhongjiang County, Deyang City

Project Team of the office of the Leading Group of Rule of Law, Deyang City / 280

Abstract: To solve various problems encountered in grassroots democratic management, the Government of Zhongjiang County, Deyang City took the improvement of village regulations and villagers' pledges as an important means of innovative social management and implementation of the policy of ruling the county by law, and created the "six-step work method" of "strengthening of leadership and supervision, extensive publicity and mobilization, careful drafting, repeated solicitation of opinions, voting and putting on record in accordance with law, and conscientious implementation", thereby increasing the acceptability, operability, binding force and vitality of village regulations and villagers' pledges, enabling them to play a positive role in promoting local economic development, social stability and harmony, and improvement of social morality, and effectively raising the level of village governance. In the future, the county government will continue the work of revising and improving village regulations and villagers' pledges, intensify publicity, and expand the coverage of village regulations and villagers' pledges to neighborhoods (and courtyards), so as to realize the organic unity between grassroots democratic management and ruling the county by law.

Keywords: village regulations and villagers' pledges; "six-step work method"; grassroots social governance

B. 19　Investigation Report on the Construction of the Legal Service Center of the Western Region in Chengdu City

Project Team of Judicial Department of Chengdu City,

Sichuan Province / 290

Abstract: Chengdu is an important central city in the central and western region of China and legal service is a necessary element of economic and social development as well as an important content of the construction of the rule of law. The City of Chengdu bears the historical mission of establishing a Legal Service Centre of Western Region compatible with the city's status as a core economic growth pole in the western region and an international metropolis. The City plans to take three years to establish an advanced legal service system that covers a complete range of services complemented by high-end supporting businesses, offers public legal services with generalized preference, and provides advanced institutional and systematic safeguards. By 2020, the city will be built into an enrichment area of high-end legal service industry, an area of public legal service with generalized preference, a demonstration area of the rule-of-law culture, and a pilot management and service area with competitive advantage in the country, leading advantage in western region and primary advantage in the Province.

Keywords: Chengdu City; primate city; Legal Service Centre of the Western Region

B. 20   Report on Resolution of Doctor-patient Disputes by a Third Party in Accordance with Law in Suining City

Project Team of Judicial Department of the

Government of Suining City / 301

Abstract: Today, traditional doctor-patient disputes are in an awkward situation in which it is very difficult for them to be settled either outside or inside court. As a result, the number of such disputes has been increasing steadily in the past years. Between 2005 and 2007, there had been over 400 doctor-patient disputes, including over 300 disputes involving third parties who used doctor-patient disputes to created disturbance in hospital and illegally profit from it, each year. These disputes had seriously affected social harmony and stability. In light of this situation, the Government of Suining City introduced a third party mediation mechanism, adhered to the rule-of-law approach, used rule-of-law methods to resolve doctor-patient disputes, and achieved effective breakthroughs. This report carries out empirical analysis of the practice of Suining City in resolving doctor-patient disputes in accordance with law from the perspectives of the choice of the

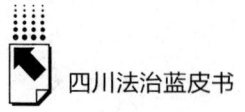

rule-of-law orientation, the construction the rule-of-law framework, the design of safeguarding mechanisms, and the manifestation of the effect of the rule of law, and explores effective approaches to and long-term mechanisms for the resolution of doctor-patient disputes.

Keywords: doctor-patient disputes; resolution of disputes in accordance with law; improvement of mechanism

B. 21 Exploration and Practice of Meishan City in Innovative Popularization of Law

Project Team of the Office of the Leading Group of Rule of Law, Meishan City / 313

Abstract: How to increase the pertinence and effectiveness of popularization of law has always been a difficult issue in the work of popularization of law. The Government of Meishan City, on the basis of summarization of grassroots experience and by relying on the "multipartite mediation system", has carried out on a regular basis the activity of "Mediating a Dispute and Taking a Lesson in the Rule of Law", continuously improved the relevant work mechanisms, dynamically integrated mediation with popularization of law, and achieved good results in both of them.

Keywords: mediation; popularization of law; publicity and education on the rule of law

B. 22 The Lively Practice of Bazhong City, Sichuan Province in the Construction of the Rule of Law

Project Team of Bazhong Municipal Committee / 324

Abstract: In recent years, the Government of Bazhong City, Sichuan

Province, by basing itself on the actual situation in the backward old revolutionary base area, facing up to the difficulties and problems in the construction of the rule of law in these backward areas, and adhering the principle of "taking high starting point in the construction of the rule of law even in backward areas", has carried out explorations and experimentations in constructing the rule of law in such fields as ruling the country by law, administration by law, fair administration of justice, social law and ensuring observance of law by all citizens. This report investigates and comprehensively summarizes these lively explorations and experimentations and analyzes the reasons for their success from the perspectives of the Party's leadership, people-oriented strategy, breakthrough at key points, and institutional building.

Keywords: the building of the rule of law in Bazhong City; old revolutionary base area; backward area

B IX Constructing the Rule of Law in the Field of Ethnic Minority Affairs

B.23 Investigation Report on the practice of Ganzi Autonomous Prefecture in Improving Local Regulations in Light of the Actual Situations in Tibetan Minority Areas
    Project Team of the Standing Committee of the People's
    Congress of Ganzi Autonomous Prefecture / 341

Abstract: In recent years, the Government of Ganzi Autonomous Prefecture has attached great importance to giving full play to the regulatory, guiding and safeguarding role of local regulations, adopted a number of regulations on the exercise of autonomy and separate regulations, adhered to the principle of attaching equal importance to the adoption, revision and abolition of local regulations, carried out timely review, revision and abolition of the existing local regulations, reinforced the implementation of local regulations and strengthened the filing and

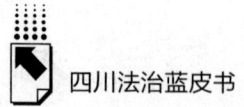

review of normative documents, thereby gradually developing a system of local regulations with the characteristics of Ganzi Tibetan minority area and of regional national autonomy. The construction of the system of local regulations in Ganzi Autonomous Prefecture has promoted economic development, social progress, protection of the ecological system, as well as the stability and harmony in religious field. Nevertheless, some problems and difficulties still exist in the local regulations of the Ganzi Autonomous prefecture, which need to be address through the adoption of a series measures in the fields of ideology, division of power, team construction, and quality of legislation.

Keywords: local regulations; national autonomous areas; regulations on the exercise of autonomy; separate regulations

B. 24 Experience of Aba National Autonomous Prefecture in Implementing Grassroots Social Governance in accordance with Law in Tibetan Minority Areas

Project Team of Experience of Aba National Autonomous Prefecture in Implementing Grassroots Social Governance in accordance with Law in Tibetan Minority Areas / 349

Abstract: The Government of Aba Autonomous Prefecture has adopted a global, omni-bearing mode of grassroots social governance, taken the six kinds of basic unit of society-namely villages, townships, state organs, temples and monasteries, and enterprises—as the key links, concentrated its efforts on the improvement of governance at the grassroots level, and promoted social governance by law in a firm and steady way. The main experiences gained by the prefect in this process include: strengthening scientific legislation, actively carrying out the work of popularization of law, steadily advancing the management of religious affairs in accordance with law, implementing the policy of administration by law, and bringing dispute resolution into the orbit of the rule of law.

Keywords: grassroots society; governance by law; ethnic minority legislation; the rule-of-law thinking

B.25 Investigation Report on the Provision of Services by Sichuan Tongxin Lawyers' Service Corp in Tibetan Minority Areas

Project Team of Vnited Front Work Department of Sichuan Provincial Committee of CPC / 358

Abstract: The legal aid activities carried out by Sichuan Tongxin Lawyers' Service Corp in Tibetan minority areas are successful examples of the activities carried out by the National United Front and lawyer's organizations in China and have played a positive role in safeguarding the lawful rights and interests of people of various ethnic groups, strengthening the ability of administration by law of governments at various levels, and enhancing the rule-of-law consciousness of the general public. This report describes the background, the current situation, the purposes and objectives, the main tasks and the work mechanism of Sichuan Tongxin Lawyers' Service Corp and summarizes its successful experiences in providing legal aid services in Tibetan minority areas through the analysis of typical cases, with a view to promoting the improvement of the relevant systems in other areas, even at the national level.

Keywords: lawyers' service corp; social governance; providing legal aid in Tibetan minority areas

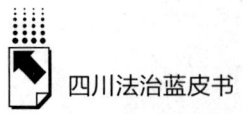四川法治蓝皮书

B.26 The Experience of Muli County in Implementing the Policy of "Treating and Helping with Sincerity, Exercising Strict Management in accordance with Law, and Imposing Severe Punishment on Violators of Law" Towards People in Tibetan Minority Areas

Project Team of the Party Committee of Liangshan Prefecture,

Sichuan Province / 372

Abstract: This report comprehensively explains the experience of Muli County, Sichuan Province in implementing the policy of "treating and helping with sincerity, exercising strict management in accordance with law, and imposing severe punishment on violators of law" towards people in Tibetan minority areas, analyzes the results achieved in the implementation of this policy, and concludes that the key to the success of the work in Tibetan minority areas is to adopt the thinking and method of the rule of law and united front, focus efforts on promoting development, improvement of people's livelihood, and social stability and harmony, establish a relationship of mutual trust between the government and the people in Tibetan areas, and cultivate a strong sense of national unity and solidarity among various ethnic groups in the areas.

Keywords: Muli County; the policy of "treating and helping with sincerity, exercising strict management in accordance with law, and imposing severe punishment on violators of law"; promoting development and improvement of people's livelihood; promoting social stability and harmony

B.27 Sichuan Important Documents List on Ruling Province by Law (2014) / 384

皮书起源

"皮书"起源于十七、十八世纪的英国,主要指官方或社会组织正式发表的重要文件或报告,多以"白皮书"命名。在中国,"皮书"这一概念被社会广泛接受,并被成功运作、发展成为一种全新的出版型态,则源于中国社会科学院社会科学文献出版社。

皮书定义

皮书是对中国与世界发展状况和热点问题进行年度监测,以专业的角度、专家的视野和实证研究方法,针对某一领域或区域现状与发展态势展开分析和预测,具备权威性、前沿性、原创性、实证性、时效性等特点的连续性公开出版物,由一系列权威研究报告组成。皮书系列是社会科学文献出版社编辑出版的蓝皮书、绿皮书、黄皮书等的统称。

皮书作者

皮书系列的作者以中国社会科学院、著名高校、地方社会科学院的研究人员为主,多为国内一流研究机构的权威专家学者,他们的看法和观点代表了学界对中国与世界的现实和未来最高水平的解读与分析。

皮书荣誉

皮书系列已成为社会科学文献出版社的著名图书品牌和中国社会科学院的知名学术品牌。2011年,皮书系列正式列入"十二五"国家重点图书出版规划项目;2012~2014年,重点皮书列入中国社会科学院承担的国家哲学社会科学创新工程项目;2015年,41种院外皮书使用"中国社会科学院创新工程学术出版项目"标识。

法律声明

"皮书系列"（含蓝皮书、绿皮书、黄皮书）之品牌由社会科学文献出版社最早使用并持续至今，现已被中国图书市场所熟知。"皮书系列"的LOGO（ ）与"经济蓝皮书""社会蓝皮书"均已在中华人民共和国国家工商行政管理总局商标局登记注册。"皮书系列"图书的注册商标专用权及封面设计、版式设计的著作权均为社会科学文献出版社所有。未经社会科学文献出版社书面授权许可，任何使用与"皮书系列"图书注册商标、封面设计、版式设计相同或者近似的文字、图形或其组合的行为均系侵权行为。

经作者授权，本书的专有出版权及信息网络传播权为社会科学文献出版社享有。未经社会科学文献出版社书面授权许可，任何就本书内容的复制、发行或以数字形式进行网络传播的行为均系侵权行为。

社会科学文献出版社将通过法律途径追究上述侵权行为的法律责任，维护自身合法权益。

欢迎社会各界人士对侵犯社会科学文献出版社上述权利的侵权行为进行举报。电话：010-59367121，电子邮箱：fawubu@ssap.cn。

社会科学文献出版社

权威报告・热点资讯・特色资源

皮书数据库
ANNUAL REPORT(YEARBOOK) DATABASE

当代中国与世界发展高端智库平台

皮书俱乐部会员服务指南

1. 谁能成为皮书俱乐部成员？
- 皮书作者自动成为俱乐部会员
- 购买了皮书产品（纸质书/电子书）的个人用户

2. 会员可以享受的增值服务
- 免费获赠皮书数据库100元充值卡
- 加入皮书俱乐部，免费获赠该纸质图书的电子书
- 免费定期获赠皮书电子期刊
- 优先参与各类皮书学术活动
- 优先享受皮书产品的最新优惠

3. 如何享受增值服务？

（1）免费获赠100元皮书数据库体验卡

第1步 刮开附赠充值的涂层（右下）；
第2步 登录皮书数据库网站（www.pishu.com.cn），注册账号；
第3步 登录并进入"会员中心"—"在线充值"—"充值卡充值"，充值成功后即可使用。

（2）加入皮书俱乐部，凭数据库体验卡获赠该书的电子书

第1步 登录社会科学文献出版社官网（www.ssap.com.cn），注册账号；
第2步 登录并进入"会员中心"—"皮书俱乐部"，提交加入皮书俱乐部申请；
第3步 审核通过后，再次进入皮书俱乐部，填写页面所需图书、体验卡信息即可自动兑换相应电子书。

4. 声明

解释权归社会科学文献出版社所有

皮书俱乐部会员可享受社会科学文献出版社其他相关免费增值服务，有任何疑问，均可与我们联系。

图书销售热线：010-59367070/7028
图书服务QQ：800045692
图书服务邮箱：duzhe@ssap.cn

数据库服务热线：400-008-6695
数据库服务QQ：2475522410
数据库服务邮箱：database@ssap.cn

欢迎登录社会科学文献出版社官网
（www.ssap.com.cn）
和中国皮书网（www.pishu.cn）
了解更多信息

社会科学文献出版社 皮书系列
卡号：114125127583
密码：

子库介绍
Sub-Database Introduction

中国经济发展数据库

涵盖宏观经济、农业经济、工业经济、产业经济、财政金融、交通旅游、商业贸易、劳动经济、企业经济、房地产经济、城市经济、区域经济等领域，为用户实时了解经济运行态势、把握经济发展规律、洞察经济形势、做出经济决策提供参考和依据。

中国社会发展数据库

全面整合国内外有关中国社会发展的统计数据、深度分析报告、专家解读和热点资讯构建而成的专业学术数据库。涉及宗教、社会、人口、政治、外交、法律、文化、教育、体育、文学艺术、医药卫生、资源环境等多个领域。

中国行业发展数据库

以中国国民经济行业分类为依据，跟踪分析国民经济各行业市场运行状况和政策导向，提供行业发展最前沿的资讯，为用户投资、从业及各种经济决策提供理论基础和实践指导。内容涵盖农业，能源与矿产业，交通运输业，制造业，金融业，房地产业，租赁和商务服务业，科学研究环境和公共设施管理，居民服务业，教育，卫生和社会保障，文化、体育和娱乐业等100余个行业。

中国区域发展数据库

以特定区域内的经济、社会、文化、法治、资源环境等领域的现状与发展情况进行分析和预测。涵盖中部、西部、东北、西北等地区，长三角、珠三角、黄三角、京津冀、环渤海、合肥经济圈、长株潭城市群、关中—天水经济区、海峡经济区等区域经济体和城市圈，北京、上海、浙江、河南、陕西等34个省份及中国台湾地区。

中国文化传媒数据库

包括文化事业、文化产业、宗教、群众文化、图书馆事业、博物馆事业、档案事业、语言文字、文学、历史地理、新闻传播、广播电视、出版事业、艺术、电影、娱乐等多个子库。

世界经济与国际政治数据库

以皮书系列中涉及世界经济与国际政治的研究成果为基础，全面整合国内外有关世界经济与国际政治的统计数据、深度分析报告、专家解读和热点资讯构建而成的专业学术数据库。包括世界经济、世界政治、世界文化、国际社会、国际关系、国际组织、区域发展、国别发展等多个子库。

权威·前沿·原创

社会科学文献出版社

皮书系列

2015年

盘点年度资讯　预测时代前程

社会科学文献出版社 学术传播中心 编制

社会科学文献出版社
SOCIAL SCIENCES ACADEMIC PRESS (CHINA)

社会科学文献出版社成立于1985年，是直属于中国社会科学院的人文社会科学专业学术出版机构。

成立以来，特别是1998年实施第二次创业以来，依托于中国社会科学院丰厚的学术出版和专家学者两大资源，坚持"创社科经典，出传世文献"的出版理念和"权威、前沿、原创"的产品定位，社科文献立足内涵式发展道路，从战略层面推动学术出版的五大能力建设，逐步走上了学术产品的系列化、规模化、数字化、国际化、市场化经营道路。

先后策划出版了著名的图书品牌和学术品牌"皮书"系列、"列国志"、"社科文献精品译库"、"全球化译丛"、"气候变化与人类发展译丛"、"近世中国"等一大批既有学术影响又有市场价值的系列图书。形成了较强的学术出版能力和资源整合能力，年发稿5亿字，年出版图书1400余种，承印发行中国社科院院属期刊70余种。

依托于雄厚的出版资源整合能力，社会科学文献出版社长期以来一直致力于从内容资源和数字平台两个方面实现传统出版的再造，并先后推出了皮书数据库、列国志数据库、中国田野调查数据库等一系列数字产品。

在国内原创著作、国外名家经典著作大量出版，数字出版突飞猛进的同时，社会科学文献出版社在学术出版国际化方面也取得了不俗的成绩。先后与荷兰博睿等十余家国际出版机构合作面向海外推出了《经济蓝皮书》《社会蓝皮书》等十余种皮书的英文版、俄文版、日文版等。截至目前，社会科学文献出版社共推出各类学术著作的英文版、日文版、俄文版、韩文版、阿拉伯文版等共百余种。

此外，社会科学文献出版社积极与中央和地方各类媒体合作，联合大型书店、学术书店、机场书店、网络书店、图书馆，逐步构建起了强大的学术图书的内容传播力和社会影响力，学术图书的媒体曝光率居全国之首，图书馆藏率居于全国出版机构前十位。

上述诸多成绩的取得，有赖于一支以年轻的博士、硕士为主体，一批从中国社科院刚退出科研一线的各学科专家为支撑的300多位高素质的编辑、出版和营销队伍，为我们实现学术立社，以学术的品位、学术价值来实现经济效益和社会效益这样一个目标的共同努力。

作为已经开启第三次创业梦想的人文社会科学学术出版机构，社会科学文献出版社结合社会需求、自身的条件以及行业发展，提出了新的创业目标：精心打造人文社会科学成果推广平台，发展成为一家集图书、期刊、声像电子和数字出版物为一体，面向海内外高端读者和客户，具备独特竞争力的人文社会科学内容资源供应商和海内外知名的专业学术出版机构。

社长致辞

我们是图书出版者,更是人文社会科学内容资源供应商;

我们背靠中国社会科学院,面向中国与世界人文社会科学界,坚持为人文社会科学的繁荣与发展服务;

我们精心打造权威信息资源整合平台,坚持为中国经济与社会的繁荣与发展提供决策咨询服务;

我们以读者定位自身,立志让爱书人读到好书,让求知者获得知识;

我们精心编辑、设计每一本好书以形成品牌张力,以优秀的品牌形象服务读者,开拓市场;

我们始终坚持"创社科经典,出传世文献"的经营理念,坚持"权威、前沿、原创"的产品特色;

我们"以人为本",提倡阳光下创业,员工与企业共享发展之成果;

我们立足于现实,认真对待我们的优势、劣势,我们更着眼于未来,以不断的学习与创新适应不断变化的世界,以不断的努力提升自己的实力;

我们愿与社会各界友好合作,共享人文社会科学发展之成果,共同推动中国学术出版乃至内容产业的繁荣与发展。

社会科学文献出版社社长
中国社会学会秘书长

2015 年 1 月

社会科学文献出版社　　皮书系列

❖ 皮书起源 ❖

"皮书"起源于十七、十八世纪的英国，主要指官方或社会组织正式发表的重要文件或报告，多以"白皮书"命名。在中国，"皮书"这一概念被社会广泛接受，并被成功运作、发展成为一种全新的出版形态，则源于中国社会科学院社会科学文献出版社。

❖ 皮书定义 ❖

皮书是对中国与世界发展状况和热点问题进行年度监测，以专业的角度、专家的视野和实证研究方法，针对某一领域或区域现状与发展态势展开分析和预测，具备权威性、前沿性、原创性、实证性、时效性等特点的连续性公开出版物，由一系列权威研究报告组成。皮书系列是社会科学文献出版社编辑出版的蓝皮书、绿皮书、黄皮书等的统称。

❖ 皮书作者 ❖

皮书系列的作者以中国社会科学院、著名高校、地方社会科学院的研究人员为主，多为国内一流研究机构的权威专家学者，他们的看法和观点代表了学界对中国与世界的现实和未来最高水平的解读与分析。

❖ 皮书荣誉 ❖

皮书系列已成为社会科学文献出版社的著名图书品牌和中国社会科学院的知名学术品牌。2011年，皮书系列正式列入"十二五"国家重点出版规划项目；2012~2014年，重点皮书列入中国社会科学院承担的国家哲学社会科学创新工程项目；2015年，41种院外皮书使用"中国社会科学院创新工程学术出版项目"标识。

经济类

皮书系列
重点推荐

经 济 类

经济类皮书涵盖宏观经济、城市经济、大区域经济，提供权威、前沿的分析与预测

经济蓝皮书
2015年中国经济形势分析与预测

李 扬 / 主编　　2014年12月出版　　定价 :69.00元

◆ 本书课题为"总理基金项目"，由著名经济学家李扬领衔，联合数十家科研机构、国家部委和高等院校的专家共同撰写，对2014年中国宏观及微观经济形势，特别是全球金融危机及其对中国经济的影响进行了深入分析，并且提出了2015年经济走势的预测。

城市竞争力蓝皮书
中国城市竞争力报告 No.13

倪鹏飞 / 主编　　2015年5月出版　　估价 :89.00元

◆ 本书由中国社会科学院城市与竞争力研究中心主任倪鹏飞主持编写，汇集了众多研究城市经济问题的专家学者关于城市竞争力研究的最新成果。本报告构建了一套科学的城市竞争力评价指标体系，采用第一手数据材料，对国内重点城市年度竞争力格局变化进行客观分析和综合比较、排名，对研究城市经济及城市竞争力极具参考价值。

西部蓝皮书
中国西部发展报告（2015）

姚慧琴　徐璋勇 / 主编　　2015年7月出版　　估价 :89.00元

◆ 本书由西北大学中国西部经济发展研究中心主编，汇集了源自西部本土以及国内研究西部问题的权威专家的第一手资料，对国家实施西部大开发战略进行年度动态跟踪，并对2015年西部经济、社会发展态势进行预测和展望。

经济类

中部蓝皮书
中国中部地区发展报告（2015）

喻新安 / 主编　　2015 年 5 月出版　　估价 :69.00 元

◆ 本书敏锐地抓住当前中部地区经济发展中的热点、难点问题，紧密地结合国家和中部经济社会发展的重大战略转变，对中部地区经济发展的各个领域进行了深入、全面的分析研究，并提出了具有理论研究价值和可操作性强的政策建议。

世界经济黄皮书
2015 年世界经济形势分析与预测

王洛林　张宇燕 / 主编　　2014 年 12 月出版　　估价 :69.00 元

◆ 本书为"十二五"国家重点图书出版规划项目，中国社会科学院创新工程学术出版资助项目，作者来自中国社会科学院世界经济与政治研究所。该书总结了 2014 年世界经济发展的热点问题，对 2015 年世界经济形势进行了分析与预测。

中国省域竞争力蓝皮书
中国省域经济综合竞争力发展报告（2015）

李建平　李闽榕　高燕京 / 主编　　2015 年 3 月出版　　估价 :198.00 元

◆ 本书充分运用数理分析、空间分析、规范分析与实证分析相结合、定性分析与定量分析相结合的方法，建立起比较科学完善、符合中国国情的省域经济综合竞争力指标评价体系及数学模型，对 2013~2014 年中国内地 31 个省、市、区的经济综合竞争力进行全面、深入、科学的总体评价与比较分析。

城市蓝皮书
中国城市发展报告 No.8

潘家华　魏后凯 / 主编　　2015 年 9 月出版　　估价 :69.00 元

◆ 本书由中国社会科学院城市发展与环境研究中心编著，从中国城市的科学发展、城市环境可持续发展、城市经济集约发展、城市社会协调发展、城市基础设施用地管理、城市管理体制改革以及中国城市科学发展实践等多角度、全方位地立体展示了中国城市的发展状况，并对中国城市的未来发展提出了建议。

经济类　　皮书系列 重点推荐

金融蓝皮书

中国金融发展报告（2015）

李　扬　王国刚/主编　2014年12月出版　估价:69.00元

◆ 由中国社会科学院金融研究所组织编写的《中国金融发展报告（2015）》，概括和分析了2014年中国金融发展和运行中的各方面情况，研讨和评论了2014年发生的主要金融事件。本书由业内专家和青年精英联合编著，有利于读者了解掌握2014年中国的金融状况，把握2015年中国金融的走势。

低碳发展蓝皮书

中国低碳发展报告（2015）

齐　晔/主编　2015年3月出版　估价:89.00元

◆ 本书对中国低碳发展的政策、行动和绩效进行科学、系统、全面的分析。重点是通过归纳中国低碳发展的绩效，评估与低碳发展相关的政策和措施，分析政策效应的制度背景和作用机制，为进一步的政策制定、优化和实施提供支持。

经济信息绿皮书

中国与世界经济发展报告（2015）

杜　平/主编　2014年12月出版　估价:79.00元

◆ 本书由国家信息中心继续组织有关专家编撰。由国家信息中心组织专家队伍编撰，对2014年国内外经济发展环境、宏观经济发展趋势、经济运行中的主要矛盾、产业经济和区域经济热点、宏观调控政策的取向进行了系统的分析预测。

低碳经济蓝皮书

中国低碳经济发展报告（2015）

薛进军　赵忠秀/主编　2015年5月出版　估价:69.00元

◆ 本书是以低碳经济为主题的系列研究报告，汇集了一批罗马俱乐部核心成员、IPCC工作组成员、碳排放理论的先驱者、政府气候变化问题顾问、低碳社会和低碳城市计划设计人等世界顶尖学者、对气候变化政策制定、特别是中国的低碳经济经济发展有特别参考意义。

5

社会政法类

社会政法类皮书聚焦社会发展领域的热点、难点问题，提供权威、原创的资讯与视点

社会蓝皮书
2015年中国社会形势分析与预测

李培林　陈光金　张　翼/主编　2014年12月出版　定价:69.00元

◆ 本报告是中国社会科学院"社会形势分析与预测"课题组2014年度分析报告，由中国社会科学院社会学研究所组织研究机构专家、高校学者和政府研究人员撰写。对2014年中国社会发展的各个方面内容进行了权威解读，同时对2015年社会形势发展趋势进行了预测。

法治蓝皮书
中国法治发展报告 No.13（2015）

李　林　田　禾/主编　2015年2月出版　估价:98.00元

◆ 本年度法治蓝皮书一如既往秉承关注中国法治发展进程中的焦点问题的特点，回顾总结了2014年度中国法治发展取得的成就和存在的不足，并对2015年中国法治发展形势进行了预测和展望。

环境绿皮书
中国环境发展报告（2015）

刘鉴强/主编　2015年5月出版　估价:79.00元

◆ 本书由民间环保组织"自然之友"组织编写，由特别关注、生态保护、宜居城市、可持续消费以及政策与治理等版块构成，以公共利益的视角记录、审视和思考中国环境状况，呈现2014年中国环境与可持续发展领域的全局态势，用深刻的思考、科学的数据分析2014年的环境热点事件。

社会政法类　皮书系列 重点推荐

反腐倡廉蓝皮书

中国反腐倡廉建设报告 No.4

李秋芳 张英伟 / 主编　2014 年 12 月出版　定价 :79.00 元

◆ 本书抓住了若干社会热点和焦点问题，全面反映了新时期新阶段中国反腐倡廉面对的严峻局面，以及中国共产党反腐倡廉建设的新实践新成果。根据实地调研、问卷调查和舆情分析，梳理了当下社会普遍关注的与反腐败密切相关的热点问题。

女性生活蓝皮书

中国女性生活状况报告 No.9（2015）

韩湘景 / 主编　2015 年 4 月出版　估价 :79.00 元

◆ 本书由中国妇女杂志社、华坤女性生活调查中心和华坤女性消费指导中心组织编写，通过调查获得的大量调查数据，真实展现当年中国城市女性的生活状况、消费状况及对今后的预期。

华侨华人蓝皮书

华侨华人研究报告 (2015)

贾益民 / 主编　2015 年 12 月出版　估价 :118.00 元

◆ 本书为中国社会科学院创新工程学术出版资助项目，是华侨大学向世界提供最新涉侨动态、理论研究和政策建议的平台。主要介绍了相关国家华侨华人的规模、分布、结构、发展趋势，以及全球涉侨生存安全环境和华文教育情况等。

政治参与蓝皮书

中国政治参与报告（2015）

房　宁 / 主编　2015 年 7 月出版　估价 :105.00 元

◆ 本书作者均来自中国社会科学院政治学研究所，聚焦中国基层群众自治的参与情况介绍了城镇居民的社区建设与居民自治参与和农村居民的村民自治和农村社区建设参与情况。其优势是其指标评估体系的建构和问卷调查的设计专业，数据量丰富，统计结论科学严谨。

皮书系列重点推荐 行业报告类

行业报告类

行业报告类皮书立足重点行业、新兴行业领域，提供及时、前瞻的数据与信息

房地产蓝皮书
中国房地产发展报告 No.12（2015）

魏后凯　李景国 / 主编　2015年5月出版　估价：79.00元

◆ 本书汇集了众多研究城市房地产经济问题的专家、学者关于城市房地产方面的最新研究成果。对2014年我国房地产经济发展状况进行了回顾，并做出了分析，全面翔实而又客观公正，同时，也对未来我国房地产业的发展形势做出了科学的预测。

保险蓝皮书
中国保险业竞争力报告（2015）

姚庆海　王力 / 主编　2015年12出版　估价：98.00元

◆ 本皮书主要为监管机构、保险行业和保险学界提供保险市场一年来发展的总体评价，外在因素对保险业竞争力发展的影响研究；国家监管政策、市场主体经营创新及职能发挥、理论界最新研究成果等综述和评论。

企业社会责任蓝皮书
中国企业社会责任研究报告（2015）

黄群慧　彭华岗　钟宏武　张蒽 / 编著
2015年11月出版　估价：69.00元

◆ 本书系中国社会科学院经济学部企业社会责任研究中心组织编写的《企业社会责任蓝皮书》2015年分册。该书在对企业社会责任进行宏观总体研究的基础上，根据2014年企业社会责任及相关背景进行了创新研究，在全国企业中观层面对企业健全社会责任管理体系提供了弥足珍贵的丰富信息。

权威 前沿 原创

行业报告类　皮书系列重点推荐

投资蓝皮书

中国投资发展报告（2015）

杨庆蔚 / 主编　　2015 年 4 月出版　　估价 :128.00 元

◆ 本书是中国建银投资有限责任公司在投资实践中对中国投资发展的各方面问题进行深入研究和思考后的成果。投资包括固定资产投资、实业投资、金融产品投资、房地产投资等诸多领域，尝试将投资作为一个整体进行研究，能够较为清晰地展现社会资金流动的特点，为投资者、研究者、甚至政策制定者提供参考。

住房绿皮书

中国住房发展报告（2014~2015）

倪鹏飞 / 主编　　2014 年 12 月出版　　估价 :79.00 元

◆ 本报告从宏观背景、市场主体、市场体系、公共政策和年度主题五个方面，对中国住宅市场体系做了全面系统的分析、预测与评价，并给出了相关政策建议，并在评述 2013~2014 年住房及相关市场走势的基础上，预测了 2014~2015 年住房及相关市场的发展变化。

人力资源蓝皮书

中国人力资源发展报告（2015）

余兴安 / 主编　　2015 年 9 月出版　　估价 :79.00 元

◆ 本书是在人力资源和社会保障部部领导的支持下，由中国人事科学研究院汇集我国人力资源开发权威研究机构的诸多专家学者的研究成果编写而成。作为关于人力资源的蓝皮书，本书通过充分利用有关研究成果，更广泛、更深入地展示近年来我国人力资源开发重点领域的研究成果。

汽车蓝皮书

中国汽车产业发展报告（2015）

国务院发展研究中心产业经济研究部 中国汽车工程学会
大众汽车集团（中国）/ 主编　　2015 年 7 月出版　　估价 :128.00 元

◆ 本书由国务院发展研究中心产业经济研究部、中国汽车工程学会、大众汽车集团（中国）联合主编，是关于中国汽车产业发展的研究性年度报告，介绍并分析了本年度中国汽车产业发展的形势。

皮书系列 重点推荐　国别与地区类

国别与地区类

国别与地区类皮书关注全球重点国家与地区，提供全面、独特的解读与研究

亚太蓝皮书
亚太地区发展报告（2015）

李向阳 / 主编　　2015年1月出版　　估价 :59.00 元

◆ 本书是由中国社会科学院亚太与全球战略研究院精心打造的品牌皮书，关注时下亚太地区局势发展动向里隐藏的中长趋势，剖析亚太地区政治与安全格局下的区域形势最新动向以及地区关系发展的热点问题，并对2015年亚太地区重大动态做出前瞻性的分析与预测。

日本蓝皮书
日本研究报告（2015）

李　薇 / 主编　　2015年3月出版　　估价 :69.00 元

◆ 本书由中华日本学会、中国社会科学院日本研究所合作推出，是以中国社会科学院日本研究所的研究人员为主完成的研究成果。对2014年日本的政治、外交、经济、社会文化作了回顾、分析与展望，并收录了该年度日本大事记。

德国蓝皮书
德国发展报告（2015）

郑春荣　伍慧萍 / 主编　　2015年6月出版　　估价 :69.00 元

◆ 本报告由同济大学德国研究所组织编撰，由该领域的专家学者对德国的政治、经济、社会文化、外交等方面的形势发展情况，进行全面的阐述与分析。德国作为欧洲大陆第一强国，与中国各方面日渐紧密的合作关系，值得国内各界深切关注。

国别与地区类

皮书系列
重点推荐

国际形势黄皮书
全球政治与安全报告（2015）
李慎明　张宇燕/主编　2014年12月出版　估价:69.00元

◆ 本书为"十二五"国家重点图书出版规划项目、中国社会科学院创新工程学术出版资助项目，为"国际形势黄皮书"系列年度报告之一。报告旨在对本年度国际政治及安全形势的总体情况和变化进行回顾与分析，并提出一定的预测。

拉美黄皮书
拉丁美洲和加勒比发展报告（2014~2015）
吴白乙/主编　2015年4月出版　估价:89.00元

◆ 本书是中国社会科学院拉丁美洲研究所的第14份关于拉丁美洲和加勒比地区发展形势状况的年度报告。本书对2014年拉丁美洲和加勒比地区诸国的政治、经济、社会、外交等方面的发展情况做了系统介绍，对该地区相关国家的热点及焦点问题进行了总结和分析，并在此基础上对该地区各国2015年的发展前景做出预测。

美国蓝皮书
美国研究报告（2015）
黄　平　郑秉文/主编　2015年7月出版　估价:89.00元

◆ 本书是由中国社会科学院美国所主持完成的研究成果，它回顾了美国2014年的经济、政治形势与外交战略，对2014年以来美国内政外交发生的重大事件以及重要政策进行了较为全面的回顾和梳理。

大湄公河次区域蓝皮书
大湄公河次区域合作发展报告（2015）
刘　稚/主编　2015年9月出版　估价:79.00元

◆ 云南大学大湄公河次区域研究中心深入追踪分析该区域发展动向，以把握全面，突出重点为宗旨，系统介绍和研究大湄公河次区域合作的年度热点和重点问题，展望次区域合作的发展趋势，并对新形势下我国推进次区域合作深入发展提出相关对策建议。

皮书系列 重点推荐 地方发展类

地方发展类

地方发展类皮书关注大陆各省份、经济区域，提供科学、多元的预判与咨政信息

北京蓝皮书
北京公共服务发展报告（2014~2015）

施昌奎 / 著　　2015年2月出版　　估价：69.00元

◆ 本书是由北京市政府职能部门的领导、首都著名高校的教授、知名研究机构的专家共同完成的关于北京市公共服务发展与创新的研究成果。内容涉及了北京市公共服务发展的方方面面，既有综述性的总报告，也有细分的情况介绍，既有对北京各个城区的综合性描述，也有对局部、细部、具体问题的分析，对年度热点问题也都有涉及。

上海蓝皮书
上海经济发展报告（2015）

沈开艳 / 主编　　2015年1月出版　　估价:69.00元

◆ 本书系上海社会科学院系列之一，报告对2015年上海经济增长与发展趋势的进行了预测，把握了上海经济发展的脉搏和学术研究的前沿。

广州蓝皮书
广州经济发展报告（2015）

李江涛　朱名宏 / 主编　　2015年5月出版　　估价:69.00元

◆ 本书是由广州市社会科学院主持编写的"广州蓝皮书"系列之一，本报告对广州2014年宏观经济运行情况作了深入分析，对2015年宏观经济走势进行了合理预测，并在此基础上提出了相应的政策建议。

 文化传媒类　　皮书系列 重点推荐

文化传媒类

文化传媒类皮书透视文化领域、文化产业，探索文化大繁荣、大发展的路径

新媒体蓝皮书
中国新媒体发展报告 No.5（2015）
唐绪军 / 主编　　2015 年 6 月出版　　估价 :79.00 元

◆ 本书由中国社会科学院新闻与传播研究所和上海大学合作编写，在构建新媒体发展研究基本框架的基础上，全面梳理2014 年中国新媒体发展现状，发表最前沿的网络媒体深度调查数据和研究成果，并对新媒体发展的未来趋势做出预测。

舆情蓝皮书
中国社会舆情与危机管理报告（2015）
谢耘耕 / 主编　　2015 年 8 月出版　　估价 :98.00 元

◆ 本书由上海交通大学舆情研究实验室和危机管理研究中心主编，已被列入教育部人文社会科学研究报告培育项目。本书以新媒体环境下的中国社会为立足点，对2014年中国社会舆情、分类舆情等进行了深入系统的研究，并预测了2015年社会舆情走势。

文化蓝皮书
中国文化产业发展报告（2015）
张晓明　王家新　章建刚 / 主编　　2015 年 4 月出版　　估价 :79.00 元

◆ 本书由中国社会科学院文化研究中心编写。 从 2012 年开始，中国社会科学院文化研究中心设立了国内首个文化产业的研究类专项资金——"文化产业重大课题研究计划"，开始在全国范围内组织多学科专家学者对我国文化产业发展重大战略问题进行联合攻关研究。本书集中反映了该计划的研究成果。

经济类

G20国家创新竞争力黄皮书
二十国集团（G20）国家创新竞争力发展报告（2015）
著（编）者：黄茂兴 李闽榕 李建平 赵新力
2015年9月出版 / 估价:128.00元

产业蓝皮书
中国产业竞争力报告（2015）
著（编）者：张其仔 2015年5月出版 / 估价:79.00元

长三角蓝皮书
2015年全面深化改革中的长三角
著（编）者：张伟斌 2015年1月出版 / 估价:69.00元

城乡一体化蓝皮书
中国城乡一体化发展报告（2015）
著（编）者：付崇兰 汝信 2015年12月出版 / 估价:79.00元

城市创新蓝皮书
中国城市创新报告（2015）
著（编）者：周天勇 旷建伟 2015年8月出版 / 估价:69.00元

城市竞争力蓝皮书
中国城市竞争力报告（2015）
著（编）者：倪鹏飞 2015年5月出版 / 估价:89.00元

城市蓝皮书
中国城市发展报告NO.8
著（编）者：潘家华 魏后凯 2015年9月出版 / 估价:69.00元

城市群蓝皮书
中国城市群发展指数报告（2015）
著（编）者：刘新静 刘士林 2015年1月出版 / 估价:59.00元

城乡统筹蓝皮书
中国城乡统筹发展报告（2015）
著（编）者：潘晨光 程志强 2015年3月出版 / 估价:59.00元

城镇化蓝皮书
中国新型城镇化健康发展报告（2015）
著（编）者：张占斌 2015年5月出版 / 估价:79.00元

低碳发展蓝皮书
中国低碳发展报告（2015）
著（编）者：齐晔 2015年3月出版 / 估价:89.00元

低碳经济蓝皮书
中国低碳经济发展报告（2015）
著（编）者：薛进军 赵忠秀 2015年5月出版 / 估价:69.00元

东北蓝皮书
中国东北地区发展报告（2015）
著（编）者：马克 黄文艺 2015年8月出版 / 估价:79.00元

发展和改革蓝皮书
中国经济发展和体制改革报告（2015）
著（编）者：邹东涛 2015年11月出版 / 估价:98.00元

工业化蓝皮书
中国工业化进程报告（2015）
著（编）者：黄群慧 吕铁 李晓华 2015年11月出版 / 估价:89.00元

国际城市蓝皮书
国际城市发展报告（2015）
著（编）者：屠启宇 2015年1月出版 / 估价:69.00元

国家创新蓝皮书
中国创新发展报告（2015）
著（编）者：陈劲 2015年6月出版 / 估价:59.00元

环境竞争力绿皮书
中国省域环境竞争力发展报告（2015）
著（编）者：李闽榕 李建平 王金南
2015年12月出版 / 估价:148.00元

金融蓝皮书
中国金融发展报告（2015）
著（编）者：李扬 王国刚 2014年12月出版 / 估价:69.00元

金融信息服务蓝皮书
金融信息服务发展报告（2015）
著（编）者：鲁广锦 殷剑峰 林义相 2015年6月出版 / 估价:89.00元

经济蓝皮书
2015年中国经济形势分析与预测
著（编）者：李扬 2014年12月出版 / 定价:69.00元

经济蓝皮书·春季号
2015年中国经济前景分析
著（编）者：李扬 2015年5月出版 / 估价:79.00元

经济蓝皮书·夏季号
中国经济增长报告（2015）
著（编）者：李扬 2015年7月出版 / 估价:69.00元

经济信息绿皮书
中国与世界经济发展报告（2015）
著（编）者：杜平 2014年12月出版 / 估价:79.00元

就业蓝皮书
2015年中国大学生就业报告
著（编）者：麦可思研究院 2015年6月出版 / 估价:98.00元

临空经济蓝皮书
中国临空经济发展报告（2015）
著（编）者：连玉明 2015年9月出版 / 估价:79.00元

民营经济蓝皮书
中国民营经济发展报告（2015）
著（编）者：王钦敏 2015年12月出版 / 估价:79.00元

农村绿皮书
中国农村经济形势分析与预测（2014~2015）
著（编）者：中国社会科学院农村发展研究所
国家统计局农村社会经济调查司
2015年4月出版 / 估价:69.00元

农业应对气候变化蓝皮书
气候变化对中国农业影响评估报告（2015）
著（编）者：矫梅燕 2015年8月出版 / 估价:98.00元

经济类·社会政法类

皮书系列 2014全品种

企业公民蓝皮书
中国企业公民报告（2015）
著(编)者：邹东涛　2015年12月出版 / 估价：79.00元

气候变化绿皮书
应对气候变化报告（2015）
著(编)者：王伟光　郑国光　2015年10月出版 / 估价：79.00元

区域蓝皮书
中国区域经济发展报告（2015）
著(编)者：梁昊光　2015年4月出版 / 估价：79.00元

全球环境竞争力绿皮书
全球环境竞争力报告（2015）
著(编)者：李建建　李闽榕　李建平　王金南
2015年12月出版 / 估价：198.00元

人口与劳动绿皮书
中国人口与劳动问题报告（2015）
著(编)者：蔡昉　2015年11月出版 / 估价：59.00元

世界经济黄皮书
2015年世界经济形势分析与预测
著(编)者：王洛林　张宇燕　2014年12月出版 / 估价：69.00元

世界旅游城市绿皮书
世界旅游城市发展报告（2015）
著(编)者：鲁勇　周正宇　宋宇　2015年6月出版 / 估价：88.00元

西北蓝皮书
中国西北发展报告（2015）
著(编)者：张进海　陈冬红　段庆林　2014年12月出版 / 估价：69.00元

西部蓝皮书
中国西部发展报告（2015）
著(编)者：姚慧琴　徐璋勇　2015年7月出版 / 估价：89.00元

新型城镇化蓝皮书
新型城镇化发展报告（2015）
著(编)者：李伟　2015年10月出版 / 估价：89.00元

新兴经济体蓝皮书
金砖国家发展报告（2015）
著(编)者：林跃勤　周文　2015年7月出版 / 估价：79.00元

中部竞争力蓝皮书
中国中部经济社会竞争力报告（2015）
著(编)者：教育部人文社会科学重点研究基地
　　　　　南昌大学中国中部经济社会发展研究中心
2015年9月出版 / 估价：79.00元

中部蓝皮书
中国中部地区发展报告（2015）
著(编)者：喻新安　2015年5月出版 / 估价：69.00元

中国省域竞争力蓝皮书
中国省域经济综合竞争力发展报告（2015）
著(编)者：李建平　李闽榕　高燕京
2015年3月出版 / 估价：198.00元

中三角蓝皮书
长江中游城市群发展报告（2015）
著(编)者：秦尊文　2015年1月出版 / 估价：69.00元

中小城市绿皮书
中国中小城市发展报告（2015）
著(编)者：中国城市经济学会中小城市经济发展委员会
　　　　　《中国中小城市发展报告》编纂委员会
　　　　　中小城市发展战略研究院
2015年1月出版 / 估价：98.00元

中央商务区蓝皮书
中国中央商务区发展报告（2015）
著(编)者：中国商务区联盟
　　　　　中国社会科学院城市发展与环境研究所
2015年10月出版 / 估价：69.00元

中原蓝皮书
中原经济区发展报告（2015）
著(编)者：李英杰　2015年6月出版 / 估价：88.00元

社会政法类

北京蓝皮书
中国社区发展报告（2015）
著(编)者：于燕燕　2015年6月出版 / 估价：69.00元

殡葬绿皮书
中国殡葬事业发展报告（2015）
著(编)者：李伯森　2015年3月出版 / 估价：59.00元

城市管理蓝皮书
中国城市管理报告（2015）
著(编)者：谭维克　刘林　2015年10月出版 / 估价：158.00元

城市生活质量蓝皮书
中国城市生活质量报告（2015）
著(编)者：中国经济实验研究院　2015年6月出版 / 估价：59.00元

城市政府能力蓝皮书
中国城市政府公共服务能力评估报告（2015）
著(编)者：何艳玲　2015年7月出版 / 估价：59.00元

创新蓝皮书
创新型国家建设报告（2015）
著(编)者：詹正茂　2015年3月出版 / 估价：69.00元

皮书系列 2014全品种

社会政法类

慈善蓝皮书
中国慈善发展报告（2015）
著(编)者：杨团　2015年5月出版 / 估价：79.00元

大学生蓝皮书
中国大学生生活形态研究报告（2015）
著(编)者：张新洲　2015年12月出版 / 估价：69.00元

法治蓝皮书
中国法治发展报告No.13（2015）
著(编)者：李林　田禾　2015年2月出版 / 估价：98.00元

反腐倡廉蓝皮书
中国反腐倡廉建设报告No.4
著(编)者：李秋芳　张英伟　2014年12月出版 / 定价：79.00元

非传统安全蓝皮书
中国非传统安全研究报告（2015）
著(编)者：余潇枫　魏志江　2015年6月出版 / 估价：79.00元

妇女发展蓝皮书
中国妇女发展报告（2015）
著(编)者：王金玲　2015年9月出版 / 估价：148.00元

妇女教育蓝皮书
中国妇女教育发展报告（2015）
著(编)者：张李玺　2015年1月出版 / 估价：78.00元

妇女绿皮书
中国性别平等与妇女发展报告（2015）
著(编)者：谭琳　2015年12月出版 / 估价：99.00元

公共服务蓝皮书
中国城市基本公共服务力评价（2015）
著(编)者：钟君　吴正杲　2015年12月出版 / 估价：79.00元

公共服务满意度蓝皮书
中国城市公共服务评价报告（2015）
著(编)者：胡伟　2015年12月出版 / 估价：69.00元

公民科学素质蓝皮书
中国公民科学素质报告（2015）
著(编)者：李群　许佳军　2015年6月出版 / 估价：79.00元

公益蓝皮书
中国公益发展报告（2015）
著(编)者：朱健刚　2015年5月出版 / 估价：78.00元

管理蓝皮书
中国管理发展报告（2015）
著(编)者：张晓东　2015年9月出版 / 估价：98.00元

国际人才蓝皮书
中国国际移民报告（2015）
著(编)者：王辉耀　2015年1月出版 / 估价：79.00元

国际人才蓝皮书
中国海归发展报告（2015）
著(编)者：王辉耀　苗绿　2015年1月出版 / 估价：69.00元

国际人才蓝皮书
中国留学发展报告（2015）
著(编)者：王辉耀　苗绿　2015年9月出版 / 估价：69.00元

国家安全蓝皮书
中国国家安全研究报告（2015）
著(编)者：刘慧　2015年5月出版 / 估价：98.00元

行政改革蓝皮书
中国行政体制改革报告（2014~2015）
著(编)者：魏礼群　2015年3月出版 / 估价：89.00元

华侨华人蓝皮书
华侨华人研究报告（2015）
著(编)者：贾益民　2015年12月出版 / 估价：118.00元

环境绿皮书
中国环境发展报告（2015）
著(编)者：刘鉴强　2015年5月出版 / 估价：79.00元

基金会蓝皮书
中国基金会发展报告（2015）
著(编)者：刘忠祥　2015年6月出版 / 估价：69.00元

基金会绿皮书
中国基金会发展独立研究报告（2015）
著(编)者：基金会中心网　2015年8月出版 / 估价：88.00元

基金会透明度蓝皮书
中国基金会透明度发展研究报告（2015）
著(编)者：基金会中心网　清华大学廉政与治理研究中心
2015年9月出版 / 估价：78.00元

教师蓝皮书
中国中小学教师发展报告（2015）
著(编)者：曾晓东　2015年7月出版 / 估价：59.00元

教育蓝皮书
中国教育发展报告（2015）
著(编)者：杨东平　2015年5月出版 / 估价：79.00元

科普蓝皮书
中国科普基础设施发展报告（2015）
著(编)者：任福君　2015年6月出版 / 估价：59.00元

劳动保障蓝皮书
中国劳动保障发展报告（2015）
著(编)者：刘燕斌　2015年6月出版 / 估价：89.00元

老龄蓝皮书
中国老年宜居环境发展报告(2015)
著(编)者：吴玉韶　2015年9月出版 / 估价：79.00元

连片特困区蓝皮书
中国连片特困区发展报告（2015）
著(编)者：冷志明　游俊　2015年3月出版 / 估价：79.00元

民间组织蓝皮书
中国民间组织报告(2015)
著(编)者：潘晨光　黄晓勇　2015年8月出版 / 估价：69.00元

民调蓝皮书
中国民生调查报告（2015）
著(编)者：谢耘耕　2015年5月出版 / 估价：128.00元

社会政法类 — 皮书系列 2014全品种

民族发展蓝皮书
中国民族区域自治发展报告（2015）
著(编)者：王希恩 郝时远　2015年6月出版 / 估价:98.00元

女性生活蓝皮书
中国女性生活状况报告No.9（2015）
著(编)者：《中国妇女》杂志社 华坤女性生活调查中心
华坤女性消费指导中心
2015年4月出版 / 估价:79.00元

企业国际化蓝皮书
中国企业国际化报告(2015)
著(编)者：王辉耀　2015年10月出版 / 估价:79.00元

汽车社会蓝皮书
中国汽车社会发展报告（2015）
著(编)者：王俊秀　2015年1月出版 / 估价:59.00元

青年蓝皮书
中国青年发展报告No.3
著(编)者：廉思　2015年4月出版 / 估价:59.00元

区域人才蓝皮书
中国区域人才竞争力报告（2015）
著(编)者：桂昭明 王辉耀　2015年6月出版 / 估价:69.00元

群众体育蓝皮书
中国群众体育发展报告（2015）
著(编)者：刘国永 杨桦　2015年8月出版 / 估价:69.00元

人才蓝皮书
中国人才发展报告（2015）
著(编)者：潘晨光　2015年8月出版 / 估价:85.00元

人权蓝皮书
中国人权事业发展报告（2015）
著(编)者：中国人权研究会　2015年8月出版 / 估价:99.00元

森林碳汇绿皮书
中国森林碳汇评估发展报告（2015）
著(编)者：闫文德 胡文臻　2015年9月出版 / 估价:79.00元

社会保障绿皮书
中国社会保障发展报告（2015）
著(编)者：王延中　2015年6月出版 / 估价:79.00元

社会工作蓝皮书
中国社会工作发展报告（2015）
著(编)者：民政部社会工作研究中心
2015年8月出版 / 估价:79.00元

社会管理蓝皮书
中国社会管理创新报告（2015）
著(编)者：连玉明　2015年9月出版 / 估价:89.00元

社会蓝皮书
2015年中国社会形势分析与预测
著(编)者：李培林 陈光金 张翼
2014年12月出版 / 定价:69.00元

社会体制蓝皮书
中国社会体制改革报告（2015）
著(编)者：龚维斌　2015年5月出版 / 估价:79.00元

社会心态蓝皮书
中国社会心态研究报告（2015）
著(编)者：王俊秀 杨宜音　2015年10月出版 / 估价:69.00元

社会组织蓝皮书
中国社会组织评估发展报告（2015）
著(编)者：徐家良 廖鸿　2015年12月出版 / 估价:69.00元

生态城市绿皮书
中国生态城市建设发展报告（2015）
著(编)者：刘举科 孙伟平 胡文臻
2015年6月出版 / 估价:98.00元

生态文明绿皮书
中国省域生态文明建设评价报告（ECI 2015）
著(编)者：严耕　2015年9月出版 / 估价:85.00元

世界社会主义黄皮书
世界社会主义跟踪研究报告（2015）
著(编)者：李慎明　2015年3月出版 / 估价:198.00元

水与发展蓝皮书
中国水风险评估报告（2015）
著(编)者：王浩　2015年9月出版 / 估价:69.00元

土地整治蓝皮书
中国土地整治发展研究报告No.2
著(编)者：国土资源部土地整治中心　2015年5月出版 / 估价:89.00元

危机管理蓝皮书
中国危机管理报告（2015）
著(编)者：文学国　2015年8月出版 / 估价:89.00元

形象危机应对蓝皮书
形象危机应对研究报告（2015）
著(编)者：唐钧　2015年6月出版 / 估价:149.00元

医改蓝皮书
中国医药卫生体制改革报告（2015～2016）
著(编)者：文学国 房志武　2015年12月出版 / 估价:79.00元

医疗卫生绿皮书
中国医疗卫生发展报告（2015）
著(编)者：申宝忠 韩玉珍　2015年4月出版 / 估价:75.00元

应急管理蓝皮书
中国应急管理报告（2015）
著(编)者：宋英华　2015年10月出版 / 估价:69.00元

政治参与蓝皮书
中国政治参与报告（2015）
著(编)者：房宁　2015年7月出版 / 估价:105.00元

政治发展蓝皮书
中国政治发展报告（2015）
著(编)者：房宁 杨海蛟　2015年5月出版 / 估价:88.00元

中国农村妇女发展蓝皮书
流动女性城市融入发展报告（2015）
著(编)者：谢丽华　2015年11月出版 / 估价:69.00元

宗教蓝皮书
中国宗教报告（2015）
著(编)者：金泽 邱永辉　2015年9月出版 / 估价:59.00元

行业报告类

保险蓝皮书
中国保险业竞争力报告（2015）
著(编)者:王力　2015年12月出版 / 估价:98.00元

彩票蓝皮书
中国彩票发展报告（2015）
著(编)者:益彩基金　2015年10月出版 / 估价:69.00元

餐饮产业蓝皮书
中国餐饮产业发展报告（2015）
著(编)者:邢颖　2015年6月出版 / 估价:69.00元

测绘地理信息蓝皮书
智慧中国地理空间智能体系研究报告（2015）
著(编)者:徐德明　2015年1月出版 / 估价:98.00元

茶业蓝皮书
中国茶产业发展报告（2015）
著(编)者:杨江帆　李闽榕　2015年1月出版 / 估价:78.00元

产权市场蓝皮书
中国产权市场发展报告（2015）
著(编)者:曹和平　2015年12月出版 / 估价:79.00元

电子政务蓝皮书
中国电子政务发展报告（2014~2015）
著(编)者:洪毅　杜平　2015年2月出版 / 估价:79.00元

杜仲产业绿皮书
中国杜仲橡胶资源与产业发展报告（2015）
著(编)者:胡文臻　杜红岩　俞锐
2015年9月出版 / 估价:98.00元

房地产蓝皮书
中国房地产发展报告No.12（2015）
著(编)者:魏后凯　李景国　2015年5月出版 / 估价:79.00元

服务外包蓝皮书
中国服务外包产业发展报告（2015）
著(编)者:王晓红　刘德军　2015年6月出版 / 估价:89.00元

工业设计蓝皮书
中国工业设计发展报告（2015）
著(编)者:王晓红　于炜　张立群　2015年9月出版 / 估价:138.00元

互联网金融蓝皮书
中国互联网金融发展报告（2015）
著(编)者:芮晓武　刘烈宏　2015年8月出版 / 估价:79.00元

会展蓝皮书
中外会展业动态评估年度报告（2015）
著(编)者:张敏　2015年1月出版 / 估价:78.00元

金融监管蓝皮书
中国金融监管报告（2015）
著(编)者:胡滨　2015年5月出版 / 估价:69.00元

金融蓝皮书
中国商业银行竞争力报告（2015）
著(编)者:王松奇　2015年12月出版 / 估价:69.00元

客车蓝皮书
中国客车产业发展报告（2015）
著(编)者:姚蔚　2015年12月出版 / 估价:85.00元

老龄蓝皮书
中国老年宜居环境发展报告（2015）
著(编)者:吴玉韶　党俊武　2015年9月出版 / 估价:79.00元

流通蓝皮书
中国商业发展报告（2015）
著(编)者:荆林波　2015年5月出版 / 估价:89.00元

旅游安全蓝皮书
中国旅游安全报告（2015）
著(编)者:郑向敏　谢朝武　2015年5月出版 / 估价:98.00元

旅游景区蓝皮书
中国旅游景区发展报告（2015）
著(编)者:黄安民　2015年7月出版 / 估价:79.00元

旅游绿皮书
2015年中国旅游发展分析与预测
著(编)者:宋瑞　2015年1月出版 / 估价:79.00元

煤炭蓝皮书
中国煤炭工业发展报告（2015）
著(编)者:岳福斌　2015年12月出版 / 估价:79.00元

民营医院蓝皮书
中国民营医院发展报告（2015）
著(编)者:庄一强　2015年10月出版 / 估价:75.00元

闽商蓝皮书
闽商发展报告（2015）
著(编)者:王日根　李闽榕　2015年12月出版 / 估价:69.00元

能源蓝皮书
中国能源发展报告（2015）
著(编)者:崔民选　王军生　2015年8月出版 / 估价:79.00元

农产品流通蓝皮书
中国农产品流通产业发展报告（2015）
著(编)者:贾敬敦　张东科　张玉玺　孔令羽　张鹏毅
2015年9月出版 / 估价:89.00元

企业蓝皮书
中国企业竞争力报告（2015）
著(编)者:金碚　2015年11月出版 / 估价:89.00元

企业社会责任蓝皮书
中国企业社会责任研究报告（2015）
著(编)者:黄群慧　彭华岗　钟宏武　张蒽
2015年11月出版 / 估价:69.00元

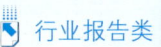 行业报告类

皮书系列 2014全品种

汽车安全蓝皮书
中国汽车安全发展报告（2015）
著(编)者：中国汽车技术研究中心　　2015年4月出版 / 估价：79.00元

汽车蓝皮书
中国汽车产业发展报告（2015）
著(编)者：国务院发展研究中心产业经济研究部
中国汽车工程学会 大众汽车集团（中国）
2015年7月出版 / 估价：128.00元

清洁能源蓝皮书
国际清洁能源发展报告（2015）
著(编)者：国际清洁能源论坛（澳门）
2015年9月出版 / 估价：89.00元

人力资源蓝皮书
中国人力资源发展报告（2015）
著(编)者：余兴安　　2015年9月出版 / 估价：79.00元

软件和信息服务业蓝皮书
中国软件和信息服务业发展报告（2015）
著(编)者：陈新河　洪京一　　2015年12月出版 / 估价：198.00元

上市公司蓝皮书
上市公司质量评价报告（2015）
著(编)者：张跃文　王力　　2015年10月出版 / 估价：118.00元

食品药品蓝皮书
食品药品安全与监管政策研究报告（2015）
著(编)者：唐民皓　　2015年7月出版 / 估价：69.00元

世界能源蓝皮书
世界能源发展报告（2015）
著(编)者：黄晓勇　　2015年6月出版 / 估价：99.00元

碳市场蓝皮书
中国碳市场报告（2015）
著(编)者：低碳发展国际合作联盟
2015年11月出版 / 估价：69.00元

体育蓝皮书
中国体育产业发展报告（2015）
著(编)者：阮伟　钟秉枢　　2015年4月出版 / 估价：69.00元

投资蓝皮书
中国投资发展报告（2015）
著(编)者：杨庆蔚　　2015年4月出版 / 估价：128.00元

物联网蓝皮书
中国物联网发展报告（2015）
著(编)者：黄桂田　　2015年1月出版 / 估价：59.00元

西部工业蓝皮书
中国西部工业发展报告（2015）
著(编)者：方行明 甘犁 刘方健 姜凌 等
2015年9月出版 / 估价：79.00元

西部金融蓝皮书
中国西部金融发展报告（2015）
著(编)者：李忠民　　2015年8月出版 / 估价：75.00元

新能源汽车蓝皮书
中国新能源汽车产业发展报告（2015）
著(编)者：中国汽车技术研究中心
日产（中国）投资有限公司 东风汽车有限公司
2015年8月出版 / 估价：69.00元

信托市场蓝皮书
中国信托业市场报告（2015）
著(编)者：李旸　　2015年1月出版 / 估价：198.00元

信息产业蓝皮书
世界软件和信息技术产业发展报告（2015）
著(编)者：洪京一　　2015年8月出版 / 估价：79.00元

信息化蓝皮书
中国信息化形势分析与预测（2015）
著(编)者：周宏仁　　2015年8月出版 / 估价：98.00元

信用蓝皮书
中国信用发展报告（2015）
著(编)者：田侃　　2015年4月出版 / 估价：69.00元

休闲绿皮书
2015年中国休闲发展报告
著(编)者：刘德谦　　2015年6月出版 / 估价：59.00元

医药蓝皮书
中国中医药产业园战略发展报告（2015）
著(编)者：裴长洪 房书亭 吴潇心　　2015年3月出版 / 估价：89.00元

邮轮绿皮书
中国邮轮产业发展报告（2015）
著(编)者：汪泓　　2015年9月出版 / 估价：79.00元

支付清算蓝皮书
中国支付清算发展报告（2015）
著(编)者：杨涛　　2015年5月出版 / 估价：45.00元

中国上市公司蓝皮书
中国上市公司发展报告（2015）
著(编)者：许雄斌 张平 2015年9月出版 / 估价：98.00元

中国总部经济蓝皮书
中国总部经济发展报告（2015）
著(编)者：赵弘　　2015年5月出版 / 估价：79.00元

住房绿皮书
中国住房发展报告（2014~2015）
著(编)者：倪鹏飞　　2014年12月出版 / 估价：79.00元

资本市场蓝皮书
中国场外交易市场发展报告（2015）
著(编)者：高峦　　2015年8月出版 / 估价：79.00元

资产管理蓝皮书
中国资产管理行业发展报告（2015）
著(编)者：智信资产管理研究院　　2015年7月出版 / 估价：79.00元

19

皮书系列
2014全品种
文化传媒类

文化传媒类

传媒竞争力蓝皮书
中国传媒国际竞争力研究报告（2015）
著(编)者：李本乾　2015年9月出版 / 估价：88.00元

传媒蓝皮书
中国传媒产业发展报告（2015）
著(编)者：崔保国　2015年4月出版 / 估价：98.00元

传媒投资蓝皮书
中国传媒投资发展报告（2015）
著(编)者：张向东　2015年7月出版 / 估价：89.00元

动漫蓝皮书
中国动漫产业发展报告（2015）
著(编)者：卢斌　郑玉明　牛兴侦　2015年7月出版 / 估价：79.00元

非物质文化遗产蓝皮书
中国非物质文化遗产发展报告（2015）
著(编)者：陈平　2015年3月出版 / 估价：79.00元

非物质文化遗产蓝皮书
中国少数民族非物质文化遗产发展报告（2015）
著(编)者：肖远平　柴立　2015年4月出版 / 估价：79.00元

广电蓝皮书
中国广播电影电视发展报告（2015）
著(编)者：杨明品　2015年7月出版 / 估价：98.00元

广告主蓝皮书
中国广告主营销传播趋势报告（2015）
著(编)者：黄升民　2015年5月出版 / 估价：148.00元

国际传播蓝皮书
中国国际传播发展报告（2015）
著(编)者：胡正荣　李继东　姬德强
2015年7月出版 / 估价：89.00元

国家形象蓝皮书
2015年国家形象研究报告
著(编)者：张昆　2015年3月出版 / 估价：79.00元

纪录片蓝皮书
中国纪录片发展报告（2015）
著(编)者：何苏六　2015年9月出版 / 估价：79.00元

科学传播蓝皮书
中国科学传播报告（2015）
著(编)者：詹正茂　2015年4月出版 / 估价：69.00元

两岸文化蓝皮书
两岸文化产业合作发展报告（2015）
著(编)者：胡惠林　李保宗　2015年7月出版 / 估价：79.00元

媒介与女性蓝皮书
中国媒介与女性发展报告（2015）
著(编)者：刘利群　2015年8月出版 / 估价：69.00元

全球传媒蓝皮书
全球传媒发展报告（2015）
著(编)者：胡正荣　2015年12月出版 / 估价：79.00元

世界文化发展蓝皮书
世界文化发展报告（2015）
著(编)者：张庆宗　高乐田　郭熙煌
2015年5月出版 / 估价：89.00元

视听新媒体蓝皮书
中国视听新媒体发展报告（2015）
著(编)者：庞井君　2015年6月出版 / 估价：148.00元

文化创新蓝皮书
中国文化创新报告（2015）
著(编)者：于平　傅才武　2015年4月出版 / 估价：79.00元

文化建设蓝皮书
中国文化发展报告（2015）
著(编)者：江畅　孙伟平　戴茂堂
2015年4月出版 / 估价：138.00元

文化科技蓝皮书
文化科技创新发展报告（2015）
著(编)者：于平　李凤亮　2015年1月出版 / 估价：89.00元

文化蓝皮书
中国文化产业供需协调增长测评报告（2015）
著(编)者：王亚南　郝朴宁　张晓明　祁述裕
2015年2月出版 / 估价：79.00元

文化蓝皮书
中国文化消费需求景气评价报告（2015）
著(编)者：王亚南　张晓明　祁述裕　郝朴宁
2015年2月出版 / 估价：79.00元

文化蓝皮书
中国文化产业发展报告（2015）
著(编)者：张晓明　王家新　章建刚
2015年4月出版 / 估价：79.00元

文化蓝皮书
中国公共文化投入增长测评报告(2015)
著(编)者：王亚南　2015年5月出版 / 估价：79.00元

文化蓝皮书
中国文化政策发展报告（2015）
著(编)者：傅才武　宋文玉　燕东升　2015年9月出版 / 估价：98.0

文化品牌蓝皮书
中国文化品牌发展报告（2015）
著(编)者：欧阳友权　2015年4月出版 / 估价：79.00元

文化遗产蓝皮书
中国文化遗产事业发展报告（2015）
著(编)者：苏杨　刘世锦　2015年12月出版 / 估价：89.00元

文学蓝皮书
中国文情报告（2015）
著(编)者：白烨　2015年5月出版 / 估价：49.00元

新媒体蓝皮书
中国新媒体发展报告（2015）
著(编)者：唐绪军　2015年6月出版 / 估价：79.00元

文化传媒类·地方发展类　皮书系列 2014全品种

新媒体社会责任蓝皮书
中国新媒体社会责任研究报告（2015）
著(编)者：钟瑛　　2015年10月出版　/　估价：79.00元

移动互联网蓝皮书
中国移动互联网发展报告（2015）
著(编)者：官建文　　2015年6月出版　/　估价：79.00元

舆情蓝皮书
中国社会舆情与危机管理报告（2015）
著(编)者：谢耘耕　　2015年8月出版　/　估价：98.00元

地方发展类

安徽经济蓝皮书
芜湖创新型城市发展报告（2015）
著(编)者：杨少华　王开玉　2015年4月出版　/　估价：69.00元

安徽蓝皮书
安徽社会发展报告（2015）
著(编)者：程桦　2015年4月出版　/　估价：79.00元

安徽社会建设蓝皮书
安徽社会建设分析报告（2015）
著(编)者：黄家海　王开玉　蔡宪　2015年4月出版　/　估价：69.00元

澳门蓝皮书
澳门经济社会发展报告（2015）
著(编)者：吴志良　郝雨凡　2015年4月出版　/　估价：79.00元

北京蓝皮书
北京公共服务发展报告（2014~2015）
著(编)者：施昌奎　2015年2月出版　/　估价：69.00元

北京蓝皮书
北京经济发展报告（2015）
著(编)者：杨松　2015年4月出版　/　估价：79.00元

北京蓝皮书
北京社会治理发展报告（2015）
著(编)者：殷星辰　2015年4月出版　/　估价：79.00元

北京蓝皮书
北京文化发展报告（2015）
著(编)者：李建盛　2015年4月出版　/　估价：79.00元

北京蓝皮书
北京社会发展报告（2015）
著(编)者：缪青　2015年5月出版　/　估价：79.00元

北京旅游绿皮书
北京旅游发展报告（2015）
著(编)者：北京旅游学会　2015年7月出版　/　估价：88.00元

北京律师蓝皮书
北京律师发展报告（2015）
著(编)者：王隽　2015年12月出版　/　估价：75.00元

北京人才蓝皮书
北京人才发展报告（2015）
著(编)者：于淼　2015年1月出版　/　估价：89.00元

北京社会心态蓝皮书
北京社会心态分析报告（2015）
著(编)者：北京社会心理研究所　2015年1月出版　/　估价：69.00元

北京社会组织蓝皮书
北京社会组织发展研究报告（2015）
著(编)者：李东松　唐军　2015年2月出版　/　估价：79.00元

北京社会组织蓝皮书
北京社会组织发展报告（2015）
著(编)者：温庆云　2015年9月出版　/　估价：69.00元

滨海金融蓝皮书
滨海新区金融发展报告（2015）
著(编)者：王爱俭　张锐钢　2015年9月出版　/　估价：79.00元

城乡一体化蓝皮书
中国城乡一体化发展报告（北京卷）（2015）
著(编)者：张宝秀　黄序　2015年4月出版　/　估价：69.00元

创意城市蓝皮书
北京文化创意产业发展报告（2015）
著(编)者：张京成　2015年11月出版　/　估价：65.00元

创意城市蓝皮书
无锡文化创意产业发展报告（2015）
著(编)者：谭军　张鸣年　2015年10月出版　/　估价：75.00元

创意城市蓝皮书
武汉市文化创意产业发展报告（2015）
著(编)者：袁堃　黄永林　2015年11月出版　/　估价：85.00元

创意城市蓝皮书
重庆创意产业发展报告（2015）
著(编)者：程宇宁　2015年4月出版　/　估价：89.00元

创意城市蓝皮书
青岛文化创意产业发展报告（2015）
著(编)者：马达　张丹妮　2015年6月出版　/　估价：79.00元

福建妇女发展蓝皮书
福建省妇女发展报告（2015）
著(编)者：刘群英　2015年10月出版　/　估价：58.00元

甘肃蓝皮书
甘肃舆情分析与预测（2015）
著(编)者：郝树声　陈双梅　2015年1月出版　/　估价：69.00元

皮书系列 2014全品种 — 地方发展类

甘肃蓝皮书
甘肃文化发展分析与预测（2015）
著(编)者：周小华 王福生　2015年1月出版 / 估价:69.00元

甘肃蓝皮书
甘肃社会发展分析与预测（2015）
著(编)者：安文华　2015年1月出版 / 估价:69.00元

甘肃蓝皮书
甘肃经济发展分析与预测（2015）
著(编)者：朱智文 罗哲　2015年1月出版 / 估价:69.00元

甘肃蓝皮书
甘肃县域经济综合竞争力评价（2015）
著(编)者：刘进军　2015年1月出版 / 估价:69.00元

广东蓝皮书
广东省电子商务发展报告（2015）
著(编)者：程晓　2015年12月出版 / 估价:69.00元

广东蓝皮书
广东社会工作发展报告（2015）
著(编)者：罗观翠　2015年6月出版 / 估价:89.00元

广东社会建设蓝皮书
广东省社会建设发展报告（2015）
著(编)者：广东省社会工作委员会　2015年10月出版 / 估价:89.00元

广东外经贸蓝皮书
广东对外经济贸易发展研究报告（2015）
著(编)者：陈万灵　2015年5月出版 / 估价:79.00元

广西北部湾经济区蓝皮书
广西北部湾经济区开放开发报告（2015）
著(编)者：广西北部湾经济区规划建设管理委员会办公室　广西社会科学院广西北部湾发展研究院
2015年8月出版 / 估价:79.00元

广州蓝皮书
广州社会保障发展报告（2015）
著(编)者：蔡国萱　2015年1月出版 / 估价:65.00元

广州蓝皮书
2015年中国广州社会形势分析与预测
著(编)者：张强 陈怡霓 杨秦　2015年5月出版 / 估价:69.00元

广州蓝皮书
广州经济发展报告（2015）
著(编)者：李江涛 朱名宏　2015年5月出版 / 估价:69.00元

广州蓝皮书
广州商贸业发展报告（2015）
著(编)者：李江涛 王旭东 荀振英　2015年6月出版 / 估价:69.00元

广州蓝皮书
2015年中国广州经济形势分析与预测
著(编)者：庾建设 沈奎 郭志勇　2015年6月出版 / 估价:79.00元

广州蓝皮书
中国广州文化发展报告（2015）
著(编)者：徐俊忠 陆志强 顾涧清　2015年6月出版 / 估价:69.00元

广州蓝皮书
广州农村发展报告（2015）
著(编)者：李江涛 汤锦华　2015年8月出版 / 估价:69.00元

广州蓝皮书
中国广州城市建设与管理发展报告（2015）
著(编)者：董皞 冼伟雄　2015年7月出版 / 估价:69.00元

广州蓝皮书
中国广州科技和信息化发展报告（2015）
著(编)者：邹采荣 马正勇 冯元　2015年7月出版 / 估价:79.00元

广州蓝皮书
广州创新型城市发展报告（2015）
著(编)者：李江涛　2015年7月出版 / 估价:69.00元

广州蓝皮书
广州文化创意产业发展报告（2015）
著(编)者：甘新　2015年8月出版 / 估价:79.00元

广州蓝皮书
广州志愿服务发展报告（2015）
著(编)者：魏国华 张强　2015年9月出版 / 估价:69.00元

广州蓝皮书
广州城市国际化发展报告（2015）
著(编)者：朱名宏　2015年9月出版 / 估价:59.00元

广州蓝皮书
广州汽车产业发展报告（2015）
著(编)者：李江涛 杨再高　2015年9月出版 / 估价:69.00元

贵州房地产蓝皮书
贵州房地产发展报告（2015）
著(编)者：武廷方　2015年1月出版 / 估价:89.00元

贵州蓝皮书
贵州人才发展报告（2015）
著(编)者：于杰 吴大华　2015年3月出版 / 估价:69.00元

贵州蓝皮书
贵州社会发展报告（2015）
著(编)者：王兴骥　2015年3月出版 / 估价:69.00元

贵州蓝皮书
贵州法治发展报告（2015）
著(编)者：吴大华　2015年3月出版 / 估价:69.00元

贵州蓝皮书
贵州国有企业社会责任发展报告（2015）
著(编)者：郭丽　2015年10月出版 / 估价:79.00元

海淀蓝皮书
海淀区文化和科技融合发展报告（2015）
著(编)者：孟景伟 陈名杰　2015年5月出版 / 估价:75.00元

海峡西岸蓝皮书
海峡西岸经济区发展报告（2015）
著(编)者：黄端　2015年9月出版 / 估价:65.00元

杭州都市圈蓝皮书
杭州都市圈发展报告（2015）
著(编)者：董祖德 沈翔　2015年5月出版 / 估价:89.00元

皮书系列 2014全品种

地方发展类

杭州蓝皮书
杭州妇女发展报告（2015）
著（编）者：魏颖　　2015年6月出版 / 估价：75.00元

河北经济蓝皮书
河北省经济发展报告（2015）
著（编）者：马树强 金浩 张贵　　2015年4月出版 / 估价：79.00元

河北蓝皮书
河北经济社会发展报告（2015）
著（编）者：周文夫　　2015年1月出版 / 估价：69.00元

河南经济蓝皮书
2015年河南经济形势分析与预测
著（编）者：胡五岳　　2015年3月出版 / 估价：69.00元

河南蓝皮书
河南城市发展报告（2015）
著（编）者：王建国 谷建全　　2015年1月出版 / 估价：59.00元

河南蓝皮书
2015年河南社会形势分析与预测
著（编）者：刘道兴 牛苏林　　2015年1月出版 / 估价：69.00元

河南蓝皮书
河南工业发展报告（2015）
著（编）者：龚绍东　　2015年1月出版 / 估价：69.00元

河南蓝皮书
河南文化发展报告（2015）
著（编）者：卫绍生　　2015年1月出版 / 估价：69.00元

河南蓝皮书
河南经济发展报告（2015）
著（编）者：完世伟 喻新安　　2015年12月出版 / 估价：69.00元

河南蓝皮书
河南法治发展报告（2015）
著（编）者：丁同民 闫德民　　2015年3月出版 / 估价：69.00元

河南蓝皮书
河南金融发展报告（2015）
著（编）者：喻新安 谷建全　　2015年4月出版 / 估价：69.00元

河南商务蓝皮书
河南商务发展报告（2015）
著（编）者：焦锦淼 穆荣国　　2015年5月出版 / 估价：88.00元

黑龙江产业蓝皮书
黑龙江产业发展报告（2015）
著（编）者：于渤　　2015年9月出版 / 估价：79.00元

黑龙江蓝皮书
黑龙江经济发展报告（2015）
著（编）者：张新颖　　2015年1月出版 / 估价：69.00元

黑龙江蓝皮书
黑龙江社会发展报告（2015）
著（编）者：王爱丽 艾书琴　　2015年1月出版 / 估价：69.00元

湖北文化蓝皮书
湖北文化发展报告（2015）
著（编）者：江畅 吴成国　　2015年5月出版 / 估价：89.00元

湖南城市蓝皮书
区域城市群整合
著（编）者：罗海藩　　2014年12月出版 / 估价：59.00元

湖南蓝皮书
2015年湖南电子政务发展报告
著（编）者：梁志峰　　2015年4月出版 / 估价：128.00元

湖南蓝皮书
2015年湖南社会发展报告
著（编）者：梁志峰　　2015年4月出版 / 估价：128.00元

湖南蓝皮书
2015年湖南产业发展报告
著（编）者：梁志峰　　2015年4月出版 / 估价：128.00元

湖南蓝皮书
2015年湖南经济展望
著（编）者：梁志峰　　2015年4月出版 / 估价：128.00元

湖南蓝皮书
2015年湖南县域经济社会发展报告
著（编）者：梁志峰　　2015年4月出版 / 估价：128.00元

湖南蓝皮书
2015年湖南两型社会发展报告
著（编）者：梁志峰　　2015年4月出版 / 估价：128.00元

湖南县域绿皮书
湖南县域发展报告No.2
著（编）者：朱有志　　2015年4月出版 / 估价：69.00元

沪港蓝皮书
沪港发展报告（2015）
著（编）者：尤安山　　2015年9月出版 / 估价：89.00元

吉林蓝皮书
2015年吉林经济社会形势分析与预测
著（编）者：马克　　2015年1月出版 / 估价：79.00元

济源蓝皮书
济源经济社会发展报告（2015）
著（编）者：喻新安　　2015年4月出版 / 估价：69.00元

健康城市蓝皮书
北京健康城市建设研究报告（2015）
著（编）者：王鸿春　　2015年3月出版 / 估价：79.00元

江苏法治蓝皮书
江苏法治发展报告（2015）
著（编）者：李力 龚廷泰　　2015年9月出版 / 估价：98.00元

京津冀蓝皮书
京津冀发展报告（2015）
著（编）者：文魁 祝尔娟　　2015年3月出版 / 估价：79.00元

经济特区蓝皮书
中国经济特区发展报告（2015）
著（编）者：陶一桃　　2015年4月出版 / 估价：89.00元

辽宁蓝皮书
2015年辽宁经济社会形势分析与预测
著（编）者：曹晓峰　　2015年1月出版 / 估价：79.00元

皮书系列 2014全品种
地方发展类

南京蓝皮书
南京文化发展报告（2015）
著(编)者：南京文化产业研究中心
2015年10月出版 / 估价：79.00元

内蒙古蓝皮书
内蒙古反腐倡廉建设报告（2015）
著(编)者：张志华 无极　2015年12月出版 / 估价：69.00元

浦东新区蓝皮书
上海浦东经济发展报告（2015）
著(编)者：沈开艳 陆沪根　2015年1月出版 / 估价：59.00元

青海蓝皮书
2015年青海经济社会形势分析与预测
著(编)者：赵宗福　2015年1月出版 / 估价：69.00元

人口与健康蓝皮书
深圳人口与健康发展报告（2015）
著(编)者：曾序春　2015年12月出版 / 估价：89.00元

山东蓝皮书
山东社会形势分析与预测（2015）
著(编)者：张华 唐洲雁　2015年6月出版 / 估价：89.00元

山东蓝皮书
山东经济形势分析与预测（2015）
著(编)者：张华 唐洲雁　2015年6月出版 / 估价：89.00元

山东蓝皮书
山东文化发展报告（2015）
著(编)者：张华 唐洲雁　2015年6月出版 / 估价：98.00元

山西蓝皮书
山西资源型经济转型发展报告（2015）
著(编)者：李志强　2015年5月出版 / 估价：98.00元

陕西蓝皮书
陕西经济发展报告（2015）
著(编)者：任宗哲 石英 裴成荣　2015年2月出版 / 估价：69.00元

陕西蓝皮书
陕西社会发展报告（2015）
著(编)者：任宗哲 石英 牛昉　2015年2月出版 / 估价：65.00元

陕西蓝皮书
陕西文化发展报告（2015）
著(编)者：任宗哲 石英 王长寿　2015年3月出版 / 估价：59.00元

陕西蓝皮书
丝绸之路经济带发展报告（2015）
著(编)者：任宗哲 石英 白宽犁
2015年8月出版 / 估价：79.00元

上海蓝皮书
上海文学发展报告（2015）
著(编)者：陈圣来　2015年1月出版 / 估价：69.00元

上海蓝皮书
上海文化发展报告（2015）
著(编)者：蒯大申 郑崇选　2015年1月出版 / 估价：69.00元

上海蓝皮书
上海资源环境发展报告（2015）
著(编)者：周冯琦 汤庆合 任文伟
2015年1月出版 / 估价：69.00元

上海蓝皮书
上海社会发展报告（2015）
著(编)者：周海旺 卢汉龙　2015年1月出版 / 估价：69.00元

上海蓝皮书
上海经济发展报告（2015）
著(编)者：沈开艳　2015年1月出版 / 估价：69.00元

上海蓝皮书
上海传媒发展报告（2015）
著(编)者：强荧 焦雨虹　2015年1月出版 / 估价：79.00元

上海蓝皮书
上海法治发展报告（2015）
著(编)者：叶青　2015年4月出版 / 估价：69.00元

上饶蓝皮书
上饶发展报告（2015）
著(编)者：朱寅健　2015年3月出版 / 估价：128.00元

社会建设蓝皮书
2015年北京社会建设分析报告
著(编)者：宋贵伦 冯虹　2015年7月出版 / 估价：79.00元

深圳蓝皮书
深圳劳动关系发展报告（2015）
著(编)者：汤庭芬　2015年6月出版 / 估价：75.00元

深圳蓝皮书
深圳经济发展报告（2015）
著(编)者：张骁儒　2015年7月出版 / 估价：79.00元

深圳蓝皮书
深圳社会发展报告（2015）
著(编)者：叶民辉 张骁儒　2015年7月出版 / 估价：89.00元

深圳蓝皮书
深圳法治发展报告（2015）
著(编)者：张骁儒　2015年4月出版 / 估价：79.00元

四川蓝皮书
四川文化产业发展报告（2015）
著(编)者：侯水平　2015年2月出版 / 估价：69.00元

四川蓝皮书
四川企业社会责任研究报告（2015）
著(编)者：侯水平 盛毅　2015年4月出版 / 估价：79.00元

四川蓝皮书
四川法治发展报告（2015）
著(编)者：郑泰安　2015年2月出版 / 估价：69.00元

四川蓝皮书
2015年四川生态建设报告
著(编)者：四川省社会科学院
2015年2月出版 / 估价：69.00元

地方发展类·国别与地区类

皮书系列
2014全品种

四川蓝皮书
四川省城镇化发展报告（2015）
著(编)者：四川省城镇发展研究中心
2015年2月出版 / 估价：69.00元

四川蓝皮书
2015年四川社会发展形势分析与预测
著(编)者：郭晓鸣 李羚 2015年2月出版 / 估价：69.00元

四川蓝皮书
2015年四川经济发展报告
著(编)者：杨钢 2015年2月出版 / 估价：69.00元

天津金融蓝皮书
天津金融发展报告（2015）
著(编)者：王爱俭 杜强 2015年9月出版 / 估价：89.00元

图们江区域合作蓝皮书
中国图们江区域合作开发发展报告（2015）
著(编)者：李铁 朱显平 吴成章 2015年4月出版 / 估价：79.00元

温州蓝皮书
2015年温州经济社会形势分析与预测
著(编)者：潘忠强 王春光 金浩 2015年4月出版 / 估价：69.00元

扬州蓝皮书
扬州经济社会发展报告（2015）
著(编)者：丁纯 2015年12月出版 / 估价：89.00元

云南蓝皮书
中国面向西南开放重要桥头堡建设发展报告（2015）
著(编)者：刘绍怀 2015年12月出版 / 估价：69.00元

长株潭城市群蓝皮书
长株潭城市群发展报告（2015）
著(编)者：张萍 2015年1月出版 / 估价：69.00元

郑州蓝皮书
2015年郑州文化发展报告
著(编)者：王哲 2015年9月出版 / 估价：65.00元

中医文化蓝皮书
北京中医文化发展报告（2015）
著(编)者：毛嘉陵 2015年4月出版 / 估价：69.00元

珠三角流通蓝皮书
珠三角商圈发展研究报告（2015）
著(编)者：林至颖 王先庆 2015年7月出版 / 估价：98.00元

国别与地区类

阿拉伯黄皮书
阿拉伯发展报告（2015）
著(编)者：马晓霖 2015年4月出版 / 估价：79.00元

北部湾蓝皮书
泛北部湾合作发展报告（2015）
著(编)者：吕余生 2015年8月出版 / 估价：69.00元

大湄公河次区域蓝皮书
大湄公河次区域合作发展报告（2015）
著(编)者：刘稚 2015年9月出版 / 估价：79.00元

大洋洲蓝皮书
大洋洲发展报告（2015）
著(编)者：喻常森 2015年8月出版 / 估价：89.00元

德国蓝皮书
德国发展报告（2015）
著(编)者：郑春荣 伍慧萍 2015年6月出版 / 估价：69.00元

东北亚黄皮书
东北亚地区政治与安全（2015）
著(编)者：黄凤志 刘清才 张慧智
2015年3月出版 / 估价：69.00元

东盟黄皮书
东盟发展报告（2015）
著(编)者：崔晓麟 2015年5月出版 / 估价：75.00元

东南亚蓝皮书
东南亚地区发展报告（2015）
著(编)者：王勤 2015年4月出版 / 估价：79.00元

俄罗斯黄皮书
俄罗斯发展报告（2015）
著(编)者：李永全 2015年7月出版 / 估价：79.00元

非洲黄皮书
非洲发展报告（2015）
著(编)者：张宏明 2015年7月出版 / 估价：79.00元

国际形势黄皮书
全球政治与安全报告（2015）
著(编)者：李慎明 张宇燕 2014年12月出版 / 估价：69.00元

韩国蓝皮书
韩国发展报告（2015）
著(编)者：刘宝全 牛林杰 2015年8月出版 / 估价：79.00元

加拿大蓝皮书
加拿大发展报告（2015）
著(编)者：仲伟合 2015年4月出版 / 估价：89.00元

拉美黄皮书
拉丁美洲和加勒比发展报告（2014~2015）
著(编)者：吴白乙 2015年4月出版 / 估价：89.00元

美国蓝皮书
美国研究报告（2015）
著(编)者：黄平 郑秉文 2015年7月出版 / 估价：89.00元

缅甸蓝皮书
缅甸国情报告（2015）
著(编)者：李晨阳 2015年8月出版 / 估价：79.00元

皮书系列 2014全品种

国别与地区类

欧洲蓝皮书
欧洲发展报告（2015）
著(编)者:周弘　2015年6月出版 / 估价:89.00元

葡语国家蓝皮书
葡语国家发展报告（2015）
著(编)者:对外经济贸易大学区域国别研究所　葡语国家研究中心
2015年3月出版 / 估价:89.00元

葡语国家蓝皮书
中国与葡语国家关系发展报告·巴西（2014）
著(编)者:澳门科技大学　2015年1月出版 / 估价:89.00元

日本经济蓝皮书
日本经济与中日经贸关系研究报告（2015）
著(编)者:王洛林　张季风　2015年5月出版 / 估价:79.00元

日本蓝皮书
日本研究报告（2015）
著(编)者:李薇　2015年3月出版 / 估价:69.00元

上海合作组织黄皮书
上海合作组织发展报告（2015）
著(编)者:李进峰　吴宏伟　李伟
2015年9月出版 / 估价:89.00元

世界创新竞争力黄皮书
世界创新竞争力发展报告（2015）
著(编)者:李闽榕　李建平　赵新力
2015年1月出版 / 估价:148.00元

土耳其蓝皮书
土耳其发展报告（2015）
著(编)者:郭长刚　刘义　2015年7月出版 / 估价:89.00元

亚太蓝皮书
亚太地区发展报告（2015）
著(编)者:李向阳　2015年1月出版 / 估价:59.00元

印度蓝皮书
印度国情报告（2015）
著(编)者:吕昭义　2015年5月出版 / 估价:89.00元

印度洋地区蓝皮书
印度洋地区发展报告（2015）
著(编)者:汪戎　2015年3月出版 / 估价:79.00元

中东黄皮书
中东发展报告（2015）
著(编)者:杨光　2015年11月出版 / 估价:89.00元

中欧关系蓝皮书
中欧关系研究报告（2015）
著(编)者:周弘　2015年12月出版 / 估价:98.00元

中亚黄皮书
中亚国家发展报告（2015）
著(编)者:孙力　吴宏伟　2015年9月出版 / 估价:89.00元

中国皮书网

www.pishu.cn

发布皮书研创资讯，传播皮书精彩内容
引领皮书出版潮流，打造皮书服务平台

栏目设置：

- 资讯：皮书动态、皮书观点、皮书数据、皮书报道、皮书发布、电子期刊
- 标准：皮书评价、皮书研究、皮书规范
- 服务：最新皮书、皮书书目、重点推荐、在线购书
- 链接：皮书数据库、皮书博客、皮书微博、在线书城
- 搜索：资讯、图书、研究动态、皮书专家、研创团队

中国皮书网依托皮书系列"权威、前沿、原创"的优质内容资源，通过文字、图片、音频、视频等多种元素，在皮书研创者、使用者之间搭建了一个成果展示、资源共享的互动平台。

自 2005 年 12 月正式上线以来，中国皮书网的 IP 访问量、PV 浏览量与日俱增，受到海内外研究者、公务人员、商务人士以及专业读者的广泛关注。

2008 年、2011 年，中国皮书网均在全国新闻出版业网站荣誉评选中获得"最具商业价值网站"称号；2012 年，获得"出版业网站百强"称号。

2014 年，中国皮书网与皮书数据库实现资源共享，端口合一，将提供更丰富的内容，更全面的服务。

权威报告 热点资讯 海量资源

当代中国与世界发展的高端智库平台

皮书数据库 www.pishu.com.cn

皮书数据库是专业的人文社会科学综合学术资源总库,以大型连续性图书——皮书系列为基础,整合国内外相关资讯构建而成。包含七大子库,涵盖两百多个主题,囊括了近十几年间中国与世界经济社会发展报告,覆盖经济、社会、政治、文化、教育、国际问题等多个领域。

皮书数据库以篇章为基本单位,方便用户对皮书内容的阅读需求。用户可进行全文检索,也可对文献题目、内容提要、作者名称、作者单位、关键字等基本信息进行检索,还可对检索到的篇章再做二次筛选,进行在线阅读或下载阅读。智能多维度导航,可使用户根据自己熟知的分类标准进行分类导航筛选,使查找和检索更高效、便捷。

权威的研究报告,独特的调研数据,前沿的热点资讯,皮书数据库已发展成为国内最具影响力的关于中国与世界现实问题研究的成果库和资讯库。

皮书俱乐部会员服务指南

1. 谁能成为皮书俱乐部成员?
● 皮书作者自动成为俱乐部会员
● 购买了皮书产品(纸质书/电子书)的个人用户

2. 会员可以享受的增值服务
● 免费获赠皮书数据库100元充值卡
● 加入皮书俱乐部,免费获赠该纸质图书的电子书
● 免费定期获赠皮书电子期刊
● 优先参与各类皮书学术活动
● 优先享受皮书产品的最新优惠

3. 如何享受增值服务?
(1)免费获赠100元皮书数据库体验卡
第1步 刮开皮书附赠充值的涂层(右下);
第2步 登录皮书数据库网站
(www.pishu.com.cn),注册账号;

第3步 登录并进入"会员中心"—"在线充值"—"充值卡充值",充值成功后即可使用。

(2)加入皮书俱乐部,凭数据库体验卡获赠该书的电子书
第1步 登录社会科学文献出版社官网(www.ssap.com.cn),注册账号;
第2步 登录并进入"会员中心"—"皮书俱乐部",提交加入皮书俱乐部申请;
第3步 审核通过后,再次进入皮书俱乐部,填写页面所需图书、体验卡信息即可自动兑换相应电子书。

4. 声明
解释权归社会科学文献出版社所有

皮书俱乐部会员可享受社会科学文献出版社其他相关免费增值服务,有任何疑问,均可与我们联系。
图书销售热线:010-59367070/7028 图书服务QQ:800045692 图书服务邮箱:duzhe@ssap.cn
数据库服务热线:400-008-6695 数据库服务QQ:2475522410 数据库服务邮箱:database@ssap.cn
欢迎登录社会科学文献出版社官网(www.ssap.com.cn)和中国皮书网(www.pishu.cn)了解更多信息

皮书大事记

☆ 2014年8月，第十五次全国皮书年会（2014）在贵阳召开，第五届优秀皮书奖颁发，本届开始皮书及报告将同时评选。

☆ 2013年6月，依据《中国社会科学院皮书资助规定（试行）》公布2013年拟资助的40种皮书名单。

☆ 2012年12月，《中国社会科学院皮书资助规定（试行）》由中国社会科学院科研局正式颁布实施。

☆ 2011年，部分重点皮书纳入院创新工程。

☆ 2011年8月，2011年皮书年会在安徽合肥举行，这是皮书年会首次由中国社会科学院主办。

☆ 2011年2月，"2011年全国皮书研讨会"在北京京西宾馆举行。王伟光院长（时任常务副院长）出席并讲话。本次会议标志着皮书及皮书研创出版从一个具体出版单位的出版产品和出版活动上升为由中国社会科学院牵头的国家哲学社会科学智库产品和创新活动。

☆ 2010年9月，"2010年中国经济社会形势报告会暨第十一次全国皮书工作研讨会"在福建福州举行，高全立副院长参加会议并做学术报告。

☆ 2010年9月，皮书学术委员会成立，由我院李扬副院长领衔，并由在各个学科领域有一定的学术影响力、了解皮书编创出版并持续关注皮书品牌的专家学者组成。皮书学术委员会的成立为进一步提高皮书这一品牌的学术质量、为学术界构建一个更大的学术出版与学术推广平台提供了专家支持。

☆ 2009年8月，"2009年中国经济社会形势分析与预测暨第十次皮书工作研讨会"在辽宁丹东举行。李扬副院长参加本次会议，本次会议颁发了首届优秀皮书奖，我院多部皮书获奖。

皮书数据库
www.pishu.com.cn

皮书数据库三期

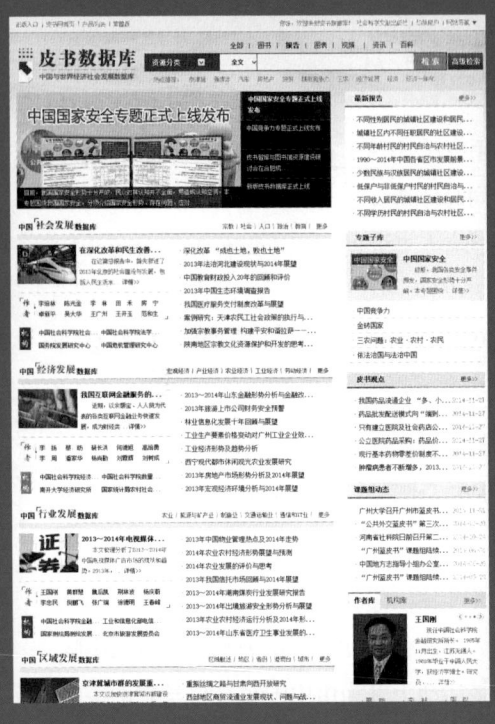

- 皮书数据库（SSDB）是社会科学文献出版社整合现有皮书资源开发的在线数字产品，全面收录"皮书系列"的内容资源，并以此为基础整合大量相关资讯构建而成。

- 皮书数据库现有中国经济发展数据库、中国社会发展数据库、世界经济与国际政治数据库等子库，覆盖经济、社会、文化等多个行业、领域，现有报告30000多篇，总字数超过5亿字，并以每年4000多篇的速度不断更新累积。

- 新版皮书数据库主要围绕存量+增量资源整合、资源编辑标引体系建设、产品架构设置优化、技术平台功能研发等方面开展工作，并将中国皮书网与皮书数据库合二为一联体建设，旨在以"皮书研创出版、信息发布与知识服务平台"为基本功能定位，打造一个全新的皮书品牌综合门户平台，为您提供更优质更到位的服务。

更多信息请登录

中国皮书网
http://www.pishu.cn

皮书微博
http://weibo.com/pishu

皮书博客
http://blog.sina.com.cn/pishu

皮书微信
皮书说

请到各地书店皮书专架/专柜购买，也可办理邮购

咨询/邮购电话：010-59367028　59367070　　　邮　　箱：duzhe@ssap.cn
邮购地址：北京市西城区北三环中路甲29号院3号楼华龙大厦13层读者服务中心
邮　　编：100029
银行户名：社会科学文献出版社
开户银行：中国工商银行北京北太平庄支行
账　　号：0200010019200365434
网上书店：010-59367070　　qq：1265056568
网　　址：www.ssap.com.cn　　　www.pishu.cn